कार्यालयी हिन्दी और कम्प्यूटर अनुप्रयोग

कार्यालयी हिन्दी और कम्प्यूटर अनुप्रयोग

प्रो. निरंजन सहाय

लोकभारती प्रकाशन

लोकभारती प्रकाशन
पहली मंजिल, दरबारी बिल्डिंग, महात्मा गांधी मार्ग
प्रयागराज-211 001

वेबसाइट : www.lokbhartiprakashan.com
ईमेल : info@lokbhartiprakashan.com

शाखाएँ : 1-बी, नेताजी सुभाष मार्ग, दरियागंज
नई दिल्ली-110 002
अशोक राजपथ, साइंस कॉलेज के सामने
पटना-800 006
1, अनमोल सोराबजी संतुक लेन, धोबी तलाव,
मरीन लाइंस, मुम्बई-400 002

पहला संस्करण : 2023
दूसरा संस्करण : 2025

मूल्य : ₹ 995

बी.के. ऑफसेट
नवीन शाहदरा, दिल्ली-1100 032
द्वारा मुद्रित

KARYALAYI HINDI AUR
COMPUTER ANUPRAYOG
by Prof. Niranjan Sahay

ISBN : 978-93-93603-03-6

पूर्वकथन

26 जनवरी, 1950 ई. को भारत एक गणतांत्रिक देश बना। किसी भी स्वाधीन देश में भाषा का सवाल एक अहम मसला होता है। भारत स्वभावत: बहुभाषी देश है। ऐसे देश में सरकारी कामकाज की भाषा का सवाल अत्यन्त जटिल होता है। पाँच भाषा परिवार की विभिन्न भाषाओं के बरतनेवाले भारत में भी भाषा के सिलसिले में अनेक पड़ाव शामिल हुए। इन पड़ावों में सहमतियों-असहमतियों के प्रिय-अप्रिय अनुभव शामिल रहे। सदियों से सम्पर्क भाषा के रूप में भारत के मध्य क्षेत्र की भाषा को स्वीकार किया जाता रहा। इस सिलसिले को हम लौकिक संस्कृत, पालि, प्राकृत, अपभ्रंश, अवधी, ब्रजभाषा, खड़ी बोली आदि के रूप में स्मृतियों में सहेज सकते हैं।

स्वाधीन भारत के संविधान के भाग 17 के अनुच्छेद 120, 210 एवं 343 से 351 तक संघ की भाषा एवं इसके विभिन्न प्रावधानों के बारे में चर्चा की गई है। इन उपबन्धों के आधार पर संघ की राजभाषा के रूप में हिन्दी के प्रयोग को मान्यता दी गई है। गृह मंत्रालय की दि. 27 अप्रैल, 1960 ई. की अधिसूचना संख्या 2/8/6-रा.भा. की अधिसूचना के आधार पर राष्ट्रपति का आदेश आम जानकारी के लिए प्रकाशित किया गया जिसमें लोकसभा के बीस सदस्यों और राज्य सभा के दस सदस्यों की एक समिति प्रथम राजभाषा आयोग की सिफारिशों पर विचार करने के लिए और उनके विषय में अपनी राय राष्ट्रपति के समक्ष पेश करने के लिए संविधान के अनुच्छेद 344 के खंड (4) के उपबन्धों के अनुसार नियुक्त की गई थी। समिति ने अपनी रिपोर्ट राष्ट्रपति के समक्ष 8 फरवरी, 1959 को पेश कर दी। इन रिपोर्टों के आधार पर देश की राजभाषा के रूप में हिन्दी को प्रतिष्ठित किया

गया। इसके आलोक में 1963 ई. में राजभाषा अधिनियम बना जिसे बाद में संशोधित-परिवर्द्धित रूप में फिर 1967 ई. में प्रकाशित किया गया। राजभाषा संकल्प 1968 ई. एवं राजभाषा नियम 1976 ई. का निर्माण किया गया। इन नियमों एवं अधिनियम के निर्माण का मुख्य उद्देश्य देश की राजभाषा के रूप में हिन्दी को मान्यता एवं इसके क्रियान्वयन के लिए विभिन्न उपबन्धों एवं उपायों का समावेश करना था। राजभाषा के रूप में समस्त सरकारी कामकाज में विशेषकर केन्द्रीय सरकार के कार्यालयों और हिन्दी क्षेत्र के विभिन्न राज्यों में इसके प्रयोग पर बल दिया जाता है तथा यह अपेक्षा की जाती है कि इसके प्रयोग, प्रचार एवं प्रसार के लिए समस्त कर्मचारी प्रयास करेंगे।

बहुभाषी देश भारत में राजभाषा हिन्दी के कार्यान्वयन हेतु सुविधा की दृष्टि से भाषायी आधार पर क्रमश: 'क', 'ख' एवं 'ग' तीन भागों में विभाजित किया गया है। 'क' क्षेत्र के राज्यों में बिहार, उत्तर प्रदेश, छत्तीसगढ़, हरियाणा, हिमाचल प्रदेश, झारखंड, मध्य प्रदेश, राजस्थान, उत्तराखंड और केन्द्र शासित प्रदेश दिल्ली तथा अंडमान और निकोबार द्वीप समूह आते हैं। 'ख' क्षेत्र में गुजरात, महाराष्ट्र और पंजाब राज्य तथा चंडीगढ़, दमन और दीव तथा दादरा और नगर हवेली संघ राज्य क्षेत्र हैं तथा उपरोक्त 'क' तथा 'ख' क्षेत्र के अतिरिक्त अन्य सभी राज्य 'ग' क्षेत्र में आते हैं। सरकारी कार्यों के लिए पत्राचार हेतु इन राज्यों में विभिन्न लक्ष्य निर्धारित किए गए हैं। इन लक्ष्यों के आधार पर यह अपेक्षित है कि 'क' एवं 'ख' क्षेत्र के राज्यों के केन्द्रीय सरकार के कार्यालय आपस में जो भी पत्राचार करें वह शत-प्रतिशत हिन्दी में किया जाए तथा 'ग' क्षेत्र के कार्यालयों के लिए यह लक्ष्य साठ प्रतिशत पत्राचार का है। 'क' क्षेत्र के कार्यालयों से 'ग' क्षेत्र के कार्यालयों को भेजे जानेवाले पत्र हिन्दी में हो सकता है पर यह उम्मीद की जाती है कि उनका अंग्रेजी अनुवाद भी साथ में भेजा जाए।

केन्द्रीय सरकार और हिन्दी भाषी राज्यों में सरकारी कार्यालयों में विभिन्न स्तरों पर पत्राचार हेतु विभिन्न स्वरूप प्रचलन में हैं। किसी दफ्तर में कार्यरत कर्मचारियों को कोई जानकारी देने के उद्देश्य से जारी किए जानेवाले पत्र को परिपत्र (सर्कुलर) कहा जाता है। किसी एक शाखा से दूसरी शाखा से पत्राचार के लिए प्रयुक्त स्वरूप को

अनौपचारिक टिप्पणी कहा जाता है। एक कार्यालय से दूसरे कार्यालय में भेजा जानेवाला पत्र कार्यालयी पत्र कहा जाता है। इसके अतिरिक्त किसी कर्मचारी को यदि कोई विशेष प्रकार का अनुदेश दिया जाना हो तो उसे ज्ञापन के रूप में निकाला जाता है जो व्यक्ति विशेष को सम्बोधित होता है। इन समस्त पत्रों का स्वरूप एक-दूसरे से भिन्न होता है। भारत सरकार के राजभाषा अधिनियम 1963 के धारा 3(3) के अनुसार पत्राचार के कुल चौदह ऐसे स्वरूप हैं जिन्हें आवश्यक रूप से द्विभाषी रूप में जारी किया जाना अपेक्षित है। वे निर्धारित स्वरूप हैं—1. सामान्य आदेश, 2. संकल्प, 3. नियम, 4. प्रेस विज्ञप्ति, 5. अधिसूचना, 6. प्रशासनिक एवं अन्य रिपोर्ट, 7. सूचना, 8. निविदा प्रारूप, 9. संविदा, 10. करार, 11. अनुज्ञप्ति, 12. अनुज्ञापत्र, 13. संसद में प्रस्तुति हेतु प्रशासनिक एवं अन्य रिपोर्ट तथा 14. संसद में प्रस्तुति हेतु शासकीय कागजात। ऐसे कागजात को मात्र अंग्रेजी में जारी करना राजभाषा अधिनियम के उपबन्धों का उल्लंघन माना जाता है। किसी भी कार्यालय में राजभाषा अधिनियम के उपबन्धों के अनुपालन की जिम्मेदारी कार्यालय प्रमुख की होती है।

राष्ट्रीय शिक्षा नीति 2020 भारतीय संघ की भाषा नीति और अनुप्रयोग के सिलसिले में बेहद संजीदा है। इसके अनेक पहलू पुस्तक की रचना-प्रक्रिया के अहम हिस्से हैं। यह पुस्तक राष्ट्रीय शिक्षा नीति की इस अनुशंसा का भी परिणाम है कि भाषा-प्रयोग के सन्दर्भगत प्रशिक्षण हमारी भाषा शिक्षा नीति का अहम पहलू होना चाहिए। पुस्तक का पारिभाषिक शब्दावली खंड बेहद विस्तृत हो गया है। पर इसे अत्यन्त विस्तृत करने का उद्देश्य महज इतना है कि पुस्तक के ज्ञान संसार के साथ रोजगारपरक परिधि का भी विस्तार हो। किताब का एक बड़ा हिस्सा कार्यालयों में कम्प्यूटर प्रयोग के विविध प्रयोगों के साथ ही उनके व्यावहारिक पहलुओं पर केन्द्रित है। स्ववृत्त तैयार करना युवक/युवतियों के लिए एक चुनौतीपूर्ण कार्य है, इसका सलीका भी वर्णित है।

पुस्तक लेखन में अनेक आत्मीय स्वजनों ने साथ दिया। मैं सुपरिचित साहित्यकार श्री रविनन्दन सिंह और जवाहरलाल नेहरू विश्वविद्यालय के शोधार्थी दुर्गेश मौर्या का विशेष तौर पर आभारी हूँ। दोनों ने तकनीकी ज्ञान से मुझे समृद्ध किया। विद्यार्थी अमित कुमार

(जवाहरलाल नेहरू विश्वविद्यालय, दिल्ली) और सौरभ त्रिपाठी (इलाहाबाद विश्वविद्यालय) के प्रति भी आत्मीयता बोध का अनुभव कर रहा हूँ कि इन्होंने सामग्री संकलन में अविस्मरणीय सहयोग दिया। अन्त में श्री आमोद जी, राजकमल प्रकाशन दिल्ली का विशेष आभार कि इतने कम समय में सुरुचिपूर्ण तरीके से पुस्तक का प्रकाशन सम्भव किया।

वाराणसी, 07 जून, 2022

—निरंजन सहाय

क्रम

अध्याय-1

कार्यालयी हिन्दी का स्वरूप, उद्‌देश्य एवं क्षेत्र

भाषा विचार-विनिमय का शाब्दिक माध्यम है। भाषा आई कहाँ से? यह प्रश्न आरम्भ से ही मनुष्य को उद्वेलित करता रहा है। सभी पथों के प्राचीन शास्त्रों में कहा गया है कि भाषा ईश्वरीय देन है। कालान्तर में यही प्रश्न दुनिया के कई बादशाहों के सामने भी खड़ा हुआ। सबसे पहले मिश्र के बादशाह ने एक प्रयोग के माध्यम से इस गुत्थी को सुलझाने का प्रयास किया। उसने दो शिशुओं को इनसान की छाया से चौदह वर्ष तक दूर रखा। उसने पाया कि वे दोनों बालक कोई भाषा नहीं सीख सके। इसी तरह के प्रयोग भारत में बादशाह अकबर ने भी किए वह परिणाम वही रहा। अन्ततः सिद्ध हुआ कि भाषा ईश्वरीय देन नहीं है। यह भी सिद्ध हुआ कि भाषा सामाजिक उत्पाद है। समाज से ही प्रत्येक व्यक्ति भाषा प्राप्त करता है। भाषा सीखनी पड़ती है और सीखते-सीखते आती है। आदिम मानव के पास भाषा के नाम पर कुछ ध्वनियाँ थीं तथा कुछ संकेत थे। इन्हीं स्फुट ध्वनियों तथा संकेतों के माध्यम से वह अपनी बात दूसरों तक पहुँचाता था। इन्हीं ध्वनियों से प्रारम्भिक शब्दों का उद्‌भव हुआ। एक-दो शब्दों से शुरू हुआ यह सफर आगे भी जारी रहा और शब्दों का भंडार जमा होता रहा। मानव इसी विकास क्रम में शब्दों को गढ़ता रहा और धीरे-धीरे वह शब्दों से खेलने भी लगा। इसी तरह सभी भाषाओं का जन्म हुआ। भाषाएँ क्रमशः विकसित होती रहीं, परिस्कृत होती रहीं और समृद्ध होती रहीं।

भाषा का हर विद्यार्थी जानता है कि प्रारम्भिक अवस्था में प्रत्येक भाषा ऊबड़-खाबड़ होती है और समय के साथ उसका समतलीकरण होता रहता है। प्रत्येक भाषा धीरे-धीरे समतल होती है, सहज होती है और सरल बनती है। इस प्रकार भाषाओं की गति जटिलता से सरलता की ओर होती है। भाषा में अभिव्यक्ति करने के लिए एक विद्यार्थी को गहन अभ्यास से गुजरना पड़ता है। लम्बी साधना के बाद एक विद्यार्थी अभिव्यक्ति-कौशल विकसित कर पाता है तथा एक रचनाकार गहन अभ्यास के बाद भाषा की रवानी विकसित कर पाता है। आरम्भ में प्रत्येक

अभिव्यक्ति ऊबड़-खाबड़ और जटिल होती है तथा एक लम्बी अवधि के बाद अभिव्यक्ति की सहजता विकसित हो पाती है।

हिन्दी भाषा के विकास का अध्ययन करने पर पता चलता है कि कैसे शौरसेनी अपभ्रंश से विकसित हिन्दी किन-किन पड़ावों को पारकर आज की स्थिति में पहुँची है। इस अवस्था तक पहुँचने में हिन्दी को एक हजार वर्ष लग गए। खड़ी बोली हिन्दी की बात करें तो इसका साहित्यिक विकास विगत साढ़े चार सौ वर्षों का है। आज से ठीक साढ़े चार सौ वर्ष पूर्व ई. 1570 में रचित गंगकवि की कृति 'चन्द छन्द बरनन की महिमा' को आचार्य रामचन्द्र शुक्ल खड़ी बोली की प्रथम गद्य रचना मानते हैं। उसके पश्चात् 1741 ई. में रचित रामप्रसाद निरंजनी की कृति 'भाषा योगवाशिष्ठ' को प्रथम परिष्कृत गद्य की रचना मानते हैं। इसके बाद फोर्ट विलियम (1800 ई.) और उससे जुड़े लेखकों का जिक्र आता है जिन्होंने खड़ी बोली को रचनात्मक रूप से समृद्ध किया।

भारतेंदु युग तक आते-आते हिन्दी गद्य अपनी प्रतिष्ठा को प्राप्त कर चुका था किन्तु उसमें, एकरूपता का अभाव था। भाषा के स्वरूप में अनेकरूपता थी, स्थान-भेद के साथ ही स्वरूप-भेद थे। भाषा और व्याकरण की त्रुटियाँ थीं, जिसकी ओर लेखकों का ध्यान गया महावीर प्रसाद द्विवेदी युग में। उन्होंने समकालीन रचनाकारों का ध्यान भाषा की त्रुटियों, रूप-भेदों, शब्द-भेदों तथा व्याकरणिक दोषों आदि के प्रति आकर्षित किया। उन्होंने हिन्दी गद्य की वास्तविक प्रतिष्ठा की तथा उसे परिष्कृत एवं सशक्त रूप प्रदान किया। आचार्य रामचन्द्र शुक्ल का गद्य इसी द्विवेदी युग की बानगी भर है। इसी भाषायी बुनियाद पर कार्यालयी हिन्दी का भवन भी टिका हुआ है।

प्रत्येक सरकार की अपनी राजभाषा और भाषायी नीति होती है। सरकार चाहे कोई भी हो, अपनी भाषा और भाषायी नीति को लेकर सजग होती है। एक समय वह था जब प्राचीन एवं मध्यकाल में राजवंशों में सत्ता संघर्ष होते रहते थे, अत: किसी राज्य की कोई निर्धारित सीमा नहीं होती थी। जो विजयी होता वह पराजित साम्राज्य की भाषा, ज्ञान और संस्कृति का नियन्ता बन जाता। वह पराजित राज्यों पर अपनी भाषा और संस्कृति को थोप देता और वहाँ की प्रजा को मानने के लिए बाध्य करता। फ्रेंच इतिहासकार और चिन्तक माइकल फूको ने सत्ता और ज्ञान के बीच अन्त:सम्बन्धों पर किए गए अध्ययन में यह निष्कर्ष दिया है कि सत्ता ही ज्ञान और भाषा का निर्धारण करती है। सत्ता ही तय करती है कि ज्ञान कैसा होगा, उसका प्रारूप क्या होगा तथा ज्ञान की भाषा क्या होगी। हमेशा शासक वर्ग की भाषा ही राजकाज तथा ज्ञान की भाषा होती है। प्राचीन भारत में आभिजात्य की भाषा संस्कृत थी। कुछ राजवंशों की राजभाषा प्राकृत या अपभ्रंश भी थी। जब मध्यकाल में मुस्लिम सत्ता स्थापित हुई तब विजेताओं ने

अपनी भाषा फारसी को राजकाज की भाषा बना दिया। कालान्तर में जब ब्रिटिश सत्ता भारत में स्थापित हुई तब उसने अंग्रेजी को राजभाषा बना दिया। जब भारत स्वतंत्र हुआ तो सरकार ने अपनी नई भाषा नीति जारी की। संविधान सभा द्वारा हिन्दी को संघ की राजभाषा बनाया तथा देवनागरी को उसकी मानक लिपि की मान्यता प्रदान की। आगे भी हिन्दी को पूर्ण रूप से प्रतिष्ठित करने के लिए राजभाषा अधिनियम, राजभाषा संकल्प तथा राजभाषा सम्बन्धी अनेक नियम एवं आदेश जारी किए गए। इन कोशिशों से हिन्दी को उत्तरोत्तर मजबूत बनाने के प्रयास होते रहे और आज भी हो रहे हैं।

कार्यालयी हिन्दी की संकल्पना

हिन्दी भाषा की प्रयोजनमूलकता के आधार पर उसे निम्नलिखित रूपों में विभाजित किया जा सकता है—

1. साहित्यिक हिन्दी
2. सामान्य हिन्दी
3. कार्यालयी हिन्दी
4. व्यावसायिक हिन्दी
5. विधिपरक हिन्दी
6. जनसंचार माध्यमों की हिन्दी
7. वैज्ञानिक और तकनीकी हिन्दी

इन विभिन्न रूपों में कार्यालयी हिन्दी वह हिन्दी है जिसका व्यवहार सरकारी, अर्धसरकारी, स्वायत्तशासी कार्यालयों में किया जाता है। कार्यालयी हिन्दी पूर्ण रूप से मानक, परिष्कृत एवं पारिभाषिक शब्दावली का प्रयोग करनेवाली हिन्दी भाषा है। साहित्यिक हिन्दी लक्षणात्मक एवं व्यंजनात्मक भाषा है सामान्य हिन्दी जनता के आपसी सम्पर्क या बोलचाल की भाषा है व्यावसायिक हिन्दी उद्योग, कारोबार, उद्यम में प्रयोग की जानेवाली कारोबार की भाषा है। विधिपरक हिन्दी कानून की भाषा है। जनसंचार माध्यमों की हिन्दी इलेक्ट्रॉनिक तथा प्रिंट मीडिया की भाषा है। वैज्ञानिक और तकनीकी हिन्दी विज्ञान और तकनीक के क्षेत्र में प्रयोग होनेवाली भाषा है। इन सबसे अलग कार्यालयी हिन्दी कार्यालयों की अथवा सरकार की भाषा है। सरकार की भाषा का अभिप्राय है सरकार के कामकाज की भाषा। इसे प्रशासनिक या कार्यालयी हिन्दी भी कहा जाता है।

वस्तुत: जिसे हम राजभाषा कहते हैं, संविधान में उसे 'ऑफिसियल लैंग्वेज' कहा गया है। इसी 'ऑफिसियल लैंग्वेज' का हिन्दी अनुवाद कार्यालयी हिन्दी है। हिन्दी का वह स्वरूप जो केन्द्र सरकार, राज्य सरकारों तथा केन्द्र शासित

सरकारों तथा उनके विभागों, प्रतिष्ठानों, संस्थाओं, प्राधिकरणों, आयोगों में प्रचलित है, उसे ही कार्यालयी हिन्दी कहा जाता है। कार्यालय केवल सरकारी ही नहीं होते बल्कि अर्धसरकारी तथा स्वायत्तशासी संस्थाओं, निगमों, निकायों, बोर्डों, उद्यमों, बैंकिंग प्रतिष्ठानों, आयोगों, समितियों, प्राधिकरणों तथा कम्पनियों के कार्यालय भी कार्यालयी हिन्दी का प्रयोग करते हैं। इस कार्यालयी हिन्दी को ही प्रशासनिक हिन्दी भी कहा जाता है, क्योंकि प्रशासनिक कार्यों के लिए इसी भाषा का प्रयोग किया जाता है। कार्यालयी हिन्दी वह हिन्दी भाषा है जो पारिभाषिक और मानक शब्दों के आधार पर व्यवहृत होती है। वह साहित्यिक हिन्दी की लाक्षणिक या व्यंजनात्मक अथवा संचार माध्यमों की हिन्दी की तरह स्वतंत्र और व्यापक नहीं होती। इसमें न तो स्वतंत्र विचारों या भावों को स्थान प्राप्त होता है और न ही स्वतंत्र शैली का प्रयोग किया जाता है। हाँ, प्रभावशाली ढंग से कार्यालयी हिन्दी में लेखन के लिए अभ्यास और इस कला में सिद्ध होना आवश्यक है।

जिसे हम राजभाषा कहते हैं, उसके लिए संविधान के अनुच्छेद 343 में 'ऑफिसियल लैंग्वेज' कहा गया है। इसी को 'कार्यालयी भाषा' या 'कार्यालयी हिन्दी' कहा जाता है। 'राजभाषा' शब्द स्वाधीनता आन्दोलन के दौरान प्रयोग नहीं किया जाता था। उस समय 'राष्ट्रभाषा' शब्द का प्रचलन था। आजादी के बाद राजभाषा शब्द सर्वप्रथम संविधान सभा द्वारा प्रयुक्त हुआ। सर्वप्रथम सन् 1949 में राजगोपालाचारी ने संविधान सभा में 'नेशनल लैंग्वेज' के समानान्तर 'स्टेट लैंग्वेज' शब्द का प्रयोग किया। इसी 'स्टेट लैंग्वेज' का हिन्दी अनुवाद 'राजभाषा' किया गया तथा उसके लिए संविधान में 'ऑफिसियल लैंग्वेज' पद को मान्यता दी गई। यही सरकारी भाषा या कार्यालयी भाषा है।

अंग्रेजी की जगह भारत की अपनी कार्यालयी भाषा की आवश्यकता स्वतंत्रता आन्दोलन के दौरान ही महसूस की जा रही थी। राष्ट्रीय आन्दोलन के समय ही हिन्दी राष्ट्रीय भाषा के रूप में मान्यता प्राप्त कर चुकी थी। बस उसे औपचारिक मान्यता की आवश्यकता थी। संविधान सभा के सदस्य के.एम. मुंशी तथा एन. गोपालास्वामी आयंगर के प्रयास से 'मुंशी-आयंगर फार्मूला' के आधार पर संविधान सभा ने 14 सितम्बर, 1949 को हिन्दी को राजभाषा (ऑफिसियल लैंग्वेज) की मान्यता प्रदान कर दी। संविधान के भाग 17 में अनुच्छेद 343 द्वारा हिन्दी को राजभाषा का दर्जा प्रदान किया गया। साथ ही यह भी प्रावधान किया गया कि शासकीय प्रयोजनों के लिए हिन्दी भाषा के साथ-साथ अंग्रेजी भाषा का प्रयोग अगले 15 वर्षों तक जारी रहेगा तथा 15 वर्षों की अवधि बीत जाने के पश्चात् संसद विधि द्वारा अंग्रेजी भाषा के सम्बन्ध में उपबन्ध कर सकेगी। भारतीय संविधान ने हिन्दी भाषा के सम्बन्ध में जो प्रावधान किए उनका संक्षिप्त

उल्लेख करना यहाँ जरूरी है ताकि राजभाषा के सम्बन्ध में सम्यक् अवधारणा स्पष्ट की जा सके। उन समस्त संवैधानिक प्रावधानों का संक्षिप्त विवरण निम्नलिखित है।

अनुच्छेद-120 द्वारा यह उपबन्ध किया गया है कि संसद का कार्य हिन्दी अथवा अंग्रेजी में किया जाएगा किन्तु यदि राज्य सभा का सभापति अथवा लोक सभा का स्पीकर चाहे तो किसी सदस्य को अपनी मातृभाषा में सम्बोधित करने की अनुमति प्रदान कर सकता है।

अनुच्छेद 210 द्वारा यह उपबन्ध किया गया कि राज्य विधान मंडल अपने कार्य उस राज्य की राजभाषा अथवा हिन्दी या अंग्रेजी में कर सकेंगे। यदि विधान सभा का स्पीकर अथवा विधान परिषद का सभापति चाहें तो किसी सदस्य को अपनी मातृभाषा में सम्बोधित करने की अनुमति प्रदान कर सकेंगे।

अनुच्छेद-343 इस अनुच्छेद द्वारा यह उपबन्ध किया गया कि (1) संघ की राजभाषा हिन्दी और उसकी लिपि देवनागरी होगी। संघ के शासकीय प्रयोजनों के लिए प्रयोग होनेवाले अंकों का रूप भारतीय अंकों का अन्तर्राष्ट्रीय रूप होगा। (2) खंड (1) के किसी बात के होते हुए भी, इस संविधान के प्रारम्भ से पन्द्रह वर्ष की अवधि तक संघ के उन सभी शासकीय प्रयोजनों के लिए अंग्रेजी भाषा का प्रयोग किया जाता रहेगा। परन्तु राष्ट्रपति उक्त कालावधि में संघ के शासकीय प्रयोजनों में से किसी के लिए अंग्रेजी भाषा के अतिरिक्त हिन्दी भाषा का और भारतीय अंकों के अन्तर्राष्ट्रीय रूप के अतिरिक्त देवनागरी रूप का प्रयोग प्राधिकृत कर सकेगा। (3) इस अनुच्छेद में किसी बात के होते हुए भी, संसद उक्त पन्द्रह वर्ष की अवधि के पश्चात्, विधि द्वारा अंग्रेजी भाषा का या अंकों के देवनागरी रूप का प्रयोग उपबन्धित कर सकेगी।

अनुच्छेद-344 यह अनुच्छेद उपबन्ध करता है कि राष्ट्रपति इस संविधान के प्रारम्भ से पाँच वर्ष की समाप्ति पर और तत्पश्चात् ऐसे प्रारम्भ से दस वर्ष की समाप्ति पर, आदेश द्वारा एक आयोग का गठन करेंगे जो राजभाषा के सम्बन्ध में राष्ट्रपति को सिफारिश करेगा। यह सिफारिश होगी—हिन्दी भाषा के, संघ के शासकीय प्रयोजनों के लिए, अधिकाधिक प्रयोग के सम्बन्ध में, अंग्रेजी के प्रयोग पर किसी प्रकार के निर्बन्धन के सम्बन्ध में अथवा राजभाषा के किसी अन्य प्रावधान के सम्बन्ध में। राष्ट्रपति द्वारा गठित ऐसे आयोग में एक अध्यक्ष तथा आठवीं अनुसूची में सम्मिलित विभिन्न भाषाओं का प्रतिनिधित्व करनेवाले सदस्य होंगे। आयोग अपनी रिपोर्ट तीस सदस्यीय संसदीय समिति को देगा जिसमें बीस लोकसभा के तथा दस राज्यसभा के सदस्य होंगे। आयोग की सिफारिशों का परीक्षण करके यह समिति अपना प्रतिवेदन राष्ट्रपति को देगी, जिसके सम्बन्ध में राष्ट्रपति अपना निर्देश देंगे।

अनुच्छेद-345 यह अनुच्छेद उपबन्ध करता है कि किसी राज्य का विधान मंडल विधि द्वारा उस राज्य में प्रयोग होनेवाली भाषाओं में से किसी एक या अधिक भाषाओं को या हिन्दी को उस राज्य के सभी या कुछ शासकीय प्रयोजनों के लिए प्रयोग की जानेवाली भाषा या भाषाओं के रूप में अंगीकार कर सकेगा। किन्तु जब तक राज्य विधान मंडल ऐसा उपबन्ध नहीं करता तब तक अंग्रेजी भाषा का प्रयोग पूर्ववत् जारी रहेगा।

अनुच्छेद-346 उपबन्ध करता है कि राज्य और राज्य के बीच तथा संघ और राज्य के बीच पत्राचार प्राधिकृत राजभाषा में होंगे। परन्तु दो या अधिक राज्य यह करार करते हैं कि उन राज्यों के बीच पत्राचार की भाषा हिन्दी होगी तो ऐसे पत्राचार के लिए उस भाषा का प्रयोग किया जा सकेगा।

अनुच्छेद-347 प्रावधान करता है कि यदि राष्ट्रपति को यह समाधान हो जाए कि किसी राज्य की जनसंख्या का पर्याप्त अनुपात यह चाहता है कि उसके द्वारा बोली जानेवाली भाषा को राज्य द्वारा मान्यता दी जाए तो वह निर्देश दे सकेगा कि उस भाषा को शासकीय मान्यता प्रदान की जाए।

अनुच्छेद-348 में यह प्रावधान है कि

(1) जब तक संसद विधि द्वारा कोई उपबन्ध न करे तब तक उच्चतम न्यायालय, उच्च न्यायालय, संसद विधान मंडल तथा आदेशों, अध्यादेशों के सभी प्राधिकृत पाठ अंग्रेजी में होंगे।

(2) किसी राज्य का राज्यपाल राष्ट्रपति की पूर्व सहमति से उच्च न्यायालय की कार्यवाहियों में हिन्दी भाषा का अथवा उस राज्य के शासकीय प्रयोजनों के लिए प्रयोग होनेवाली किसी अन्य भाषा का प्रयोग प्राधिकृत कर सकेगा।

अनुच्छेद-349 इस संविधान के प्रारम्भ से पन्द्रह वर्ष की अवधि के दौरान अनुच्छेद-348 के खंड (1) में उल्लिखित किसी प्रयोजन के लिए राजभाषा से सम्बन्धित कोई भी विधेयक या संशोधन संसद के किसी भी सदन में, बिना राष्ट्रपति की अनुमति से पुन:स्थापित नहीं किया जाएगा और राष्ट्रपति राजभाषा आयोग की सिफारिश को संज्ञान में लेकर ही ऐसे विधेयक पर अपनी मंजूरी देंगे अन्यथा नहीं।

अनुच्छेद-350 यह प्रावधान करता है कि कोई भी व्यक्ति संघ या राज्य के किसी भी अधिकारी के समक्ष किसी शिकायत के सम्बन्ध में कोई भी प्रार्थनापत्र संघ अथवा राज्य में प्रयोग की जानेवाली किसी भी भाषा में दे सकता है।

अनुच्छेद-350 (क) प्रत्येक राज्य तथा स्थानीय प्राधिकारी का प्रयास होगा कि प्राथमिक स्तर पर मातृभाषा में शिक्षा की सुविधा उपलब्ध कराने का प्रयास किया जाए। 350 (क) सातवें संविधान संशोधन द्वारा 1950 में जोड़ा गया था।

अनुच्छेद-350 (ख) द्वारा भाषायी अल्पसंख्यकों के लिए राष्ट्रपति द्वारा विशेष अधिकारी नियुक्त करने का प्रावधान किया गया है। यह खंड भी सातवें संविधान संशोधन द्वारा जोड़ा गया है।

अनुच्छेद-351 इस अनुच्छेद में यह प्रावधान किया गया है कि संघ का कर्तव्य होगा कि वह हिन्दी भाषा की प्रसार वृद्धि करे जिससे वह भारत की सामासिक संस्कृति के सभी तत्त्वों की अभिव्यक्ति का माध्यम बन सके और उसकी प्रकृति में हस्तक्षेप किए बिना हिन्दुस्तानी में और आठवीं अनुसूची में विनिर्दिष्ट भारत की अन्य भाषाओं में प्रयुक्त रूप, शैली और पदावलियों को आत्मसात् करते हुए और, जहाँ आवश्यक या वांछनीय हो वहाँ, उसके शब्द-भंडार के लिए मुख्यतया संस्कृत से और गौणत: अन्य भाषाओं से शब्द ग्रहण करते हुए उसकी समृद्धि सुनिश्चित करे।

राष्ट्रपति द्वारा राजभाषा के सम्बन्ध में समय-समय पर आदेश जारी किए जाते हैं। पहला राजभाषा सम्बन्धी आदेश राष्ट्रपति द्वारा 1952 में जारी किया गया। इस आदेश के द्वारा राज्यपालों, उच्चतम न्यायालय तथा उच्च न्यायालय के न्यायधीशों के नियुक्ति-पत्रों में अंग्रेजी भाषा के अतिरिक्त हिन्दी भाषा के तथा अन्तर्राष्ट्रीय अंकों के अतिरिक्त देवनागरी अंकों के प्रयोग को अधिकृत किया गया। सन् 1955 में राष्ट्रपति द्वारा एक अन्य राजभाषा आदेश जारी किया गया, जिसमें व्यवस्था की गई कि जनता के साथ पत्र-व्यवहार, प्रशासनिक रिपोर्टों, प्रस्तावों, संसदीय विधियों, सरकारी संधि-पत्रों, करारनामों, अन्तर्राष्ट्रीय व्यवहारों तथा अन्तरराज्यीय कार्यों में अंग्रेजी भाषा के साथ-साथ हिन्दी भाषा के प्रयोग को बढ़ावा दिया जाए।

प्रथम राजभाषा आयोग— राष्ट्रपति ने संविधान के अनुच्छेद-344 (1) के अन्तर्गत प्राप्त शक्तियों का प्रयोग करते हुए, 7 जून, 1955 को राजभाषा आयोग के गठन का आदेश जारी किया। इक्कीस सदस्यीय आयोग के अध्यक्ष थे श्री बी. जी. खेर जो सदस्य बनाए गए वे संविधान की आठवीं अनुसूची में दर्ज विभिन्न भाषाओं के प्रतिनिधि थे। राजभाषा आयोग ने अपनी 76 बैठकों में राजभाषा के सम्बन्ध में विभिन्न पहलुओं की छानबीन की। 1930 जानकार व्यक्तियों से विचार-विमर्श किया गया तथा इसके आधार पर अन्तिम रिपोर्ट तैयार की गई। राजभाषा आयोग ने अपनी सिफारिशें 1956 में राष्ट्रपति को प्रस्तुत कर दीं, जिसके प्रमुख बिन्दु निम्नलिखित हैं—

1. अंग्रेजी भाषा का ज्ञान आवश्यक होते हुए भी सार्वजनिक क्षेत्र में विदेशी भाषा का प्रयोग उचित नहीं है।
2. सरकारी क्षेत्र में अंग्रेजी का प्रयोग सीमित किया जाए तथा हिन्दी के प्रयोग को व्यापक बनाया जाए।

3. पारिभाषिक शब्दावली के निर्माण की गति तेज की जाए।
4. अन्तर्राष्ट्रीय प्रचलित शब्दों को थोड़े-बहुत हेर-फेर के साथ स्वीकार कर लिया जाए।
5. 14 वर्ष की उम्र तक के प्रत्येक भारतीय बच्चों को हिन्दी का ज्ञान कराया जाए।
6. हिन्दी क्षेत्र के विद्यार्थियों को एक अन्य भाषा, विशेष रूप से दक्षिण भारत की कोई भाषा अनिवार्य रूप से सिखाई जाए।
7. प्रशासनिक अधिकारियों को निश्चित अवधि के अन्दर हिन्दी का कार्यसाधक ज्ञान प्राप्त हो जाए। इसके लिए उत्साही कर्मचारियों को पुरस्कार देकर प्रोत्साहित किया जाए।
8. भारत सरकार के दस्तावेज अधिक-से-अधिक हिन्दी में प्रकाशित किए जाएँ।
9. संसद, विधानमंडलों तथा उच्च न्यायालयों में प्रादेशिक भाषाओं का व्यवहार होना चाहिए।
10. हिन्दी के विकास का उत्तरदायित्व सरकार की एक प्रशासनिक इकाई पर डाला जाए।
11. भारत की भाषाओं में आपसी निकटता लाने की योजना बनाई जाए।

राजभाषा संसदीय समिति— राजभाषा आयोग की उपर्युक्त सिफारिशों पर विचार करने हेतु राष्ट्रपति ने अनुच्छेद-344 के अन्तर्गत प्राप्त शक्तियों का प्रयोग करते हुए 1957 में राजभाषा सम्बन्धी संसदीय समिति का गठन किया। इसके तीस सदस्य थे जिसमें से 20 लोकसभा से तथा 10 राज्यसभा के सांसद थे। इस समिति के अध्यक्ष थे पं. गोविंद बल्लभ पंत। इस समिति को राजभाषा आयोग की सिफारिशों के कार्यान्वयन की जाँच करते हुए राष्ट्रपति को अपनी रिपोर्ट प्रस्तुत करनी थी। समिति ने अपनी छब्बीस बैठकों में राजभाषा आयोग पर विचार किया और 8 फरवरी, 1959 को अपनी रिपोर्ट राष्ट्रपति के समक्ष प्रस्तुत कर दी। राजभाषा समिति द्वारा दिए गए प्रमुख सुझाव निम्नलिखित हैं—

1. जब तक सभी राजकीय कर्मचारी अधिकारी हिन्दी का ज्ञान प्राप्त न कर लें, अंग्रेजी आगे भी सह राजभाषा के रूप में कार्य करती रहे।
2. पैंतालीस वर्ष के ऊपर के सरकारी कार्मिकों को हिन्दी के प्रशिक्षण के लिए छूट मिलनी चाहिए।
3. कानूनों का अंग्रेजी रूप प्राधिकृत माना जाए तथा उच्च न्यायालयों के निर्णयों, अभिलेखों, आदेशों का अंग्रेजी पाठ अनिवार्य रूप से रहे।
4. केन्द्रीय सेवाओं की परीक्षाओं का माध्यम अंग्रेजी बनी रहे।

राष्ट्रपति का आदेश— राजभाषा आयोग तथा संसदीय समिति की सिफारिशों पर विचार करने के उपरान्त राष्ट्रपति ने 27 अप्रैल, 1960 को एक विस्तृत आदेश जारी किया, जिसके प्रमुख प्रावधान निम्नलिखित थे—

1. अखिल भारतीय सेवाओं में परीक्षा का माध्यम अंग्रेजी बनी रहे एवं कुछ समय बाद हिन्दी और अन्य प्रादेशिक भाषाओं के प्रयोग की व्यवस्था की जाए।
2. जिन कर्मचारियों की उम्र 45 वर्ष से कम हो उन्हें हिन्दी का प्रशिक्षण अनिवार्य बनाया जाए।
3. शिक्षा मंत्रालय की ओर से हिन्दी में वैज्ञानिक तथा तकनीकी शब्दावली के निर्माण के लिए एक स्थायी आयोग स्थापित किया जाए।
4. शिक्षा मंत्रालय साविधिक नियमों, विनिमयों और आदेशों के अतिरिक्त सभी मैनुअलों (संहिताओं) तथा कार्यविधियों से सम्बन्धित साहित्य का हिन्दी में अनुवाद कराया जाए।
5. कानून के विशेषज्ञों का एक स्थायी विधि आयोग का गठन हो जो हिन्दी में मानक विधि कोश तैयार कराए। इस आयोग में विभिन्न भाषाओं के प्रतिनिधि हों।
6. टंककों और आशुलिपिकों को हिन्दी में कार्य करने का प्रशिक्षण देने की व्यवस्था की जाए।

उपरोक्त प्रावधानों के अतिरिक्त गृह मंत्रालय की ओर से सन् 1961 में एक सुनियोजित कार्यक्रम तैयार किया गया, जिसके अन्तर्गत राजभाषा के रूप में हिन्दी के प्रयोग, उसके प्रशिक्षण एवं संवैधानिक, कार्यालयी तथा प्रशासकीय साहित्य के अनुवाद की एक निश्चित अवधि तय की गई। इस समूचे कार्यक्रम की देखरेख के लिए एक कार्यान्वयन समिति बनाई गई। अब सभी मंत्रालयों तथा विभागों में कार्यान्वयन समितियाँ हैं। इसके अतिरिक्त सभी मंत्रालयों में हिन्दी सलाहकार समितियाँ हैं। एक केन्द्रीय हिन्दी समिति भी है, जिसके अध्यक्ष प्रधानमंत्री हैं।

संविधान में यह प्रावधान किया गया था कि 15 वर्षों की अवधि के पश्चात् हिन्दी को पूर्णरूपेण राजभाषा का दर्जा प्रदान कर दिया जाएगा, किन्तु यह हो नहीं सका। 1960 के पश्चात् अहिन्दी प्रदेशों में, विशेषकर बंगाल एवं तमिलनाडु में हिन्दी का घोर विरोध हुआ। इसकी प्रतिक्रिया हिन्दी प्रदेशों में भी हुई। इस भाषायी कोलाहल के बीच तत्कालीन प्रधानमंत्री जवाहरलाल नेहरू ने आश्वासन दिया कि हिन्दी को एकमात्र राजभाषा बनाने के पूर्व सभी अहिन्दी प्रान्तों की सहमति भी प्राप्त की जाएगी। जब तक ऐसी सहमति नहीं प्राप्त होगी, अंग्रेजी को राजभाषा के पद से हटाया नहीं जाएगा। इन्हीं स्थितियों-परिस्थितियों के बीच 10 मई, 1963 ई. को संसद द्वारा 'राजभाषा अधिनियम 1963' पारित किया गया जिसमें 1967 ई. में यथा संशोधन किया गया।

राजभाषा अधिनियम 1963 (यथासंशोधन 1967)—राजभाषा अधिनियम 1963 की धाराओं में निहित मुख्य बिन्दु निम्नलिखित हैं—

1. 26 जनवरी, 1965 के बाद भी संघ के राजकीय प्रयोजनों के लिए अंग्रेजी भाषा का प्रयोग जारी रहेगा, जैसे वह पहले प्रयोग में आती रही है।
2. जब तक सरकारी कर्मचारी हिन्दी का कार्यसाधक ज्ञान नहीं प्राप्त कर लेते, तब तक हिन्दी के साथ अंग्रेजी में तथा अंग्रेजी के साथ हिन्दी में पत्रों का अनुवाद दिया जाए।
3. संघ के संकल्पों, अधिसूचनाओं, प्रेस विज्ञप्तियों, विज्ञापनों, करारों, संविदाओं, प्रशासनिक प्रतिवेदनों आदि दस्तावेजों को हिन्दी और अंग्रेजी दोनों भाषाओं में तैयार करना, निष्पादित करना और जारी करना अनिवार्य होगा।
4. उपरोक्त व्यवस्था जिस तारीख को लागू होगी, उसके दस वर्ष की समाप्ति के पश्चात् राजभाषा के सम्बन्ध में एक संसदीय समिति का गठन किया जाएगा। इस समिति में तीस सदस्य होंगे, जिसमें बीस लोकसभा के तथा दस राज्यसभा के सदस्य होंगे। यह समिति संघ के शासकीय प्रयोजनों के लिए हिन्दी के प्रयोग की प्रगति का पुनरावलोकन करेगी तथा अपनी सिफारिश राष्ट्रपति के समक्ष प्रस्तुत करेगी। राष्ट्रपति उस प्रतिवेदन को संसद के प्रत्येक सदन के समक्ष रखेंगे तथा राज्य सरकारों को प्रेषित करेंगे। ऐसी समिति दस वर्ष पश्चात् 1977 ई. में गठित की गई।
5. शासकीय राजपत्र में राष्ट्रपति के प्राधिकार से प्रकाशित किसी अध्यादेश, आदेश, नियम, विनिमय या उपविधि का हिन्दी अनुवाद उसका हिन्दी में प्राधिकृत पाठ समझा जाएगा। संसद के किसी भी सदन में रखे जानेवाले विधेयकों और उनके संशोधन विधेयकों के अंग्रेजी पाठ के साथ-साथ उनका हिन्दी अनुवाद भी होना अनिवार्य होगा।
6. जहाँ किसी राज्य के विधानमंडल में पारित अधिनियमों अथवा राज्यपाल द्वारा जारी अध्यादेशों में हिन्दी से भिन्न कोई भाषा विहित हो, वहाँ राज्यपाल के प्राधिकार से उसका हिन्दी अनुवाद किया जा सकेगा और ऐसा अनुवाद हिन्दी भाषा में उसका प्राधिकृत पाठ समझा जाएगा।
7. किसी राज्य का राज्यपाल राष्ट्रपति की पूर्व सहमति से अंग्रेजी के अतिरिक्त हिन्दी या उस राज्य की राजभाषा का प्रयोग उच्च न्यायालय के निर्णयों हेतु प्राधिकृत कर सकेगा। ऐसे निर्णयों के साथ अंग्रेजी भाषा में उसका अनुवाद भी होगा।
8. केन्द्रीय सरकार राजभाषा अधिनियम के प्रयोजनों को कार्यान्वित करने के लिए अधिसूचना निकालकर नियम बना सकेगी। ऐसा हर नियम संसद

द्वारा आगामी सत्रों में अनुमोदित किया जाएगा। दोनों सदनों की सहमति द्वारा ही ऐसे नियम लागू किए जा सकेंगे।

1967 ई. में मूल राजभाषा अधिनियम 1963 में जो संशोधन किए गए उनमें मुख्य बात यह रही कि जब तक अहिन्दी भाषी राज्य अंग्रेजी को राजभाषा के रूप में समाप्त करने का संकल्प नहीं करेंगे तब तक अंग्रेजी भाषा का प्रयोग जारी रहेगा।

मूल राजभाषा संकल्प 1968—संसद के दोनों सदनों द्वारा 1968 में 'राजभाषा संकल्प 1968' पारित किया गया, जो भारत सरकार के गृह मंत्रालय द्वारा 18 जनवरी, 1968 में प्रस्थापित किया गया। इस राजभाषा संकल्प के मूल बिन्दु इस प्रकार हैं—

1. यह सदन संकल्प करता है कि हिन्दी के प्रसार और विकास की गति बढ़ाने के लिए और संघ के विभिन्न शासकीय प्रयोजनों के लिए, उनके क्रमिक प्रयोग को सुनिश्चित करने हेतु भारत सरकार एक अधिक गहन और व्यापक कार्यक्रम तैयार और कार्यान्वित करेगी तथा एक वार्षिक रिपोर्ट तैयार करेगी जिसमें उन सब उपायों का ब्योरा होगा जो इस दिशा में किए गए हैं। यह रिपोर्ट संसद के दोनों पटल पर रखी जाएगी और सभी राज्य सरकारों को भेजी जाएगी।
2. चूँकि संविधान की आठवीं अनुसूची में हिन्दी के अतिरिक्त चौदह मुख्य भाषाएँ विनिर्दिष्ट हैं और देश के शैक्षिक तथा सांस्कृतिक विकास के हित में यह आवश्यक है कि इन सभी भाषाओं के पूर्ण विकास के लिए ठोस उपाय किए जाएँ। यह सदन संकल्प करता है कि राज्य सरकारों के सहयोग से, हिन्दी के साथ-साथ इन सभी भाषाओं के समन्वित विकास के लिए भारत सरकार द्वारा एक कार्यक्रम तैयार और क्रियान्वित किया जाएगा, जिससे कि इन भाषाओं की शीघ्रता से संवृद्धि हो सके और वे आधुनिक ज्ञान के संचार का प्रभावी माध्यम बन सके।
3. चूँकि देश के विभिन्न भागों के लोगों में एकता की भावना बढ़ाने और संचार की सुविधा में वृद्धि करने के लिए आवश्यक है कि सभी राज्यों में, राज्य सरकारों के परामर्श से, भारत सरकार द्वारा विकसित त्रिभाषा-सूत्र को कार्यान्वित करने के लिए प्रभावी और कारगर उपाय किए जाएँ। उस भाषा सूत्र के अनुसार हिन्दी भाषी क्षेत्रों में हिन्दी और अंग्रेजी के अतिरिक्त कोई दक्षिण भारतीय भाषा तथा अहिन्दी भाषी क्षेत्रों में प्रादेशिक भाषाओं तथा अंग्रेजी के अतिरिक्त हिन्दी भाषा के अध्ययन के लिए प्रयत्न किए जाएँ।

4. यह सदन संकल्प करता है कि संघ की लोक सेवाओं में देश के विभिन्न भागों के लोगों के हितों का संरक्षण हो सके। इसके लिए—
   (क) संघ की लोक सेवाओं में पदों पर भर्ती के समय हिन्दी और अंग्रेजी का ज्ञान अनिवार्य होगा।
   (ख) संविधान की आठवीं अनुसूची में सम्मिलित सभी भाषाएँ और अंग्रेजी अखिल भारतीय सेवाओं की परीक्षाओं में वैकल्पिक माध्यम होंगे।

राजभाषा नियम 1976—राजभाषा अधिनियम 1963 के अधीन प्राप्त शक्तियों का प्रयोग करते हुए भारत सरकार ने सन् 1976 ई. में राजभाषा सम्बन्धी नियम बनाए। पुनः इन नियमों में 1987 ई. में कतिपय संशोधन किए गए। इन नियमों को लागू कराने की जिम्मेदारी गृह मंत्रालय को दी गई, जिसके अन्तर्गत एक राजभाषा प्रकोष्ठ का गठन किया गया। राजभाषा सम्बन्धी नियमों को लागू कराने का दायित्व इसी प्रकोष्ठ को है। राजभाषा नियम 1976 की मुख्य बातें निम्नलिखित हैं—

1. ये नियम संघ के शासकीय प्रयोजनों के लिए लागू होते हैं।
2. क्षेत्र भर के केन्द्र सरकार के कार्यालयों को तीन वर्गों में विभाजित किया गया है—
   (1) **क वर्ग—**सम्पूर्ण हिन्दी भूभाग के प्रान्त जिसमें उत्तर प्रदेश, उत्तराखंड, मध्य प्रदेश, छत्तीसगढ़, बिहार, झारखंड, राजस्थान, हिमाचल प्रदेश, हरियाणा, दिल्ली शामिल हैं।
   (2) **ख वर्ग—**पंजाब, गुजरात, महाराष्ट्र, चंडीगढ़, अंडमान निकोबार
   (3) **ग वर्ग—**शेष सभी प्रान्त
3. क वर्ग के प्रान्तों के लिए प्रावधान है कि केन्द्र सरकार तथा राज्य सरकार के बीच आपसी पत्र-व्यवहार हिन्दी भाषा में ही किए जाएँ। यदि किसी व्यक्ति या संस्था को अंग्रेजी में पत्र भेजा जाए तो उसका हिन्दी अनुवाद भी प्रेषित किया जाए।
4. ख वर्ग के प्रान्तों के सरकारी कार्यालयों को हिन्दी में ही पत्र प्रेषित किया जाए। यदि कोई पत्र अंग्रेजी में प्रेषित हो तो उसका हिन्दी अनुवाद अवश्य संलग्न किया जाए। यदि कोई राज्य किसी अन्य भाषा में पत्र-व्यवहार करना चाहे तो उसका हिन्दी अनुवाद भी प्रेषित किया जाए।
5. ग वर्ग के राज्यों में स्थित कार्यालयों को पत्रादि अंग्रेजी भाषा में प्रेषित किया जाए।
6. हिन्दी में कहीं से भी प्राप्त पत्रों के उत्तर हिन्दी में ही दिया जाए।

7. कोई कर्मचारी सरकारी फाइलों में अपनी टिप्पणी हिन्दी या अंग्रेजी में लिख सकता है। उससे दूसरी भाषा में अनुवाद नहीं माँगा जाएगा। जिन कार्यालयों में 80 प्रतिशत कार्मिक हिन्दी में प्रवीणता प्राप्त कर चुके हैं, वहाँ हिन्दी में नोटिंग-ड्राफ्टिंग करने का आदेश जारी किया जा सकता है।
8. मैट्रिक में हिन्दी विषय से परीक्षा पास करनेवाला व्यक्ति हिन्दी में प्रवीण माना जाएगा।
9. सरकारी नियमों, आदेशों का अनुपालन कराने और भाषा के प्रयोग की जाँच-पड़ताल करने का दायित्व संस्था के प्रधान का होगा।

राजभाषा हिन्दी को उसकी गरिमा प्रदान करने के लिए सरकारी स्तर पर जो भी अधिनियम, नियम, आयोग, समितियाँ आदि बनाई गईं, उनकी जो भी सिफारिशें प्राप्त हुईं, उन्हें लागू किए जाने हेतु संकल्पबद्धता की आवश्यकता है। केन्द्र सरकार को राजभाषा के सम्बन्ध में ठोस निर्णय लेना पड़ेगा। व्यावहारिक रूप से हिन्दी का देशव्यापी प्रचार-प्रसार यह संकेत करता है कि हिन्दी राजभाषा के पद पर प्रतिष्ठित होने के सर्वथा योग्य है। इसे एकमात्र राजभाषा बनाने हेतु प्रतिबद्ध होकर निर्णय लेना पड़ेगा। इस दिशा में केन्द्र सरकार कदम बढ़ा रही है। भारत सरकार के गृह मंत्रालय के अधीन राजभाषा विभाग हिन्दी के प्रशिक्षण, कार्यान्वयन तथा प्रसार-प्रचार के लिए कटिबद्ध एवं दृढ़प्रतिज्ञ हैं।

गृह मंत्रालय के अतिरिक्त शिक्षा मंत्रालय में भी राजभाषा प्रकोष्ठ का गठन किया गया है। इसके अन्तर्गत केन्द्रीय हिन्दी निदेशालय, केन्द्रीय हिन्दी संस्थान आगरा, वैज्ञानिक एवं तकनीकी आयोग जैसे प्रतिष्ठान हिन्दी के लिए अपनी भूमिकाएँ देते हैं।

कार्यालयी हिन्दी का उद्देश्य एवं क्षेत्र

कार्यालयी हिन्दी का सबसे बड़ा उद्देश्य है हिन्दी के प्रचलन को बढ़ाना और उसे जन-जन तक पहुँचाना। संविधान द्वारा हिन्दी को राजभाषा तो बना दिया गया किन्तु उसे वह स्थान नहीं प्राप्त हुआ जो एक देश की प्रधान भाषा को मिलना चाहिए। कार्यालयों में हिन्दी को व्यापक बनाने के द्वारा ही हिन्दी की प्रधानता और प्रतिष्ठा को स्थापित किया जा सकता है। आज देश की सबसे बड़ी सम्पर्क भाषा हिन्दी है। भारत की अधिकांश जनता हिन्दी समझती और बोलती है किन्तु एक बड़ी संख्या ऐसी है जो हिन्दी लिख या पढ़ नहीं सकती। कार्यालयी हिन्दी को माध्यम बनाकर आमजन को हिन्दी लिखने तथा पढ़ने की प्रेरणा दी जा सकती है। क्योंकि कार्यालय से हर नागरिक का सरोकार होता है, अतः कार्यालयी हिन्दी

के माध्यम से आम आदमी को उसके अधिकारों के प्रति सचेत किया जा सकता है। इसके माध्यम से सामान्य नागरिक तक शासन की नीतियों को आसानी से पहुँचाया जा सकता है। शासन तथा नागरिकों के बीच भाषायी अवरोध को समाप्त करने तथा जनता से सीधा संवाद स्थापित करने में कार्यालयी हिन्दी एक कारगर उपाय बन सकती है।

न्यायालयों में आज भी अंग्रेजी भाषा का ही वर्चस्व है। समस्त याचिकाएँ अंग्रेजी में तैयार होती हैं। निर्णय भी अंग्रेजी में होते हैं जिसे याचिकाकर्ता समझ नहीं पाता और पूरी तरह अधिवक्ता पर निर्भर रहता है। जो अधिवक्ता कहता है उसे मानने के अतिरिक्त उसके पास कोई दूसरा रास्ता नहीं है। न्याय का क्षेत्र अंग्रेजी के कब्जे में होने के कारण अधिवक्ताओं पर पूरी तरह निर्भर है। आम आदमी लाचार, बेबस और हतभाग्य बना रहता है। अत: कार्यालयी हिन्दी के माध्यम से आम आदमी को सजग और जागरूक बनाया जा सकता है। इस प्रकार कार्यालयी हिन्दी का यह महत्त्वपूर्ण लक्ष्य है कि वह आम आदमी के साथ होनेवाले अन्याय तथा शोषण को रोकने तथा न्याय दिलाने में समर्थ बने। इसके आगे जाते हुए कार्यालयी हिन्दी का यह भी उद्देश्य है कि शासन और जनता के बीच के भाषायी अवरोध को समाप्त करे तथा दोनों के बीच सहज संवाद स्थापित करें।

जहाँ तक कार्यालयी हिन्दी के क्षेत्र का प्रश्न है, यह राजभाषा सम्बन्धी संवैधानिक प्रावधानों, अधिनियमों, नियमों—विशेष रूप से राजभाषा नियम 1976 द्वारा पूरी तरह स्पष्ट किया गया है। कार्यालयी हिन्दी को क्षेत्र में केन्द्र सरकार के सभी मंत्रालय, सभी विभाग, आयोग, समितियाँ, प्राधिकरण, संस्थान अथवा अन्य सभी कार्यालय आते हैं। इसके अतिरिक्त केन्द्र सरकार के अधीन आनेवाले समस्त स्वायत्तशासी निकाय, निगम अथवा कम्पनी के समस्त कार्यालय कार्यालयी हिन्दी के परिक्षेत्र में आते हैं। इसी तरह राज्य सरकारों के कार्यालय, संसद तथा राज्य के विधानमंडलों के सचिवालय, समस्त न्यायालय, शैक्षणिक संस्थान, सांस्कृतिक एवं अन्य सभी प्रशासनिक प्रखंड कार्यालयी हिन्दी के क्षेत्र में आते हैं।

राजभाषा नियम 1976 द्वारा देश भर के केन्द्र सरकार के कार्यालयों को तीन वर्गों में विभाजित किया गया है—'क' वर्ग के राज्य, 'ख' वर्ग के राज्य तथा 'ग' वर्ग के राज्य। 'क' वर्ग के राज्यों में उत्तर प्रदेश, उत्तराखंड, मध्य प्रदेश, छत्तीसगढ़, बिहार, झारखंड, राजस्थान, हिमाचल प्रदेश, हरियाणा तथा दिल्ली आते हैं। केन्द्र सरकार तथा 'क' वर्ग के राज्यों के लिए कार्यालयी भाषा सम्बन्धी प्रावधान यह है कि केन्द्र तथा इस वर्ग के प्रान्तों के बीच होनेवाले सभी पत्र-व्यवहार हिन्दी भाषा में ही होंगे। यदि किसी व्यक्ति या संस्था को अंग्रेजी में पत्र प्रेषित होगा तो उसका हिन्दी अनुवाद भी प्रेषित किया जाएगा।

'ख' वर्ग के राज्यों के अन्तर्गत हिन्दी प्रदेश के समीपवर्ती राज्य हैं। वे हैं—पंजाब, गुजरात, महाराष्ट्र, चंडीगढ़, अंडमान निकोबार। इनके सम्बन्ध में प्रावधान है कि केन्द्र सरकार तथा राज्य सरकार के बीच पत्र-व्यवहार हिन्दी में ही किया जाए। यदि कोई पत्र अंग्रेजी में प्रेषित हो तो उसका हिन्दी अनुवाद अवश्य संलग्न किया जाए। यदि कोई राज्य हिन्दी तथा अंग्रेजी के अतिरिक्त किसी अन्य भाषा में पत्र-व्यवहार करना चाहे तो उसका हिन्दी अनुवाद भी प्रेषित करें।

'ग' वर्ग के राज्यों के अन्तर्गत शेष सभी राज्य आते हैं। केन्द्र सरकार तथा 'ग' वर्ग के राज्यों के बीच पत्रादि अंग्रेजी भाषा में ही प्रेषित करने का प्रावधान है। किन्तु इस वर्ग के राज्य अथवा केन्द्र शासित प्रदेश के कार्यालयों से वर्ग 'क' तथा वर्ग 'ख' के राज्यों को प्रेषित किए जानेवाले पत्र हिन्दी अथवा अंग्रेजी किसी भी भाषा में हो सकते हैं।

कार्यालयी हिन्दी तथा सामान्य हिन्दी का सम्बन्ध

सामान्य हिन्दी तथा कार्यालयी हिन्दी दोनों की भाषिक संरचना एक है। दोनों का व्याकरणिक आधार एक है। सामान्य हिन्दी का वाचिक रूप बिलकुल स्वच्छन्द होता है तथा व्याकरण की मर्यादा का अतिक्रमण करता रहता है, किन्तु उसका लिखित रूप व्याकरण से अनुशासित होता है। व्याकरण का अनुशासन सामान्य हिन्दी तथा कार्यालयी हिन्दी दोनों के लिए आवश्यक है। कार्यालयी हिन्दी सामान्य हिन्दी के परिष्कार से बनती है। सामान्य हिन्दी दूध है तो कार्यालयी हिन्दी मक्खन की तरह है। अत: दोनों का अन्योन्याश्रित सम्बन्ध है। दोनों एक दूसरे के पूरक हैं।

इसके बावजूद सामान्य हिन्दी तथा कार्यालयी हिन्दी में कुछ मूलभूत अन्तर है। सामान्य हिन्दी सामान्य जन के आम व्यवहार तथा आपसी सम्पर्क की भाषा है। इसका प्रयोग सामान्य व्यक्ति आपसी क्रिया-कलापों में करता है। इसके विपरीत कार्यालयी हिन्दी कार्यालय के लोगों की भाषा है, जो केवल कार्यालयी या शासकीय कामकाज के लिए प्रयोग की जाती है।

सामान्य हिन्दी की शब्दावली अत्यन्त सहज और सरल होती है, जो आसानी से समझ में आ जाती है। इसमें बोलियों के देशज शब्द भी आसानी से घुले-मिले होते हैं। इसके साथ ही अन्य भाषाओं के शब्द भी सामान्य हिन्दी में सहजता से स्वीकार कर लिए जाते हैं तथा उनका प्रयोग धड़ल्ले से होता है। इसमें लोक मुहावरे, लोकोक्तियाँ, लाक्षणिक-व्यंजनात्मक शब्द, आलंकारिकता तथा सांकेतिकता की भरमार होती है। इसके विपरीत कार्यालयी हिन्दी की शब्दावली अत्यन्त सटीक एवं पारिभाषिक होती है। उसे समझने के लिए पारिभाषिक शब्दों के ज्ञान की

अपेक्षा होती है। इस पारिभाषिक शब्दों को आम आदमी समझ नहीं पाता। उसे सरकारी कर्मचारी ही समझ पाते हैं।

बोलियों के प्रभाव के कारण सामान्य हिन्दी अमानक भाषा होती है। उस पर क्षेत्रीयता का प्रभाव रहता है। उसमें एकरूपता नहीं होती। क्षेत्र परिवर्तन के साथ-साथ उसके स्वरूप में परिवर्तन आता रहता है। एकरूपता के अभाव के कारण सामान्य हिन्दी व्यक्तिगत पत्र-व्यवहार में तो व्यवहृत हो जाती है किन्तु उसका प्रयोग औपचारिक पत्र-लेखन में नहीं किया जाता। सरकारी पत्र-व्यवहार में कार्यालयी हिन्दी का ही व्यवहार होता है, क्योंकि वह मानक होती है तथा उसमें एकरूपता होती है। संख्या की दृष्टि से देखा जाए तो सामान्य हिन्दी की तुलना में कार्यालयी हिन्दी का व्यवहार करनेवाले बहुत कम होते हैं।

दोनों हिन्दियों में एक मूलभूत अन्तर यह भी है कि सामान्य हिन्दी में क्षेत्र-विशेष की धार्मिक-सांस्कृतिक चेतना की अभिव्यक्ति होती है। उसमें लोकविश्वास और लोक-आस्था की चेतना घुली-मिली होती है। इसके विपरीत कार्यालयी हिन्दी एक औपचारिक एवं सुनिश्चित प्रारूप की भाषा है जो क्षेत्रीयता से प्रभावित नहीं होती। शासन की कार्यप्रणाली को सम्प्रेषित करने के लिए कार्यालयी हिन्दी का प्रयोग किया जाता है। अत: यह एक वैज्ञानिक प्रारूप वाली हिन्दी भाषा है।

कार्यालयी हिन्दी की सामान्य जानकारी

प्रत्येक कार्यालय के कामकाज के दो स्तर होते हैं। पहला आन्तरिक स्तर और दूसरा बाह्य स्तर। आन्तरिक स्तर पर समस्त कार्यवाही फाइलों पर होती है। ये सरकारी फाइलें दो तरह से चलती हैं। वरिष्ठ या उच्चाधिकारी से कनिष्ठ अधिकारी की ओर और कनिष्ठ अधिकारी/कर्मचारी से वरिष्ठ अधिकारी की ओर। नीचे से ऊपर जानेवाली पत्रावलियों में कनिष्ठ अधिकारी फाइल पर अपनी विवेचना करते हुए, तथ्यपरक ढंग से एक प्रस्ताव देता है जो क्रमश: उच्चाधिकारियों के माध्यम से होते हुए विभागाध्यक्ष तक पहुँचती हैं। विभागाध्यक्ष अपने अधीनस्थों की टिप्पणियों/प्रस्तावों का सम्यक् परीक्षण कर अपनी अन्तिम टीप लिखता है। वह कनिष्ठ अधिकारी के प्रस्ताव से सहमत हो सकता, स्वीकृति दे सकता है अथवा असहमति की दशा में अपनी आदेशात्मक/निर्णयात्मक टिप्पणी दे सकता है।

सरकारी कार्यालय के बाह्य स्तर की कार्यवाही पत्र-व्यवहार से सम्बन्धित होती है। कोई पत्र या तो कार्यालय से बाहर जाता है अथवा बाहर से कार्यालय को प्राप्त होता है। जब कोई पत्र बाहर से कार्यालय को प्राप्त होता है, उस समय उसे कार्यालय का डाक विभाग प्राप्त करता है। डाक विभाग उस पत्र को रजिस्टर पर चढ़ाता है और उसे सम्बन्धित विभागाध्यक्ष/निदेशक/सचिव को प्राप्त कराता

है। विभागाध्यक्ष/निदेशक/सचिव उस पत्र को सम्बन्धित के पास भेजता है। वह सम्बन्धित कोई अधिकारी या अनुभाग या प्रकोष्ठ हो सकता है। सम्बन्धित अधिकारी उस पत्र को अपने अधीनस्थ लिपिक/सहायक को 'मार्क' करता है। पत्र को प्राप्त करते ही वह लिपिक/सहायक उसका सम्यक् परीक्षण करता है, तदुपरान्त उस पत्र के क्रम में पत्रावली पर उच्चाधिकारी/अपने वरिष्ठ अधिकारी को 'एड्रेस' करते हुए टिप्पणी लिखता है। वरिष्ठ अधिकारी अपनी संक्षिप्त टिप्पणी सहित उस पत्रावली को विभागाध्यक्ष के पास भेजता है। पत्रावली पर अन्तिम आदेश/निर्णय विभागाध्यक्ष ही देता है। तदनुसार उस पत्र का उत्तर तैयार कर सम्बन्धित को प्रेषित कर दिया जाता है। कार्यालय में प्राप्त हुए ऐसे किसी पत्र को कार्यालयी भाषा में PUC (प्रपोजल अंडर कंसीडरेशन) कहते हैं। ऐसे पी.यू.सी. पर कार्यालय निर्णय लेकर उस व्यक्ति/संस्था को उत्तर प्रेषित करते हैं, जहाँ से वह पत्र आता है।

अध्याय-2

कार्यालयी हिन्दी में प्रयुक्त पारिभाषिक शब्दावली

यह तथ्य बिलकुल स्पष्ट है कि प्रत्येक स्वतंत्र देश की अपनी राजभाषा होती है। किसी देश की एकाधिक राजभाषाएँ भी हो सकती हैं किन्तु उन राजभाषाओं में से जो एक प्रमुख राजभाषा होगी, उसी में अधिकांश राजकीय कामकाज होते हैं। हमारे देश में दो प्रमुख राजभाषाएँ हैं—हिन्दी तथा अंग्रेजी। जब कोई देश किसी नई भाषा को राजभाषा का दर्जा देता है तब उस भाषा में शासन चलाने हेतु आवश्यक शब्दों की कमी रहती है। इसके साथ ही उसका स्वरूप निर्धारित नहीं होता। ऐसी भाषा को शासन चलाने के अनुकूल बनाने के लिए अनेक पारिभाषिक शब्दों की आवश्यकता पड़ती है। इस आवश्यकता की तात्कालिकता को देखते हुए अनेक विदेशी भाषाओं से शब्द ग्रहण करने पड़ते हैं, उन शब्दों का अपनी राजभाषा में अनुवाद करना पड़ता है तथा उन्हें परिभाषित करना पड़ता है। जब स्वतंत्र भाषा में हिन्दी को राजभाषा के पद पर प्रतिष्ठित किया गया तब ऐसी तात्कालिक आवश्यकता गम्भीरता से महसूस की जाने लगी। उस दिशा में तीव्र गति से काम भी शुरू कर दिया गया। पारिभाषिक शब्दावली के क्षेत्र में यह कार्य स्वतंत्रता के पूर्व से ही महसूस किया जाने लगा था। इस दिशा में पहला महत्त्वपूर्ण कार्य 1877 ई. में राजेन्द्रलाल मिश्र ने किया था। उन्होंने 'यूरोपीय वैज्ञानिक शब्दावली के भारतीय भाषान्तर की समस्या' नामक पुस्तिका लिखकर एक शताब्दी पूर्व ही इस विषय पर भारतीयों का ध्यान आकर्षित किया था। उनके द्वारा उठाए गए सवाल आज भी प्रासंगिक हैं। स्वतंत्रता के बाद इस दिशा में बहुत तेज काम हुआ। सभी भारतीय भाषाओं में पारिभाषिक शब्दों के निर्माण एवं निर्धारण की प्रक्रिया शुरू हुई और सबने विदेशी भाषाओं, विशेष रूप से अंग्रेजी से खुलकर शब्दों का चयन किया। मुख्यत: अंग्रेजी से शब्दों का चयन इसलिए हुआ क्योंकि स्वतंत्रता के पूर्व यही राजकाज की भाषा थी, शासन की सर्वमान्य भाषा थी।

स्वतंत्रता-प्राप्ति के पश्चात् हिन्दी के पारिभाषिक शब्दों के निर्माण की दिशा में सबसे पहले महत्त्वपूर्ण कार्य डॉ. रघुवीर ने किया। उन्होंने अपने व्यक्तिगत सामर्थ्य से इस दिशा में जो कार्य किया, वह बड़ी-बड़ी संस्थाएँ भी नहीं कर सकीं। हिन्दी की पारिभाषिक शब्दावली के निर्माण में उनके अतुलनीय योगदान को उनके समर्थक और

उनके सैद्धान्तिक विरोधी—दोनों स्वीकार करते हैं। उनके समर्थकों ने उन्हें 'अभिनव पाणिनि' के विशेषण से सम्मानित किया है। डॉ. रघुवीर ने पारिभाषिक शब्द उसे माना है जिसकी परिभाषा की गई हो तथा जिसकी सीमाएँ निर्धारित कर दी गई हों। जिन शब्दों की सीमा नहीं बाँधी जाती वे साधारण शब्द होते हैं। जैसे अंग्रेजी भाषा के लिए शब्द 'डकैती' की परिभाषा की गई कि 'चार या चार से अधिक व्यक्ति जब डाका डालें तब उसे डकैती कहा जाएगा। पारिभाषिक शब्द सरल होने चाहिए, यह प्रथम प्रधानमंत्री जवाहरलाल नेहरू का विशेष आग्रह था। अन्य राजनेताओं ने भी उस सरलता की आवश्यकता को रेखांकित किया है, किन्तु डॉ. रघुवीर की मान्यता अलग है। उनका मानना है कि पारिभाषिक शब्दावली नई गठित होने के कारण व सुनिश्चित की गई शब्दावली होने के कारण सरल नहीं हो सकती। पारिभाषिक शब्दावली किसी भी भाषा में सरल नहीं होती, न अंग्रेजी में, न संसार की किसी अन्य भाषा में। उनके अनुसार बहुप्रचलित शब्द सरल होते हैं, जबकि पारिभाषिक शब्द कठिन होते हैं।

डॉ. रघुवीर का मानना है कि पारिभाषिक शब्द विशिष्ट अर्थ में प्रयुक्त होते हैं, जैसे तीन अंग्रेजी शब्द—'प्रोरोगेटिव', 'प्रीविलेज' तथा 'राइट'। तीनों का आशय है अधिकार किन्तु तीनों विशेष अर्थ में प्रयोग किए जाते हैं। 'प्रोरोगेटिव' का अर्थ है विशेषाधिकार, 'प्रीविलेज' का अर्थ है विशेष अधिकार या विशेष सुविधा तथा 'राइट' का अर्थ है अधिकार। साधारण आदमी के लिए तीनों का आशय एक है किन्तु विशेषज्ञ के लिए तीलनों का अर्थ अलग-अलग है। ये तीनों पारिभाषिक शब्द हैं। इसी तरह नये-नये विज्ञानों तथा नये-नये वैज्ञानिक विकासों के कारण नये-नये पारिभाषिक शब्द बनाने होंगे। हिन्दी में पारिभाषिक शब्द बनाने में घबराने से काम नहीं चलेगा। उनकी धारणा है कि पारिभाषिक शब्द सरल होने चाहिए तथा साथ ही उन्हें छोटा होना चाहिए। पारिभाषिक शब्दों को अर्थपूर्ण होना चाहिए। इस तरह छोटे, सरल और अर्थपूर्ण पारिभाषिक शब्द आसानी से ग्रहण किए जा सकते हैं।

डॉ. भोलानाथ तिवारी के अनुसार "अर्थ और प्रयोग की दृष्टि से निश्चित रूप से परिभाषित होनेवाले शब्दों को पारिभाषिक शब्द कहते हैं।" उन्होंने पारिभाषिक शब्दों की चार विशेषताएँ बताई हैं—सरलता, संक्षिप्तता, स्पष्टता तथा अनेक रूपों में ढलने की क्षमता। पारिभाषिक शब्द की सरलता के लिए यह आवश्यक है कि वह बहुप्रचलित हो तथा सुगमता से उच्चारण करने योग्य हो। उदाहरण के लिए अंग्रेजी के 'टिकेट' शब्द को उच्चारण हेतु सुगम बनाते हुए 'टिकट' कर दिया गया और उसे स्वीकार कर लिया गया। पारिभाषिक शब्द संक्षिप्त होने चाहिए। लम्बे शब्द अच्छे पारिभाषिक शब्द नहीं बन सकते। उनका प्रयोग सीमित रह जाता है। जबकि संक्षिप्त शब्द आसानी से ग्राह्य हो जाते हैं। जैसे टी.बी., एड्स आदि। अब इन शब्दों का विस्तृत रूप 'ट्यूमर क्लोसिस' तथा 'एक्वायर्ड इम्यून डिफिसिएसी सिंड्रोम' कठिन

तथा अप्रचलित हैं। स्पष्टता या सुनिश्चितता पारिभाषिक शब्द की अत्यन्त विशेषता है। जिससे उनके अर्थ की 'अतिव्याप्ति' या 'अव्याप्ति' दोनों न हों। इसका अभिप्राय है कि पारिभाषिक शब्द की अर्थवत्तता निश्चित हो और उससे अधिक अर्थ व्यक्त न हो ताकि पाठक को अर्थ से भ्रम न हो, अन्य अर्थ ग्रहण करने की गलती न हो। इसी तरह पारिभाषिक शब्द में ऐसी क्षमता होनी चाहिए कि वह अनेक शब्दों में ढाला जा सके। उसमें उपसर्ग या प्रत्यय आदि जोड़कर नये-नये शब्द बनाने की क्षमता हो। उदाहरण के लिए मानव, मानवीय, मानवता, मानविकी, मानवीकरण, मानवीतय आदि।

शब्दावली निर्माण के सिद्धान्त

पारिभाषिक शब्द बनाने के कई सिद्धान्त हैं। वस्तुत: साहित्येतर लेखन या अनुवाद के लिए पारिभाषिक शब्दों की आवश्यकता होती है। पारिभाषिक शब्द निर्माण हेतु निश्चित सिद्धान्तों के अभाव के कारण पहले पारिभाषिक शब्दावली निर्माण के क्षेत्र में बहुरूपता थी। प्रत्येक क्षेत्र के विशेषज्ञ द्वारा अलग-अलग पारिभाषिक शब्द बनाए गए, एक ही मूल शब्द के अनेक पारिभाषिक शब्द बने। परिणामस्वरूप अध्येताओं के लिए असमंजस की स्थिति पैदा होने लगी। इस समस्या का निराकरण करने के लिए भारत सरकार ने पारिभाषिक शब्दावली निर्माण के लिए 'वैज्ञानिक तथा तकनीकी शब्दावली आयोग' का गठन किया। इस आयोग ने पारिभाषिक शब्दों के निर्माण की दिशा में ठोस और सार्थक पहल की। इस आयोग ने पारिभाषिक शब्दावली के निर्माण के लिए सिद्धान्त निश्चित किए। आयोग द्वारा स्वीकृत पारिभाषिक शब्दावली निर्माण के ये सिद्धान्त इस प्रकार हैं :

1. अन्तरराष्ट्रीय शब्दों को यथासम्भव उनके प्रचलित अंग्रेजी रूपों में ही अपनाना चाहिए और हिन्दी तथा अन्य भारतीय भाषाओं की प्रकृति के अनुसार ही उनका लिप्यंतरण करना चाहिए, जैसे—
   - (क) तत्त्वों-यौगिकों के नाम—हाइड्रोजन, ऑक्सीजन, कार्बन डाईआक्साइड, सल्फर डाईआक्साइड आदि।
   - (ख) माप-तौल की इकाइयों के नाम—कैलोरी, डाइन, एम्पियर, ग्राम, लीटर, मीटर आदि।
   - (ग) ऐसे शब्द जो व्यक्तियों के नाम पर हों—मार्क्सवाद, गैरी मेंडर (मि. गैरी), ब्रेन लिपि (लुई ब्रेल), बायकाट (कैप्टन बायकाट), गिलोटिन (डॉ. गिलोटिन), एम्पियर (मि. एम्पियर), फारेनहाइट (मि. फारेनहाइट) आदि।
   - (घ) द्विपक्षीय नामावली—वनस्पति विज्ञान, प्राणि विज्ञान, भौतिक विज्ञान, नृविज्ञान आदि।

(ङ) स्थिरांक, जैसे—ग, g आदि।

(च) पूरी दुनिया में सर्वमान्य शब्द—रेडियो, पेट्रोल, इलेक्ट्रॉन, प्रोटान, न्यूट्रॉन आदि।

(छ) गणित और विज्ञान की शाखाओं के प्रतीक चिह्न और सूत्र—साइन, कोसेक, टैन, लॉग आदि।

2. प्रतीक रोमन लिपि के अन्तरराष्ट्रीय रूप में ही रखे जाएँगे किन्तु उनका संक्षिप्त रूप नागरी लिपि में भी लिखे जा सकते हैं, जैसे सेंटीमीटर का cm या से.मी., kg या के.जी. आदि।
3. ज्यामितीय आकृतियों में देवनागरी लिपि के अक्षरों का प्रयोग किया जा सकता है, जैसे—कोण, क, ख, ग, घ, च, छ, ज, अ, ब, स आदि तथा बिन्दु अ, ब, स, क, ख, ग आदि।
4. त्रिकोणमिति के सम्बन्धों में केवल रोमन अक्षर ही प्रयुक्त होंगे, जैसे—साइन A, कॉस B आदि।
5. संकल्पनाओं को व्यक्त करनेवाले शब्दों का सामान्यत: अनुवाद किया जाना चाहिए, जैसे अस्तित्ववाद, समाजवाद, पूँजीवाद आदि।
6. हिन्दी पर्यायों का चुनाव करते समय सरलता, अर्थ की परिशुद्धता और सुबोधता का विशेष ध्यान रखना चाहिए।
7. भारतीय भाषाओं के शब्दों में यभासम्भव एकरूपता लाना ही इसका उद्‌देश्य होना चाहिए। इसके लिए ऐसे शब्द अपनाने चाहिए जो—

   (क) अधिक-से-अधिक प्रादेशिक भाषाओं में प्रयुक्त होते हों तथा

   (ख) संस्कृत की धातुओं पर आधारित हों
8. ऐसे देसी शब्द जो हमारी भाषाओं में प्रचलित हो गए हैं, जैसे 'टेलीग्राम' के लिए 'तार', 'कांटीनेंट' के लिए महाद्वीप, 'पोस्ट' के लिए डाक आदि। इन्हें इसी रूप में ही व्यवहार में लाना चाहिए।
9. अंग्रेजी, पुर्तगाली, फ्रांसीसी आदि भाषाओं के ऐसे विदेशी शब्द जो भारतीय भाषाओं में प्रचलित हो गए हैं, उन्हें उसी रूप में अपनाना चाहिए, जैसे—टिकट, बिस्कुट, पेंशन, पुलिस, ब्यूरो, रेस्तरां, डीलक्स आदि।
10. अन्तरराष्ट्रीय शब्दों का देवनागरी लिपि में लिप्यंतरण इतना जटिल नहीं होना चाहिए। ऐसा लिप्यंतरण अंग्रेजी उच्चारण के अधिकाधिक अनुरूप होना चाहिए एवं उनमें ऐसे परिवर्तन होने चाहिए जो शिक्षित वर्ग में प्रचलित हों।
11. हिन्दी में अपनाए गए अन्तरराष्ट्रीय शब्दों को, अन्यथा कारण न होने पर, पुल्लिंग रूप में ही प्रयुक्त करना चाहिए।
12. पारिभाषिक शब्दावली में कुछ संकर शब्दों को सरल और सुबोध बनाने के लिए उनका सरलीकरण करके स्वीकृत कर लिया जाता है, जैसे

'gauranteed' के लिए 'गारंटित', 'classical' के लिए 'क्लासिकी', 'codifier' के लिए 'कोडकार', 'Romance' के लिए 'रोमान' आदि।

13. कठिन सन्धियों का यथासम्भव कम प्रयोग किया जाना चाहिए तथा संयुक्त शब्दों के बीच में 'हाइफन' (-) लगा देना चाहिए।
14. नये अपनाए हुए शब्दों में आवश्यकतानुसार हलंत का प्रयोग करके उन्हें सही रूप में लिखना चाहिए।
15. पंचम वर्ण के स्थान पर अनुस्वार का प्रयोग किया जाना चाहिए। किन्तु अंग्रेजी शब्दों जैसे Lens, patent आदि को 'लेंस' की बजाय 'लेंस' और 'पेटेंट' की बजाय 'पेटेंट' ही लिखना चाहिए।

कार्यालयी हिन्दी की पारिभाषिक शब्दावली

केन्द्र एवं राज्य सरकारों के विभागीय कामकाज के लिए निश्चित पारिभाषिक शब्दावली का प्रयोग किया जाता है। सभी कार्यालय आपसी पत्र-व्यवहार में पारिभाषिक शब्दावली का ही प्रयोग करते हैं। ऐसी पारिभाषिक शब्दावली भी स्वयं में पूर्ण होती है, स्वत: स्पष्ट होती है, असन्दिग्ध होती है, निर्वैयक्तिक होती है, अभिधात्मक होती है तथा आलंकारिकता व लाक्षणिकता से दूर होती है। प्रत्येक विभाग की अपनी विशिष्ट पारिभाषिक शब्दावली होती है, जिसमें उस विभाग के कामकाज सम्पन्न होते हैं। जैसे बैंकिंग की शब्दावली, रेलवे विभाग की शब्दावली, बीमा की शब्दावली, विधि की शब्दावली, वित्त की शब्दावली, परिवहन विभाग की शब्दावली, संसदीय अथवा विधायी शब्दावली, कृषि विभाग, मत्स्य पालन विभाग, पशुपालन विभा की शब्दावली, सहकारिता विभाग की शब्दावली, ग्रामीण विकास विभाग की शब्दावली, आबकारी विभाग की शब्दावली, शिक्षा विभाग की शब्दावली, ऊर्जा, मौसम, विज्ञान एवं तकनीकी विभाग की शब्दावली, उद्योग विभाग की शब्दावली, खेल विभाग, जेल विभाग तथा खाद्य-रसद विभाग की शब्दावली, चिकित्सा एवं स्वास्थ्य विभाग, गन्ना विकास विभाग, नगर विकास विभाग, नागरिक उड्डयन विभाग, पंचायतीराज विभाग, वन-पर्यावरण विभाग, सिंचाई विभाग, सूचना विभाग, संस्कृति विभाग, सतर्कता विभाग आदि अन्य विभिन्न विभागों की शब्दावली।

सरकार के विभिन्न विभागों की पारिभाषिक शब्दावलियों का पूरा विवरण यहाँ देना सम्भव नहीं है। पूरा विवरण देने का अर्थ है कि लगभग 500 पृष्ठों का शब्दकोश तैयार हो जाना। किन्तु कुछ ऐसे विभागों की पारिभाषिक शब्दावली की सूची यहाँ प्रदान की जानी उपयोगी होगी, जिससे आम आदमी अपनी रोजमर्रा की जिन्दगी में रूबरू होता है। ऐसे विभागों एवं उनकी महत्त्वपूर्ण पारिभाषिक शब्दावली निम्नवत् है—

प्रशासन सम्बन्धी पारिभाषिक शब्दावली

A

Abetment	दुष्प्रेरण, उकसाना
Abeyance	आस्थगन
Adjoumment	स्थगन
Abnormal	असामान्य
Abolition	समाप्ति, अन्त; निर्मूलन, उन्मूलन
Above-mentioned	उपर्युल्लिखित, उपरिलिखित
Above noted	उपर्युक्त
Abrogation	निराकरण
Absorb	समाविष्ट करना, आमोलित करना
Abstract	सार, संक्षेप
Acceptance	स्वीकृति
Accessory	अनुषंगी
Accompanying letter	सहपत्र
Accredited	प्रत्यायित
Accountable	उत्तरदायी; लेखा-योग्य
Accusation	दोषारोपण; अभियोग
Achievement	उपलब्धि
Acknowledgement	अभिस्वीकृति
Acquisition	अर्जन
Acting	कार्यकारी
Active	सक्रिय
Adapt	अनुकूल
Additional	अपर; अतिरिक्त
Adjudication	अधिनिर्णय, न्याय-निर्णय
Adjustment	समायोजन
Administrative	प्रशासनिक, प्रशासकीय
Admonition	भर्त्सना
Advance	अग्रिम, पेशगी
Adverse	प्रतिकूल
Advice	परामर्श, मंत्रणा, संज्ञापन, सूचना
Affairs	कार्य, मामले
Affiliated	सम्बद्ध

Affirmation	प्रतिज्ञान; अभिपुष्टि
Agenda	कार्य-सूची
Aggrieved	असन्तुष्ट; व्यथित, पीड़ित; खिन्न
Agrarion	भूमि सम्बन्धी
Agreeable	रुचिकर; स्वीकार्य
Agreement	करार, अनुबन्ध; सहमति
Alienable	अन्य संक्राम्य
All-inclusive	सर्वसमावेशी
Allegiance	निष्ठा
Allocation	नियतन
Announcement	आख्यापन
Anonalous	असंगत, विषम
Anomaly	विषमता, असंगति
Anti-inflationary	मुद्रास्फीति निवारण
Apex	शीर्ष
Appeasement	तुष्टीकरण
Apportionment	प्रभाजन
Appraisal	मूल्यनिरूपण; आँकना, कूतना
Approbation	अनुमोदन
Appropriate	उपयुक्त, उचित; विनियोजन
Approval	अनुमोदन
Ascertain	अभिनिश्चित करना
Aspersion	आक्षेप, लांछन
Assets	परिसम्पत्ति, आस्तियाँ
Assignment	सामनुदेशन, निर्दिष्ट कार्य
Assurance	आश्वासन, बीमा; हस्तांतरण-पत्र
Attestation	अनुप्रमाणन
Augmentaion	आवर्धन
Authenticity	प्रामाणिकता
Authoritative	प्राधिकारिक
Autonomous	स्वायत्त
Avement	प्रकथन
Aversion	विरुचि, वितृष्णा
Avocation	उपव्यवसाय
Awareness	चेतना, बोध; जागरूकता

B

Back reference	पूर्वनिर्देश, पिछला सन्दर्भ
Balance	आधिक्य, शेष; सन्तुलन
Bar, efficiency	दक्षता-रोध
Barrier	अवरोध, रोध; नाका
Basic	बुनियादी, आधारभूत, मूल
Basis	आधार
Benificiary	लाभग्राही, हिताधिकारी
Benefit of doubt	सन्देह-लाभ
Best endeavous	भरसक प्रयत्न, पूरा प्रयास
Beyond reasonable doubt	युक्तियुक्त सन्देहातीत
Bias	अभिनति, पूर्वग्रह
Bicameral	द्वि-सदनी; द्वि-सदन
Bilateral	द्विपक्षीय
Binding	बंधनकारी, बाध्यक
Blanket order	व्यापक आदेश
Bonafide	सद्भावनापूर्ण; वास्तविक
Bonafides	सद्भाव, नेकनीयती
Bottleneck	गत्यवरोध
Brain drain	प्रतिभा-पलायन
Breach	भंग, उल्लंघन
Briefपक्षसार, वाद-सारांश; संक्षेप	
Bureaucracy	नौकरशाही, अधिकारीतंत्र
Business hour	कार्य-समय
By authority	के प्राधिकार से
By force	बलात्

C

Cabinet affairs	मंत्रिमंडल कार्य
Cadre	संवर्ग
—regular	नियमित संवर्ग
Campaign	अभियान
Capacity	क्षमता, सामर्थ्य; हैसियत; धारिता
Capita, per	प्रति व्यक्ति
Capitulation	आत्मसमर्पण
Caption	शीर्षक

Cardinal points	आधारभूत बिन्दु
Caretaker Government	कामचलाऊ सरकार
Carry into effect	कार्यान्वित करना
Case study	वाद-अध्ययन; व्यक्ति-अध्ययन
Casual	आकस्मिक, अनियत; नैमित्तिक, सामयिक
Category	वर्ग, श्रेणी, कोटि
Categorical	सीधा, सुस्पष्ट
Caution	सावधानी, सतर्कता; सावधान
Cease to exist	अस्तित्वहीन होना
Ceiling price	उच्चतम मूल्य
Chain reaction	शृंखलित, प्रतिक्रिया
Characteristics	लक्षण, विशिष्ट बातें
Charge	अभियोग; प्रभार; व्यय; भार
—sheet	दोषारोप-फलक, अभियोग-फलक
Circular	परिपत्र, गश्ती चिट्‌ठी
Citation	प्रशस्ति; उद्धरण, उल्लेख
Civil Supplies	नागरिक आपूर्ति
Class concept	वर्ग-संकल्पना, वर्गधारणा
Class consciousness	वर्गचेतना
Classified document	वर्गीकृत विलेख
Close control	निकट नियंत्रण
Close scrutiny	सूक्ष्म संवीक्षा, सूक्ष्म परिनिरीक्षण, सूक्ष्म जाँच
Conalition Ministry	बहुदलीय मंत्रिमंडल
Cold War	शीतयुद्ध
Collusion	दुरभि संधि
Commemoration	संस्मृति, स्मारक
Commendation	संस्तुति, प्रशंसा
Commensurate	अनुरूप
Commitment	प्रतिबद्धता, वचनबद्धता
Commune	समुदाय
Commutation	लघुकरण; सारांशीकरण
Compensation	प्रतिकर, मुआवजा
Competence	क्षमता
Competent	सक्षम, कार्यकुशल
Complement	पूरक, सम्पूरक

Compliance	अनुपालन, पालन
Composite	संहत; सामासिक
Comprehensive	व्यापक
Conclusive	निश्चायक; निश्चयात्मक; अन्तिम
Concord	सामंजस्य
Concurrence	सहमति
Conditional	सप्रतिबंध, सशर्त
Confirmation	पुष्टि
Confiscation	अधिहरण; जब्ती
Conformity	अनुरूपता
Conscientious	अन्त:करणानुयायी, ईमानदार
Consecutive	लगातार, क्रमिक
Consensus	मतैक्य
Consent	सम्मति
Consigned	परेषित
Consolidated	संहत, समेकित, संचित
Consortium	संकाय, संघ
Coinstiturent	संघटक
Contention	तर्क, विवाद; कथन
Contents	अन्तर्वस्तु, विषय-सूची; अंश
Coritingent	आनुषंगिक, आकस्मिक, प्रासंगिक; सम्भाव्य
Contraband	विनिषिद्ध
Contravention	उल्लंघन
Conventional	रूढ़िगत, रूढ़
Convincing	सम्प्रत्यायक, विश्वासजनक
Co-ordinated	समन्वित
Corporate	निगमित; सामूहिक
Corresponding	तदनुरूप, तत्स्थानी
Corroboration	सम्पुष्टि
Counterpart	प्रतिरूप, प्रतिस्थानी
Counterpoised	प्रतितुलित
Covering letter	सहपत्र
Crash programme	द्रुत कार्यक्रम
Credence	प्रत्यय, विश्वास

Credentials	प्रत्यय-पत्र; अधिकार-पत्र
Criterion	कसौटी, मानदंड
Critical	संकटपूर्ण; आलोचनात्मक; नाजुक
Cross reference	अन्तर्निर्देश, परस्पर सन्दर्भ
Crucial	संकटकालीन, कठिन; निर्णायक
Cumulative	संचयी
Custody	अभिरक्षा, हिरासत
Cut motion	कटौती प्रस्ताव

D

Daily routine	दैनिक कार्य
Deal	व्यवहृत करना, व्यापार करना, व्यापार; सौदा; निपटना
Debar	वर्जन करना, वर्जित करना, रोकना
Decision	विनिश्चय
Deferred	आस्थगित
Defunct	निष्क्रिय, समाप्त
Delegation	शिष्टमंडल, प्रतिनिधिमंडल; प्रत्यायोजन
Delinquent	अपचारी
Demotion	पदावनति
Deputation	प्रतिनियुक्ति; शिष्टमंडल
Dereliction	अवहेलना, उपेक्षा
Despatch	प्रेषण
Detention	निरोध, अवरोध; नजरबंदी
Determination	अवधारणा; संकल्प
Deterrent	निवारक, निवर्तक
Detriment	अहित
Devolution	अन्तरण, अवक्रमण
Deviation	विचलन
Differentiation	विशिष्टीकरण, विभेदीकरण
Digression	विषयान्तरण
Delemma	दुविधा
Dire	घोर, भयंकर
Direction	निदेशन
Directive	निदेश, निदेशात्मक

Disapprobation	अननुमोदन, नापसन्दगी
Disbursement	वितरण
Discharge	उन्मोचन; निर्वहन; कार्य/सेवामुक्ति
Disciplinary	अनुशासनिक
Discrepancy	असंगति, विभेद; भिन्नता
Discrimination	विभेद, भेद-भाव
Dislocation	विस्थापन; अस्तव्यस्त होना
Disobedience	अवज्ञा, अनुपालन
Disorder	अव्यवस्था, गड़बड़ी
Disqualification	अनर्हता, अयोग्यता
Disregard	अवहेलना, उपेक्षा
Dissent	विमति, विसम्मति, असहमति
Diversification	विविधीकरण
Diversion	पथान्तर, विषयान्तर
Document	प्रलेख, दस्तावेज
Draft	मसौदा, आलेख
Dutiful	कर्तव्यनिष्ठ
Duty leave	कार्यार्थ छुट्टी
Duty, official	सरकारी ड्यूटी/काम, पदीय कर्तव्य

E

Earmarked	नियत, रक्षित, पृथक रखा गया
Earned	अर्जित, उपार्जित
Earnest money	बयाना, सत्यंकार
Economic	आर्थिक; लाभकर; किफायती; मितव्ययी
Economy measures	मितव्यय-उपाय
Effective output	प्रभावी उत्पाद
Effecacious	कार्यकर
Efficiency	दक्षता, कार्यक्षमता, कार्यपटुता
Efficiency bar	दक्षतारोध
Efficient	दक्ष, कार्यक्षम, कार्यकुशल
Eligibility	पात्रता
Elucldation	विषदीकरण, स्पष्टीकरण
Emergency	आपात; आपातिक
Employment oriented	रोजगार उन्मुख

End product	अन्तिम उत्पाद
En-masse	सामूहिक रूप से
Enterprise	उद्यम
Enterpreneur	उद्यमकर्ता, उद्यमी
Equalise	समकार, समकारी
Equitable	साम्ययुक्त
Equity	साम्या
Evacuation	निष्क्रमण
Ex-cadre post	संवर्ग बाह्य
Exclusive	अनन्य
Exemplary	उदाहरणात्मक; निवारक
Ex-gratia payment	अनुग्रहपूर्वक भुगतान
Exhaustive	सर्वांगपूर्ण
Exigency	तात्कालिक आवश्यकता
Expeditious	तत्काल, शीघ्रकारी
Explanatory note	व्याख्यात्मक टिप्पणी
Explicit	स्पष्ट
Exploratoty	समन्वेषी
Expressly	स्पष्टत:, प्रत्यक्ष रूप से
Extensive	व्यापक, विस्तृत
Extra-curricular	पाठ्येतर
Extraneous	बाह्य, अप्रासंगिक, असम्बद्ध

F

Fact-finding	तथ्य अन्वेषी
Fact-in-issue	वाद तथ्य
Factionalism	गुटवाद, गुटबन्दी
Factual	तथ्यपूर्ण, तथ्यात्मक, वास्तविक
Fair and equitable	न्यायोचित और साम्ययुक्त
Faithनिष्ठा, श्रद्धा, आस्था, विश्वास	
Fatigue duty	श्रमदंड, कठोर काम की ड्यूटी
Feasibility	साध्यता, व्यवहार्यता; औचित्य
File movement	पत्रावली संचलन
Financial	वित्तीय
—sanction...	वित्तीय संस्वीकृति
—stringency	वित्तीय कठिनाई

Fixation	नियतन, निर्धारण
Floor price	आधार मूल्य, न्यूनतम मूल्य
Follow up action	अनुवर्ती कार्यवाही
Foregoing	पूर्ववर्ती, पूर्वगत
Forfeited	समपहृत
Formal	औपचारिक; विधिवत्
Forward	अग्रेषित करना
Forwarding note	अग्रेषण-टिप्पणी
Functional	कार्यात्मक, क्रियाशील
Further action	आगे की कार्यवाही

G

General circular	सामान्य परिपत्र
General Provident Fund	सामान्य भविष्य निधि
Generalisation	सामान्यीकरण
Glaring disparity	घोर असमानता
Global	विश्वव्यापी, सार्वभौम
Gradation	श्रेणीकरण; पदक्रम
Grass root	आधारभूत, क्षेत्र स्तरीय
Gratification	परितोषण
Gratuitious	आनुग्रहिक
Gratuity	उपदान, आनुतोषिक
Grouping and grading	वर्गीकरण और कोटिकरण; वर्गीकरण और पद-क्रमण
Guidelines	मार्गदर्शी सिद्धान्त, निदेशक सिद्धान्त

H

Habitual	आभ्यासिक
Hard and fast rules	पक्के नियम
Hereafter	इसके पश्चात्
Here-in-after	इसके आगे
Here in before	इसके पहले
Heretofore	जब तक
Hereunder	इसके नीचे
High priority	उच्च प्राथमिकता

Highlights	मुख्य विशेषताएँ, प्रमुख आकर्षण
Hold good	मान्य होना, लागू होना
Homogeneous	सदृश, समरूप
Honorarium	मानदेय
Honours	प्रतिष्ठा, सम्मान

I

Identical scale of pay	समान वेतनमान
Illegal	अवैध, गैरकानूनी
Illustrative	निर्देशनात्मक, निदर्शी
Immediate	तत्काल, अविलम्ब; आसन्न
Immobilize	गतिहीन करना
Imperative	अनिवार्य
Impropriety	अनौचित्य
Improvisional	कामचलाऊ
Imputation	आरोपण, लांछन, अभ्यारोप
Incentive scheme	प्रोत्साहन-योजना
Incidence of taxes	कर-आपात
Incidental	आनुषंगिक, प्रासंगिक
Incompetent	अक्षय
Inconclusive	अनिर्णीत, अनिश्चायक
Indemnification	क्षतिपूरण
Indiscriminate	अविवेकी, अविचारपूर्ण
Industry, Key	मूल उद्योग
Ineffective	निष्प्रभावी
Inefficiency	अदक्षता
Inexpedient	असमीचीन
In fact	वस्तुत:
Inferiority Complex	हीनभावना
Infructous	निष्फल
Injunction	व्यादेश, निषेधाज्ञा
Inoperative	अप्रवृत्त, प्रवर्तनहीन
Inopportune	अनुचित, असामयिक
Integration	एकीकरण; समाकलन
Intensive	गहन, तीव्र, प्रकृष्ट
Interse	आपस में

Ipso-facto	स्वयमेव, स्वत:
Ipso-jure	विधित:
Irrational	अविवेकशील, तर्कहीन, अयुक्त
Issue of fact	तथ्य पद
Issued	निर्गत

J

Job analysis	कार्य-विश्लेषण
Job oriented	व्यवसायोन्मुख
Job specification	कार्य-विनिर्दिष्ट
Job work	छुट-पुट काम, उजरती काम
Joining date	कार्यारम्भ तारीख
Joint venture	संयुक्त उद्यम, सह-उद्यम
Judiciary	न्यायपालिका
Judicious	विवेकसम्मत
Junior	अवर
Jurisdiction	अधिकारिता, अधिकार-क्षेत्र, क्षेत्राधिकार
Just न्याय्य, यथोचित	
Justification	औचित्य, तर्क संगति

K

Keeper	अवेक्षक
Keyword	संकेत शब्द
Knowingly and wilfully	जानबूझकर और स्वेच्छापूर्वक
Knowledgeable	जानकार, बहुज्ञ

L

Labour, casual	अनियत श्रमिक
Lacuna	व्यवधान; न्यूनता
Lapse	व्यपगत होना; गलती
Large scale, on	बड़े पैमाने पर
Later reference	उत्तर निर्देश, उत्तर सन्दर्भ
Latitude	छूट, ढिलाई; आक्षांश
Lawful	विधिसम्मत, विधिक
Lawless	विधि-विरुद्ध, विधिहीन
Lawlessness	अव्यवस्था

Law making	विधिकारी
Lay off	कामबन्दी
Legal	कानूनी, विधिक; वैध
Legislative	विधायी; विधान
Length of service	सेवाकाल
Limit, age	वय सीमा
Link language	सम्पर्क भाषा
Liquidation	परिसमापन
List, concurrent	समवर्ती सूची
List, Union	संघ सूची
Lobbying	समर्थन याचना
Lower division assistant	अवर श्रेणी सहायक

M

Maiden Speech	प्रथम भाषण
Maintenance	अनुरक्षण, देखभाल; भरण-पोषण
Major head	मुख्य शीर्ष, प्रधान शीर्षक
Malafides	बदनीयती, दुर्भाव, असद्भाव
Malpractice	अनाचार
Mandate	अधिदेश
Manifesto	घोषणा-पत्र
Man power deployment	जनशक्ति परिनियोजन
Marginally noted	पार्श्वांकित, उपान्त लिखित
Marshalling of facts	तथ्यों को क्रमबद्ध करना, तथ्य-विन्यास
Mass consumption	सामूहिक उपभोग
Master plan	महायोजना
Matching grant	अनुरूप भोजी अनुदान
Materials management	सामग्री प्रबन्धन
Memorialist	अभ्यावेदक
Mercy Petition	दया-याचिका
Merit	गुण-दोष, योग्यता
Meritorious service	सराहनीय सेवा
Methods study	कार्यविधि अध्ययन
Methodology	कार्यप्रणाली, प्रणाली विज्ञान
Ministerial establishment	लिपिकीय कर्मचारीवर्ग

Miscarriage of justice	न्याय अपवहन
Missionary zeal	व्रतभाव, दृढ़ उत्साह
Mistake of fact	तथ्य की भूल
Mobilisation of resources	साधन जुटाना
Modality	रूपात्मकता, निश्चय मात्रा
Moderation	अनुशोधन
Modification	आशोधन; रूपान्तर
Momentum	संवेग, गतिमात्रा, तेजी, जोर
Monetary	मौद्रिक, धन-सम्बन्धी; आर्थिक
Monopoly	एकाधिकार
Most immediate	अति-तात्कालिक
Most urgent	अति तुरन्त, परम आवश्यक
Motivation	अभिप्रेरणा
Multi-purpose	बहु-उद्देशीय, बहु-प्रयोजन
Muster roll	उपस्थिति नामावली/चिट्ठा

N

Narrow majority	अल्प बहुमत
Nascent industry	नवजात उद्योग
Natural Justice	सहज न्याय
Nebulous state, in	अपरिपक्व अवस्था में
Need-based	आवश्यकता आधारित
Neglect	उपेक्षा; लापरवाही
Negotiable	परक्राम्य
Next lower authority	आसन्न अवर प्राधिकारी
Next working day	अगला कार्य-दिवस
Nomination	नामन, नामनिर्देशन
Nominee	नामिती, नामित व्यक्ति
Non-continuous service	विच्छिन्न सेवा
Non Judicial	न्यायिकेतर
Non-official	अनधिकारिक, अशासकीय, असरकारी
Non-partisan	असमर्थक, निर्दलीय
Non-plan	योजनेतर
Non-Statutory	असांविधिक

Non-Selection post	अप्रवरण पद
Non-viable	अव्यवहार्य
Non-votable	अमतदेय
Not exceeding	अनधिक
Nuisance	कंटक, व्याथा, अनुत्रास
Null and void	अकृत और शून्य, बातिल और शून्य

O

Oath of allegiance	निष्ठा-शपथ
Objects and reasons	उद्देश्य और कारण
Obligatory	बाध्यकर, अनिवार्य
Observance	अनुपालन, पालन
Off duty	काम के बाद, काम पर न होना; खाली दिन
Offensive	आक्रामक; अप्रिय, कटु
Office beare	पदाधिकारी
Office hours	कार्यालय-समय
Official	पदधारी, आधिकारिक; शासकीय, सरकारी
Official decorum	औपचारिक शिष्टाचार
Officialdom	दफ्तरशाही
Official duty	पदीय कर्तव्य, सरकारी काम
Official version	सरकारी कथन, आधिकारिक कथन
Officious	अनौपचारिक; दस्तंदाज
Old age pension	वृद्धावस्था पेंशन
Onerous duty	दुर्वह कार्य
On merits	गुणावगुण के आधार पर
Operating Capital	प्रचालन पूँजी
Operative	प्रवर्ती, प्रभावी; सक्रिय
Opportune	उपयुक्त, समयानुकूल
Opportunism	अवसरवादिता
Optimum	इष्टतम, अनुकूलतम, सर्वोत्तम
Optimum utilization	इष्टतम उपयोग
Order of precedence	पूर्वता-क्रम, अग्रता-क्रम
Order of seniority	वरिष्ठता-क्रम
Organisation and method	संगठन और पद्धति
Oriented	उन्मुख

Outgoing files	निर्गामी पत्रावलियाँ
Outlying town	बहिर्वर्ती नगर
Out of order	अव्यवस्थित, अनियमित; बिगड़ी दशा में
Out Station	बाह्य स्थान
Overall	समग्र
Overdue	अतिशोध्य; पुराना
Over estimate	अत्यनुमान, अधिप्राक्कलन
Overlapping	अतिव्याप्ति; परस्पर व्याप्ति
Overriding decision	अध्यारोही / अभिभावी विनिश्चय
Overtime	अतिरिक्त समय, समयोपरि; अतिकाल
Overwork	कार्याधिक्य
Overwriting	अधिलेखन

P

Package proposal	संपुटित प्रस्ताव
Paid apprentice	सवेतन शिक्षु
Panel	नामिका
Patity	समानता, बराबरी
Parliamentary affairs	संसदीय कार्य
Participant	सहभागी
Passive resistance	निष्क्रिय विरोध, सत्याग्रह
Patent and design	एकस्व और अभिकल्प
Pay fixation	वेतन-निर्धारण
Pay roll	वेतन-चिट्ठा
Paying capacity	भुगतान-क्षमता
Peace and security	शान्ति और सुरक्षा
Peak load	अधिकतम भार
Penal	दांडिक, शास्तिक
Pending	विचाराधीन; अनिर्णीत, अनिस्तारित
Performance report	निष्पादन प्रतिवेदन / रिपोर्ट
Periodical return	आवधिक विवरणी
Permanency	स्थायित्व
Permanent absorption	स्थायी विलयन
Permissible	अनुज्ञेय, अनुमेय, क्षम्य
Perseverance	अध्यवसाय, दृढ़ता

Perquisite	परिलब्धि
Personnel	कर्मचारीवर्ग, कार्मिक
Perspective	सन्दर्श, परिप्रेक्ष्य
Pertinent question	संगत प्रश्न
Phase	चरण, प्रावस्था; प्रक्रम; कला
Phased	प्रावस्थाबद्ध, चरणबद्ध
Physical verification	प्रत्यक्ष सत्यापन, प्रत्यक्ष जाँच
Piece rate wage	खुदरे काम की मजदूरी, उजरत
Pilot project	अग्रगामी परियोजना
Planned economy	योजनाबद्ध अर्थव्यवस्था
Plebiscite	जनमत संग्रह
Plenary session	पूर्ण अधिवेशन
Portfolio	संविभाग; कार्यभाग
Post, regular	नियमित पद
Post, substantive	मौलिक / मूल पद
Pre audit	पूर्व लेखा परीक्षा
Precincts	प्रसीमा
Precise statement	यथार्थ कथन
Prejudice	पूर्वग्रह, प्रतिकूल प्रभाव
Preparatory to retirement	सेवानिवृत्ति पूर्व
Preplanned	पूर्व नियोजित, पूर्व आयोजित
Prepone	पूर्व नियतन
preposterous	अयुक्तिक
Prerogative	परमाधिकार
Prescribed scale of pay	विहित वेतनमान
Preventive	निवारक
Previous reference	पूर्व निर्देश, पूर्व सन्दर्भ
Pricing	मूल्य-निर्धारण
Prime cost	मूल लागत
Priority making	अग्रता-अंकन, प्राथमिकता-अंकन
Probable cause	सम्भाव्य कारण
Procedural rules	कार्यविधि नियमावली
Processing	प्रक्रमण; संसाधन
Production gaps	उत्पादन अन्तराल
Proficient	प्रवीण, निपुण

Proforma	निदर्शन पत्र, निदर्श
Progressive	प्रगामी, उत्तरोत्तर, क्रमिक; प्रगतिशील
Prohibited	निषिद्ध
Promulgate	प्रख्यापित करना
Pronouncement	प्राख्यापन
Proportional	आनुपातिक
Propriety	औचित्य
Prospectively	भविष्यलक्षी प्रभाव से
Protective action	संरक्षी क्रिया
Protegee	आश्रिता, रक्षिता
Protocol	नयाचार
Prototype	आदिप्रारूप, प्रथम रूप
Provident fund	भविष्यनिधि, निर्वाह-निधि
Provisional list	अनन्तिम-सूची
Pseudonym	कृतक नाम
Public address	सार्वजनिक अभिभाषण
Publicity and propoganda	विख्यापन और प्रचार
Public utility service	लोकापयोगी सेवा
Punitive police	दांडिक पुलिस
Pursuance	अनुसरण
Purview	कार्यक्षेत्र; सीमा, क्षेत्र

Q

Qualified	अर्ह, योग्यता-प्राप्त; विशेषित
Qualifying examination	अर्हता-परीक्षा
Qualifying service	अर्हक-सेवा
Quasi-judicial	न्यायिकवत्
Quasi-permanent	स्थायीवत्
Question of fact	तथ्य-प्रश्न
Quorum	गणपूर्ति

R

Radical change	आमूल परिवर्तन
Rampant	व्यापक
Ranking	कोटिकरण

Rated capacity	निर्धारित क्षमता
Rational approach	युक्तिसंगत दृष्टिकोण
Rationalization	युक्तीकरण, औचित्य स्थापन
Raw-product	कच्चा उत्पाद
Ready reckoner	तत्काल परिकलक
Ready reference	सुगम निर्देश
Realistic conditions	यथार्थवत् स्थिति
Reappropriation	पुनर्विनियोग, पुनर्विनियोजन
Reasonable belief	युक्तियुक्त विश्वास
Recapitulation	सारकथन
Receipts and disbursements	आय और संवितरण
Reciprocal	अन्योन्य, पारस्परिक
Reconciliation	समाधान
Recoupment	प्रतिपूर्ति
Recycle	पुनर्चक्रण
Redemption	मोचन
Redundant	फालतू, व्यतिरिक्त
Refrencing	निर्देशांकन, सन्दर्भ देना
Refrendum	लोकनिर्देशन, जनमत-संग्रह
Regional imbalance	प्रादेशिक असन्तुलन
Regularisation	नियमितीकरण
Regimentation of education	शिक्षा का संव्यूहन
Relevancy	प्रासंगिकता, सम्बद्धता
Relieved officer	कार्यभारमुक्त अधिकारी
Relieving officer	अवमोचन अधिकारी
Relinquishment	त्याग
Reprisal	प्रतिशोध, प्रत्यपकार
Repudiation	निराकरण, प्रत्याख्यान
Requisition	अपेक्षण, अधियाचना, माँग
Residual	अवशिष्ट
Restitution	प्रत्यवस्थान; प्रत्यानयन
Resume	सार-वृत्त, सार-संक्षेप
Retrospective	भूतलक्षी
Revolving fund	परिक्रामी निधि
Rough draft	अनन्तिम मसौदा

Rough estimate	स्थूल प्राक्कलन
Rounding off	पूर्णांकित करना
Routine test	नेमी परीक्षण

S

Sabotage	अन्तर्ध्वंस, तोड़-फोड़
Safe	निरापद; सुरक्षित; भयरहित, अभय
Safeguard	सुरक्षण, रक्षोपाय
Sales promotion	बिक्री-वर्द्धन
Salient points	मुख्य बातें
Sanction	संस्वीकृति, सम्मोदन
Sanctions	अनुशास्ति, शास्ति
Saving clause	अपवाद खंड
Scale of pay	वेतनमान
Scope	परिधि, विस्तार; कार्यक्षेत्र, विषयक्षेत्र
Scrupulous	कर्तव्यनिष्ठ
Scrutiny	संवीक्षा
Sector, Public	शासकीय उद्योग क्षेत्र
Security instructions	सुरक्षा अनुदेश
Selection post	प्रवरण पद
Self-contained	स्वत:पूर्ण
Self-sufficiency	आत्मनिर्भरता
Selling point	विक्रय-स्थल
Seminar	संगोष्ठी, विचारगोष्ठी
Seniority list	वरिष्ठता-सूची
Short-notice question	अल्पसूचित प्रश्न
Sick Unit	रुग्ण-एकक
Simultaneous	समक्षणिक, एकसाथ, समकालिक
Sinking fund	निक्षेप-निधि
Sleeping partner	निष्क्रिय भागीदार
Sliding	विसर्पीमान
Snap vote	तुरत मतदान
Solemn	सत्यनिष्ठ; गम्भीर
Specialisation	विशेषज्ञता
Specific	विनिर्दिष्ट

Speedy	तुरत, द्रुत
Spokesman	प्रवक्ता
Stalemate	गत्यवरोध
Standard	मानक; स्तर; प्रतिमान
Starting salary	प्रारम्भिक वेतन
Statutory	सांविधिक, विधिक, कानूनी
Steering Committee	विषय-निर्वाचन समिति
Stay orders	स्थगन आदेश
Stop-gap arrangement	कामचलाऊ व्यवस्था
Stricture	अवक्षेप, कटु आलोचना
Subsidiary	गौण, सहायक; समनुषंगी; उपांग
Subsidised	आर्थिक सहायता प्राप्त
Substantially	तत्त्वत:, पर्याप्त रूप से
Substantive	मौलिक, मूल
Subversive	ध्वंसात्मक
Summit	शिखर
Superior	वरिष्ठ; उच्च; प्रवर
Supersession	अधिक्रमण; अतिक्रमण
Supervisory	पर्यवेक्षी
Supplier	पूर्तिकार, प्रदायक
Supremacy	सर्वोच्चता
Surplus	अधिशेष:, अतिरिक्त
Surrenders	अभ्यर्पित, राशियाँ
Symposium	परिसंवाद, विचारगोष्ठी
Synopsis	विषय-संक्षेप, रूपरेखा

T

Table of the house	सभापटल
Tabular statement	सारणीबद्ध विवरण
Tacit consent	मौन सहमति
Tactical move	युक्तिपूर्ण चाल
Task force	कार्यदल
Technical data	तकनीकी आधार-सामग्री
Technology	प्रौद्योगिकी, शिल्पविज्ञान
Tempo	गति; ताव; जोर

Tenacity	दृढ़ता, तन्यता; संलग्नशीलता
Tentative	अनन्तिम
Tenure	कार्यकाल, धारणावधि; पट्टा
Test cases	परीक्षण मामले, परख मामले
Test relief work	प्रायोगिक सहायता-कार्य
Ticklish problem	नाजुक समस्या
Time-barred	कालातीत, कालबाधित
Time bound	समयबद्ध
Time lag	समय-अन्तराल
Time limit	समय-सीमा
Training period	प्रशिक्षण-अवधि
Transgression	उत्क्रमण, अतिक्रमण
Trespass	अतिचार
Treasury bench	सत्तापक्ष

U

Ulterior motive	गूढ़ अभिप्राय, गुप्त अभिप्राय
Ultimate	अन्तिम, चरम, परम
Unbiased	अनभिनत
Uncomplied with	अननुपालित
Unconstitutional	असंवैधानिक, असांविधानिक
Uncorroborated	असंपुष्ट
Undertake	वचनबद्ध होना
Unicameral	एक सदनी
Union list	संघीय सूची
Unprecedented	अभूतपूर्व
Unwarranted	अनधिकृत, अनपेक्षित; अकारण
Unwilling	अनिच्छुक
Urbanization	नगरीकरण
Urgent	आवश्यक; अविलम्ब, तुरन्त

V

Veledictory address	विदाई का भाषण
Valid	विधिमान्य, युक्तिसंगत
Variance	अन्तर, भिन्नता
Verdict	अधिमत

Verification	सत्यापन
Vicious circle	दुश्चक्र
Visitors' gallery	दर्शक-वीथि, दर्शक-दीर्घा
Vote of thanks	धन्यवाद प्रस्ताव

W

Wage freeze	मजदूरी कीलन
Waiting list	प्रतीक्षा-सूची, प्रत्याशी-सूची
Ware housing charges	मालगोदाम प्रभार
Warrant	अधिपत्र, वारंट
Watch dog	हित प्रहरी
Ways and means	अर्थोपाय, उपाय और साधन
Weightage	बल, महत्त्व; वरीयता
Well-versed	सुप्रवीण
Wholetime	पूर्णकालिक
Working formula	कार्यकर-सूत्र
Working knowledge	कार्यसाधक ज्ञान
Write-up	प्रशंसात्मक विवरण; विज्ञापन

Y

Yardstick	मानदंड
Yes man	हाँ में हाँ मिलानेवाला

Z

Zenith	चरम सीमा
Zero hour	शून्यकाल; आक्रमण बेला

2

प्रशासन की पारिभाषिक पदावलियाँ

A

Abolition of post	पद-समाप्ति
Above cited/quoted	उपरि उद्धृत
Above mentioned	उपर्युल्लिखित
Abrogation of orders	आदेशों का निराकरण

Absolute discretion	पूर्ण विवेक
Absolute monopoly	पूर्ण एकाधिकार
Absolute priority	परम अग्रता/पूर्वता
Abstract statement of cases disposed of	निवर्तित प्रकरणों का संक्षिप्त विवरण
Abuse of official position	सरकारी पद का दुरुपयोग
Access, to have	पहुँच
Accordance with, in	—के अनुसार
According to merit	योग्यतानुसार
According to the procedure prescribed	विहित प्रक्रिया के अनुसार
According to seniority	वरिष्ठतानुसार, ज्येष्ठतानुसार
Account, on no—	किसी प्रकार नहीं
—call to	स्पष्टीकरण माँगना
Acting incumbent	कार्यकारी पदधारी
Acting in his discretion	स्वविवेक से कार्य करते हुए
Action proposed to be taken	प्रस्तावित कार्यवाही की जाने को है
Adequately, express to	समुचित रूप से अभिव्यक्त करना
Adjusted provisionally	अनन्तिम रूप से समायोजित
Administrative approval may be obtained	प्रशासकीय अनुमोदन प्राप्त किया जाए
Administrative control	प्रशासी नियंत्रण
Admissible under the rule	नियमाधीन ग्राह्य
Advance copy	अग्रिम प्रति
Advisory and coodinating functions	मंत्रणा और समन्वय कृत्य
Affair of the Union or State	संघ या राज्य के कार्य
Aforesaid terms	पूर्वोक्त निबन्धन
Against public interest	लोकहित के प्रतिकूल/विरुद्ध
Age of superannuation	अधिवर्ष वय
All-embracing	सर्वग्राही, सर्वसमावेशक
All-round improvement	सर्वतोमुखी सुधार
Alteration, material	तात्त्विक परिवर्तन, सारवत् परिवर्तन
Ambitious scheme	महत्त्वाकांक्षी योजना
Amenable to control and discipline	नियंत्रण तथा अनुशासन के लिए उत्तरदायी
Appointment of casual nature	आकस्मिक प्रकार की नियुक्ति
Appropriate relief	समुचित सहायता या अनुतोष
As enjoined	यथादिष्ट

As far as circumstances permit	जहाँ तक परिस्थितियों के अनुसार सम्भव हो
As may be considered expedient	जैसा समीचीन प्रतीत हो
As may be prescribed	यथाविहित
As presented to the legislature	विधानमंडल में यथा प्रस्तुत
As respects the particular matter in question	प्रश्नास्पद विषय-विशेष के बारे में
Assumption of charge	भारग्रहण
Attendant circumstances	तत्सम्बद्ध परिस्थितियों
Austerity measures	मितोपभोग उपाय, मितव्यय के उपाय

B

Background meterial	पृष्ठाधार सामग्री
Back reference	पूर्व निर्देश, पिछला निर्देश
Bad debt	अशोध्य ऋण
Bad faith, done in	बदनीयती से किया गया कार्य
Bar, at the—of public opinion	जनमत के न्याय पर
Barred by limitation	परिसीमा वर्जित
Basic scale of pay	आधारभूत वेतनमान
Best of my judgement, to the	अपनी सर्वोत्तम विवेकबुद्धि से
Beyond reasonable doubt	युक्तियुक्त सन्देहातीत
Biased opinion	पक्षपातपूर्ण मत, अभिनत मत
Bonafide mistake	सद्भावकृत भूल
Breach of discipline	अनुशासन-भंग
Break in service	सेवाभंग, सेवा-अन्तराल
By virtue of his office	अपने पद की हैसियत से
By word of mouth	वचन द्वारा

C

Cadre, regular	नियमित संवर्ग
Call upon to show cause	कारण बताने को कहना
Cardinal issue	आधारभूत वादपद
Care and caution	सतर्कता और सावधानी
Carry weight	गुरुता रखना, बल रखना
Case, merits of the	मामले के गुण-दोष
Case, dealt with	संव्यवहृत प्रकरण, निस्तारित प्रकरण
Cause, with out reasonable	युक्तियुक्त कारण के बिना

Cease to have effect	प्रभावशून्य होना
Ceiling price	उच्चतम मूल्य
Chain of circumstances	परिस्थिति शृंखला
Channel, through proper	समुचित सरणि से, समुचित अधिकारियों के माध्यम से
Character and antecedents	चरित्र और पूर्ववृत्त
Characteristic feature	विशिष्ट लक्षण/बात
Circulated for eliciting public opinion	लोकमत जानने के लिए परिचालित
Class interest	वर्गस्वार्थ
Clear and concise	स्पष्ट और संक्षिंप्त
Closure motion	समापन-प्रस्ताव
Collective expression of opinion	सामूहिक मताभिव्यक्ति
Commutation of pension	पेंशन का राशीकरण
Compensatory allowance	प्रतिकारात्मक भत्ता
Concurrence of the competent authority	सक्षम प्राधिकारी की सहमति
Condition expressed and implied	विहित और निहित शर्त
Condonation of delay	विलम्ब की माफी
Connecting reference	सम्बन्धी निर्देश
Consequential loss	आनुषंगिक हानि
Contention is untenable	तर्क असमर्थनीय है
Continuity of service	सतत सेवा
Convincing proof	प्रत्यायक प्रमाण
Co-ordinated view	समन्वित दृष्टिकोण
Corporate body	निगमित निकाय
Correspondence resting with	—पर निलम्बित पत्र-व्यवहार
Course, in natural	सामान्य क्रम में
Critical situation	नाजुक हालत, संकटकालीन स्थिति
Cross reference	अन्तर्निर्देश
Crossing the efficiency bar	दक्षतारोध पार करना

D

Daily average of cases disposed of	निवर्तित/निस्तारित प्रकरणों का दैनिक औसत
Date of relief	पदावमुक्ति-दिनांक
Day-to-day administration	नित्य का प्रशासनिक कार्य

Debarred from service	सेवावर्जित
Dereliction of duty	कर्तव्य-अवहेलना, कर्तव्य-विमुखता
Description of contents	अन्तर्वस्तुओं का विवरण
Detrimental in the interests of	—के लिए अहितकर
Directed to invite a reference to the correspondence resting with your letter	आपके पत्र पर निलम्बित पत्र-व्यवहार की ओर ध्यान आकृष्ट करने का निदेश हुआ है
Directive principles	निदेशक सिद्धान्त
Disadvantage—conditions of service shall not the varied to his—	उसकी सेवा की शर्तों में अलाभकारी परिवर्तन न किया जाएगा
Discharge-in the—of functions	कार्य-निर्वहण में, कर्तव्यों के निर्वहण में
Disciplinary, measures	अनुशासनिक कार्यवाही या उपाय
Dislocation of business	कार्य-विस्थापन
Disposal to be expedited	शीघ्रता से निपटाया जाए
Disregarding the facts	तथ्यों की उपेक्षा करते हुए
Draft as directed	निदेशानुसार मसौदा
Draft is concurred in	मसौदा से सहमति है
Due authority, without	सम्यक् प्राधिकार के बिना
Due weight, to give	यथोचित महत्त्व देना
Duly authorised in that behalf	उस बारे में यथाविधि प्राधिकृत
Duly qualified	विधिवत अर्ह, आवश्यक योग्यता-प्राप्त
Duty, sense of	कर्तव्य-ज्ञान
Duties of office	पदीय कर्तव्य, पद के कर्तव्य

E

Early orders solicited	शीघ्र आदेशों की प्रार्थना है, शीघ्र आदेश प्रार्थित
Efficiency of administration	प्रशासन कार्यक्षमता
Empowered in that behalf	इस सम्बन्ध में अधिकृत
Enquiries in the matter are under way	मामले की जाँच की जा रही है
Except with the previous sansction of	पूर्व संस्वीकृति से ही
Exceptional and emergent /case	असामान्य और आपाती मामले
Executive action	कार्यकारी कार्यवाही
Exigencies of public services	लोकसेवा की आवश्यकताएँ
Expedient, it is not—	समीचीन नहीं है
Expiration of the term of office	पदावधि की समाप्ति

F

Face, on the—of it	प्रत्यक्षत:, देखने से
Fact in issue	वादवस्तु, वाद-तथ्य
Facts of the Case	प्रकरण के तथ्य
Fag end of the session	सत्र का अन्तिम भाग
Failing which serious action will be taken	ऐसा न करने पर कठोर कार्यवाही की जाएगी
Fair and equitable	उचित और साम्ययुक्त
Fall in line with Govt. in this respect	इस सम्बन्ध में सरकार द्वारा की गई कार्यवाही के अनुरूप कार्य करना
Far-reaching effect	दूरगामी प्रभाव
Fear or favour, without	भय या पक्षपात के बिना
Features, essential—of the Scheme	योजना की विशिष्ट बातें
Final decision when arrived at will the communicated	अन्तिम विनिश्चय होने पर सूचित किया जाएगा
Finally disposing of the matter	विषय का अन्तत: निस्तारण
Flagrant breach of rules	नियमों का घोर उल्लंघन
Following procedure to be adopted	निम्नलिखित प्रक्रिया का अनुसरण हो
Follow up action	अनुवर्ती कार्यवाही
For expression of opinion	मत की अभिव्यक्ति के लिए
For favour of doing the needful	आवश्यक कार्यवाही के लिए
Form and content	रूप और अन्तर्वस्तु
For perusal and return	पढ़कर लौटाने के लिए
For ready reference	सुगम निर्देश के लिए
For the general good	सार्वजनिक हित के लिए
Forwarded and recommended	अग्रेषित और संस्तुत
From pre-page	पिछले पृष्ठ से

G

General rule, as a	सामान्यतया
General set up	सामान्य व्यवस्था
Genuineness of the case	मामले की प्रामाणिकता
Give effect to	कार्यान्वित करना
Good, to make-the loss	क्षतिपूर्ति करना
Good, in—faith	सद्भाव से

Grievance, redress of	व्यथा निवारण, शिकायत की दूरी
Gross negligence	घोर उपेक्षा

H

Hard and fast rule	पक्का नियम
Has no comment to make	कोई टीका नहीं करनी है
Have recourse to	—का उपाश्रय लेना,—का सहारा लेना
Having regard to the circumstances of the case	प्रकरण की परिस्थितियों को ध्यान में रखते हुए
Held in abeyance	प्रास्थगित
Hold lien on post	पद पर पुनर्ग्रहणाधिकार का होना

I

I am desired to say	मुझे यह निवेदन करना है, मुझे यह कहना है...
I am directed to say	मुझे यह कहने का निदेश हुआ है
I have satisfied myself that	मैं सन्तुष्ट हूँ कि
Inadvertently overlooked	भूल से छूट गया, अनवधान से रह गया
In anticipation of orders	आदेशों की प्रत्याशा में
Incidentally it may be observed that	प्रसंगवश यह भी कहा जा सकता है
In compliance with	का पालन करते हुए
In conformity with	—के अनुरूप
In consequence of	—के परिणामस्वरूप, से फलस्वरूप
In discharge of duties	कर्तव्यपालन में
Incumbent of an office	पदधारी
In exercise of powers	शक्तियों के प्रयोग में, अधिकारों का प्रयोग करके
In official capacity	पद की हैसियत से
In oder of merit	गुणानक्रम में, योग्यतानुसार
In order of preference	अधिमान्यता के क्रम में
In a provisionally substantive capacity	अनन्तिम मौलिक रूप में
Intents and purpose, to all	वास्तव में
In the discharge of official duties	शासकीय कर्तव्यों के पालन में
In the form prescribed by	द्वारा विहित प्रपत्र में/पर
Involving question of policy	जिसमें नीति का प्रश्न निहित हो
Irreldevant to the issue	विषयसंगत

Irrespective of their nature and contents	उनका स्वरूप तथा विषय कुछ भी क्यों न हो
Is not reasonably practicable	युक्तियुक्त रूप से व्यवहार्य नहीं है
Issue as modified	यथा आशोधित जारी करें
It has since been decided	तब से यह विनिश्चित किया गया है
It will be construed	इसका यह अर्थ समझा जाएगा
It will be appreciated if	बड़ा उपकार होगा यदि—

J

Joining time	कार्य-भार ग्रहणावधि
Judicial reference	न्यायिक निर्देश
Justification for the proposal	प्रस्ताव का औचित्य

K

Keep abreast of the time	समय के साथ-साथ चलना
Keep pending	लम्बित रखा जाए, निर्णयार्थ रोक रखा जाए
Knowingly and willingly	जानबूझकर और स्वेच्छापूर्वक

L

Laid down in	—में निर्धारित
Lapse of grand	अनुदान का व्ययगमन
Lawful authority	विधिसम्मत प्राधिकारी
Layout of the land	भूमि अभिन्यास
Leave not eamed	अनर्जित छुट्टी
Leave preparatory to retirement	सेवानिवृत्ति पूर्व छुट्टी
Let the department the consulted	विभाग से परामर्श करें
Long-term vacancy	दीर्घावधि रिक्ति
Long-term changes	दीर्घकालीन परिवर्तन

M

Machinery of Government	शासनतंत्र, शासन-व्यवस्था
Matter may be referred to	—को इस विषय पर लिखा जाए
Matter of fact statement	यथार्थ कथन
May I know when order in the reference may be expected	कृपया बताएँ कि निर्देशाधीन विषय में आदेश कब तक प्राप्त हो सकेंगे
May perhaps feel inclined to consider the proposal favourably	प्रस्ताव पर कदाचित् सानुकूल विचार करना चाहें

May be requested to clarify	से स्पष्टीकरण की प्रार्थना करें
Minimum of time scale	न्यूनतम समयमान
Ministerial duties	अनुसचिवीय कर्तव्य

N

Narrative of the case	प्रकरण का तथ्यवर्णन
Necessary steps should be taken	आवश्यक कार्यवाही की जाए, आवश्यक उपाय किए जाएँ
Need no comment	टिप्पणी की आवश्यकता नहीं है
No reference traceable	पिछला निर्देश अप्राप्य है
Not inconsistent with	—से असंगत नहीं
Notified for general information	सर्वसाधारण की जानकारी के लिए अधिसूचित

O

Observations made above	उपर्युक्त विचार
Obtain formal sanction	औपचारिक संस्वीकृति प्राप्त करें
Of routine nature	नैत्यक प्रकार का
Office to note and comply	कार्यालय ध्यान दे और पालन करे
Offical funcition, in the discharge of	सरकारी कृत्यों के निर्वहन में
On reasonable grounds	युक्तियुक्त आधार पर
On such rerms and conditions as he thinks fit	ऐसे निबन्धनों और शर्तों के साथ जिन्हें वह उचित समझे
On the Subject noted above	उपर्युक्त विषय पर
One year's completed service	एक वर्ष की संपूरित सेवा
Order are solicited	कृपया आदेश दें
Out of turn allotment	बिन बारी आवंटन

P

Please expedite compliance	कृपया शीघ्र अनुपालन करें
Please put up with previous papers	कृपया पूर्व पत्रों के साथ प्रस्तुत करें
Please treat this as confidential	कृपया इसे गोपनीय समझा जाए
Preceding notes	पूर्ववर्ती टिप्पणी
Preference, in order of	अधिमान-क्रम में
Prescribed time limit	विहित कालावधि
Pros and Cons	पक्ष-विपक्ष

Provisional expenditure	अस्थायी/अन्तरिम व्यय
Pursuance, in—of	—के अनुसरण में

Q

Qualifying service	अर्हकारी सेवा
Question in issue	विवाद्य प्रश्न
Question of propriety	औचित्य का प्रश्न
Questionable antecedent	सन्दिग्ध-प्राग्वृत्त

R

Radical change	आमूल परिवर्तन
Raise substantially the same issue	सारत: उन्हीं प्रश्नों को उठाना
Rated capacity	निर्धारित क्षमता
Rational approach	युक्तिसंगत दृष्टिकोण
Ready-made plan	बनी-बनाई योजना
Ready reference	सुगम निर्देश
Reappropriation of funds	निधियों का पुनर्विनियोग/पुनर्नियोजन
Reasonable belief	युक्तियुक्त विश्वास
Reasonably satisfied	यथोचित रूप से संतुष्ट
Recapitulation of the case	प्रकरण का सार-कथन
Reconcile the discrepancy	अन्तर का समाधान
Recoupment of advance	अग्रिम की प्रतिपूर्ति
Rectification of faults	दोष-सुधार
Redeeming feature	विशेषता
Reduction to a lower post	निम्न पद पर अवनति
Referred to as—	—के नाम से निर्दिष्ट
Regional imbalance	प्रादेशिक असंतुलन
Regimentation of education	शिक्षा का संव्यूहन
Reinstated in service	नौकरी बहाल की गई
Relaxation of age limit	वयसीमा की शिथिलीकरण
Relevancy of Subject-matter	विषय की प्रासंगिकता
Relinquishment of charge	कार्यभार-त्याग
Resting with correspondence	पत्र-व्यवहार पर लम्बित
Retrospective effect, with	पूर्वलक्षी प्रभाव से
Returned duly endorsed	यथोचित रूप से पृष्ठांकित करके लौटाया गया

Reversion to original post	मूल पद पर प्रत्यावर्तन
Routing of dak	डाकपथ-निर्देश
Rule—	
in accordance with rules	नियमों के अनुसार
rule working control	नियामक नियंत्रण
rules of business	कार्य-संचालन
rules made thereunder	तदधीन निर्मित नियम
Ruling from Government be obtained	सरकार से विनिर्णत प्राप्त किया जाए

S

Selient features	प्रमुख बातें, विशिष्ट बातें
Sanction is hereby accorded	एतद्द्वारा संस्वीकृति दी जाती है
Self-contained note and self explanatory draft be put up	स्वत: पूर्ण टिप्पणी और स्वत: स्पष्ट मसौदा प्रस्तुत किया जाए
Shall be construed accordingly	का अर्थ तदनुकूल किया जाएगा
Shall have force and effect	का बल और प्रभाव होगा
Shall not be called in question	आपत्ति नहीं उठाई जाएगी
Show cause why action should not be taken against him, to	कारण बताएँ कि उनके विरुद्ध क्यों न कार्यवाही की जाए
Sitting over papers	कागज दबाकर बैठना
So far as practicable	यथासाध्य, यथाव्यवहार्य
Strict measures to be taken against these activities	इन कार्यवाहियों के विरुद्ध कड़े उपाय किए जाएँ या सख्ती बरती जाए
Submitted for approval	अनुमोदनार्थ प्रस्तुत
Such orders as may be necessary	यथावश्यक आदेश
Summary of the case	प्रकरण का संक्षिप्त विवरण
Supersession of, in	का अतिक्रमण करते हुए

T

Tactful handling of the strike situation	युक्ति कौशल से हड़ताल-स्थिति पर काबू पाना
Take advantage of one's official position, to	पदस्थिति से लाभ-उठाना
Take Such measures as may be necessary	यथावश्यक उपाय करना
Tentative proposal	अनन्तिम प्रस्ताव
Tenure of office, during his	अपनी पदावधि में
Termination of lien	ग्रहणाधिकार की समाप्ति

The bill be circulated for eliciting public opinion	लोकमत जानने के लिए विधेयक को प्रचालित किया जाए
The bill be referred to a select committee	विधेयक प्रवर समिति को भेजा जाए
This is to certify that	यह प्रमाणित किया जाता है कि
Through over sight	भूल जाने से, नजर चूक जाने से
Through proper channel	उचित माध्यम से, उपरि अधिकारी द्वारा
Till further orders	अन्य आदेश पर्यन्त
To be incumbent upon	के लिए आवश्यक
To the best of ability	पूरी योग्यता से
To the best of belief	पूर्ण विश्वासानुसार
To the effect that	इस आशय का
To the contrary	इसके विपरीत
Treatment of a subject	विषय-प्रतिपादन

U

Uncalled for	अयाचित, अनुचित
Under his hand and seal	अपने हस्ताक्षर और अपनी मुद्रा से
Under intimation to this office	इस कार्यालय को सूचना देते हुए
Under reference	प्रसंगाधीन, निर्देशाधीन
Under the auspices of	के तत्त्वावधान में
Uniformity in procedure	प्रक्रिया में एकरूपता
Unremunerative scheme	अलाभकारी योजना
Upto the mark	स्तरीय

V

Variance, is at	भिन्न है, असामंजस्य है
Varying degrees, in	न्यूनाधिक मात्रा में
Vesting order	विधायी आदेश
Violation of law	विधि का अतिक्रमण
Vouch for corrections	शुद्धियों के लिए दायी होना

W

Waive recovery of the loan	ऋण की वसूली न करना
Warrant of precedence	अग्रता/पूर्वता अधिपत्र
Whichever is earlier	जो भी पहले हो

Wilful neglect	जानबूझकर उपेक्षा
With due regard	का सम्यक् ध्यान रखते हुए; सादर
With the concurrence of	की सहमति से
With the previous consent of	की पूर्व सम्मति से
Within a reasonable time	यथोचित समय के भीतर
Within the meaning of this rule	इस नियम के अर्थान्तरगत
Without assigning any reason	कोई कारण दिए बिना
Without prejudice to the generality of	की व्यापकता पर प्रतिकूल प्रभाव डाले बिना

Y

Year, academic	शिक्षा-वर्ष
Yield marginal	सीमान्त उपज
Yours faithfully	भवदीय
Yours respectfully	विनीत, सादर
Yours sincerely	आपका, भवदीय

Z

Zero hour	शून्यकाल; आक्रमण बेला

3

बैंक कार्य में प्रयुक्त शब्दावली एवं पदावली

A

Abatement of purchase money	क्रय धन में कमी
Ability to invest	निवेश सामर्थ्य
Absolute conveyance	पूर्ण हस्तांतरण
Absorption of a company	कम्पनी का अन्तर्लयन/संविलयन
Abstract of teller receipt	गणक की रसीद का सार
Acclerated depreciation	त्वरित मूल्यह्रास
Accelerating premium	त्वरणशील प्रीमियम
Acceptance of money on deposits	निक्षेप/जमा राशि स्वीकार करना
Acceptance, Credit	ऋण / साख स्वीकृति
Accptance book	बिल स्वीकृति बही
Acceptances, endorsements and obligations	स्वीकृतियाँ, बेचान और दायित्व

Acceptor	सकारी
Acceptor of bill of exchange	विनिमय हुंडी / विनिमय-पत्र का सकारी स्वीकृर्ता
Acceptor's ledger	सकारी खाता
Accession rate	हुंडी परिग्रहण / अभिप्राप्ति दर
Accounts, authorised major and minor heads of	लेखों के अधिकृत / प्राधिकृत बड़े और छोटे शीर्ष
Accounts, capital and revenue	पूँजीगत और राजस्व लेखे
Accounts, commercial	वाणिज्यिक लेखे
Accounts, current	चालू लेखा / खाता
Accounts, debit	ऋण लेखा / खाता
Account, payee	आदाता लेखा
Account, public	सरकारी / सार्वजनिक / लोक लेखा / खाता
Accounts, Reconciliation of	लेखा समाधान
Account, Remittance	प्रेषण लेखा / खाता
Account, Suspense	समयोजनाधीन / उचंत लेखा / खाता
Account holders	लेखाधारी / खाताधारी
Accounting of cash	रोकड़ का हिसाब करना
Accounting expenses	लेखा-व्यय, लेखाकरण व्यय
Accounting period ended—	—को समाप्त हुई लेखावधि
Accounting year	लेखा वर्ष
Accounts dead (Accounts closed)	निष्क्रिय लेखे / खाते बन्द लेखे / खाते
Accounts keeping	लेखा पालन / रखना
Accounts, live or current	चालू लेखे / खाते
Acreditee	उधार-पात्र / प्रत्यायिती
Accrual of interest	ब्याज का उपचय / प्रोद्भवन, संभूत ब्याज
Accumulated surplus	संचित अतिरेक / बचत
Acquisition of assets	परिसम्पत्तियों का अभिग्रहण
Active loans	सक्रिय ऋण
Actual pecuniary damage	वास्तविकक आर्थिक क्षति / हानि
Actuals and targets	वास्तविक आँकड़े और लक्ष्य
Additional resources mobilisation	अतिरिक्त वित्तीय साधन का संचयन / जुटाव
Additional ways and means advances	अतिरिक्त अर्थोपाय अग्रिम
Adequately banked	पर्याप्त बैंकिंग सेवाओं से युक्त

Adequate depreciation	पर्याप्त मूल्य-ह्रास
Adhoc treasury bills	तदर्थ राजकोष पत्र / ट्रेजरी बिल
Advance, Adjustable	समायोज्य अग्रिम / पेशगी
Advance, Clean	प्रतिभूति रहित / बेजमानती निर्बंध अग्रिम / ऋण
Advance, Interest bearing	ब्याजी अग्रिम / ऋण
Advance irrecoverable	अशोध्य अग्रिम / ऋण
Advance remittance	अग्रिम प्रेषण
Advance on consignment	परेषण पर अग्रिम / ऋण
Advances agains bills payable	देय हुंडियों / बिलों पर अग्रिम
Advance agains pledge of stocks	माल / स्टाक की गिरवी पर अग्रिम
Advances port folia	अग्रिम संविभाग
Against usance bill and / or promissory notes	मियादी हुंडियों / बिलों और / या वचन-पत्रों पर
Aggregate limits from the banking system	बैंकिंग तंत्र से कुल ऋण सीमाएँ
Aggregate supply price	कुल पूर्ति-मूल्य
Agio	1. बट्टा 2. बढ़ौती
Agricultural production finance	कृषि-उत्पादन वित्तपोषण
Allonage	परांकन पर्ची / बेचान पर्ची
Amortisation	परिशोधन
Amortisation payments	ऋण-परिशोधन अदायगियाँ
Amortised loan	परिशोधित ऋण
Amount considered bad / irrecoverable	अशोध्य समझी गई राशि
Amount considered doubtful of recovery	सन्दिग्ध वसूली योग्य समझी गई राशि
Amount drawn / undrawn	आहरित / अनाहरित राशि
Amount of issue	निर्गम राशि
Analysis of balance sheets	तुलन-पत्रों का विश्लेषण
Analysis of variance	अन्तर-विश्लेषण, घट-बढ़ का विश्लेषण
Ancillary industry	अनुषंगी / गौण / सहायक उद्योग
Annual accretion	वार्षिक उपचय / वृद्धि
Annual earning	वार्षिक अर्जन / कमाई
Annual repaying capacity	वार्षिक चुकौती क्षमता

Anti-inflationary measures	प्रतिस्फीति उपाय, मुद्रास्फीति-निवारक उपाय
Apex	शीर्ष, शिखर
Application for moratorium	अधिस्थगन के लिए आवेदन
Apportioning liabilities	देयता प्रभाजन
Apportionment of staste funds	राज्य निधियों का प्रभाजन
Appraisal Memorandum	मूल्यांकन ज्ञापन
Appraised value	निरूपित मूल्य
Appropriation account	विनियोजन लेखा
Appropriation for reduction or avoidance of debt	ऋण-परिहार या कमी के लिए विनियोजन
Area promotional agency	क्षेत्रीय विकास अभिकरण / एजेंसी
Ascending premium policy	आरोही प्रीमियम पालिसी
Assessment of technical and financial feasibilities	तकनीकी और वित्तीय सम्भावनाओं का निर्धारण
Assessment of working capital requirements	कार्यकारी पूँजी की आवश्यकताओं का निर्धारण
Assets, Blocked	अवरुद्ध परिसम्पत्ति
Assets, Circulating	प्रचल परिसम्पत्तियाँ
Asset, Current	चालू परिसम्पत्ति
Asset, Frozen	अवरुद्ध परिसम्पत्ति
Assets, Fictitious	आभासी परिसम्पत्तियाँ
Assets, Fixed	स्थायी परिसम्पत्तियाँ
Assets, Intangible	अगोचर परिसम्पत्तियाँ
Assets, Tangible	गोचर परिसम्पत्तियाँ
Asset-wise	परिसम्पत्तियों के अनुसार
Aggignee	समनुदेशिती
Assignment Account	समनुदेशन लेखा
Assured supported programme	आश्वासन प्राप्त समर्थित कार्यक्रम
Assurer	बीमाकर्ता, आश्वासक
At par	सममूल्य पर
At premium	अधिमूल्य पर
Attachable asset	कुर्की योग्य परिसम्पत्ति
Attachment order	कुर्की आदेश
At variance with	से भिन्न
Audit Certificate	लेखा परीक्षा प्रमाण-पत्र

Audit instruction	लेखा-परीक्षा अनुदेश
Audited balance sheet	लेखा परीक्षित तुलन-पत्र
Authorised and paid-up capital	प्राधिकृत और चुकता पूँजी
Automatic / Modified credit Guarantee scheme	स्वत: / संशोधित ऋण गारंटी योजना
Automatic wage progression	स्वत: मजदूरी वृद्धि

B

Backing a bill	हुंडी (बिल) पोषण / समर्थन
Bad and doubtful debts	अशोध्य और सन्दिग्ध ऋण
Bad debts recovered account	पुन: प्राप्त अशोध्य ऋण लेखा
Bad debts reserve	अशोध्य ऋण आरक्षित निधि
Balance book	शेष बही / तुलन बही
Balance closing	इतिशेष, रोकड़ बाकी
Balance confirmation certificate	जमा राशि / पुष्टीकरण प्रमाणपत्र
Balance due	देय / प्राप्त शेष राशि
Balance in hand	शेष राशि
Balance of trade	व्यापार संतुलन / शेष; समग्र व्यापार
Balance, opening	अथ शेष, रोकड़ जमा
Balance of payments	भुगतान संतुलन
Balance of profit	लाभ शेष
Balance sheet, consolidated	समेकित तुलन-पत्र
Balance to the credit	जमा रकम / राशि
Balance, trial	परीक्षण तुलन
Balance, outstanding	बाकी शेष, बकाया जमा
Balance deployment	संतुलित परिनियोजन
Balance with Reserve Bank of India	भारतीय रिजर्व बैंक में जमाराशियाँ
Bank acceptance	बैंक स्वीकृति / सकार
Bank, Apex	शिखर बैंक
Bank authorised to deal in foreign exchange	विदेशी मुद्रा के लेन-देन के लिए प्राधिकृत बैंक
Bank call (money) rate	बैंक शीघ्रावधि / माँग (मुद्रा) दर
Bank cash	बैंक रोकड़, बैंक नकदी
Bank credit	बैंक साख / ऋण, बैंक जमा
Bank currency	बैंक मुद्रा / नोट
Bank debit	बैंक नामे

Bank endorement	बैंक बेचान / पृष्ठांकन
Bank finance	बैंक-वित्त
Bank guarantee	बैंक प्रत्याभूति / गारंटी
Bank reconciliation statement	बैंक समाधान / समंजन विवरण
Bank reserve	बैंक प्रारक्षित निधि
Bank return	बैंक विवरणी
Bankable	बैंक को स्वीकार्य / विनियोजनीय
Banked centre	बैंक सेवित केन्द्र
Banked / unbanked / underbanked centres	बैंक सुविधायुक्त / बैंक सुविधारहित/ न्यून बैंक सुविधायुक्त केन्द्र
Banker	बैंकर, महाजन, साहूकार
Banker's advance	बैंक उधार / अग्रिम / ऋण
Banker's Bank	बैंकरों का बैंक / केन्द्रीय बैंक
Banking	बैंकिंग व्यवसाय
Banking and treasury arrangement	बैंकिंग और खजाना व्यवसाय
Banking capital	बैंकिंग पूँजी
Banking company, merged	अन्तर्लयी बैंकिंग कम्पनी
Banking company Absorbing	अन्तर्लयी बैंकिंग कम्पनी
Banking company, Amalgamated	समामेलित बैंकिंग कम्पनी
Banking company, Transeror	अन्तरक बैंकिंग कम्पनी
Banking company, Transferee	विलयित बैंकिंग कम्पनी
Banking crisis	बैंकिंग संकट
Banking merchant	वाणिज्यिक अधिपोषण (बैंकिंग)
Banket	निर्बंध, व्यापक
Blank acceptance	कोरी हुंडी सकारना
Blank endorsed security	कोरा पृष्ठांकन-युक्त/परांकित प्रतिभूति-पत्र
Banking hours	बैंक का कार्य-समय
Banking operation	बैंक कार्य
Banking policy	बैंकिंग नीति
Banking structure	बैंकिंग विन्यास / ढाँचा
Banking transaction	बैंकिंग लेन-देन
Bank's Cash scroll	बैंक की रोकड़-सूची
Banks in the Private Sector	निजी क्षेत्र के बैंक
Bank's investment account	बैंक-निवेश लेखा
Banks inverstment floating account	बैंक-निवेश अस्थायी लेखा

Banks of standing	प्रतिष्ठित बैंक
Banks under liquidation	समापनाधीन बैंक
Bankrupt discharged	विमुक्त दिवालिया
Bargaining Unit	सौदाकार एकक / यूनिट
Barter system	वस्तु-विनिमय पद्धति / प्रणाली
Batter trade agreement	वस्तु-विनिमय करार
Base coin	हीन मूल्य सिक्का
Basic level	आधार स्तर
Bear raid	बाजार गिराना
Bear, squeezed	गिरा मँदड़िया
Bearer	वाहक / धारक
Bearer cheque	धनी जोग चैक / वाहक चैक
Bearish	मंदी का रुख
Bidding sheet	बोली फलक / पत्रक
Bill at sight	दर्शनी हुंडी
Bill backing	हुंडी समर्थन
Bill, clean	निर्बंध / अप्रलेखी हुंडी
Bill, Currency of	हुंडी की अवधि
Bill, Discharge of	हुंडी की चुकौती
Bill discounted	भुनाई गई हुंडियाँ
Bill discounting	हुंडी / बिल भुनाना
Bill, Documentary	प्रलेखी हुंडी
Bill gilt-edged	श्रेष्ठ हुंडी
Bill lodged	जमा की गई हुंडी
Bill-non merchantile	अव्यापारिक हुंडी
Bill, overdue	अतिदेय हुंडी
Bill, overtime	समयोपरि भत्ता बिल
Bill payable on demand	माँग देय हुंडी
Bills purchased and discounted	खरीदी और भुनाई गई हुंडियाँ
Bill, Retirement of	हुंडी का पूर्व भुगतान
Bill of exchange	हुंडी विनिमय पत्र
Bill of lading	लदान बिल / पत्र
Billed weight	बिल में निर्दिष्ट भार / वजन
Bills for negotiation	परक्रामण / बेचान हेतु बिल
Bill of costs	लागत बिल, खर्चे का बिल

Black list	वर्ज्य सूची / काली सूची
Blanket premit	निर्बंध परमिट
Blocked capital	संघटित पूँजी / थोक पूँजी
Block grants and loans	समुच्चयित अनुदान और ऋण
Blocking of account	लेखों का निरोधन / अवरोध
Bond, deferred	आस्थगित बांड / बंधपत्र
Bond, Indemnity	क्षतिपूर्ति बांड / बंधपत्र
Bond, short-term	अल्पावधि बांड
Bonds and debentures	बंधपत्र और ऋणपत्र
Book credit	खाता उधार
Book debts and other accounts receivable	बही ऋण और अन्य लेनदारी लेखे
Book deposit	खाता जमा
Book transfer	बही / खाता अन्तरण
Book value	अंकित मूल्य / वही मूल्य
Booking of forward exchage contracts	वायदा विनिमय संविदाओं / ठेकों का दर्ज करना
Borrowings	उधार
Break up	विश्लेशित / अलग-अलग विवरण
Bridging loan	पूरक ऋण
Bring forward	आगे लाना / अग्रानयन
Broken Period interest	खंडित अवधि का ब्याज
Brought forward	अग्रानीत
Budgetary surplus	बजट अधिशेष
Buffer stock	समीकरण भंडार / सुरक्षित भंडार
Bull तेजड़िया	
Bull campaing	बाजार चढ़ना
Bullish	तेजी का रुख
Bullish trend	तेजड़िया प्रवृत्ति
Business development	व्यवसाय-वृद्धि
Buyers monopoly	क्रेता / खरीदार एकाधिकार

C

Call money market	माँग मुद्रा (द्रव्य बाजार)
Call loans	शीघ्रावधि ऋण, माँग कर्जा
Callable bond (Redeemable)	प्रतिदेय बांड / बंध-पत्र
Called up Capital	माँगी गई पूँजी

Cancelled accounts	निरस्त / कालातीत / अवधिपूर्ण लेखे
Cancelled notes account	निरस्त / रद्द नोट लेखे
Capacity creating process	क्षमता-सर्जक प्रक्रिया
Capacity growth	क्षमता-संवृद्धि
Capacity utilization rate	क्षमता उपयोग दर
Capital accumulation	पूँजी संचयन
Capiral and reserves	पूँजी और प्रारक्षित निधियाँ
Capital at charge	प्रभार्य पूँजी
Capital-Deposit ratio	पूँजी-जमा अनुपात
Capital expenditure	पूँजीगत व्यय
Capital finance account	पूँजीगत वित्त लेखा
Capital formation—net	पूँजी निर्माण—शुद्ध
Capital formation—gross	पूँजी निर्माण—सकल
Capital gains tax	पूँजीगत अभिलाभ कर
Capital goods	पूँजीगत माल
Capital-input ration	पूँजी-निविष्टि अनुपात
Capital levy	पूँजीकर
Capital loss	पूँजीगत हानि
Capital movements	पूँजी-संचलन
Capital outflow	पूँजी बहिर्गमन
Capital payments	पूँजीगत अदायगियाँ
Capital redemption	पूँजी वापसी / प्रतिदान
Capital resources	पूँजीगत संसाधन
Capital structure	पूँजी विन्यास
Capital value	पूँजीगत मूल्य
Capitalised expenses	पूँजीकृत व्यय
Capitalisation	पूँजीकरण
Carried down	अधोनीत / तलशेष
Carried towards/over	अग्रेनीत
Case study	वृत्त अध्ययन
Cash account	रोकड़ लेखा, नकदी लेखा
Cash and bank balance	नकद और बैंक जमा राशियाँ
Cash balance	नकदी/रोकड़ बाकी
Cash certificate	नकदी-पत्र, रोकड़ प्रमाण-पत्र
Cash credit system	नकद उधार/ऋण प्रणाली

Cash discount	नकद बट्टा
Cash flow statement	नकदी-प्राप्ति विवरण
Cash inward/outward register	आवक/जावक नकदी रजिस्टर
Cash market (sopt market)	नकद बाजार
Cash remittances	नकदी प्रेषण, रोकड़ प्रेषण
Cash reserve requirement	प्रारक्षित नकदी अपेक्षाएँ
Cash subsidy	नकद उपदान/आर्थिक सहायता
Cashiers scroll	खजांची की सूची
Ceiling for loans	ऋणों की उच्चतम सीमा
Ceiling on guarantee cover	गारंटी रक्षा की उच्चतम सीमा
Central Monetary Institution	केन्द्रीय मुद्रागत/मौद्रिक संस्थाएँ
Certificate of balance	शेष राशियों का प्रमाण-पत्र
Certificate of indemnity	क्षतिपूर्ति प्रमाण-पत्र
Certificate of origin	उद्गम प्रमाण-पत्र/मूल स्रोत का प्रमाण-पत्र
Certificate of transfer	अन्तरण का प्रमाण-पत्र
Character of investments	निवेशों का स्वरूप
Charge on Company's assets	कम्पनी की परिसम्पत्तियों पर प्रभार
Chargeable accounting period	प्रभार्य लेखा अवधि
Charges, account	प्रभार लेखा
Charges, forward	आवक माल प्रभार
Cheap money	सस्ती मुद्रा, अल्प ब्याज द्रव्य
Cheque, antedated	पूर्वदिनांकित चैक
Cheque, bearer	धनी जोग/वाहक चैक
Cheque cashed	भुनाया गया चैक
Cheque clearance	चैक समाशोधन
Cheque crossed	रेखित चैक/बैंक जोंग चैक
Cheque, Endorsed	पृष्ठांकित/बेचान किया गया चैक
Cheque, limited	सीमित राशि का चैक
Cheque, open	अरेखित चैक
Cheque, order	नाम जोग चैक/आदिष्ट चैक
Cheque, outstation	बाहरी/बाह्यस्थानीय चैक
Cheque, postdated	उत्तरदिनांकित चैक
Cheque stale	गतावधि चैक
Chest notes account	तिजोरी नोट लेखा
Circulating capital	प्रचल पूँजी

Circulation notes account	संचलन नोट लेखा
Circulation of notes	नोट संचलन
Classification of overdues to demand/outstandings	माँग/बकाया राशियों में अतिदेय राशियों का विभाजन/वर्गीकरण
Clean sitle	निर्बंध स्वत्व
Cleared security	समाशोधित प्रतिभूति
Clearing agreement	समाशोधन करार
Clearing, forwarding and collection charges	निकासी, अग्रेषण और वसूली प्रभार
Clearing hours balance account	समाशोधन गृह का जमा लेखा
Closed account	बन्द लेखा
Closing entry	संवरण प्रविष्टि
Co-executor	सह-निष्पादन
Coin, base	हीन मूल्य सिक्का
Coin, defaced	विकृत सिक्का
Coin, remittance	सिक्का प्रेषण
Coin, standard	मानक सिक्का
Coin, uncurrent	अप्रचलित सिक्का
Collection charges	वसूली प्रभार
Commercial intelligence	वाणिज्यिक आसूचना
Commodity loan	पण्य उधार/ऋण
Common tarrif	सामान्य प्रशुल्क/टैरिफ
Company, Holding	नियंत्रक कम्पनी
Company, Joint Stock	मिश्रित पूँजी कम्पनी
Composite advance	संमिश्रित अग्रिम
Compound tarrif	यौगिक प्रशुल्क/टैरिफ
Confirmed letter of credit	अविकल्पी उधार-पत्र/साख पत्र
Consignment basis	परेषण आधार
Consolidated National accounts	समेकित राष्ट्रीय खाते
Consortium arrangement	सहायता संघ व्यवस्था
Constituted liabilities	संघटकों की देयताएँ
Consumer price-index	उपभोक्ता मूल्य सूचकांक
Contingency fund	आकस्मिकता निधि
Contingent liabilities	प्रासंगिक/आकस्मिक देयताएँ
Contra credit/debit	प्रतिपखी जमा/नामे
Contra seaonal expansion	प्रतिमौसमी विस्तार

Contribution to share capital	शेयर पूँजी में अंशदान
Controlled economy	नियंत्रित अर्थव्यवस्था
Conversion of cheque	चैक का दुष्प्रयोग
Convertible group of currency	परिवर्तनीय/विनिमेय मुद्रा/द्रव्य
Convertibility crisis	मुद्रा-परिवर्तन संकट
Coorporate savings	कम्पनी बचत
Corporate sector	कम्पनी क्षेत्र
Corporate ownership	कम्पनी स्वामित्व
Cost accounting	लागत लेखा
Cost variance	लागत भेद
Costing	लागत निर्धारण
Counter claim	प्रतिदावा
Counterpart funds	प्रतिरूप राशियाँ
Counter liquidation	न्यायालयीन परिसमापन
Crash programme	सघन कार्यक्रम
Creation of money	द्रव्य निर्माण
Credit balance	जमाशेष
Credit control directives	ऋण-नियंत्रण निदेश
Credit demands	ऋण की माँगें
Credit deployment	ऋण वितरण/विनियोजन
Credit gap	ऋण अन्तराल
Credit restraint	ऋण संयम
Credit squeeze	ऋण/उधार अधिसंकुचन
Credit tranche	साख/ऋण की मात्रा का कोटा
Critical accounts	संकटपूर्ण खाते
Cumulative dividend	संचयी लाभांश
Cumulative time deposit scheme	संचयी सावधि जमा योजना
Cumulative preference dividend	संचयी अभिमान लाभांश
Currency appreciation	मुद्रा मूल्यवृद्धि
Currency deflation	मुद्रा अवस्फीति
Currency depreciation	मुद्रा मूल्यह्रास
Currency of loan	ऋण अवधि
Current/saving/fixed/recurring deposit	चालू/बचत/आवधिक (सावधि), आवर्ती जमा
Customs clearance	सीमाशुल्क निकासी
Customer services	ग्राहक सुविधा

D

Daily balancing	दैनिक मिलान/दैनिक शेष निकालना
Daily counter receipt book	दैनिक काउंटर अदायगी बही
Data processing	आँकड़ा अभिसंस्करण
Date of maturity	परिपक्वता/अवधि समाप्ति की तारीख
Dating back of policy	पालिसी का पूर्व तिथि-अंकन
Dead account	निष्क्रिय लेखा
Dead line	अन्तिम तिथि
Dead loan	अशोध्य ऋण
Dead stock	जड़ वस्तु
Dear money	महँगी मुद्रा, उच्च ब्याज द्रव्य
Debenture call book	डिबेंचर माँग बही
Debenture holder	डिबेंचर धारक
Debenture, Irredeemable	अप्रतिदेय डिबेंचर
Debenture mortgage	बंधक डिबेंचर
Debenture, Redeemable	प्रतिदेय डिबेंचर
Debenture Redemption Fund	डिबेंचर परिशोधन/प्रतिदान निधि
Debenture floating	अस्थायी/चल डिबेंचर
Debenture, teminable	सावधि डिबेंचर
Debenture transfer register	डिबेंचर अन्तरण पंजी
Debit advice	नामे डालने की सूचना
Debit balance	नामे बाकी
Debit, Accruing	प्रोद्भूत/उपचित ऋण
Debt, Bonded	बंधक ऋण
Debt, Capital	पूँजीगत ऋण
Debt equity ratio	ऋण इक्यूटी अनुपात
Debt funded	निधिक ऋण
Debt, Good	शोध्य ऋण
Debt not wiped off	असमाप्त ऋण
Debtors ledger	देनदार बही
Debt, Pre-existing	पूर्ववर्ती ऋण
Debt, Preferential	तरजीही/अधिमान्य ऋण
Debt, Provable	प्रमाण्य ऋण
Debt redemption	ऋण परिशोधन/प्रतिदान
Debt relief	ऋण राहत

Debt repudiation	ऋण नकार/अस्वीकरण
Debt good/bad/doubtful	शोध्य/अशोध्य/सन्दिग्ध
Debt servicing	ऋण सेवा/शोधन
Debt, unfunded	अनिधिक ऋण
Declaration of solvency	शोधित क्षमता की घोषणा
Declared valuation rate	घोषित मूल्य दर
Declining price	गिरती कीमतें
Decreasing Term policy	ह्रासमान मियादी पालिसी
Deed of assignment	समनुदेशक विलेख
Defaced coin	विकृत सिक्का
Defaulting office	चूककर्ता कार्यालय
Deferred annuity	आस्थगित वार्षिकी
Deferred receivables	आस्थगित प्राप्य राशि
Deficit financing	घाटे की वित्तव्यवस्था
Deflation	अवस्फीति
Delegation of financial powers	वित्तीय अधिकारों का प्रत्यायोजन
Delivery, forward	वित्तीय सुपुर्दगी
Delivery, spot	हाजिर सुपुर्दगी
Demand, constant	एक-सी/स्थिर माँग
Demand, decreasing	घटती माँग
Demand note	माँगपत्र
Demand, Potential	सम्भाव्य माँग
Demand, Promissiory note	माँग वचन-पत्र
Demand, stable	स्थिर माँग
Demonetization	विमुद्रीकरण
Deposit call	माँग जमा
Deposit erosion	जमाह्रास
Deposit, Fixed/Time	आवधिक/सावधि/मियादी जमा
Deposit liabilities	जमा देयताएँ
Deposit mobilization	जमा संग्रह
Deposit, Potential	सम्भाव्य जमा राशि
Deposit at short notice	अल्पसूचना पर प्रतिदेय जमाराशियाँ
Depreciation	मूल्यह्रास
Depreciation reserves	मूल्यह्रास प्रारक्षित निधि
Depression	मंदी
Devaluation of currency	मुद्रा अवमूल्यन

Developing economy	विकासोन्मुख अर्थव्यवस्था
Deviation	विचलन, व्यतिक्रम
Differential interest rates	विभेदक ब्याज-दरें
Diminishing productivity	ह्रासमान उत्पादिता/उत्पदिकता
Diminishing returns	ह्रासमान प्रतिफल
Direct capital outlay	प्रत्यक्ष पूँजीगत परिव्यय
Directed economy	निदेशित अर्थव्यवस्था
Direct financing	प्रत्यक्ष वित्तपोषण
Discharge from liability	दायित्व मुक्ति
Discounted value	बट्टागत मूल्य
Dishonour	नकारना
Disposable deposits	प्रयोज्य जमाराशियाँ
Dissenting Shareholder	विसम्मत शेयर धारक
Diversification	विशाखन
Dividend appropriation account	लाभांश-विनियोग/विनियोजन लेखा
Dividend Preference	अधिमानी लाभांश
Dividend, unclaimed	अदावी लाभांश
Double entry system	दोहरी प्रविष्टि पद्धति
Domestic sector	घरेलू/देशी क्षेत्र
Double financing	दोहरा वित्तपोषण
Downward trend	अधोमुखी प्रवृत्ति
Down payment	तत्काल अदायगी
Draft drawn under letter of credit	साख-पत्रों के अधीन आहरित/काटा गया ड्राफ्ट
Drawing against uncleared effects	समाशोधन/वसूली से पूर्व आहरण
Drawing limit	आहरण सीमा
Dual valuation	द्विविध मूल्यन
Dull market	सुस्त बाजार
Dumping market	बाजार पाटना/मूल्य गिराना

E

Earning assets	अर्जक परिसम्पत्तियाँ
Econometric analysis	अर्थमितिपरक विश्लेषण
Economics of the scheme	योजना का वित्तीय पहलू
Economically sound	आर्थिक दृष्टि से स्वस्थ/सशक्त
Economic appraisal	आर्थिक मूल्यांकन
Economic depression	आर्थिक मन्दी

Economic feasibility	आर्थिक उपयुक्तता/सम्भाव्यता
Economic viability	आर्थिक व्यवहार्यता
Elasticity of demand	माँग की लोच
Element of double financing	दुहरे वित्तपोषण का तत्त्व
End use of funds	राशि/निधियों का अन्तिम उपयोग
Engaged Capital	प्रयुक्त पूँजी
Enterpreneurial Development Programme	उद्यमकर्ता विकास कार्यक्रम
Entry, adjusting	समायोजक प्रविष्टि
Entry, closing	अन्तिम प्रविष्टि
Entry, opening	प्रारम्भिक प्रविष्टि
Entry System, Double	दोहरी प्रविष्टि पद्धति
Entry, Transfer	अन्तरण प्रविष्टि
Erosion in value of assets	परिसम्पत्तियों के मूल्य में ह्रास
Expanding market	विस्तारशील बाजार
Expansion/contraction of currency	मुद्रा-विस्तार/संकुचन
Expansionary impact	प्रसरण प्रभाव
Expenditure, Progressive	वर्धमान/प्रगामी व्यय
Expense account	व्यय-लेखा
Export oriented	निर्यातोन्मुख

F

Favourable balance of trade	अनुकूल व्यापार संतुलन
Feasibility	सम्भाव्यता/साध्यता
Feeder industry	परिपूरक उद्योग
Feed back	प्रत्यावर्तन/प्रति प्रयोग/प्रति सूचना
Fiduciary loan	प्रत्ययी ऋण
Fiduciary paper money	प्रत्ययी नोट/कागजी मुद्रा
Financial commitment	वित्तीय वचनबद्धता
Financial implication	वित्तीय विवक्षा/निहितार्थ
Financial resources	वित्तीय संसाधन
Financial stringency	वित्तीय कठिनाई
Financier	वित्तपोषक
Financing expenditure of capital nature	पूँजीगत व्यय का वित्त पोषण
Fineness of coins	सिक्कों की शुद्धता
Fiscal incentives	राजकोषीय प्रोत्साहन
Floating of loan	ऋण का जारी करना

Floating currency	मुक्त मुद्रा
Floating security	चल/अस्थायी प्रतिभूति
Floor price	न्यूनतम मूल्य/आधार मूल्य
Flow of funds	द्रव्य प्रवाह, धनप्राप्ति
Fluid resources	चल वित्तीय साधन, तरल संसाधन, नकद साधन
Folio ledger	खाता पन्ना
Formulation of viable Schemes	अर्थक्षम योजनाओं का निर्माण
Forward cover	वायदा रक्षा, वायदा संरक्षण
Forward sales	वायदा बिक्री
Fringe benefits	अनुषंगी सुविधाएँ
Frozen assets	अवरुद्ध परिसम्पत्तियाँ
Fully paid-up	पूर्णत: चुकता
Fund, Liquidation of	निधि परिसमापन
Futures Market	अगाऊ/वायदा सट्टा बाजार

G

Galloping prices	तेजी से बढ़ते मूल्य
Gap between sanctions & disbursals	स्वीकृतियों और वितरणों के बीच अन्तर
Ceštation period	प्रारम्भिक अवधि
Gilt-edged market	श्रेष्ठ प्रतिभूति बाजार
Global eštimate	सार्वभौतिक प्राक्कलन
Gold tranche	स्वर्ण मात्रा/कोटा
Grant of ways and means advances	अर्थापाय अग्रिम प्रदान करना
Grass root plan	आधारभूत/क्षेत्र स्तरीय योजना
Gross fixed capital formation	सकल/कुल अचल पूँजी निर्माण

H

Hard currency	दुर्लभ मुद्रा
Honour a bill	बिल सकारना
House, clearing	समाशोधन गृह
Hindi, Usance	सावधि हुंडी
Hypothecation	दृष्टिबन्धक

I

Identification of credit gap	ऋण अन्तराल की पहचान
Idle resources	अप्रयुक्त/निष्क्रिय संसाधन

Imprest money	अग्रदाय धन
Income elasticity	अगय की सापेक्षता
Increasing returns	वर्द्धमान प्रतिफल
Incremental credit ration	वृद्धिशील ऋण अनुपात
Indemnity guarantee	क्षतिपूर्ति गारंटी
Industry, key	मूल उद्योग
Inflation and deflation	मुद्रा स्फीति और मुद्रा अवस्थिति
Infrastructure	आधारिक/मूलभूत संरचना
Initial spurt	प्रारम्भिक तेजी
Inoperative accounts	निष्क्रिय लेखे
Input-output analysis	निविष्टि-उत्पादन विश्लेषण
Instrument, Negotiable	अपरक्राम्य प्रपत्र
Intangible assets	अगोचर/अमूर्त परिसम्पत्तियाँ
Integrated and intensified approach	समेकित और तीव्र दृष्टिकोण
Intercorporate investment	अन्तर कम्पनी निवेश
Interest suspense account	ब्याज उचंत लेखा
Intervention currency	मध्यवर्ती मुद्रा
Inward clearing	आवक समाशोधन
Irredeemable bond	अप्रतिदेय बांड
Irrvocable letter of credit	अपरिवर्तनीय साखपत्र

J

Job consciousness	कार्य चेतना
Joint returns	संयुक्त विवरणी

K

Keeping account	लेखा रखना
Key buyer	प्रमुख क्रेता
Key industry	मूल उद्योग
Knowhom	तकनीकी जानकारी

L

Labour intensive industry	श्रम-प्रधान उद्योग
Labour mobility	श्रम/श्रमिक गतिशीलता
Labour motivation	श्रमिक अभिप्रेरण

Lapsed and cancelled policies	व्यपगत तथा रद्द पालिसियाँ
Lapsed policy, Revival of	व्यपगत पालिसी का पुन:प्रवर्तन
Latent capital	अन्तर्हित पूँजी
Law of diminishing returns	ह्रासमान प्रतिफल विधि/नियम
Law of equivalent proportions	तुल्यानुपात विधि/नियम
Law of increasing returns	वर्द्धमान प्रतिफल विधि/नियम
Lead Bank	अग्रणी बैंक
Lean year	मंद वर्ष
Ledger folio	खाता पन्ना
Legal tender	वैध मुद्रा
Lending institutions	ऋणदात्री संस्थाएँ
Lending pattern	उधार का स्वरूप
Letter of credit, open	अप्रलेखी साख-पत्र
Letter of hypothecation	बंधक-पत्र
Letter of intent	आशय पत्र
Letter of lien	पुनर्ग्रहणाधिकार पत्र
Letter of undertaking	वचन-पत्र
Level of credit	ऋण-पत्र
Life fund	आजीवन निधि
Limited Company	सीमित देयता कम्पनी
Link agreement	सहबद्धता करार/सम्बद्ध करार
Linking factor	श्रृंखलन घटक/तत्त्व
Liquid assets	तरल परिसम्पत्ति, अनिरुद्ध परिसम्पत्ति
Liquidation	परिसमापन
Liquid resources	नकदी स्रोत
Live account	चालू खाता, जीवन्त खाता
Loadability	लदान क्षमता
Loan, clean	निर्बंध ऋण/बेजमानती ऋण
Loan expired	गतावधि ऋण
Loan, floating	चालू ऋण
Loan, funding	निधीयन ऋण
Loan, key	मूल ऋण
Loan portfolio	ऋण संविभाग
Loan, tied	सशर्त ऋण
Loans & Advances secured	जमानती / रक्षित ऋण और अग्रिम

Long-term buying rate	दीर्घावधि क्रय-दर
Long-Term borrowings	दीर्घावधि उधार
Long-term capital gains	दीर्घकालिक पूँजीगत लाभ
Long-term operation fund	दीर्घकालिक प्रवर्तन निधि

M

Maintenance remittance	निर्वाह राशि प्रेषण
Major head	मुख्य शीर्ष
Managed currency	प्रबन्धित मुद्रा
Managed monetary system	प्रबन्धित मुद्रा-प्रणाली
Mandatory appropriation	अधिदेशात्मक विनियोजन
Manipulation of accounts	लेखा में हेर-फेर करना
Manpower control	श्रमशक्ति नियंत्रण
Manpower mobilization	श्रमशक्ति / जनशक्ति जुटाव
Manufacturing cost	निर्माण लागत
Marginal cost pricing	सीमान्त लागत निर्धारण
Marginal efficiency of capital	पूँजी की सीमान्त उत्पादिता
Marginal propensity to invest	सीमान्त निवेश प्रवृत्ति
Market anticipation	बाजार पूर्वानुमान
Market competition	बाजार प्रतिस्पर्द्धा
Market, continuous	पक्का बाजार, सतत बाजार
Market, declining	गिरता बाजार
Market Easy	सुलभ-मुद्रा बाजार
Market, Established	सुस्थापित / प्रतिष्ठित बाजार
Market, firm	मजबूत / दृढ़ बाजार
Market, forward	वायदा बाजार
Market, free	निर्बाध बाजार
Market intelligence data	बाजार आसूचना आँकड़े
Market, Monopolistic	एकाधिकार बाजार
Market narrow	संकुचित / सीमित बाजार
Market Oriented economy	बाजार-प्रधान अर्थव्यवस्था
Market Primary	मूल बाजार
Market response	बाजार अनुक्रिया
Market Speculative	सट्टा बाजार
Market, spot	हाजिर बाजार

Market, Tone of the	बाजार रुख
Market trend	बाजार प्रवृत्ति
Market debt	विपणन योग्य ऋण
Marketable security	विक्रेय प्रतिभूति
Marketability	विक्रेयता, बिक्री योग्यता
Marketing, chain	शृंखलाबद्ध विपणन
Marketing channel	विपणन माध्यम/सरणि
Mature economy	परिपक्व अर्थव्यवस्था
Maturity loans	अवधिपूर्ण होनेवाले ऋण
Maturity proceeds	परिपक्वता सम्प्राप्तियाँ
Method of computation profitability	लाभ-अभिकलन विधि
Micro economics	व्यष्टि अर्थशास्त्र
Migration of capital	पूँजी का देशान्तरण/स्थानान्तरण
Minimum support price	न्यूनतम समर्थन मूल्य
Musappropriation of funds	राशि का दुर्नियोजन
Mobilizaton of capital	पूँजी जुटाना
Mobilization of man power	श्रम/जनशक्ति संग्रह
Mobility, occupational	व्यावसायिक गतिशीलता
Monetary adjustment	मौद्रिक समायोजन
Monetary contraction	मुद्रा-संकुचन
Monetary crisis	मुद्रा-संकट
Monetary factors	मुद्रागत कारक/तत्त्व
Monetary stability	मुद्रा स्थिरता
Monetary standard	मुद्रा मान
Monetization of debt	ऋण का मुद्रीकरण
Money at call and short notice	माँग और अल्पसूचना पर प्रतिदेय राशि
Money, cheap	अल्प-ब्याज द्रव्य
Money, Creation of	मुद्रा/द्रव्य निर्माण
Money, dear	महँगी मुद्रा, उच्च ब्याज मुद्रा/द्रव्य
Money flow	मुद्रा प्रवाह
Money overpaid	अधिदत्त धन
Money, Scarce	दुर्लभ मुद्रा
Monitoring of critical accounts	संकटपूर्ण खातों का अनुप्रवर्तन
Monitoring programme	अनुप्रवर्तन कार्यक्रम
Monthly trial balance	मासिक शेष परीक्षण

Moratorium	ऋण-स्थगन
Mortage, Equitable	साम्यिक बंधक
Movement in prices	कीमतों में उतार-चढ़ाव
Multilateral clearing	बहुपक्षीय समाशोधन
Multilateral convertibility	बहुपक्षीय विनिमेयता
Multiple choice	बहुविकल्प
Multiple cost	बहुविध लागत
Multiple currency practice	बहुविध मुद्रा रीति
Mutilated Bill	कटी-फटी हुंडी

N

Nature, trend and cost of refinance	पुनर्वित्त की प्रकृति, प्रवृत्ति और लागत
National growth rate	सहज संवृद्धि दर/विकास दर
Need based approach	आवश्यकता-आधारित दृष्टिकोण
Negotiable Instrument	परक्राम्य पत्र
Negotiability by statute	सांविधिक बेचनीयता
Negotiation by Delivery	सुपुर्दगी द्वारा परक्रमण/बेचान
Net liquidity ratio	शुद्ध नकदी अनुपात
Net operating income	शुद्ध परिचालन आय
Net value added	शुद्ध वर्धित मूल्य
Net working capital	शुद्ध कार्यकारी पूँजी
No loss, no profit basis	न हानि, न लाभ आधार
Nomenclature of loan	ऋण का अभिधान
Non-credit societies	ऋणेतर समितियाँ
Non-comulative preferred stock	असंचीय अधिमान्य स्टाक
Non-inflationary	अस्फीतिकारी
Non-monetary gold	मुद्रेतर स्वर्ण
Non-overdue cover	अनतिदेय राशि आवरण
Non plan	योजनेतर
Non-preferential	अनधिमानी
Non-production bonus	उत्पादनेतर लाभांश/बोनस
Non-resident rupee account	अनिवासी रुपया लेखा
Non-terminable loans	असमापनीय ऋण
Non-viable	अक्षम
Non-wilful defaulter	अनिच्छुक चूककर्ता

Notice of dishonour	नकार-सूचना
Notified amount	अधिसूचित राशि

O

Objective date	वस्तुनिष्ठ आँकड़े
Official amortisation	आधिकारिक परिशोधन
Official assignee	सरकारी समनुदेशती
Official liquidator	सरकारी समापक
Opening balance	अथशेष, रोकड़ जमा
Optional allocation	इष्टतम आवंटन
Originating bank	प्रवर्तक बैंक
Outstation cheque	बाहरी चैक
Outward Demand draft	जावक माँग ड्राफ्ट
Overhead cost	ऊपरी व्यय
Over-valued currency	अधिमूल्यित मुद्रा

P

Package deal	सम्पुटित सौदा, एकमुश्त सौदा
Paid defective Note	प्रदत्त दोषपूर्ण नोट
Paid-up capital	चुकता/प्रदत्त पूँजी
Paper balance	बही शेष, कागजी-शेष
Paper, Long dated	दीर्घावधि प्रपत्र/प्रतिभूति
Papermoney, Convertible	परिवर्तनीय/विनिमेय कागजी मुद्रा
Parent Company	मूल कम्पनी
Parity Price formula	समता कीमत मुद्रा
Par of exchange	विनिमय सममूल्यता
Par of exchange, Hypothetical	परिकल्पित विनिमय सममूल्यता
Participative bond	सहभागी बांड
Partner, active	सक्रिय भागीदार/साझेदार
Partner, Dormant	निष्क्रिय भागीदार
Partner, financing	वित्तपोषक भागीदार
Partner, Incoming	आवक भागीदार
Partner, outgoing	जावक भागीदार
Partners' fixex capital account	भागीदारों का सावधि पूँजी लेखा
Partnership, Articles of	भागीदारी की अन्तर्नियमावली

Partnership at will	यथेच्छ साझेदारी
Partnership, Dissolution off	भागीदारी का समापन
Par to bearer	धारक को अदा करें
Par value	सममूल्य
Payable to order	आदेश पर देय
Payee	आदाता, पानेवाला
Payee, fictitious	कल्पित आदाता
Payees' Account	आदाता खाता
Payees' Account crossing	आदाता खाता रेखन
Paying counter	भुगतान काउंटर
Payment order Account	भुगतान आदेश लेखा
Peg Point	आधार बिन्दु
Penal interest	दंडस्वरूप ब्याज
Performance Report branch	निष्पादन रिपोर्ट शाखा
Periodic balance method	आवधिक संतुलन प्रणाली
Periodic variation	आवधिक घट-बढ़
Petty cash book	फुटकर रोकड़ बही
Phased repayment programme	क्रमिक चुकौती कार्यक्रम
Pilot scheme	प्रायोगिक योजना
Plan appraisal	योजना मूल्यांकन
Planned economy	योजनाबद्ध अर्थव्यवस्था
Ploughing back of profits	लाभ पुनर्निवेश
Plus-minus entries	धर-ऋण प्रविष्टियाँ
Point to point adjustment	बिन्दुवार समायोजन
Policy assignment of	पालिसी का समनुदेशन
Policy of rurvivor	उत्तरजीवी पालिसी
Portfolio analysis	निवेश-सूची विश्लेषण
Potential entrepreneurs	सम्भाव्य उद्यमी
Potentially viable	सम्भाव्य सक्षम/समर्थ
Preference share	अधिमान शेयर
Prepaid	पूर्वदत्त
Pressure, Monetary	मुद्रागत दबाव
Price elasticity	मूल्य लोच
Prece elasticity	मूल्य वृद्धि
Price floor	न्यूनतम निर्धारित मूल्य

Price line	मूल्य रेखा
Price rigit	अनम्य मूल्य
Profit allocation ratio	लाभ आवंटन अनुपात
Profit sharing	लाभ सहभाजन
Profitability	लाभप्रदता
Prohibitive cost	निषेधी लागत
Project profiles	परियोजना रूपरेखाएँ
Proprietary stake	स्वाम्य पण
Prorata payment	यथानुपात अदायगी
Protested account	प्रत्यापन्न लेखा
Public borrowing	सरकारी ऋणादान
Public sector	सरकारी/सार्वजनिक क्षेत्र
Purpose-wise credit	उद्देश्यवार ऋण
Purposive selection	सोद्देश्य चयन

Q

Quality control	कोटि नियंत्रण, गुणवत्ता-नियंत्रण
Quality of goods	माल की गुणवत्ता
Quantity theory of money	मुद्रा परिणाम सिद्धान्त
Quantum	प्रमात्रा
Quasi-money	मुद्रावत्
Quasi-negotiable paper	परक्राम्यवत् प्रपत्र
Quick asset	तत्काल परिसम्पत्ति
Quick yielding project	शीघ्र फलदायी परियोजना
Quota, Prorata	यथानुपास कोटा
Quotation list	भाव-सूची

R

Railway Material credit note	रेलवे सामग्री जमा पत्र
Random fluctuation	यादृच्छिक उतार-चढ़ाव
Rapid Scrutiny	शीघ्र जाँच/छानबीन
Rate, Differential	विभेदय दर
Rate structure	दर-विन्यास
Ratable value	दर-निर्धार्य मूल्य
Rated capacity	निर्धारित क्षमता
Ready reckoner	आशु परिकलक

Real estate	स्थावर सम्पदा
Realisation account	नकदीकरण लेखा, वसूली लेखा
Reappropriation of funds	निधियों का पुनर्विनियोजन
Recalled advances	प्रत्याहूत अग्रिम, वापस मँगाए गए अग्रिम
Recast ledger account	पुनर्व्यवस्थित बही लेखा
Receiving end	प्रापक/प्राप्ति-स्थल
Receiving order	प्राप्ति-आदेश
Redemable	प्रतिदेय
Redemption	प्रतिदान
Refinancing schemes	पुनर्वित्तीयन योजनाएँ
Regional flow of bank credit	बैंक ऋण का क्षेत्रीय विस्तार
Regressive expenditure	अवरोही व्यय
Rehabilitation of sick units	रुग्ण इकाइयों का पुनरुत्थान
Release of capital	पूँजी निर्मोचन
Remunerative enterprises	लाभकारी उद्यम
Repatration of sterling debt	स्टर्लिंग ऋण का प्रत्यावर्तन
Repaying capacity	चुकौती क्षमता
Replacement fund	प्रतिस्थापन निधि
Repressed inflation	दमित स्फीति
Reproducible tangible wealth	पुनरुत्पादनीय गोचर सम्पत्ति
Rescheduling of loan	ऋण की पुनर्व्यवस्था
Reserve borrowing power	प्रारक्षित ऋणदार शक्ति
Reserve, Depletion of	प्रारक्षित निधि का अवक्षय
Resident account	आवासी लेखा/खाता
Resources & employment of fund	निधियों के संसाधन और नियोजन
Recources, fluid	नकद संसाधन
Resources, Non-renewable	अनव्य/अनवीकरणीय संसाधन
Responding entry	जवाबी प्रविष्टि
Retained profit	प्रतिधारित लाभ
Revocable credit	प्रतिसंहरणीय उधार
Revolving cash credit	परिक्रामी उधार/ऋण
Rigging	भाव बढ़ान्त
Rough account	कच्चा लेखा/खाता
Running Account	चल लेखा
Runway inflation	अति स्फीति
Rupee counterpart funds	रुपया प्रतिरूप निधियाँ

S

Safe deposit vault	सुरक्षित जमा कक्षा
Salesmanship	विक्रय कला
Scrip dividend	लाभांश पत्रक
Seasonal fluctuation	मौसमी घट-बढ़
Seasonal balancing system	अनुभागीय संतुलन प्रणाली
Sectoral advances	क्षेत्रीय अग्रिम
Sectoral flow of credit	क्षेत्रीय ऋण उपलब्धि
Securities, Speclative	सट्टा प्रतिभूतियाँ
Security, collateral	सम्पार्श्विक प्रतिभूति
Security, continuing	सतत प्रतिभूति
Security, corporate	कम्पनी प्रतिभूति
Security, gold-edged	श्रेष्ठ प्रतिभूति
Security, Inscribed	अभिलिखित प्रतिभूति
Security, Listed	सूचीगत प्रतिभूति
Security, Non-negotiable	अबेचनीय/अपरक्राम्य प्रतिभूति
Security, release of	प्रतिभूति मोचन
Security, substantial	ठोस प्रतिभूति
Security, Tangible	गोचर प्रतिभूति
Security, unclaimed	अदायी प्रतिभूति
Security, unencumbered approved	भार रहित अनुमोदित प्रतिभूति
Servicing of debts	ऋण शोधन
Set-up cost	स्थापन लागत
Share, non-cumulative preference	असंचयी अधिमान शेयर
Share transfer Audit	शेयर अन्तरण लेखा परीक्षा
Shares, Participating Preference	सहभागी अधिमान शेयर
Short bills book	अल्पकालीन हुंडी बही
Short term credit	अल्पकालिक ऋण
Sick units	रुग्ण इकाइयाँ
Simple contract debt	साधारण संविदा ऋण
Single entry system	इकहरी प्रविष्टि पद्धति
Sinking fund	निक्षेप निधि
Sister concern	सहयोगी संस्था
Sliding scale	विसर्पी मान
Soft currency	सुलभ मुद्रा

Solidarity of interests	हितों का समेकन
Specimen signature book	नमूना हस्ताक्षर बही
Split income	विभक्त आय
Sponsored sheme	प्रायोजित योजना
Spot exchange	हाजिर विनिमय बाजार
Spurt	स्फुरण प्रवेग
Stable money	स्थिर द्रव्य
Staggering of duty hours	कार्य के घंटों को आगे-पीछे करना
Stamp, Non-Judicial	न्यायेतर मुद्रांक
Standard coin	मानक सिक्का
Standard of deferred payment	आस्थगित भुगतान का मान
Stock, dead	निर्जीव/जड़ वस्तु/न बिक्री योग्य माल
Stock depreciation	स्टाक मूल्यह्रास
Stock-in-process	प्रक्रियागत/तैयार होनेवाला माल
Strongroom	कोष कक्ष, सुरक्षित कमरा
Subscribed, over	अत्यभिदत्त
Subscribed, under	न्यूनाभिदत्त
Subscriber	अभिदाता, ग्राहक
Sundry assets	विविध/फुटकर परिसम्पत्तियाँ
Supplier-Consumer	पूर्तिकर्ता-उपभोक्ता
Support price	समर्थित मूल्य
Surrender value	अभ्यर्पण मूल्य
Supertax	अधिकर
Suspension of clearing	समाशोधन स्थगन
System of accounts	लेखा प्रणाली

T

Take home pay	शुद्ध वेतन/निवल वेतन
Tangible nssets	गोचर/मूर्त परिसम्पत्तियाँ
Tangible security	मूर्त/ठोस जमानत/प्रत्याभूति
Tarrif agreement	प्रशुल्क करार
Tax, Advalorem	यथामूल्य कर/मूल्यानुसार कर
Tax, Apportioned	प्रभाजित कर
Tax, Avoidance	कर-परिहार
Tax base	कर-आधार

Tax consciousness	कर-बोध, कर-चेतना
Tax Credit Advice note	कर-समंजन सूचना नोट
Tax hideden	प्रच्छन्न कर
Tax, Multipoint	बहुस्तर कर
Tax, Progressive	वर्द्धमान कर
Tax rebate	कर कटौती
Tax, Regressive	ह्रासमान कर
Tax sharing	कर-सहभाजन
Taxation, Canons of	कराधान के सिद्धान्त
Taxation, impact of	कराघात, कराधान का प्रभाव
Technical feasibility report	तकनीकी साध्यता रिपोर्ट
Term export credit	सावधि निर्यात ऋण
Terminal advanages	सेवांत लाभ
Term loan	सावधि ऋण
Third party guarantee	अन्य पक्ष प्रत्याभूति
Through Bill of lading	सीधा लदान पत्र
Tight money market	महँगा मुद्रा बाजार
Time-barred claim	कालातीत दावा
Time bound	समयबद्ध
Trade index number	व्यवसाय सूचकांक
Trade mark	व्यापार चिह्न
Transfer entry	अन्तरण प्रविष्टि
Transhipment	यानांतरण, वाहनांतरण
Transit duty	पारवहन/संक्रमण शुल्क
Transit passenger	पारगमन यात्री
Turnover of capital	पूँजी आवर्त

U

Unabsorbed depreciation	अनवशोषित मूल्य ह्रास
Unbanked areas	बैंक सुविधा रहित क्षेत्र
Unbiased estimate	अनभिनत आकलन
Uncalled liability	अनमाँगी देयता
Unclaimed consignement	अदावी-माल/परेषण
Uncovered demand	अपूरित माँग
Under-valuation	अधोमूल्यन

Underwriter	हामीदार, बीमाकर्ता
Uneroded owned funds	अह्रसित निजी निधियाँ
Uncavourable balance of trade	प्रतिकूल व्यापार शेष
Unfunded debt	अनिधिक ऋण
Unlocated loss	अज्ञात हानि
Unredeemable	अप्रतिदेय
Unregulated market	अविनिमयित मंडी
Unremunerative	अलाभकारी
Unsecured	अरक्षित/गैर-जमानती
Unwarranted drawls	अनभीष्ट/अवांछित आहरण
Upward trend	ऊर्ध्वमुखी प्रवृत्ति
Usance	अवधि, मियाद, मुद्दत
Usance bills	मियादी/मुद्दती बिल
Utility Diminishing	ह्रासमान उपयोगिता
Utility increasing	वर्द्धमान उपयोगिता

V

Valuation charges	मूल्यन शुल्क/प्रभार
Value, above par	अधिमूल्य पर
Value, Absolute	निरपेक्ष मूल्य
Value, added	बन्धित मूल्य
Value, below par	अवमूल्य पर
Value, Calcutated	परिगणित मूल्य
Value, Discounted	बट्टागत मूल्य
Value, Intrinsic	यथार्थ/वास्तवित मूल्य
Value of money	मुद्रा मूल्य
Value payable	मूल्य देय
Value scarcity	दुर्लभता मूल्य
Variable capital	परिवर्ती पूँजी
Variable reserve ratio	परिवर्ती प्रारक्षित निधि अनुपात
Variability of investment	निवेश-परिवर्तनीयता
Variation in qualities	गुण-वैभिन्य
Velocity of currency	मुद्रा-संचलन वेग
Vertical mobility	उदग्र गतिशीलता, विषम स्तरीय गतिशीलता
Viable cultivators	स्वयं समर्थ कृषक
Voidable agreement	शून्यकरणीय करार/अनुबन्ध

Voluntary amalgamation/ liquidation/winding up	स्वैच्छिक समामेलन/परिसमायन/समापन
Voucher Prepaid deposit Account	पूर्वदत्त जमा लेखा वाउचर

W

Wage increase absorption	मजदूरी वृद्धि अवशोषण
Wage variability	मजदूरी परिवर्तनीयता
Warranted growth rate	अभीष्ट संवृद्धि दर
Wastage of resources	संसाधन अग्रिम
Ways and means advances	अर्थोपाय अग्रिम
Weighted contribution	भारित अशदान
Well-balanced	सुसंतुलित
Wharfage charge	घाट-भाड़ा, चढ़ाई-उतराई
Whole coverage	पूर्ण व्याप्ति
Winding up	समापन
Withdrawal form	आहरणपर्ची
Work to rule	नियमानुसार कार्य
Working account	कार्यकारी लेखा
Working capital turnover ratio	कार्यकारी पूँजी आवर्ती अनुपात
Working partner	कार्यकारी/सक्रिय साझेदार
Worldwide market	विश्वव्यापी बाजार
Worldwide recession	विश्वव्यापी मंदी
Written down Book value	ह्रासित खाता मूल्य

4

रेल कार्यालयों में प्रयुक्त पदावलियाँ

The above procedure will not apply to this case	उपर्युक्त प्रक्रिया इस मामले में लागू नहीं होगी

A

Abstract cost was approved	लागत सार अनुमोदित हुआ था
Accepted, allocated and passed for payment	स्वीकृत, विनिहित और भुगतान के लिए पारित
According to invoice, cost works out to ... at market rate	बीजक के अनुसार बाजार दर के हिसाब से लागत ... है

Advance arrangements are necessary	पहले से प्रबन्ध करना आवश्यक है
Advance from provident fund is permissible	भविष्य निधि से पेशगी (अग्रदाय रकम) दी जा सकती है
All round economy in expenditure is needed	खर्च में चौतरफा किफायत करने की जरूरत है, चतुर्मुख मितव्ययिता आवश्यक है
Allotment from reserved quota	आरक्षित कोटे से नियतन
Allotment of permanent way materials against requirements	आवश्यकताओं के अनुरूप रेल-पथ के सामान का आवंटन
Annual repairs to the track at the site of accident were carried out on ...	दुर्घटना-स्थल पर रेलपथ की वार्षिक मरम्मत... को की गई थी
Approximate physical progress of the work shoned be furnished early	काम की अनुमानित प्रत्यक्ष प्रगति की सूचना शीघ्र दी जाए
Ask explanation of the staff concerned	सम्बन्धित कर्मचारी/कर्मचारियों से स्पष्टीकरण माँगा जाए
All way side stations	मार्गस्थ छोटे स्टेशनों पर

B

Ban on creation of posts	नये पदों के सृजन पर रोक/प्रतिबन्ध
Behind scheduled date	अनुसूचित दिनांक के बाद
Board's courier bag has not been received	बोर्ड का डाक थैला प्राप्त नहीं हुआ है
Board's sanction necessary to regularise matiers	मामले को नियमित करने के लिए बोर्ड की सहमति/मंजूरी आवश्यक है
Bridge is not safe for the passage of heavy engines	भारी इंजिन आने-जाने के लिए पुल निरापद नहीं है

C

Call upon to show cause	कारण बताने को कहा जाए
Sri... cannot be spared tell a substitute is provided	श्री... को उस समय तक कार्यभार-मुक्त नहीं किया जा सकता जब तक एवजी नहीं दिया जाता है
Causes beyond the control of the employee	कर्मचारी के काबू/वश से बाहर के कारण
Charge sheet has been read out and explained to the employee	आरोप-पत्र पढ़कर कर्मचारी को सुनाया और समझा दिया गया है
Change of quarter asked for is admissible	क्वार्टर के बदलने की प्रार्थना स्वीकार्य / ग्राह्य है
Conduct is questionable	आचरण आपत्तिजनक है

Currency of the post may be extended upto the end of financial year	वित्तीय वर्ष के अन्त तक पद की अवधि बढ़ा दी जाए

D

Damage was caused by five	क्षति आग लगने के कारण हुई
Deserves promotion out of turn	अपनी बारी से पहले पदोन्नति के लिए कर्मचारी योग्य / अर्ह है
Disadvantage from the proposal outweights the advantage	प्रस्ताव से लाभ की तुलना में हानि अधिक है
Does not stand to reason	तर्कसंगत नहीं है
Due to dislocation of traffic	यातायात के अस्तव्यस्त / अव्यवस्थित होने के कारण

E

Effective steps be taken to guard the line	पटरी की सुरक्षा के लिए कारगर उपाय किए जाएँ
Enquiry has not been held properly	जाँच उचित रूप से नहीं की गई है
Entry for initials please	प्रविष्टि आद्यक्षर के लिए प्रस्तुत
Explain why disciplinary action be not taken	बताएँ कि अनुशासनिक कार्रवाई क्यों न की जाए
Ex-post facto sanction	कार्योत्तर स्वीकृति
Following is an extract of Board's orders on the subject	इस विषय पर बोर्ड के आदेश का उद्धरण नीचे दिया गया है
Following transfers and postings will take effect immediately	निम्नलिखित स्थानान्तरण और तैनातियाँ तत्काल लागू/प्रभावी होंगी
Foreign Railway has not proved delivery to the adjoining/this railway so far	इतर रेलवे द्वारा यह सिद्ध नहीं हो पाया है कि आसन्न रेलवे/इस रेलवे को माल की सुपुर्दगी हुई है
For orders if the claim be repudiated	आदेशार्थ कि क्या दावा अस्वीकार कर दिया जाए

G

Get classification of the staff concerned	सम्बन्धित कर्मचारियों से स्पष्टीकरण माँगा जाए
Give top priority to this work	इस काम को उच्चच / परम अग्रता दी जाए

H

Has a clear record of service	सेवा-वृत्त निष्कलंक है
Has applied for mutual transfer with....	.... से परस्पर स्थानांतरण के लिए आवेदन किया है
Has made a varying statement to different occasions	विभिन्न अवसरों पर भिन्न-भिन्न बयान दिया है
Has reported sick	बीमारी की अर्जी भेजी है
House allowance in lien of free quarter is admissible	नि:शुल्क क्वार्टर के बदले मकान-भत्ता दिया जा सकता है

I

I have satisfied myself that the employee is not at fault	मैं सन्तुष्ट हूँ कि कर्मचारी की गलती या उसका दोष नहीं है
In similar circumstances	समान परिस्थितियों में
Inspector to be deputed to enquire and report	एक निरीक्षक जाँच करने और रिपोर्ट देने के लिए तैनात किया जाए
Inter Railway liability may be fixed	अन्तर्रेलवे दायित्व निश्चित किया जाए
In the absence of any rules, past practice is the law	नियमों के न होने पर पिछली परिपाटी ही कानून है
In view of urgency	तात्कालिक आवश्यकता को देखते हुए
Is a very vital point in the case	मामले का यह अत्यन्त महत्त्वपूर्ण पहलू है
It is a side issue	यह गौण प्रश्न है
Is not covered by rules	नियमों में इसकी व्यवस्था नहीं है
Is not permitted by rules	नियम-सम्मत नहीं है
Is punishable under rule...	...नियम के अधीन दंडनीय है
It is an encroachment on the Railway land	यह रेलवे की जमीन पर अतिक्रमण है
It is irregular and cannot be covered by any stretch of interpretation of the rules	यह अनियमित है और चाहे जिस तरह व्याख्या की जाए इसे नियमसंगत नहीं ठहराया जा सकता
It will be greatly appreciated if the requisite information is expedited	यदि अपेक्षित सूचना शीघ्र भेज दी जाए तो बड़ी कृपा होगी

J

Joint enquiry has been ordered by Divisional Suprintendent	प्रभागीय अधीक्षक द्वारा संयुक्त जाँच के आदेश दिए गए हैं
Just and equitable disbursement	न्यायोचित और साम्ययुक्त वितरण

K

Kindly advise if the claim may by treated as closed for statistical purposes	कृपया सूचित करें कि क्या सांख्यिकी प्रयोजनों के लिए दावा सम्बन्धी मामला समाप्त समझा जाए
Kindly review the case regarding his promotion	कृपया उनके पदोन्नति सम्बन्धी/मामले पर पुनर्विचार करें

L

Leave on ground of sickness may be granted	बीमारी के कारण छुट्टी दे दी जाए
Liable to disciplinary action	अनुशासनिक कार्रवाई की जा सकती है
Locate the irregularities/discrepancies	अनियमितताओं/असंगतियों का पता लगाएँ

M

Matter is under correspondence and you will be advised in due course	मामले के सम्बन्ध में पत्रव्यवहार चल रहा है और आपको यथासमय सूचित किया जाएगा
Matter needs through investigation	मामले में पूरी तरह जाँच आवश्यक है
May be reverted to the former post	पिछले पद पर प्रत्यावर्तित किया जाए
May be latter the destination station of the pass	क्या पास में उल्लिखित गंतव्य स्टेशन बदल दिया जाए

N

Necessary provision has been made torit in the works programme	निर्माण कार्यक्रम में इसके लिए आवश्यक व्यवस्था कर दी गई है
Next irrement in the officiating post is due	स्थानापन्न पद में अगली वेतनवृद्धि देय है
No maxima or minima have bee fixed	कोई अधिकतम या न्यूनतम सीमा निर्धारित नहीं की गई है

O

Officiating arrangements proposal are in order of seniority	प्रस्तावित स्थानापन्न व्यवस्था वरिष्ठता के अनुसार है
On payment of single journey fare	एक ओर की यात्रा का किराया देकर
Other than booked route	निर्धारित मार्ग से भिन्न मार्ग

P

Parcel was booked by dearer route at sender's request	माल भेजनेवाले के अनुरोध पर पार्सल महँगे मार्ग से बुक किया गया
Period of absence is covered by proper medical certificate	अनुपस्थिति-अवधि के लिए उपयुक्त चिकित्सा-प्रमाणपत्र दिया गया है
Period of suspension will count as leave due	निलम्बन-अवधि देय छुट्टी समझी जाएगी
Please arrange to spare Sri... at the earliest	कृपया श्री... को यथाशीघ्र भारमुक्त करने की व्यवस्था करें
Please issue challan or work order	कृपया चालान या निर्माण आदेश जारी करें
Please note down on the notice board and engagement diary	कृपया नोटिसबोर्ड (सूचना-पट्ट) और कार्य डायरी में लिख दें
Please taken by the employee is not acceptable	कर्मचारी द्वारा दी गई दलील या दिया गया तर्क स्वीकार्य नहीं है
Posts are admissible as per approved yard stick	अनुमोदित माप-दंड के अनुसार पद स्वीकार्य है
Proposal lacks justification	प्रस्ताव औचित्यपूर्ण नहीं है

R

Reasons for variations are given	घट-बढ़/विभिन्नता के कारण दिए हैं
Rejected stores may be returned	अस्वीकृत सामान लौटा दिया जाए
Relative seniority may be adhered to	सापेक्ष वरिष्ठता का पालन किया जाए
Relief and joining report are awaited	एवजी और कार्यभार ग्रहण रिपोर्ट की प्रतीक्षा है
Relief cannot be arranged at such a short notice	इतनी अल्पसूचना पर एवजी की व्यवस्था नहीं हो सकती
Repeated warnings have had no effect	बार-बार चेतनावी का कोई असर नहीं हुआ
Resume of the case is given below	मामले का सारवृत्त नीचे दिया है

S

Sender has made mis-declaration of the consignment	माल भेजनेवाले ने प्रेषित माले के बारे में गलत बयानी की है
Signals were defective	सिग्नल दोषपूर्ण/खराब थे
Staff will be considered for compensatory leave/off in lieu of attendance on Sunday	रविवार की उपस्थिति के बदले में कर्मचारियों को प्रतिकरस्वरूप छुट्टी देने पर विचार किया जाएगा

Supply does not conform to the approved sample	अनुमोदित नमूने के अनुरूप आपूर्ति/ सप्लाई नहीं है

T

There is no cause to modife the orders already passed	पहले दिए गए आदेश में आशोधन/तरमीम करने का कोई कारण नहीं है
There is no end to it	इसका कोई अन्त नहीं है
There is no point in pursuing the case further	मामले में और छानबीन करने का कोई अर्थ नहीं है
This is within his competence	यह उसके क्षेत्राधिकार में है
This should be adjusted in the accounts in hand	इसका समायोजन चालू लेखे में किया जाना चाहिए

U

Unauthorised absence has been regularised	अनधिकृत अनुपस्थिति नियमित कर दी गई है, अनधिकृत अनुपस्थिति का नियमितीकरण कर दिया गया है
Urgent attention may please be given to the matter	मामले पर कृपया शीघ्र ध्यान दें

V

Variation is figures is due to	आँकड़ों में विभिन्नता/घट-बढ़ का कारण यह है कि
Vide linked case	सम्बद्ध फाइल देखें

W

Waiving of maximum age limit	अधिकतम आयु-सीमा में छूट देना
Warned to be careful in future	भविष्य में सावधान रहने की चेतावनी दी गई
Will be spared by...(date)	...तारीख तक भार-मुक्त कर दिया जाएगा
Will have to sever connections with this Railway	इस रेलवे से सम्बन्ध-विच्छेद करना होगा
Work is to be done is phase	काम कई चरणों/प्रक्रमों में किया जाना है

Y

You may like to discuss	सम्भवत: आप विचार-विमर्श करना चाहें

रेलवे प्रचालन विभाग की पारिभाषिक शब्दावली

A

Accident	दुर्घटना
Adherence to advertised time	विज्ञापित समय की पाबन्दी
Admission of train	गाड़ी अन्दर लेना
Advance starter	अग्रिम प्रस्थान-सिग्नल
affected train	दुर्घटनाग्रस्त गाड़ी, प्रभावित गाड़ी
All right signal	'सब ठीक है' सिग्नल (संकेत)
Approaching train	आनेवाली या पहुँचनेवाली गाड़ी
Authority to proceed	प्रस्थान प्राधिकार
Average speed	औसत गति/रफ्तार
Averted collision	निवारित टक्कर
Avoidable detention	परिहार्य विलम्ब

B

Back light	पिछली बत्ती
Ballast train	गिट्टी गाड़ी
Break-down train	सहायता गाड़ी
Break of gauge	गेज / आमान परिवर्तन
Broad gauge	बड़ी लाइन

C

Carrying capacity	वहन-क्षमता
Casualties	हताहत
Caution order	सतर्कता/सावधानी आदेश
Centralised traffic control	केन्द्रीकृत यातायात नियंत्रण
Classification of station	स्टेशनों का वर्गीकरण
Cleaning the track	रेलपथ को साफ करना
Clearance of smalls	फुटकर माल की निकासी
Connection of trains	गाड़ियों का मेल
Contiguous Railway	समीपवर्ती रेलवे
Covered wagon	बन्द माल डिब्बा
Cross traffic	पारगामी यातायात

Crossing of trains	गाड़ियों का पारगमन
Crossing sleepers	कैंची स्लीपर
	D
Deadend	ठोकर, बन्द सिरा
Departing train	छूटनेवाली गाड़ी, जानेवाली गाड़ी
Derailment	पटरी से उतरा, अवपथन
Detention	रुकाई, अवरोधन
Diversion	मोड़; पथान्तर; पथान्तरण
	E
Empty wagon	खाली माल डिब्बा
Enquiry and reservation	पूछताछ और आरक्षण
	F
Fixed signal	स्थावर सिग्नल
Following trains system	एक के पीछे एक गाड़ी चलाने की पद्धति
Fouling mark	उल्लंघन चिह्न
	G
Gradient	ढाल
	H
Halt	विराम, ठहराव
halt flag station	विराम झंडी स्टेशन
Handling charges	चढ़ाई-उतराई खर्च
Hand signal lamp	हाथ बत्ती सिग्नल
Haulage	ढुलाई, कर्षण
Head-on collision	आमने-सामने की टक्कर
Heavy or bulky consignment	भारी अथवा स्थूल परेषण
High rated traffic	उच्च दर वाला यातायात
Home Railway	स्वकीय रेलवे
Home signal	निकट सिग्नल
Hock-end	पिछला सिरा
Homeward	वापसी
Hump shunting	ठोकर शंटिंग, ढाल शंटिंग

I

Ineffective wagons	निष्क्रिय/बेकार माल डिब्बे
Interchange point	अन्तर्ग्रहण स्थल
Interlocked	अन्तर्पाशित
Inner rail	भीतरी पटरी
Intersectional movement	अन्तर्खंडीय संचलन
Is line clear	क्या लाइन/रेलपथ साफ है?

K

Knock down by a train	गाड़ी से ठोकर लगना

L

Late Start	विलम्ब से छूटना
Light engine	अकेला इंजिन, खाली इंजिन
Level crossing	सम पार
Line blocked	अवरुद्ध पटरी
Line clear	निर्बाध रेलपथ या पटरी
Loaded wagon	लदा माल डिब्बा
Loss in transit	पारवहन में हानि/क्षति

M

Main/Double line	मुख्य/दोहरी लाइन
Marshalling yard	विन्यास यार्ड
Maximum speed	अधिकतम गति
Mean running track	औसत चालित रेलपथ
Mixed train	मिश्रित/मिली-जुली गाड़ी
Movement of trains	गाड़ियों का संचलन
Multiple line	बहुल पटरी

N

Night dute section	रात्रि ड्यूटी अनुभाग
Non-interlocked	अनन्तर्पाशित

O

Open wagon	खुला माल डिब्बा
Operating circular	प्रचालन परिपत्र

Originating loading	आरम्भिक लदान
Originating traffic	आरम्भिक यातायात
Outer rail	बाहरी पटरी
Outward line clear	निर्गामी लाइन/पटरी/रेलपथ साफ है
Over carriage	अतिवहन
Over size ballast	बड़ी गिट्टी
Owning railway	स्वामी/मालिक रेलवे

P

Passenger guide	यात्री सहायक, यात्री मार्गदर्शक
Passenger train	यात्री गाड़ी, सवारी गाड़ी
Permission to approach	आगमन अनुज्ञा, आगमन अनुमति
Pilferage	कटचोरी
Placement of empties	खाली डिब्बों का स्थानन
Points	काँटे
Privilege pass	सुविधा पास
Proceed with caution	सतर्कता या सावधानी से आगे बढ़ो
Punctuality	समयपालन, समयबद्धता

Q

Quick transit service	द्रुत परिवहन सेवा

R

Race rail	घूम पटरी
Rail anchor	पटरी रोक
Ramp wagon	ढाल वैगन
Relief train	सहायता गाड़ी, राहत गाड़ी
Releiving assistant	एवजी सहायक
Rescue Operation	बचाव कार्रवाइयाँ
Rescheduling of trains	गाड़ियों की पुनर्व्यवस्था
Rolling stock	चल स्टॉक
Rostered hours	समय सूचीबद्ध घंटे
Rough handling	लापरवाही से चढ़ाना-उतारना
Running line	चालू लाइन

Running shed	इंजिन शेड
Running staff	चालक कर्मचारी वर्ग
Running through	बिना रुके जाना
Running train	चलती गाड़ी

S

Site of accident	दुर्घटना स्थल
Sleeper berth	शायिका
Stacking	चट्टा लगाना
Station premises	स्टेशन परिसर
Stock rail	स्थिर पटरी
Stop dead	रुक जाओ

T

Tare weight	खाली डिब्बे का भार
Terminal station	अन्तस्थ स्टेशन
Terminus	अन्तिम स्टेशन
Time table	समय सारणी
Token	टोकन
Track circuit	रेलपथ परिपथ, मार्ग परिपथ
Track renewal	रेलपथ नवीयन
Traffic working order	यातायात संचालन
Trailing movement	पीछे संचलन
Train running into road traffic at level crossing	सड़क-यातायात से समपार पर गाड़ी की टक्कर
Train-wreecking	गाड़ी-विध्वंस
Train on line	मार्गस्थ गाड़ी
Trains not losing time	समय न खोनेवाली गाड़ियाँ
Trains arriving right time	समय से आनेवाली गाड़ियाँ
Transhipment point	यानांतरण स्थल
Transportation	परिवहन

U

Unmanned level crossing	कर्मचारी रहित समपार

W

Wagon turn round	लदानान्तर, माल डिब्बे का फेरा
Wharfage	स्थान-शुल्क
Working days	कार्य-दिवस

रेलवे यातायात एवं वाणिज्य विभाग की पारिभाषिक शब्दावली

A

Acceptance of consignment	परेषण की स्वीकृति
Accident claim	दुर्घटना सम्बन्धी दावा
A.C. chair car	वातानुकूलन कुर्सीयान
Admission of liability/claims	दायित्व/दावा स्वीकरण या अभिस्वीकृति
Advice of payment	भुगतान-संज्ञापन, भुगतान की सूचना
As per forwarding note	अग्रेषण नोट के अनुसार
Authentic issue rate	प्रामाणिक निर्गम दर
Authorised alternative routes	प्राधिकृत वैकल्पिक मार्ग

B

Back date ticket	पिछली तारीख का टिकट
Backing up of ticket	टिकट पर अगली तारीख डालना
Blank paper ticket	पर्ची टिकट
Booked at Railway risk	रेल जोखिम पर बुक
Break journey	यात्रा-विराम

C

Calibration chart	शोधन चार्ट, अंशांकन चार्ट
Cash imprest	नकदी अग्रदाय
Causewise and commodity wise statement	कारण वार तथा जिंसवार विवरण
Charges for ancillary services	आनुषंगिक सेवा प्रभार
Charges for depreciations, maintenance, etc.	मूल्यह्रास, अनुरक्षण आदि के लिए प्रभार
Charges for dummy wagon	डमी माल डिब्बा प्रभार
Chargeable distance	प्रभार्य दूरी
Charging of fare	किराया लगाना

Cheapest route	सस्ता मार्ग
Check weighment	परीक्षण के रूप में तौलना
City Booking office	नगर टिकट घर
Clearance of freight outstanding	बकाया भाड़े का निपटान
Clear Railway Receipt	निर्बाध रेलवे रसीद
Cloak room	अमानती सामान घर, यात्री सामान घर
Contractor operated halt	ठेकाचालित विराम झंडी स्टेशन

D

Damage by wet	भीगने से क्षति
Dangerous and inflammable articles	खतरनाक और ज्वलनशील वस्तुएँ
Dead account	निष्क्रिय लेखा
Dead stock register	वस्तु स्टॉक रजिस्टर, निष्क्रिय स्टॉक पंजी
Dead weight	कुल भार
Dearer route	महँगा मार्ग
Debit issue note	नामे निर्गम नोट
Delay in transit	मार्गगत विलम्ब
Delivery on weighment	तोलकर सुपुर्दगी
Delivery short of destination	गंतव्य स्थान से पूर्व सुपुर्दगी
Delivery under clear receipt	निर्बाध पावती सुपुर्दगी
Demurrage charges	विलम्ब-शुल्क प्रभार
Destination Railway	गंतव्य रेलवे
Detachable fittings	वियोज्य जुड़नार/उपस्कर
Diversion of wagon	माल डिब्बे का पथान्तरण, माल डिब्बे का मार्ग-परिवर्तन

E

Endorsed consignee	पृष्ठांकित परेषिती
En-route	मार्ग में, रास्ते में
Excepted articles	वर्जित वस्तुएँ
Excess fare ticket	अतिरिक्त किराया टिकट
Extension of journey	यात्रा विस्तारण

F

Fare table	किराया सारणी
Fault localisation	दोष निर्धारण

Forced debits	जबरी देय/जबरी नामे
Forward-Inward return	इतर आवक विवरणी
Forwarding Railway	अग्रेषण-रेलवे
Free service way bill	नि:शुल्क सेवा रवन्ना
Free on rail (F.O.R.)	रेलपर्यन्त नि:शुल्क
Free on board (F.O.B.)	पोतपर्यन्त नि:शुल्क
Freight-in hand	हस्तगत भाड़ा, हस्तगत माल
Freight paid/to pay	दत्त/देय भाड़ा
Full wagon load	पूर्ण माल डिब्बा भार

G

Gate lodge	गुमटी
General indemnity note	सामान्य क्षतिपूर्ति नोट
Goods Shed/Office	माल गोदाम/कार्यालय
Goods delivery book	माल सुपुर्दगी पुस्तिका
Goods and Parcels handling contract	माल-पार्सल चढ़ाई-उतराई/ सँभलाई ठेका
Goods Tariff	माल भाड़ा दर सूची, माल शुल्क दर सूची
Guard's certificate of permission to travel	गार्ड का यात्रा-अनुमति पत्र
Guiding price	निर्देशक मूल्य

H

Haulage charge	ढुलाई प्रभार, ढुलाई खर्च
High rated commodity	उच्चदरीय पण्य
Higher excess charge	उच्च अतिरिक्त प्रभार
Hockend	पिछला सिरा
Hogged rail	अवतलित पटरी

I

Incidental charges	प्रासंगिक प्रभार
Indemnity bond	क्षतिपूर्ति बन्ध-पत्र
Inflated distance	स्फीत दूरी
Infringement charges	अतिलंघन प्रभार
Integrated budget	समेकित बजट, समाकलित बजट
Interchange point	अन्तर्ग्रहण स्थल, बदला-बदली स्थल
Inter Railway liability	अन्तर-रेलवे दायित्व

Inventory	वस्तुसूची, मालसूची
Inward and outward earning	आवक एवं जावक आय, आगम-निर्गम आय
Inward paid cash book	दत्त रोकड़ बही
Inward traffic	आवक/आगम यातायात
Is line clear	क्या पटरी/रेलपथ यातायात के लिए साफ है

J

Jammed point	रुद्ध जोड़
Job analysis	कार्य-विश्लेषण
Joint flush	मुड़ा हुआ जोड़

K

Knock down by train	गाड़ी से ठोकर लगना
Know-how	जानकारी, तकनीकी जानकारी

L

Last ticket checking station	पिछला टिकट जाँच स्टेशन
Lead rail	मध्यांश पटरी
Left Luggage	अमानती सामान
Liquidated damage	निर्धारित हर्जाना, शोधित हर्जाना
Lodability	लदान सामर्थ्य
Loading and unloading	लदाई और उतराई
Loading space	लदान गुंजाइश
Local traffic	स्थानीय यातायात
Locking device	पाशन युक्ति
Loose consignment	खुला परेषण
Loose shunting	धक्का शंट, खुली शंटिंग
Lost property office	लापता सामान कार्यालय, खोया सामान दफ्तर
Luggage ticket	सामान टिकट

M

Machinery and plant programme on commercial account	वाणिज्य लेखे का मशीनरी और संयंत्र कार्यक्रम
Marginal free allowance	उपांतिक वजन-छूट
Marking and sorting	चिह्न लगाना और छाँटना
Maximum moving dimension	अधिकतम गतिमान आयाम

Memo invoice	ज्ञापन बीजक
Missing goods report	गायब माल की रिपोर्ट
Mobile checks and massive checks	चल एवं व्यापक जाँच
Monthly excess fare return	मासिक अतिरिक्त किराया विवरणी
Movement register	संचलन पंजी

N

Negotiation of claims	दावा-वार्ता
Nikolo wagon	अखंड मुहर माल डिब्बा, मुहर दुरुस्त माल डिब्बा
Non-standard demurrage	अमानक विलम्ब शुल्क

O

Objected debit	आपत्तिगत नामखाता
Off duty/off day	कार्यमुक्ति/छुट्टी का दिन
Operating feasibility	प्रचालन साध्यता
Out Agency charge	बाहरी एजेंसी प्रभार
Outstanding claim	बकाया दावा
Outward retuen	जावकी विवरणी
Over-dimension consignment	अति आयामी परेषण
Overtime allowance	समयोपरि भत्ता

P

Pocket guide for ticket checking staff	टिकट जाँच कर्मचारी गुटका
Paid freight	दत्त भाड़ा
Paid on-charge	प्रदत्त प्रभार
Parcel inward tally book	आवक पार्सल मिलान पुस्तिका
Parcel shed	पार्सल गोदाम
Parcel-way-bill	पार्सल रवन्ना
Particulars of transhipment	यानांतरण विवरण
Peak load	अधिकतम भार
Percentage charge on value	मूल्य पर प्रतिशत प्रभार
Privilege ticket order (P.T.O.)	सुविधा टिकट आदेश
Planned economy	योजनाबद्ध अर्थव्यवस्था
Proforma	प्रपत्र; निदर्शन पत्र

Q

Qualified delivery	सशर्त सुपुर्दगी, प्रतिबन्धित सुपुर्दगी
Quotations	दर सूची

R

Rail mail service	रेल डाक सेवा
Rail material consignment note	रेल सामग्री परेषण नोट
Railway dues	रेलवे को देय
Railway risk rate	रेल जोखिम दर
Rate on continuous distance basis	सतत दूरी के आधार पर दर
Recovery of cost	लागत वसूली
Rectification of errors invoice	बीजक-त्रुटि परिशोधन/सुधार
Refund of fare/freight	किराया/भाड़ा वापसी
Release of wagon	माल डिब्बा खाली कर मुक्त करना
Remission of wharfage/demurrage	स्थान-शुल्क/विलम्ब-शुल्क की माफी
Reopened cases	पुनश्चालित मामले
Reversal of debit	नामखाते की वापसी, नामखाते का प्रत्यावर्तन
Rightful claimant	वास्तविक दावेदार, आधिकारिक दावेदार
Rough shunting	गलत शंटिंग
Route direction	मार्ग-दिशा
Routing of goods traffic	माल यातायात का मार्ग-निर्धारण

S

Sabotage	तोड़-फोड़, अन्तर्ध्वंस
Safety device	संरक्षा युक्ति
Satisfaction of claim	दावा समाधान
Seal defective wagon	त्रुटिपूर्ण मुहरवाला माल डिब्बा
Seal intact	अखंड मुहर
Serving station	सेवा स्टेशन
Settlement by payment	भुगतान द्वारा निपटारा
Settlement of pending cases	अनिर्णीत मामलों का निपटारा
Shortage from the custody of guard	गार्ड की अभिरक्षा में पाई गई कमी
Shortest route	लघुतम मार्ग
Shunt path	पार्श्ववाही पथ
Sick wagon	मरम्मती माल डिब्बा

Single journey ticket	इकतरफा टिकट
Sleeper coach	शयन यान
Small consignment	फुटकर परेषण
Special credit and debit	विशेष जमाखाते और नामखाते
Spot check	स्थल जाँच, मुकामी जाँच
Standard dunnage	मानक निभार
Starting pay	प्रारम्भिक वेतन
Strong room	तिजोरी कक्ष, कोषकक्ष
Suit barred claim	वाद वाधित/वर्जित दावा
Supervision of loading	लदान का पर्यवेक्षण
Suburban traffic	उपनगरीय यातायात

T

Tenure post	सावधि पद
Tenure of post	पदावधि
Termination of transit	पारवहन-समाप्ति
Through traffic	सीधा यातायात
Ticket, blank paper	पर्ची टिकट
To pay traffic	'देय' यातायात
Train service	गाड़ी सेवा
Transhipped under clear receipt	निर्बाध रसीद पर यानान्तरित
Transit loss	पारवहन हानि
Travelling by restricted trains	प्रतिबन्धित गाड़ियों द्वारा यात्रा
Travelling with expired date ticket	समाप्त/बीती तारीख के टिकट पर यात्रा

U

Unconnected wagons	असम्बद्ध माल डिब्बे
Unloading book	उतराई बही
Using ticket fraudulently	जालसाजी से टिकट का उपयोग

V

Value payable system	मूल्यदेय पद्धति
Verification of claim	दाया सत्यापन
Vetting of account	लेखा पुनरीक्षण; लेखा विधीक्षा

W

Wagon-load rate	माल डिब्बा-भार दर
Waiver of time bar	समय-बाधा का अधित्याग
Weighted distance	भारित दूरी
Write off issue note	बट्टाखाते निर्गम पत्र
Wrong route	गलत मार्ग
Wrong accountal	गलत लेखा/गलत इन्दराज

Z

Zonal Railway	क्षेत्रीय रेल

रेलवे सिग्नल, दूर संचार और इंजीनियरी शब्दावली

A

Accelerating contactor	त्वरण सम्पर्कित्र
Accomodating crank	समंजक क्रैंक
Accumulator	संचायक सेल
Accumulator insulator	संचायक विद्युतरोधी, संचायक सेल विद्युतरोधक
Accumulator traction	संचायक कर्षक
Active current	सक्रिय धारा
Adapter	अनुकूलक
Adhesion	आसंजन
Adjusting crank	समायोजक क्रैंक
Air break switch	वायु-वियोजन स्विच
Air cooled	वायुशीतलित
Air gap	वायु अन्तराल
Air insulation	वायु विद्युतरोधन, वातज रोधन
Alternate feed	वैकल्पिक प्रभरण; प्रत्यावर्तित प्रभरण
Alternator	प्रत्यावर्तक, प्रत्यावर्तित्र
Alternating current (A.C.)	प्रत्यावर्ती धारा
Amplifier	प्रवर्धक
Amplitude	आयाम
Anchor rod	लंगर छड़

Angle slide	कोण पट्टी
Annual load factor	वार्षिक भार गुणांक
Approaching track circuit	रेल आगमन परिपथ
Approach locking	आगम पाशन
Asynchronous motor	अतुल्यकालिक मोटर
Auto cut-in, cut-out switch	स्वचल योजक-वियोजक स्विच
Automatic circle breaker	स्वचल परिपथ वियोजक
Automatic generating plant	स्वचल उत्पादन संयंत्र
Automatic signalling	स्वचन सिग्नल-व्यवस्था
Automatic starter	स्वचल प्रवर्तक
Auto-surge	स्वारोह
Automatic train stop	गाड़ी का स्वत: ठहराव
Auto-reclose circle breaker	स्वचल पुनर्योजी वियोजक
Auxiliary spark gap	सहायक स्फुलिंग अन्तराल
Axle pulley	धुरा घिर्री

B

Back pitch	पृष्ठ/पंक्ति अन्तराल
Balanced load	संतुलित लाद, संतुलित लदान
Bare conductor	अनावृत्त चालक
Belt tension indicator	पट्टा तनाव संकेतक
Bi-polar	द्वि-ध्रुवी
Booster transformer	वर्धक परिवर्तक/ट्रांसफार्मर
Breaking capacity	वियोजन क्षमता
Bushing current trransformer	व्यास्तर-धारा परिवर्तक
Buzzer	गुंजक

C

Capacitive load	धारिता भार
Capacitor	संधारित्र
Centrifugal starter	अपकेन्द्री प्रवर्तक
Change-over switch	पथ-परिवर्तन स्विच
Circulating current	परिसंचारी धारा, परिचल धारा
Co-acting signal	सहचालिक सिग्नल
Co-axile cable	समाक्ष केबुल

Commutator	दिक्परिवर्तक
Compensator	प्रतिकारित्र
Compressor	संपीडक
Conduit	वाहक नली
Conduit system	नलिका प्रणाली
Conflicting movement	अवरोधी संचलन
Continuous or direct current	अविच्छिन्न या दिष्ट धारा
Converging lines	अभिसारी पटरियाँ
Coupling device	युग्मन युक्ति
Cut out	कट आउट, छिन्न गर्त

D

Damping magnet	अवमंदन चुम्बक
Demagnetisation	विचुम्बकन
Derailing switch	लँगड़ा काँटा
Differential	विभेदी
Direct current	दिष्ट धारा
Direct locking	सीधा पाशन
Discharge resistance	विसर्जन प्रतिरोध
Diverging lines	अपसारी पटरियाँ
Diversity factor	विभिन्नता गुणक
Double current	दोहरी विद्युत्धारा
Duplex winding	द्विक् कुंडली

E

Earthed system	भू-सम्पर्कित प्रणाली
Earth fault	भू-सम्पर्क दोष
Earth resistance	भू-प्रतिरोध
Earth return circuit	भू-प्रतिगमन परिपथ
Eddy current	भँवर धारा
Electic field strength	विद्युत् क्षेत्र तीव्रता
Electric traction	विद्युत् कर्षण
Electrified track	विद्युत् प्रवाहित रेलपथ, वैद्युत रेलपथ
Electromagnetic brake	विद्युत् चुम्बकीय ब्रेक
Electromagnetic damping	विद्युत् चुम्बकीय मंदन

Electomotive force	विद्युत् वाहक बल
Electrostatic field	स्थिर विद्युत् क्षेत्र
Emergency control circuit	आपात नियंत्रण परिपथ
Emergency coupler	आपाती युग्मक
End connection	सिरा सम्बन्धन
Equivalent resistance	तुल्यमान प्रतिरोध
Exchange plant	टेलीफोन केन्द्र संयंत्र
Exciting current	उत्तेजक धारा

F

Facing point	सम्मुख काँटा
Feed end	सम्भरण छोर
Feeder	सम्भरक
Field discharge resistance	क्षेत्र विसर्जन प्रतिरोध
Final selector	अन्ति संवरक
Fixed contact	स्थिर सम्पर्क
Flash point	दमक बिन्दु
Fouling bar	उल्लंघन रोधी, उल्लंघन पट्टी
Frequency changer	आवृत्ति-परिवर्तक
Frictional loss	घर्षण हानि

G

Generating plant	विद्युत् उत्पादन संयंत्र
Generating set	जनित्र सेट, विद्युत् उत्पादन सेट
Gravity controlled instrument	गुरुत्व-नियंत्रित मापयंत्र
Ground track lock	पटरी ताला
Grounded circuit	भू-सम्पर्कित परिपथ
Group selector	वर्ग संवरक
Guard wire	रक्षी तार

H

Hand test telephone	दस्ती जॉच टेलीफोन
High tension wire	उच्च तनन तार
Holding coil	धारक कुंडली
Hold by mechanism	निवारक यंत्रिका
Hook up wire	केकड़ा तार

I

Ignition rating	प्रज्वलन निर्धारण
Immersion heater	निमज्जक तापक
Impedence	प्रतिबाधा
Impulse circuit breaker	आवेग परिपथ वियोजक
Induced voltage	प्रेरित वोल्टता
Induction coil	प्रेरणा कुंडली
Inductive load	प्रेरणिक भार
Input voltage	निविष्ट वोल्टता
Insulated wire	विद्युत्रोधी तार
Integrated telephone	अन्तर्ग्रथित टेलीफोन
Intensity of magnetic field	चुम्बकीय क्षेत्र की तीव्रता
Interlocking apparatus	अन्तर्पाशन-उपकरण
Inter wire	अन्तर तार
Iron clad switch	लोहावृत स्विच

J

Jaw plugger	जबड़ा डाट
Joint flush	सपाट जोड़
Jumper	झंपक
Junction box	संधि पेटी

K

King lever	राज लिवर
Kings	ऐंठन/बल

L

Lagging current	पश्चगामी धारा
Leading current	अग्रगामी धारा
Leakage current	क्षरण धारा
Lifting magnet	उत्थापक चुम्बक
Lightening arrester	तड़ित अवग्राही
Live circuit	विद्युन्मय परिपथ; सक्रिय परिपथ
Live rail	विद्युन्मय पटरी
Locking device	पाशन युक्ति
Lug	कर्णक, लग

M

Magneto main circuit	चुम्बकीय मुख्य परिपथ
Magneto system	चुम्बकीय प्रणाली
Manual telephone exchange	हस्तचालित टेलीफोन केन्द्र
Mass resistivity	द्रव्यमान प्रतिरोधकता
Microwave	सूक्ष्म तरंग, माइक्रोवेव
Minimum deviation	न्यूनतम विचलन
Mobile communication	चल संचार
Modulation	अधिमिश्रण
Monitoring	अनुश्रवण, निगरानी
Mutual induction	अन्योन्य प्रेरणा

N

Negative booster	ऋणात्मक वर्धक
Negatice feeder	ऋणात्मक प्रभरक, ऋणात्मक संभरक
Neutral coils	मध्य कुंडली, निष्प्रभावी कुंडली
Non-inductive resistance	अप्रेरक प्रतिरोध
Non-isolated line	अविच्छिन्न लाइन

O

Occupation box	रोधन पेटी
One phase	एक कलीय
Oscillator	दोलक
Outdoor substation	बाहरी उपकेन्द्र, बाह्य सबस्टेशन/उपकेन्द्र
Outgoing feeder	निर्गामी संभरक
Out of phase	कला भिन्न, कलाबाह्य
Over current relay	अतिधारा रिले
Over load capacity	अतिभार क्षमता
Ovrhead alignment	ऊपरी तार प्रणाली, ऊपरी संरेखण

P

Phase sequence indicator	कला अनुक्रम सूचक/संकेतक
Pick up coil	उठान कुंडली
Pole strength	धुरव सामर्थ्य
Portable control phone	सफरी नियंत्रण-फोन, सुबाह्य, नियंत्रण-फोन

Potential	विद्युत् दाब, विभव
Power worked signal	विद्युत् चालित सिग्नल
Private automatic telephone exchange	निजी स्वचालित टेलीफोन केन्द्र
Pulsating current	स्पन्दी धारा

R

Radial feeder	त्रिज्य संभरक
Rated input	निर्धारित निवेश
Rated output	निर्धारित निर्गम
Reactance drop	प्रतिघात पात
Reactive load	प्रतिघाती भार
Rectification	परिशोधन; दिष्टकरण
Repeating shunt signal	पुनरावर्तक शंट सिग्नल
Return feeder	वापसी संभरक
Ring tone	घनन स्वर
Rotating field	घूर्णी क्षेत्र
Routing signal	मार्गसूचक सिग्नल
Running line	चालू लाइन

S

Secondary cell	संचायक सेल
Selective ringing	चयनात्मक घनन
Self induction	स्वत: प्रेरण
Sending end	प्रेषण सिरा
Seperator	पृथक्कारक
Series field	श्रेणी क्षेत्र
Service mains	सेवा मुख्य तार
Short circuit	लघु परिपथ
Shunt	पार्श्वपथ, शंट
Slot lever	खांचा लिवर
Spark quench circuit	चिनगारी शामक परिपथ
Step down transformer	अवरोही ट्रांसफार्मर, अपचायी ट्रांसफार्मर
Step up transformer	आरोही/उच्चायी ट्रांसफार्मर
Storage cell	संचायक सेल
Surface leakage	सतही स्राव, सतही रिसन

Switching in/on	स्विच चालू करना
Switching out/off	स्विच बन्द करना

T

Talk back amplifier	प्रतिवार्ता विस्तारक
Tele-communication	दूर-संचार
Terminal post	छोटा खंभा, अन्तस्थ खंभा
Terminal station	अन्तस्थ स्टेशन
Thermal station	तापीय केन्द्र
Thermo-electricity	ताप-विद्युत्
Thermostatic control	ताप-स्थापीय नियंत्रण
Transmission loss	पारेषण हानि, पारेषण क्षति, संचरण क्षति
Transposition of wire	तार पक्षान्तर
Trap points	लँगड़ा काँटा
Tuning	स्वर-समंजन
Two-way switch	द्वि-पंथी स्विच

U

Unbalanced load	असंतुलित भार
Unidirectional	एकदिशीय
Unworked warner	स्थावर चेतावनी सिग्नल

V

Variable resistance	परिवर्तनीय प्रतिरोधक
Vibration	कम्पन
Voice-frequency	वार्ताध्वनि आवृत्ति
Volume control	आयतन नियंत्रण; परिमाण नियंत्रण

W

Watertight fitting	जलरोधी फिटिंग
Wayside station	मार्गस्थ छोटा स्टेशन
Weather proof	ऋतुसह
Wire run	तार पथ

Z

Zero phase sequence	शून्य कला अनुक्रम

5

विधि शब्दावली एवं पदावलियाँ

A

Abatement by reason of	के कारण उपशमनं
Abatement of legacies	रिक्थ में कमी, वसीयत सम्पदा में कमी
Abatement, plea in	अभिवाक् उपशमन
Abetter of offence	अपराध-दुष्प्रेरक
Abortive trial	निष्फल जाँच/विचारण
Abrogation of right	अधिकार का निराकरण
Absolute or conditional	पूर्णत: या सशर्त
Absolute order of discharge	उन्मोचन का आत्यांतिक/पूर्ण आदेश
Absolute undertaking	स्पष्ट वचनबद्धता/परिवचन
Absolutely void in law	विधि की दृष्टि से पूर्णत- शून्य
Absolve from liability	दायित्व से मुक्ति पाना
Absorb in regular service	नियमित सेवा में आमेलित करना
Abuse of process of court	न्यायालय की कार्यवाही का दुरुपयोग
Acceptance must be absolute	प्रतिग्रहपूर्ण होना चाहिए
Accessory obligation	उपबाध्यता
Acquitted honourably	ससम्मान दोषमुक्त
Act purporting to be done	किया गया तात्पर्यित कार्य
Act to have retrospective effect	अधिनियम का भूतलक्षी प्रभाव होना
Acting in concert	सामान्य मति से कार्य करते हुए
Action, remedial	उपचार-कार्यवाही
Actionable claim	अनुयोज्य दावा
Actual occupancy	वास्तविक अधिभोग
Actual seizure	वास्तविक अभिग्रहण
Actually due and payable	वस्तुत: देय और शोध्य
Ademption of legacy	वसीयत का विखंडन
Alibi, plea of	अन्यन्त्र उपस्थिति का अभिवाक्
Allegation on oath	सशपथ अभिकथन
Alternative to some other relief	किसी अन्य अनुतोष का विकल्प
Amending Act	संशोधी अधिनियम
Amortisation of certain preliminary expenses	कतिपय प्रारम्भिक व्ययों का अपाकरण

Annexed easements	उपाबद्ध सुखाचार
Annulment of adjudication	न्याय-निर्णयन का अभिशून्यन
Appeal expressly allowed by rules	अपली नियमों द्वारा स्पष्टत: अनुज्ञेय है
Appeal, reference or revision shall be continued and disposed of	अपील, निर्देश या पुनरीक्षण जारी रखे जाएँगे और निपटाए जाएँगे
Appeal to be heard exparte	अपील एक पक्षीय/एकतरफा सुनी जाएगी
Application by promisee	वचनग्रहीता द्वारा आवेदन
Appreciation or sifting of evidence	साक्ष्य का मूल्यांकन या उसकी छानबीन
Apprehend without warrant	वारंट के बिना पकड़ना
Appropriate relief	समुचित सहायता या अनुतोष
Argumentative matter	तार्किक बातें
As enjoined	यथादिष्ट
As here in after defined	जैसा इसके पश्चात् परिभाषित
As hereinafter provided	जैसा इसके पश्चात् उपबन्धित
As inforce for the time being	यथा तत्समय प्रवृत्त
As nearly as circumstances admit	उन परिस्थितियों में यथासाध्य निकटतम
As otherwise expressly provided	जैसा अन्यथा अभिव्यक्त : उपबन्धित
As provided by law	विध्यनुसार उपबन्धित
As shall for the time being remain due and unpaid	जो तत्समय देय किन्तु अशोधित
Assignment in writing	लिखित समनुदेशन
Assuming to act in the exercise of the option	विकल्प का प्रयोग करने की धारणा से कार्य करते हुए
Attachment by seizure	अभिग्रहण द्वारा कुर्की
Attendant circumstances	तत्सम्बद्ध परिस्थितियाँ
Authorisedly forbidden	प्राधिकारेण निषिद्ध
Authority expressed/implied	व्यक्त/अव्यक्त अथवा निहित प्राधिकार

B

Bail for good conduct	सद्व्यवहार के लिए जमानत
Bailable action	जमानती अभियोग
Bar of jurisdiction	अधिकारिता का वर्जन
Barred by law	विधि द्वारा वर्जित
Bearing on the question	प्रश्न से सम्बन्धित
Become engorceable	प्रवर्तनीय होना
Before the rising of the court	न्यायालय के उठने से पूर्व

Be in addition to and not in derogation of	के अतिरिक्त होंगे न कि उसके अल्पीकरण में
Being at large without security	प्रतिभूति के बिना स्वच्छन्द रहना या छुट्टा रहना
Be inoperative	प्रवर्तनशून्य होना
Being cognizant	संज्ञान रखते हुए
Bench, full	पूर्ण न्यायपीठ
Beyond reasonable doubt	युक्तियुक्त सन्देहातीत
Beyond the scope of authority	प्राधिकार के विस्तार से परे
Brief resume of the case	मामले का सारांश
By duly authorised agent	सम्यक् रूप से प्राधिकृत अभिकर्ता द्वारा
By necessary implication	आवश्यक विवक्षा से
By reason of a miztake of law	विधि की भूल के कारण

C

Call upon to show cause	कारण बताने को कहना
Capable of making defence	प्रतिवाद करने में समर्थ
Capture, seizure and reprisal	पकड़ना, अभिग्रहण और प्रतिशोध
Cardinal issue	आधारभूत वादपद
Cease to be enforceable	प्रवर्तनीय न रहना
Charge in the alternative	विकल्पतः/अनुकल्पतः आरोप
Claim shall abate in equal proportion	दावा समान अनुपात में कम हो जाएगा
Clause by clause	खंडशः
Clear specification of the relief	सहायता/अनुतोष का स्पष्ट विनिर्देश
Cognizable offence	संज्ञेय अपराध
Cognizance of court	न्यायालय का संज्ञान
Collusion or cooperation	दुस्संधि या सहयोग
Composition of an offence	अपराध का प्रशमन
Conclusive and final	निश्चायक और अन्तिम
Confirming or dissolving the injunction	व्यादेश की पुष्टि या विघटन
Conformable to the judgement	निर्णय के अनुरूप
Conjugal rights, restitution of	दाम्पत्य अधिकारों का प्रत्यवस्थान
Connive wilfully	जानबूझकर मौनानुमति देना
Consecutive sentence	क्रमवर्ती दंडादेश
Consent, free and voluntary	स्वतंत्र और स्वेच्छिक सहमति
Consistent with provisions, as far as	जहाँ तक उपबन्धों से संगत हो

Construed, shall be	इसका यह अर्थ किया जाएगा
Contingent beneficial interest	समाश्रित लाभप्रद हित
Contrary intention	प्रतिकूल आशय
Contravention of the provisions of	—के उपबन्धों का उल्लंघन
Conventional law	संविदाजात विधि; रूढ़िगत विधि
Convincing proof	प्रत्यायक प्रमाण
Corpus habeas	बन्दी प्रत्यक्षीकरण
Criminal intent	आपराधिक अभिप्राय/आशय
Criminal offence	दांडिक अपराध
Cross examination	प्रतिपरीक्षा
Culpable homicide	आपराधिक मानव-वध
Customary law	रूढ़िजन्य विधि

D

Damages mitigated	न्यूनीकृत क्षति
Dealt with according to law	विधि के अनुसार संव्यवहृत
Debarred of right to redeem the property	सम्पत्ति-मोचन के अधिकार से वर्जित
Debtor is readjusted insolvent	ऋणी पुन: दिवालिया न्यायनिर्णीत किया जाता है
Decision on point of law	विधि प्रश्न पर विनिश्चय
Decree nisi	अपेक्षात्मक डिक्री
Decree of nullity	अकृतता की डिक्री
Deemed to be continuing in force	प्रवृत्त समझी गई
Deemed to mean, shall be	—से अभिप्रेत समझा जाएगा
Deeming clause	धारणा-खंड
Defeat the ends of justice	न्याय के उद्देश्य विफल करना
Defence is disallowed, abandoned or withdraw	प्रतिवाद अस्वीकृत, परित्यक्त या प्रत्याहृत किया जाता है
Definitive judgement	अन्तिम निर्णय
Deliberate and malicious intention	जानबूझकर/विमर्शित और विद्वेषपूर्ण आशय
Denial of justice	न्यायवंचन
Deposition of the facts of the case	मामले के तथ्यों के बारे में अभिसाक्ष्य
Derogation from the powers of	शक्तियों/अधिकारों का अल्पीकरण
Determination of issue of fact	तथ्य-वाद अवधारण
Devolution of low, by	विधि के अनुसार न्यागमन

Discharge of judgement debtor	निर्णीत ऋणी का उन्मोचन
Disposal of the suit at the first hearing	पहली सुनवाई में वाद-निस्तारण
Dissenting judgement	विमत निर्णय
Doctrine of lapse	लयनीति
Documentary evidence	लेख-साक्ष्य
Duty especially enjoined by law	विधि द्वारा विशेष रूप से व्यादिष्ट कर्तव्य

E

Easement restrictive of certain rights	कतिपय अधिकारों के निर्बन्धक सुखाचार
Effectual in law	विधि में प्रभावी
Empowered by law to sue	वाद लाने के लिए विधि द्वारा सशक्त, मुकदमा दायर करने के लिए विधि द्वारा सशक्त
Equality before law	विधि के समक्ष समान
Erroneous in form or substance	प्रारूपिक या सारवान रूप से गलत
Escape out of legal custody	विधिक अभिरक्षा से निकल भागना
Evidence, circumstantial	परिस्थिति साक्ष्य
Evidence cogent	सबल साक्ष्य

F

Fabrication of false evidence	मिथ्या साक्ष्य का गढ़ना
Facilitate the commission of an offence	किसी अपराध के किए जाने को सुकर बनाना
Fact in issue	वाद-वस्तु, वाद-तथ्य, विवाद्यक तथ्य
Facts judicially noticeable	न्यायिक रूप से अवेक्षणीय तथ्य
Fact constituting the offence	अपराध-तथ्य
Failure of constitutional machinery	सांविधानिक / संवैधानिक तंत्र का विफल हो जाना
Failure of justice	न्याय का न हो पाना
Fair and just	उचित और न्यायसंगत
Fallacious argument	दोषपूर्ण तर्क
False accusation	मिथ्या अभियोग
False charge	मिथ्या आरोप
False defence	मिथ्या प्रतिवाद
Finding is in force	निष्कर्ष प्रवर्तनशील है
Fit for discharge	उन्मोचन योग्य
Rorbidden by law	विधि द्वारा निषिद्ध

Force and effect	बल और प्रभाव
Formal expression of an adjudication	निर्णयन की विधिवत् अभिव्यक्ति
For fraudulent breach of trust	कपटपूर्ण न्यासभंग
Frivolous or vexatious	तुच्छ या परेशान करनेवाला

G

Generality of foregoing power	पूर्वगामी शक्ति की व्यापकता
Generally or specially empowered	साधारणतया या विशेष रूप से सशक्त
Gratuitous bailment	आनुग्रहिक जमानत
Guilded by judicial principles	न्यायिक सिद्धान्तों द्वारा मार्गदर्शित
Guilty intention	दूषित आशय/अभिप्राय
Guilty of offence	अपराध-दोषी

H

Heard and finally decided	सुना और अन्तिम रूप से विनिश्चित
Heard in person	स्वयंश्रुत, स्वयं सुना
Held in trust	न्यासाधृत
High prerogative writs	उच्च परमाधिकार न्याययाचिका
Hostile witness, to turn	प्रतिकूल साक्षी हो जाना
Hypothetication of different assets	विभिन्न आस्तियों को बन्धक रखना

I

Illegal consideration, in	अवैध प्रतिफलस्वरूप
Illegal gratification	अवैध परितोषण
Immaterial allegation	तत्त्वहीन अभिकथन
Immemorial usage	स्मरणातीत प्रथा
Immoral or unlawful purpose	अनैतिक या विधि-विरुद्ध प्रयोजन
Immune from prosecution	अभियोजन से उन्मुक्त
Immunity from suits and legal process	वादों और आदेशिका से उन्मुक्ति
Impede the course of justice	न्याय के क्रम में अड़चन डालना
Implied authority	अन्तर्निहित/विवक्षित प्राधिकारी/प्राधिकार
Implied undertaking as to title	हक के बारे में अन्तर्निहित परिवचन
Impound and retain in custody	जब्त करना और अभिरक्षा में रखना
Improper admission of evidence	साक्ष्य का अनुचित ग्रहण
In addition to and not in derogation	इसके अतिरिक्त न कि उसके अल्पीकरण में

Inadmissible evidence	अग्राह्य साक्ष्य
In any material point	किसी सारवान/तात्त्विक बात के सम्बन्ध में
Inducing by corrupt or illegal means	भ्रष्ट या अवैध साधनों द्वारा उत्प्रेरित
Inherent lacuna or defect	अन्तर्निहित कमी या त्रुटि
Inherently distinctive	अन्तर्निहित सुभिन्न
Injunction, perpetual	शाश्वत व्यादेश
Injunction, prohibitory	निषेधात्मक व्यादेश
In pari causa	समविषयक, एक ही विषय के
In particular and without prejudice to the generality of the foregoing power	विशिष्टतया और पूर्वगामी शक्ति की व्यापकता पर प्रतिकूल प्रभाव डाले बिना
In so far as they are inconsistent with the provisions of	जहाँ तक उपबन्धों से असंगत हैं
Instituted, continued or enforced	संस्थित, चालू या प्रवर्तनशील
Interpret truthfully	ठीक-ठीक भाषान्तर करना
In the absence of an express declaration to the contrary	अभिव्यक्ति तत्प्रतिकूल घोषणा के अभाव में
In the interest of justice	न्याय के हित में
Issues have been framed	वाद-प्रश्न तैयार हो गए हैं

J

Judge disenting from judgement	निर्णय से विसम्मत न्यायाधीश
Judges composing the bench	न्यायालय में पीठासीन न्यायाधीश
Judgement contingent upon opinion	राय पर समाश्रित निर्णय
Judgement dissenting	विसम्मत निर्णय
Jurisdiction not vested in it by law	अधिकारिता जो विधि द्वारा निहित नहीं है
Just or lawful ground	न्यायसंगत या विधिसम्मत आधार
Justified by law	विधि द्वारा न्यायानुमत

K

Keep in force	प्रवृत्त रखना
Kidnapping from lawful guardianship	विधिसम्मत संरक्षकता से अपहरण

L

Law administered by court	न्यायालय द्वारा प्रशासित विधि
Law for the limitation of suits	वादों की परिसीमा विषयक विधि
Law outmoded	गतप्रयोग विधि

Lawful ground	विधिसम्मत आधार
Lawfully constituted	विधिवत गठित
Lawfully employed	विधिपूर्वक नियोजित
Leading case	अग्र निर्णय
Leading question	संकेतक प्रश्न, सूचक प्रश्न
Legal adjudication	विधिक न्याय निर्णयन
Legal affairs	विधिक कार्य
Legal character	विधिक स्वरूप
Legal disability	विधिक निर्योग्यता
Legal and judicial character	विधिक और न्यायिक प्रकार
Legal restraint	विधि अवरोध, विधि निग्रह
Legally acquired	विविध: अर्जित
Legally competent	विधित: सक्षम
Legislative act	विधायी कार्य
Liabilities lawfully incurred	विधित: उठाए गए दायित्व
Liable to punishment	दंड का भागी
Libel, slander, malicious porosecution	अपमान-लेख, अपमान वचन, विद्वेषपूर्ण अभियोजन
Limitation on prosecution	अभियोजन पर निर्बन्धन
Local jurisdiction	स्थानीय अधिकारिता
lurking house trespass by night	रात्रि प्रच्छन्न गृह-अतिचार

M

Made in that behalf	तद्विषयक
Maintenance of law and order	विधि और व्यवस्था बनाए रखना
Make due provision	सम्यक् व्यवस्था करना
Make no defence	कोई प्रतिवाद न करना, कोई बचाव न करना
Make void	प्रवर्तनशून्य करना
Malicious prosecution	द्वेषपूर्ण अभियोजन
Mandatory injunction	अनिवार्य व्यादेश, आज्ञापक व्यादेश
Manifest violation	प्रकट अतिक्रमण
Marshalling of facts	तथ्यों को क्रमबद्ध करना, तथ्य-विन्यास
Material proposition of fact or law	विधि या तथ्य का तात्त्विक प्रतिपादन
Matter in issue	विवाद्य विषय
May by law determine	विधि द्वारा निर्धारण

May plead by way of defence	बचाव के तौर पर अभिवचन कर सकेगा
May take cognizance	संज्ञान कर सकेगा
Meet the end of justice	न्याय का उद्देश्य पूरा करना
Misappropriation, Criminal	आपराधिक दुर्विनियोग
Miscarriage of justice	न्याय की हत्या, घोर अन्याय
Misconception of fact	तथ्य का भ्रम
Misrenresentation of an essential fact	किसी आवश्यक तथ्य का अन्यथा कथन
Mistake as to law	विधि विषयक भूल
Misunderstanding of law	विधि का गलत अर्थ लगाना
Mortgagor, usufructuary	भोग बन्धककर्ता
Multifarious suits	बहुविध वाद
Mutually accepted terms	परस्पर स्वीकार्य निबन्धन

N

Nature and value of the suit	वाद की प्रकृति और मूल्य
Necessarily and exclusively	आवश्यकत: और अनन्यत:
Necessary implication	आवश्यक विवक्षा
Non-cognizable offence	असंज्ञेय अपराध
Non-judicial duties	न्यायिकेतर कर्तव्य
Non-negotiable document	अपरक्राम्य दस्तावेज
Non-statutory body	अकानूनी निकाय
Not affecting the merits of the case	मामले / मुकदमे के गुणावगुण पर प्रभाव डाले बिना
Not expressly required by law	विधि द्वारा स्पष्टत: अपेक्षित नहीं है
Not consistent with	—से असंगत नहीं
Notwithstanding anything to the contrary	इसके विपरीत कोई बात होते हुए
Note of authority	प्राधिकार-पत्र
Nothing herein contained shall affect	इसकी कोई भी बात प्रभाव नहीं डालेगी
Nothing in this sub-section shall be construed as precluding	इस उपधारा की किसी बात का यह अर्थ न लगाया जाएगा कि वह... को प्रवारित करती है

O

Oath or affirmation shall be administered	शपथ दिलाई जाएगी या प्रतिज्ञान कराया जाएगा
Objection being sustained	आपत्ति मान ली जाती है
Objection is waived	आपत्ति अधित्यजित की जाती है

Obligatory between parties	पक्षकारों के बीच बाध्यकर
Offence involving moral turpitude	अपराध जिसमें नैतिक अधमता अन्तर्ग्रस्त हो
Offence may be lawfully compounded	अपराध का विधिपूर्वक शमन किया जा सकता है
Offence punishable in accordance with law	विध्यनुकूल दंडनीय अपराध
Operation of a disclaimer	दावा त्याग का प्रवर्तन
Operation of law, by	विधि के प्रवर्तन द्वारा
Operative clause	प्रभावी खंड
Operative part of the judgement	निर्णय का प्रवर्तनशील भाग
Oral cross examination	मौखिक प्रतिपरीक्षा
Oral evidence of a general character	सामान्य प्रकार का मौखिक साक्ष्य
Order having the force of a decree	डिक्री का बल रखनेवाला आदेश
Order of acquittal	दोषमुक्ति का आदेश
Order of annulment	अभिशून्यन आदेश
Order of moratorium	अधिस्थगन-आदेश
Order of remand	प्रतिप्रेषण का आदेश
Ordered and decreed	आदिष्ट और डिक्रीत
Otherwise affect	अन्यथा प्रभाव डालना
Over-riding decision	अध्यारोही/अभिभावी विनिश्चय का निर्णय
Overrule the plea, to	अधिवाक् को अस्वीकार करना

P

Parties are at issue	पक्षकारों में विवाद है
Parties are at variance	पक्षकारों में भेद है
Parties to bear their own cost	पक्षकार अपने-अपने खर्च देंगे
Party aggrieved	व्यथित पक्षकार
Penal sanction	दांडिक अनुशस्ति
Permanent injunction	स्थायी व्यादेश
Persistently making default	बारम्बार व्यतिक्रम करना
Person impounding an instrument	किसी विलेख को परिबद्ध करनेवाला व्यक्ति
Person in lawful charge	विधित: भारसाधक व्यक्ति
Plead guilty to the charge	आरोप का दोषी होने का अभिवचन करना
Plenary jurisdiction	सर्वांगीण अधिकारिता
Point at issue	वाद-पद
Preemption, right of	अग्रक्रयाधिकार

Preserve order in the court	न्यायालय में व्यवस्था बनाए रखना
Prima facie evidence	प्रथम दृष्ट्या साक्ष्य
Procedings of a civil nature	दीवानी प्रकृति की कार्यवाही
Process fee	आदेशिका शुल्क
Proclaimed offender	उद्घोषित अपराधी
Promulgation of order	आदेश का प्रवर्तन
Prosecution, to launch	अभियोजन चलाना
Punishable by law	विधि द्वारा दंडनीय
Punishment shall run concurrently	दंड साथ-साथ भोगे जाएँगे

Q

Quasi-easements	सुखाचार के सदृश अधिकार
Quasi-judicial	अर्धन्यायिक
Question in dispute	विवादग्रस्त प्रश्न
Question in issue	विवाद्य प्रश्न
Question of law or usage	विधि या प्रथा का प्रश्न

R

Raise substantially the same issues	सारत: उन्हीं प्रश्नों को उठाना
Rational judgement	युक्तिसंगत निर्णय
Reach of judicial review	न्यायिक पुनर्विलोकन की परिधि का क्षेत्र
Reasonable belief	युक्तियुक्त विश्वास
Rebut an inference	अनुमान का खंडन करना
Repugnant to the context	प्रसंग के प्रतिकूल
Requirements of law	विधि की अपेक्षाएँ
Refer for trial	विचारण के लिए निर्देशित करना
Reference of High Court	उच्च न्यायालय को निर्देश
Relaxation of rules	नियमों का शिथिलन
Restraining order	निरोधक आदेश
Restraining the defendant	प्रतिवादी को अवरुद्ध करना
Restrictive conditions	निर्बन्धनात्मक शर्तें
Review order	पुनर्विलोकन आदेश
Revoke the detention order, to	निरोध आदेश वापस लेना
Right to constitutional remedies	संवैधानिक उपचाराधिकार
Right to move High Court	उच्च न्यायालय को समावेदन करने का अधिकार

S

Save as hereinafter provided	आगे उपबन्धित स्थिति के अतिरिक्त
Saving all just exceptions	सब न्यायसंगत अपवादों को छोड़कर
Saving clause	अपवाद खंड
Sealed with the seal of the court	न्यायालय की मुद्रा से मुद्रांकित
Seat of justice	न्यायासन
Set up title adverse to beneficiary	हिताधिकारी के प्रतिकूल हक खड़ा करना
Shall be binding upon	पर बाध्यकर होगा
Shall be construed accordingly	का अर्थ तदनुकूल किया जाएगा
Shall be dealt with and determined according to law	विधि के अनुसार कार्यवाही की जाएगी और अवधारण किया जाएगा
Shall be deemed to be adopted	अंगीकृत किया समझा जाएगा
Shall be deemed to be valid service	विधिमान्य तामील समझी जाएगी
Shall be deemed to have the meaning	के वे ही अर्थ समझे जाएँगे
Shall be deemed to mean	से अभिप्रेत समझा जाएगा
Shall be lawful	विधिसम्मत होगा
Shall be liable to account for	के लिए उत्तरदायी होगा
Shall by the said name sue and be sued	उस नाम से वह वाद लाएगा और उस पर वाद लाया जाएगा
Shall cease to have effect	प्रभावहीन हो जाएगा
Shall come into force	प्रवृत्त होगा
Shall have effect	प्रभावी होगा
Shall have the same force and effect	वही प्रभाव और वैसा ही प्रवर्तन होगा
Shall not be deemed to be illegal or void	अवैध या शून्य नहीं समझा जाएगा
Shall stand amended	संशोधित हो जाएगा
Sifting of evidence	सासक्ष्य का सूक्ष्म परीक्षण
Stay orders	रोधनादेश, रोकने का आदेश
Strictly justifiable by law	विधि अनुसार सर्वथा न्यायोचित
Suit shall abate	वाद का उपशमन हो जाएगा
Suit shall be deemed to be contested	वाद प्रतिवादित समझा जाएगा

T

Take cognizance	संज्ञान लेना
Temporary injunction	अस्थायी व्यादेश
To the best of my judgement	अपनी पूर्ण विवेक-बुद्धि से

To the best of my knowledge	अपनी सर्वोत्तम जानकारी के अनुसार
To the extent and in the manner	उतने विस्तार तक और उसी प्रकार से
To the prejudice of	—के हितों के प्रतिकूल
To which he is subject, according to law	विधि के अनुसार जिसके वह अध्यधीन है
Transitional provision	अन्त:कालीन उपबन्ध
Treating the contract as repudiated	संविदा को निराकृत मानना
Trust, breach of	न्यासभंग

U

Ulterior motive	गूढ़ अभिप्राय; अन्तरस्थ हेतु
Unanimous decision	सर्वसम्मत विनिश्चय, एकमत विनिश्चय
Unconstitutional and void	असंवैधानिक और शून्य
Uncorroborated testimony	असम्पुष्ट साक्ष्य
Undefended suit	अप्रतिवादित वाद
Under authority of law	विधि के प्राधिकार के अधीन
Unlawful assembly	गैरकानूनी सभा
Unlawful and immoral purpose	विधिविरुद्ध और दुराचारिक प्रयोजन
Unlawful detaining	विधिविरुद्ध निरोध
Unless a contrary intention is expressed or necessarily implied	जब तक कोई भिन्न आशय अभिव्यक्त न हो या आवश्यक रूप से विवक्षित न हो
Unless the context otherwise requires	जब तक कि प्रसंग से अन्यथा अपेक्षित न हो
Unless otherwise provided	जब तक कि अन्यथा उपबन्धित न हो
Unless there be something repugnant in the subject	जब तक कि विषय में कोई बात प्रतिकूल न हो
Until provision in that behalf is made by or under in Act	जब तक किसी अधिनियम द्वारा या उसके अधीन उसके लिए उपबन्ध नहीं बनाए जाते

V

Valid and effectual	विधिमान्य और प्रभावी
Valid reasons	विधिमान्य कारण, वैध कारण
Validity of conviction	दोषसिद्धि की विधिमान्यता
Value of the subject matter of the suit	वाद की विषय-वस्तु का मूल्य
Verification of pleadings	अभिवचनों का सत्यापन
Verified by affidavit or affirmation	शपथपत्र या प्रतिज्ञान द्वारा सत्यापित
Vesting order	विधायी आदेश

Void and inoperative	शून्य और अप्रवर्तनीय
Voidable in point of law	विधि की दृष्टि से शून्यकरणीय

W

Want of due execution	सम्यक् निष्पादन का अभाव
When ceased to be enforceable	जब प्रवर्तनीय नहीं रह जाता
Which had the force of law	जो विधि का बल रखता था / रखती थी
Which proves to be infructuous or abortive	जो निष्फल या व्यर्थ सिद्ध होती है
Wilful concealment of a material fact	तात्त्विक तथ्य का जानबूझकर छिपाना
Wilful default or gross negligence	जानबूझकर किया गया व्यतिक्रम या घोर उपेक्षा
Within the meaning of this rule	इस नियम के अर्थान्तर्गत
Without affecting the substance	सार पर प्रभाव डाले बिना
Without any criminal intention or knowledge	किसी आपराधिक आशय या ज्ञान के बिना
Without lawful excuse	विधिसम्मत या वैध बहाने के बिना, वैध प्रतिहेतु के बिना
Without prejudice to the generality of	—की व्यापकता पर प्रतिकूल प्रभाव डाले बिना

6

विद्युत् बोर्ड तथा ताप विद्युत् निगम तकनीकी शब्दावली

A

Accessory	उपसाधन
Accumulator	संचायक/संचायक सेल
Admittance, short	लघुपक्षीय प्रवेश्यता
Air duct	वायुवाहिनी
Alteermating current	प्रत्यावर्ती धारा
Amplification	प्रवर्धन
Amplifier, voltage	वोल्टता प्रवर्धक
Amplitude	आयाम, कोणांक
Anchoring	स्थिरण
Angle of incidence	आपातन कोण
Angular velocity	कोणीय वेग
Anion	ऋणायन

Anti-clockwise	वामावर्त
Arc-rectifier, grid	ग्रिड नियंत्रित आर्क
Arrester	निरोधक
Atmospheric disturbances	वायुमंडलीय विक्षोभ
Auto-transformer	स्वपरिणामित्र

B

Boost	वर्धन
Breakdown test	भंजन परीक्षण
Breaking load	भंजक भार

C

Cable, co-axial	समाक्ष केबिल
Cable, flexible	नम्य केबिल
Cable, multicore	बहुक्रोड केबिल
Cable, overhead	शिरोपरि केबिल
Cable, rubber insulated	रबड़ विद्युत्रोधी केबिल
Capcitance	धारिता
Capoitance shunt	पार्श्वधारिता
Capacitor	संधारित्र
Charge, negative	ऋणात्मक आवेश
Choking coil	चोक कुंडली
Circuit breaker	परिपथ वियोजक
Circuit element	परिपथ अवयव
Circuit, external	बाह्य परिपथ
Circuit, parallel	पार्श्व परिपथ, समानान्तर परिपथ
Circuit series	श्रेणी परिपथ
Circuit, transmitting	पारेषण परिपथ
Clockwise	दक्षिणावर्त
Co-efficient	गुणांक
Condenser	संधारित्र
Conductance	चालकता
Connection	संयोजन, जोड़
Constant (n)	स्थिरांक, नियतांक
Contact area	सम्पर्क-क्षेत्र

Continuous current system	दिष्ट धारा प्रणाली
Control circuit	नियंत्रण परिपथ
Coupling	युग्मक; युग्मन
Critical voltage	क्रान्तिक वोल्टता
Current path	धारा पथ
Cycle load	आवर्ती भार/लोड

D

Damper winding	अवमंदक कुंडलन
Design test	अभिकल्पक परीक्षण
Direct current	दिष्ट धारा
Discharge	विसर्जन
Disconnection	वियोजन, विसम्बन्धन
Double phase	द्वि-कला
Double pole	द्वि-स्तम्भ
Dry spark over-voltage	शुष्क उत्-स्फुल्लिंग वोल्टता

E

Earth current	भू-धारा
Earthed neutral	भू-सम्पर्कित न्यूट्रल
Earthing	भू-सम्पर्कन
Electrical energy	विद्युत् ऊर्जा
Electolyte	विद्युत् अपघट्य
Electro-magnet	विद्युत् चुम्बक
Electro-magnetically induced	विद्युत् चुम्बकीय प्रेरित
Electromotive force	विद्युत् वाहक बल
Emission	उत्सर्जन
Energising	ऊर्जायन

F

Fault, earth	भू-दोष
Feed back	पुन: निवेशन, पुन:प्रदाय
Feeder	प्रदायक
Filament	तन्तु
Flash over, dry	शुष्य उत्स्फुरण

Force, centrifugal	अपकेन्द्री बल
Freed charge	मुक्त आवेश
Frequencey, low	निम्न आवृत्ति
Friction effect	घर्षण प्रभाव
Fundamental component	मूल घटक

G

Generating station	विद्युत् उत्पादन केन्द्र
Generator	जनित्र
Ground connection	भू-संयोजक

H

High frequency discharge	उच्च आवृत्ति विसर्जन
High frequency resistance	उच्च आवृत्ति प्रतिरोध
High tension	उच्च विभव
Humidity, relative	सापेक्ष आर्द्रता
Hydro-electric device	द्रवचालित युक्ति
Hydro-electric plant	जल-विद्युत् संयंत्र

I

Incoming wire	आगमन तार
Inductance	प्रेरकत्व
Inductive load	प्रेरणिक भार/लोड
Insulating material	विद्युत्रोधी पदार्थ
Insulator	विद्युत्रोधी, विद्युत्रोधक
Inter-axial distance	अन्तराक्षीय दूरी
Interconnected system	अन्तर्योजित तंत्र
Interpolation of supply	आपूर्ति विच्छेद
Inverter	प्रतापक
Irregularity factor	अनियमितता गुणांक

J

Junction	सन्धि

K

Knob	घुंडी

L

Lamination	पटल
Lead wire	चालक तार
Leakage	क्षरण
Leakage detector	खरण संसूचक
Leakage path	क्षरण पथ
Lightening arrester	तड़ित् निरोधक/अवग्राही
Lightening discharge	तड़ित् विसर्जन
Lightening stroke	तड़ित् आघात
Line, double circuit	द्वि-परिपथ रेखा
Line, overhead	शिरोपरि/ऊपरी रेखा
Low tension	निम्न विभव

M

Magnetic field	चुम्बकीय क्षेत्र
Magnetism, residual	अवशिष्ट चुम्बकीय
Mgnification	आवर्धन
Main gap	मुख्य अन्तराल
Mechanical stress	यांत्रिक प्रतिबल

N

Neutralisation	निष्प्रभावन
Non-linear impedence	अरेखीय प्रतिबाधा
Non-oscillatory effect	अदोलीय प्रभाव
Non-resonant	अनुनादहीन
Nucleus	नाभिका, केन्द्रक

O

Outgoing wire	निर्गमन तार
Overhead line	शिरोपरि/ऊपरी रेखा
Overload relay, biased	अभिनत अतिभार रिले

P

Particle, charged	आवेशित कण
Peak शिखर	

Polarisation	ध्रुवण
Polyphase system	बहुकला प्रणाली
Positive charge	धन आवेश
Potential, earth	भू-विभव
Power distribution	विद्युत्शक्ति वितरण
Power factor	विद्युत्शक्ति गुणक
Power loss	विद्युत्शक्ति हानि
Pulsating current	स्पन्दमान धारा

R

Range	परास; परिसर
Reactor	प्रतिघातक, रिएक्टर
Rectification	दिष्टकरण
Rectifier	दिष्टकारी
Regulator	नियामक
Remote control	सुदूर नियंत्रक
Resistance, critical	क्रान्तिक प्रतिरोधक
Resultant	परिणामी
Return wire	प्रतिवर्ती तार, वापसी तार
Revolution	परिक्रमण

S

Sag	सुरक्षण
Saturating current	संतृप्ति धारा
Sacn	क्रमवीक्षण
Selector	वरक
Self-inductance	स्वप्रेरकत्व
Sensitivity	सुग्राहिता, सूक्ष्मग्राहिता
Series-parallel connection	श्रेणी-पार्श्व संयोजन
Short circuit	लघु पथ, लघु परिपथ
Shunt	पार्श्व पथ
Solenoid	परिनालिका
Stress	प्रतिबल
Switch, ground	भू-सम्पर्कन स्विच

T

Terminal	अन्तस्थ; अन्तिम
Test, breakdown	भंजन परीक्षण
Time-lag	समय-पश्चता
Transformation	रूपांतरण, रूपांतर; परिणमन
Transformer	परिणामित्र, ट्रांसफार्मर
Transformer, humming of	परिणामित्र गुंजन
Transformer, step down	अपचायी परिणामित्र
Transformer, step up	उच्चायी परिणामित्र

U

Unidirectional current	एकदिशीय धारा
Unit charge	एकांक आवेश
Unit driving	उत्तेजन एकक

V

Variation	विभिन्नता; परिवर्तन
Velocity, angular	कोणीय वेग
Voltage drop	वोल्टतापात
Voltage wave	वोल्टता तरंग

W

Wave, complex	सम्मिश्र तरंग
Wave-front	तरंगाग्र
Wave length	तरंग-दैर्घ्य
Winding, primary	प्राथमिक कुंडलन, निवेशी कुंडलन

7

बीमा सम्बन्धी पारिभाषिक तकनीकी शब्दावली

A

Accident frequency rate	दुर्घटना आवृत्ति दर
Added peril	अतिरिक्त जोखिम
After care	बाद की देखभाल
Alternative evidence	वैकल्पिक साक्ष्य
Assessment of disability	अशक्तता निर्धारण

B

Beneficiary	हिताधिकारी, लाभाधिकारी
Benefit file	लाभ सम्बन्धी पत्रावली
Block of insurance numbers	बीमा संख्याओं के वर्ग

C

Capitation fee	प्रतिव्यक्ति शुल्क
Cash benefit	नकद लाभ
Certificate, first/intermediate/final/ death/medical/identification	प्रथम/मध्यवर्ती/अन्तिम/मृत्यु/चिकित्सा/ अभिज्ञान (पहचान) प्रमाणपत्र
Cessation of employment	रोजगार की समाप्ति
Code number	संकेत संख्या
Commuted value	सरांशीकृत मूल्य
Compensation	क्षतिपूर्ति, मुआवजा
Consecutive	क्रमिक, लगातार
Contagious disease	संक्रामक रोग, सांसर्गिक रोग
Contiguous area	निकटस्थ क्षेत्र
Continuation sheet	अनुवर्ती फलक, अनुवर्ती कागज
Contribution card	अंशदान कार्ड
Contribution period	अंशदान अवधि
Contributory negligence	योगदायी प्रमाद
Counter claim	प्रतिदावा, जवाबी दावा
Coverage	व्याप्ति
Covered under the Act	अधिनियम के अन्तर्गत

D

Defaulter	त्रुटिकारी, व्यतिक्रामी, बकायादार, चूककर्ता
Dependents' benefit	आश्रितजन लाभ
Diagnostic centre	नैदानिक केन्द्र
Disablement	अशक्तता, विकलांगता
Duplicate identity card	अनुलिपि पहचान-पत्र

E

Earning capacity	अर्जन क्षमता
Employees' contribution	कर्मचारी अंशदान

Employer special contribution	नियोजक विशेष अंशदान
Employment injury	रोजगार/नौकरी/काम पर चोट
Expected confinement	प्रत्याशित प्रसव
Extended sickness benefit	विस्तारित बीमारी लाभ

F

Facsimile signature	प्रतिकृति हस्ताक्षर
Factory premises	फैक्टरी परिसर/अहाता
Family identity card	परिवार पहचान-पत्र
Fatal accident	घातक दुर्घटना
Franking machine	अंकन मशीन

H

Hospitalisation	अस्पताल में भर्ती

I

Identity slip	पहचान पर्ची
Immediate employer	आसन्न नियोक्ता/नियोजक
implemented area	कार्यान्वित क्षेत्र
Incapacity	असामर्थ्य
Incapacity reference	असामर्थ्य निर्देश
Indemnification	क्षतिपूरण
Index card	सूचक पत्र/कार्ड
Industrial establishment	औद्योगिक स्थापना
Initial registration	प्रारम्भिक रजिस्ट्री
Injured person	आहत व्यक्ति

J

Judicial enquiry	न्यायिक जाँच

L

Labour court	श्रम न्यायालय
Lax certification	प्रमाणन में ढील/शिथिलता
Legitimate	उचित, विधि-सम्मत, विधिसंगत
Liquidation	समापन
Loss of earning capacity	अर्जन-क्षमता की हानि

M

Malignant diseases	विषालु/दुर्दम्य रोग
Manufacturing process	निर्माण प्रक्रिया
Marital status	वैवाहिक स्थिति
Maternity benefit	प्रसूति-लाभ
Medical Acceptance card	चिकित्सा स्वीकृति कार्ड
Medical benefit	चिकित्सा-लाभ
Medical check-up	डॉक्टरी जाँच

N

Natal care, pre/post	प्रसवपूर्व/प्रसवोत्तर देखभाल
Negligence, contributory	योगदायी प्रमाद
Negligence, gross	घोर प्रमाद
Nominee	नामिती, नामित व्यक्ति
Non-Commercial	अव्यापारिक
Non-competitive	अप्रतियोगी
Notice of accident	दुर्घटना की सूचना
Numerical order	संख्या-क्रम

O

Occupational disease	व्यावसायिक रोग
Option	विकल्प
Ownership	स्वामित्व

P

Partial disablement benefit	आंशिक अशक्तता लाभ
Payment of benefit	लाभ का भुगतान
Percentage of loss of earning capacity	अर्जन-क्षमता की हानि का प्रतिशत
Perennial factory	बारहमासी कारखाना
Permanent total disability	स्थायी पूर्ण अशक्तता
Periodicity	कालक्रम, आवधिकता
Periodic visits	आवधिक निरीक्षण
Precincts	प्रसीमा
Pregnancy	गर्भावस्था
Principal employer	प्रधान नियोक्ता/नियोजक
Progress control chart	प्रगति नियंत्रण चार्ट

	Q
Quadruplicate	चौहरा, चार प्रतियाँ
Quorum	गणपूर्ति
	R
Readjustment	पुनर्समंजन
Recovery	वसूली
Reimbursement	प्रतिमूर्ति
Reinsurance	पुनर्बीमा
Restricted medical care	प्रतिबन्धित/सीमित चिकित्सा देखभाल
Resumption of work	कार्य पुनरारम्भ, काम फिर से शुरू करना
Revalidation	पुनर्वैधीकरण
Revenue demarcation	राजस्व सीमांकन
	S
Safety guard	सुरक्षा गार्ड; बचाव रोक
Seasonal factory	मौसमी कारखाना, ऋतुकालिक फैक्टरी
Sickness benefit	बीमारी लाभ
Stress and strain of work	कार्यभार और कार्यश्रम
	T
Temporary disablement benefit	अस्थायी अशक्तता लाभ
Tripartite body	त्रिपक्षीय/त्रिदल निकाय
	U
Unemployment insurance	बेरोजगारी/बेकारी बीमा
	V
Visible injury	दृश्य/प्रत्यक्ष चोट
	W
Waiving of recovery	वसूली छोड़ना
Wilful disobediance	जानबूझकर अवज्ञा
Worker	श्रमिक, कर्मी, कामगार, कर्मकार
	Z
Zone	क्षेत्र

8

बिक्रीकर विभाग में प्रयुक्त शब्दावली एवं पदावलियाँ

A

Adventure or concern	प्रोद्यम या समुत्थान
Aggregate amount	संकलित रकम/धनराशि
Assessing authority be precluded from redetermining the turnover	आवर्तन का पुनर्वधारण करने से निर्धारण प्राधिकारी को प्रवारित किया जाए
Assessment is set aside or quashed	कर निर्धारण अपास्त या अभिखंडित किया जाता है

B

Bar to certain proceedings	कतिपय कार्यवाहियों का वर्जन
Body corporate	निगमित निकाय
Burden of proof	प्रमाण-भार
Business	कारोबार व्यापार

C

Case law	निर्णय विधि
Cessation of business	कारबार की समाप्ति
Composition of offences	अपराध-शमन
Composition of tax liability	कर दायित्व का प्रशमन
Confirm, cancel or vary the order	आदेश को पुष्ट, रद्द या परिवर्तित करना
Consumable stores	उपभोग्य सामान
Contract	संविदा, ठेका

D

Dealer	व्यौहारी, व्यवहारी
Declared goods	घोषित माल
Deferred payment	आस्थगित संदाय/भुगतान
Determination of disputed questions	विवादग्रस्त प्रश्नों का अवधारण
Different point and rates	विभिन्न बिन्दु और दर
Discontinuance	समाप्ति, बन्द करना
Dissolution or reconstitution of a firm or association of persons	फर्म या व्यक्तियों के किसी संगम का विघटन या पुनर्गठन
Dissolved firm	विघटित फर्म

E

Execution of works contract	संकर्म संविदा का निष्पादन
Exemption from salestax for specified period	विनिर्दिष्ट अवधि के लिए बिक्रीकर से छूट
Export oriented unit	निर्यात अभिमुख इकाई
Export processing zone	निर्यात प्रसंस्करण परिक्षेत्र/जोन
Evasion of tax	करापवंचन

F

False returms	मिथ्या विवरणी
Formulate the question of law	विधि प्रश्न निश्चित करना

G

Goods denotified	अनधिसूचित माल
Gross turnover	सकल आवर्त
Guarantor	प्रत्याभूतिदाता

I

Importer	आयातकर्ता
Indemnity	क्षतिपूर्ति
Intending purchaser	आशयित क्रेता

L

Last preceeding assessment year	अन्तिम पूर्ववर्ती निर्धारण वर्ष
Levy of purchase or sales tax	क्रय या बिक्री कर का लगाना
Liability on issuing false certificate	मिथ्या प्रमाण-पत्र जारी करने पर जिम्मेदारी
Liability to purchase-tax	क्रय-कर का दायित्व
Liability to tax	कर दायित्व
Liability to tax of transferee	अन्तरिती के कर का दायित्व

M

Manufacture	बनाना, विनिर्माण
Material dates	तात्त्विक तारीख / दिनांक
Mercantile agent	वाणिज्यिक अभिकर्ता
Movable property	जंगम सम्पत्ति, चल सम्पत्ति

N

New unit	नई इकाई
No appeal or revision shall lie	कोई अपील या पुनरीक्षण न होगा
No appeal shall be entertained	कोई अपील ग्रहण न की जाएगी

O

Offences and penalties	अपराध और शास्तियाँ
On his own account	अपनी ओर से; अपने लेखे के रूप में
Order of stay subsequenty vacated	रोधनादेश बाद में वातिल / रद्द किया गया

P

Partnership firm	साझेदारी फर्म
Person aggrieved by an order	किसी आदेश से व्यथित व्यक्ति
Place of business	कारोबार स्थान
Point of sale	विक्रय बिन्दु
Prescribed	विहित
Presumption regarding certain sales	कतिपय विक्रयों के सम्बन्ध में उपधारणा
Processing materials	प्रसंस्करण सामग्री
Provisional assessment	अनन्तिम निर्धारण
Purchase price	क्रय मूल्य
Purchases liable to tax	ऐसी खरीद या ऐसे क्रय जिन पर कर लग सकता है

Q

Question of law involved in the case	मामले में अन्तर्ग्रस्त विधि प्रश्न

R

Rate of tax shall be admissible	कर की दर अनुज्ञेय होगी
Reasonable opportunity for challange or rebuttal	आक्षेप या खंडन करने का युक्तियुक्त अवसर
Recognition certificate	मान्यता प्रमाण-पत्र
Reconstitution of a firm	फर्म का पुनर्गठन
Rectification of mistakes	भूल सुधार, भूल की परिशुद्धि
Registered dealer	रजिस्ट्रीकृत व्यौहारी
Resale	पुनर्विक्रय
Returns correct and complete	विवरणी सही और पूर्ण

Revising authority	पुनरीक्षण प्राधिकारी
Rounding off of turnover	आवर्तन का पूर्णांक

S

Sale price	विक्रय मूल्य/कीमत
Sale proceeds	विक्रय आगम/आय
Security in intereſt of revenue	राजस्व के हित में प्रतिभूति
Specific relief	विनिर्दिष्ट राहत
Subject matter of an apeal	अपील की विषय-वस्तु
Subsequent periods	पश्चात्वर्ती अवधि

T

Tax admittedly payable	वस्तुत: देय कर
Tax defaulter	कर व्यतिक्रमी
Tax has been imposed, levied and collected	कर अधिरोपित, उद्गृहीत और संगृहीत किया गया
Tax leviable under the Act	अधिनियम के अन्तर्गत लगाया जानेवाला कर
Tax recoverable as arrears of land revenue	राजस्व बकाया के रूप में कर वसूली योग्य है
Tax shall be computed	कर की संगणना की जाएगी
Tax varied on appeal or revision or reference	अपील, पुनरीक्षण या निर्देश पर कर परिवर्तित किया गया
Territorial or pecuniary jurisdiction	राज्यक्षेत्रीय या धनीय अधिकारिता
Transaction	संव्यवहार; लेन-देन
Transfer to defraud revenue void	राजस्व के कपटवंचन के लिए अन्तरण शून्य होगा
Transit of goods by road	सड़क-मार्ग द्वारा माल का अभिवहन
Turnover of purchases	क्रय-आवर्तन

V

Valuable consideration	मूल्यवान प्रतिफल

W

Waive or relax any requirement of payament	संदाय की किसी अपेक्षा या आवश्यकता को अधित्यक्त या शिथिल करना
Warehouse	भांडागार

9

समानार्थी पारिभाषिक शब्द और उनके हिन्दी पर्याय

A

Abandon	परित्याग करना
Abdicate	पद त्यागना; सिंहासन त्यागना
Desert	छोड़ भागना, अभित्याग करना
Relinquish	त्याग करना
Renounce	त्यागना; स्वत्व त्यागना; संन्यास लेना
Abduction	अपहरण, भगा लेना, अपनयन
Kidnap	बलात् हरण, व्यपहरण
Abetment	दुष्प्रेरण
Encouragement	प्रोत्साहन
Abeyance	प्रास्थगन
Adjournment	स्थगन
Postponement	मुल्तवी, आस्थगन
Suspension	निलम्बन
Able	योग्य
Competent	सक्षम; सशक्त
Efficient	दक्ष; कार्यकुशल
Abolish	उन्मूलन करना
Abrogate	निराकरण करना
Annul	निष्प्रभाव करना, बातिल करना
Cancel	रद्द करना
Repeal	निरस्त करना; निरसन
Revoke	प्रतिसंहरण करना
Abstract	सार
Gist	भावार्थ
Summary	संक्षेप, सारांश
Accusation	दोषारोपण; अभियोग
Allegation	अभिकथन
Imputation	आरोपण
Adjacent	पार्श्वस्थ
Adjoining	संलग्न, आसन्न
Contiguous	समीपस्थ

Adjudication	न्याय निर्णयन
Arbitration	माध्यस्थम, मध्यस्थ निर्णय
Conciliation	संराधन
Decision	विनिश्चय
Adverse	प्रतिकूल
Opposed	विपरीत, विरुद्ध
Advice	सलाह
Consultation	विमर्श, परामर्श
Suggestion	सुझाव
Instruction	अनुदेश, हिदायत
Affirmation	अभिपुष्टि; प्रतिज्ञान
Confirmation	पुष्टि
Corroboration	सम्पुष्टि
Allocation	नियतन; विभाजन, बँटवारा
Allotment	आवंटन
Apportionment	प्रभाजन
Distribution	वितरण, वंटन
Arnendment	संशोधन
Modification	आशोधन; रूपान्तर
Rectification	परिशोधन
Announcement	आख्यापन, ऐलान
Declaration	घोषणा
Proclamation	उद्घोषणा
Appeasement	तुष्टीकरण
Pacification	प्रशमन
Approval	अनुमोदन
Assent	अनुमति
Concurrence	सहमति
Consent	सम्मति
Attestation	अनुप्रमाणन, तसदीक
Authentication	प्रमाणीकरण
Verification	सत्यापन
Ratification	अनुसमर्थन

B

Bail	जमानत
Security	प्रतिभूति
Surety	प्रतिभू

Beneficial	लाभप्रद
Advantageous	हितकर
Useful	उपयोगी
Business	व्यवसाय, कारोबार
Employment	सेवायोजन; नियोजन; नौकरी
Profession	पेशा, वृत्ति

C

Change	परिवर्तन
Amendment	संशोधन
Modification	आशोधन, रूपान्तर
Revision	पुनरीक्षण
Clearly	स्पष्टत:
Expressly	अभिव्यक्त रूप से
Precisely	ठीक-ठीक; सुतथ्यत:, यथार्थत:
Command	समादेश
Direction	निदेश
Instruction	अनुदेश
Injunction	व्यादेश
Compendium	सार-संग्रह
Code	संहिता
Compilation	संकलन
Manual	नियम-पुस्तक, नियमावली
Competent	सक्षम, सशक्त
Able	योग्य
Efficient	दक्ष
Compulsory	अनिवार्य
Indispensable	अपरिहार्य
Necessary	आवश्यक
Inevitable	अवश्यम्भावी
Obligatory	बाध्यकर; अनिवार्य
Concurrence	सहमति
Consent	सम्मति
Assent	अनुमति
Approval	अनुमोदन, अनुमति

Confirmation	पुष्टि
Corroboration	सम्पुष्टि
Affirmation	अभिपुष्टि
Consultation	विमर्श, परामर्श
Advice	सलाह
Suggestion	सुझाव
Contiguous	समीपस्थ
Adjacent	पार्श्वस्थ
Adjoining	आसन्न; संलग्न
Contravention	उल्लंघन
Breach	भंग
Infringement	अतिलंघन
Criminal	अपराधी; आपराधिक
Convict	दोषसिद्ध
Culprit	दोषी, अपराधी
Custody	अभिरक्षा
Detention	निरोध, नजरबन्दी

D

Decide	विनिश्चय करना
Determine	अवधारित करना
Conclude	निष्कर्ष निकालना
Denial	इनकार, नकारना; प्रत्याख्यान
Repudiation	निराकरण, खंडन
Disability	निर्योग्यता; अशक्तता
Inability	अयोग्यता
Incapability	असमर्थता
Duty	कर्तव्य; भार
Function	कार्य, कृत्य

E

Economic	आर्थिक
Financial	वित्तीय
Fiscal	राजकोषीय
Monetary	मौद्रिक

Effective	प्रभावी; कार्यकारी
Effectual	फलप्रद, प्रभावशाली
Efficacious	कारगर, कार्यकर
Efficient	दक्ष
Competent	सक्षम, कर्मठ
Able	योग्य
Equitable	साम्ययुक्त
Fair	उचित
Rational	युक्तिसंगत
Essential	अनिवार्य, परमावश्यक
Indispensable	अपरिहार्य
Inevitable	अवश्यम्भावी
Necessary	आवश्यक
Obligatory	बाध्यकर

F

Fixed	नियत, निर्धारित
Prescribed	विहित
Financial	वित्तीय
Economic	आर्थिक
Fiscal	राजकोषीय
Monetary	मौद्रिक

G

Guarantee	गारंटी, प्रत्याभूति
Security	प्रतिभूति
Surety	प्रतिभू
Bail	जमानत

H

Honesty	ईमानदारी, शुचिता
Integrity	सत्यनिष्ठा

I

Illegal	अवैध
Illegitimate	अधर्मज

Illicit	निषिद्ध
Unlawful	विधिविरुद्ध, गैरकानूनी, अविधिक
Infringement	अतिलंघन
Breach	भंग
Contravention	उल्लंघन
Interim	अन्तरिम
Provisional	अनन्तिम, अन्त:कालीन, अस्थायी
Transitional	संक्रमणकालीन
Irrelevant	अप्रासंगिक
Inconsistent	असंगत

J

Judge	न्यायाधीश
Adjudicator	अधिनिर्णायक
Arbitrator	मध्यस्थ
Judgement	निर्णय
Decision	विनिश्चय
Verdict	अधिमत
Judicial	न्यायिक
Lawful	विधिसम्मत
Legal	विधिक
Valid	वैध

K

Kidnapping	व्यपहरण, बलात् हरण
Abduction	अपहरण, भगा लेना

L

Law	विधि
Edict	राजाज्ञा
Statute	संविधि, कानून
Regulation	विनिमय

M

Materially	तत्त्वत:
Substantially	सारत:
Essentially	अनिवार्यत:

Misappropriation	दुर्विनियोग
Embezzlement	गबन
Move	प्रस्तावित करना
Introduce	प्रस्तुत करना
Propose	प्रस्थापित करना, प्रस्तावित करना

N

Negligence	उपेक्षा, प्रमाद
Inadvertence	अनवधानता

O

Obligatory	बाध्यकर
Indispensable	अपरिहार्य
Inevitable	अवश्यम्भावी
Essential	अनिवार्य
Opportune	उपयुक्त, समयोचित, समयानुकूल
Timely	सामयिक, समय से

P

Pay	वेतन
Emoluments	परिलब्धियाँ
Possible	सम्भव, शक्य
Practical	व्यावहारिक
Feasible	साध्य
Postponement	मुल्तवी, आस्थगन
Suspension	निलम्बन
Adjournment	स्थगन
Abeyance	प्रास्थगन
Proclamation	उद्घोषणा
Declaration	घोषणा
Announcement	आख्यापन, ऐलान
Project	परियोजना
Plan	योजना, नियोजन
Scheme	योजना
Provisional	अनन्तिम, अन्त:कालीन
Interim	अन्तरिम
Transitional	संक्रमणकालीन

R

Ratification	अनुसमर्थन
Verification	सत्यापन
Authentication	प्रमाणीकरण
Attestation	अनुप्रमाणन, तसदीक
Regulation	विनिमय
Law	विधि
Statute	संविधि, कानून
Relinquish	त्याग करना
Renounce	त्यागना, स्वत्व त्यागना; संन्यास लेना
Abdicate	पद त्यागना; सिंहासन त्यागना
Abandon	परित्याग करना
Repeal	निरस्त करना, निरसन
Revoke	प्रतिसंहरण करना
Cancel	रद्द करना
Annul	निष्प्रभाव करना, बातिल करना
Abrogate	निराकरण करना
Abolish	उन्मूलन करना

S

Sanction	स्वीकृति
Approval	अनुमोदन
Concurrence	सहमति

T

Temporal	ऐहिक
Mundane	लौकिक
Worldly	सांसारिक

U

Unlawful	विधिविरुद्ध, अविधिक
Illegal	अवैध
Illegitimate	अधर्मज
Illicit	निषिद्ध

V

Verification	सत्यापन
Ratification	अनुसमर्थन
Authentication	प्रमाणीकरण
Attestation	अनुप्रमाणन

अंग्रेजी से भिन्न विदेशी भाषाओं के सामान्यत: प्रयुक्त पद

A

Ab initio	आदित:
Ad ante	पूर्व से, पहले से
Ad hoc	तदर्थ
Ad interim	अन्तरिम
Ad infinitum	निरवधि
Ad referendum	और विचार किया जाए
Ad valorem	यथामूल्य
Ante	पहले
Apropos	समयोचित

B

Bonafide	वास्तविक, सद्‌भावपूर्वक
Bonafides	सद्‌भाव, नेकनीयती

D

Defacto	वस्तुत:
De jure	विधित:
De novo	नये सिरे से

E

En-masse	सामूहिक रूप से
En-route	मार्गस्थ, मार्ग/रास्ते में
Ex-gratia	अनुग्रहपूर्वक
Ex-officio	पदेन

Ex-parte	एक पक्षीय, इकतरफा
Ex post facto	कार्योत्तर
	I
Inextenso	विस्तारपूर्वक, विस्तार से
Inter-alia	अन्य बातों के साथ-साथ
Inter-se	पारस्परिक, आपसी
In toto	सम्पूर्णत: पूरी तरह से
Intra vires	अधिकारान्तर्गत, विधिगत, शक्ति के अन्तर्गत
Ipsofacto	स्वयमेव
Ipso jure	विधित:
	M
Melee	लड़ाई, दंगा
Modus operandi	कार्यप्रणाली
Modus vivendi	अस्थायी व्यवस्था
Mutatis mutandis	आवश्यक परिवर्तनों सहित
	N
Nota bene	अवधेय
	P
Persona-grata	मान्य व्यक्ति
Persona-non-grata	अमान्य व्यक्ति
Prima facie	प्रत्यक्षत:, प्रथम दृष्टि में
Prorata	यथानुपात
Pros and cons	पक्ष-विपक्ष
	R
Resume	संक्षिप्ति, सार
	S
Sine die	अनिश्चित काल के लिए
Status quo	यथापूर्व स्थिति
Subjudice	विचाराधीन

Summum bonum — सर्वोत्कृष्ट कल्याण

U

Ultra vires — शक्ति के परे

V

Via media — मध्यमार्ग
Vice versa — विलोम क्रम पर
Vis-a-vis — —के सामने,—की तुलना में, बनाम
Viva-voce — मौखिक परीक्षा

पदनाम और विभागीय नाम

A

Accountant General	महालेखाकार
Additional Chief Engineer	अपर मुख्य अभियन्ता
Additional Cheif Planner	अपर मुख्य योजनाकार
Administrative and Publicity Division	प्रशासन और प्रचार प्रभाग
Administrative Reforms Wing	प्रशासनिक सुधार स्कन्ध
Administrator-general	महाप्रशासक
Advanced Level Telecommunication Training Centre	दूरसंचार उच्च-स्तरीय प्रशिक्षण केन्द्र
Advertisement Manager	विज्ञापन प्रबन्धक
Adviser(or)	सलाहकार
Advocate General	महाधिवक्ता
Afforestation Officer	वन-रोपण अधिकारी
Agricultural Marketing Adviser	कृषि पणन सलाहकार
Agricultural Research and Education	कृषि अनुसंधान और शिक्षा
Airport Health Organisation	विमानपत्तन स्वास्थ्य संगठन
Air Transport Liaison Officer	हवाई परिवहन-सम्पर्क अधिकारी
All India Institute of Medical Sciences	अखिल भारतीय आयुर्विज्ञान संस्थान
Announcer	वाचक; आख्यापक
Anthropological Survey of India	भारतीय मानवविज्ञान सर्वेक्षण
Antoropologist	मानव विज्ञानी, नृ-विज्ञानी
Anit-Corruption Branch	भ्रष्टाचार-निरोध शाखा

Antiquity Assistant	पुरावस्तु सहायक
Appellate Authority	अपील-प्राधिकारी
Appraiser	मूल्य-निरूपक
Arboriculture Officer	वृक्ष-संवर्धन अधिकारी
Archaeologist	पुरातत्त्वविद्
Architect Planner	वास्तु-योजनाकार
Architecture and Planning Department	स्थापत्य और योजना विभाग
Artifical Limb Centre	कृत्रिम अंग केन्द्र
Assessing Authority	निर्धारण प्राधिकारी
Assistant Chief Auditor	सहायक मुख्य लेखा परीक्षक
Assistant Controller of Stores	सहायक भंडार नियंत्रक
Assistant Director of Monitoring	सहायक अनुवीक्षण निदेशक
Assistant Personnel Officer	सहायक कार्मिक अधिकारी
Assistant Project Officer	सहायक परियोजना अधिकारी
Assistant Security Officer	सहायक सुरक्षा अधिकारी
Assistant Supply Officer	सहायक पूर्ति अधिकारी
Assistant Surveyor General	सहायक महासर्वेक्षक
Assistant Welfare Inspector	सहायक कल्याण निरीक्षक
Assistant Workorder clerk	सहायक कार्य-आदेश लिपिक
Assistant Works Manager	सहायक कर्मशाला प्रबन्धक
Astronomical Observatory	वेधशाला
Atomic Energy Commission	परमाणु ऊर्जा आयोग
Attorney General	महान्यायवादी
Auditor General	महालेखा परीक्षक

B

Backward Classes Commission	पिछड़ा वर्ग आयोग
Ballistic Expert	आक्षेपिकी विशेषज्ञ
Basic Education Officer	बुनियादी शिक्षा अधिकारी
Bibliographer	ग्रंथ सूचीकार
Block Development Officer	खंड विकास अधिकारी
Blood Transfusion Officer	रक्ताधान अधिकारी
Board of Extra-mural Studies	बहि:शाल अध्ययन बोर्ड
Board of Higher Secondary Education	उच्चतर माध्यमिक शिक्षा परिषद्/बोर्ड

Border Security Force	सीमा सुरक्षा बल
Bureau of Economics and Statistics	अर्थशास्त्र और सांख्यिकी ब्यूरो
Bureau of Educational and Vocational Guidance	शिक्षा और व्यवसाय मार्गदर्शन ब्यूरो
Bureau of Industrial Costs and Prices	औद्योगिक लागत और मूल्य ब्यूरो
Bureau of Scholarships and Scientific Research	छात्रवृत्ति और वैज्ञानिक अनुसंधान ब्यूरो

C

Cabinet Minister	मंत्रिमंडल सदस्य
Cantonment Executive Officer	छावनी कार्यपालक अधिकारी
Cataloguer	सूचीकार
Central Board of Excise And Customs	केन्द्रीय उत्पाद और सीमा शुल्क मंडल
Central Bureau of Intelligence	केन्द्रीय आसूचना ब्यूरो
Central Bureau of Investigation	केन्द्रीय अन्वेषण ब्यूरो
Central Drug Research Institute	केन्द्रीय औषध-अनुसंधान संस्थान
Central Electicity Authority	केन्द्रीय विद्युत् प्राधिकरण
Central Finger-print Bureau	केन्द्रीय अंगुलि-छाप ब्यूरो
Central Ground Water Board	केन्द्रीय भूमिगत जल बोर्ड
Central Indian Medicinal Plants organisation	केन्द्रीय भारतीय औषधि पादप संगठन
Central Industrial Security Force	केन्द्रीय औद्योगिक सुरक्षा बल
Central Institute of Fisheries Operatives	केन्द्रीय मछली-उद्योग प्रचालन संस्थान
Central Vigilance Commissioner	केन्द्रीय सतर्कता आयुक्त
Cess Revaluation Officer	उपकर-पुनर्मूल्यन अधिकारी
Chief Auditor	मुख्य लेखा परीक्षक
Chief Conservator of Forests	महा वन संरक्षक
Chief Controller of Imports and Exports	मुख्य नियंत्रक, आयात-निर्यात
Chief Justice	मुख्य न्यायमूर्ति
Chief Personnel Officer	मुख्य कार्मिक अधिकारी
Chief Planner and Estimator	मुख्य योजनाकार और आकलक
Chief Whip	मुख्य सचेतक
Claims Prevention Organisation	दावा निवारण संगठन
Commissioner for Linguistic Minorities	भाषायी/अल्पसंख्यक आयुक्त
Comtroller and Auditor-General	नियंत्रक महालेखा परीक्षक

Court of Small Causes	लघुवाद न्यायालय
Custodian	अभिरक्षक
Custom House Officer	सीमा शुल्कालय अधिकारी

D

Dam and Designs Engineer	बाँध और रूपांकन अभियंता
Data Processing Officer	आँकड़ा प्रक्रमण अधिकारी
Dead Letter Office	पुन:प्रेषण केन्द्र
Defence Research and Development Council	रक्षा अनुसंधान और विकास परिषद्
Defence Scientific Information and Documentaiton Centre	रक्षा वैज्ञानिक सूचना और प्रलेखन केन्द्र
Demonstration Officer	निदर्शन अधिकारी
Department of Atomic Energy	परमाणु ऊर्जा विभाग
Department of Cabinet Affairs	मंत्रिमंडल-कार्य विभाग
Department of Defence Research and Development	रक्षा अनुसंधान और विकास विभाग
Department of Information and Broadcasting	सूचना और प्रसारण विभाग
Department of Internal Security	आन्तरिक सुरक्षा विभाग
Department of Legal Affairs	विधि-कार्य विभाग
Department of Materials Planning	सामग्री योजना विभाग
Department of Parliamentary Affairs	संसदीय कार्य विभाग
Department of Personnel and Administrative Reforms	कार्मिक और प्रशासनिक सुधार विभाग
Department of Science and Technology	विज्ञान और प्रौद्योगिकी विभाग
Department of Youth Affairs and Sports	युवा कार्य और खेल विभाग
Deputy Commissioner, Preventive Force	उपायुक्त, निरोधक बल
Deputy Director, Intensive Cattle Development Scheme	उपनिदेशक, गहन पशु विकास योजना
Director, Advertising and Visual Publicity	निदेशक, विज्ञापन, और दृश्य प्रचार
Directorate of Plant Protection, Quarantine and Storage	वनस्पति संरक्षण, संगरोध तथा संचयन निदेशालय
Director-general of Supply and Disposal	पूर्ति और निपटान महानिदेशक

Drawing and Disbursing Officer	आहरण और संवितरण अधिकारी

E

Economic Intelligence Inspector	आर्थिक आसूचना निरीक्षक
Education Extension Officer	शिक्षा विस्तार अधिकारी
Emergency Relief Organisation	आपात सहायता संगठन
Enquiry and Reservation Supervisor	पूछताछ और आरक्षण पर्यवेक्षक
Exploitation Officer	समुपयोजन अधिकारी
External Affairs Minisrty	विदेश मंत्रालय
Extradition Officer	प्रत्यर्पण अधिकारी
Extra-ordinary Envoy and Minister Plenipotentiary	असाधारण दूत और पूर्णाधिकारी मंत्री

F

Family Welfare Officer	परिवार कल्याण अधिकारी
Famine Relief Officer	अकाल सहायता अधिकारी
Feature Writer	रूपक लेखक
Field Extension and Publicity Officer	क्षेत्र विस्तार तथा प्रचार अधिकारी
Fisheries Development Advisor	मछली उद्योग विकास सलाहकार
Flood Inverstigation Division	बाढ़ अन्वेषण प्रभाग
Forensic Science Laboratory	न्यायालयिक विज्ञान प्रयोगशाला
Forest Utilization Officer	वन उपयोगी अधिकारी
Fruit Preservation Officer	फल परिरक्षण अधिकारी

G

Games Sanctuary and National Parks Superintendent	अभयारण्य और राष्ट्रीय उद्यान अधीक्षक
Gas Authority of India Limited	भारतीय गैस प्राधिकरण लिमिटेड
General Duties Clerk	सामान्य कार्य लिपिक
Geological Survey of India	भारतीय भू-वैज्ञानिक सर्वेक्षण
Geophysicist	भूभौतिकीविद्
Government Estate Officer	राज्य सम्पदा अधिकारी
Government of India Concern	भारत सरकार का प्रतिष्ठान
Government of India Undertaking	भारत सरकार का उपक्रम

Ground Traffic Controller	भू-यातयात नियंत्रक
Grow More Food Officer	अधिक-अन्न-उत्पादक अधिकारी

H

Head Planner and Estimator	प्रधान योजनाकार और आकलक
Horticulturist	उद्यान विशेषज्ञ
Humane Education Officer	मानविकता शिक्षा अधिकारी

I

Immigration Authority	आप्रवास प्राधिकारी
Income Tax Appellate Tribunal	आयकर अपील अधिकरण
Indian Council of Agricultural Research	भारतीय कृषि अनुसंधान परिषद्
Indian Institute of Biochemistry and Experimental Medicine	भारतीय जीव-रसायन और प्रायोगिक भेषज संस्थान
Indian Space Research Organisation	भारतीय अन्तरिक्ष अनुसंधान संगठन
Indoor Patient Department	अन्तरंग रोगी विभाग
Industrial Finance Corporation of India	भारतीय औद्योगिक वित्त निगम
Inspector-General of Special Police Establishment	भारतीय पुलिस स्थापना महानिरीक्षक
Institute of Nuclear Medicine and Allied Sciences	नाभिकीय औषधि तथा सम्बद्ध विज्ञान संस्थान
Integrated Forestry School	समाकलित वन विद्यालय
Intensive Development Block	गहन विकास खंड
International Airports Authority of India	भारतीय अन्तरराष्ट्रीय विमान पत्तन प्राधिकरण

J

Job Analyst	कार्य-विश्लेषक
Judge Advocate General	न्यायाधीश महाधिवक्ता
Judicial Officer	न्यायिक अधिकारी
Junior Water and Drainage Inspector	कनिष्ठ जल और जलनिकासी निरीक्षक
Juvenile Court	किशोर न्यायालय

K

Keeper of Archaeology	पुरातत्त्व अध्यक्ष

Keeper of Archives	अभिलेखाध्यक्ष
Keeper of Records	अभिलेखपाल

L

Land Acquisition Officer	भूमि अर्जन अधिकारी
Land compensation Officer	भूमि प्रतिकर अधिकारी
Land Utilization Survey Officer	भूमि उपयोग सर्वेक्षण अधिकारी
Legal Remembrancer	विधि परामर्शी
Liaison and Protocol Officer	सम्पर्क और नयाचार अधिकारी
Liquidation Inspector	परिसमापन निरीक्षक
Listeners Research Department	श्रोता अनुसंधान विभाग
Livestock Development Advisor	पशुधन विकास सलाहकार
Local Fund Accounts Examiner	स्थानीय-निधि-लेखा परीक्षक

M

Machinery Maintenance Inspector	मशीन अनुरक्षण निरीक्षक
Manager of Works	निर्माण कार्य प्रबन्धक; कार्यशाला प्रबन्धक
Manpower Directorate	जनशक्ति निदेशालय
Medical and Para Medical Section	चिकित्सा और पराचिकित्सा अनुभाग
Medical Statistical Research Institute	आयुर्विज्ञान सांख्यिकी अनुसंधान संस्थान
Microbiologist	सूक्ष्म जीवविज्ञानी
Minerals and Metals Trading Corporation	खनिज तथा धातु व्यापार निगम
Ministry of Communications	संचार मंत्रालय
Ministry of Environment	पर्यावरण मंत्रालय
Ministry of Human Resource Development	मानव संसाधन विकास मंत्रालय
Ministry of Industrial Development Internal Trade and Company Affairs	औद्योगिकी विकास आन्तरिक व्यापार और कम्पनी-कार्य मंत्रालय
Ministry of Information and Broadcasting	सूचना और प्रसारण मंत्रालय
Ministry of Law and Justice	विधि और न्याय मंत्रालय
Monopolies and Restrictive Trade Practices Commission	एकाधिकार और प्रतिबन्धित व्यापार आयोग
Mutation Surveyor	नामांतरण सर्वेक्षण

N

National Academy of Administration	राष्ट्रीय प्रशासन अकादमी
National Archiyes of India	भारत का राष्ट्रीय अभिलेखागार
National Council of Educational Research and training	राष्ट्रीय शिक्षा अनुसंधान एवं प्रशिक्षण परिषद्
National Defence Academy	राष्ट्रीय रक्षा अकादमी
National Geophysical Research Institute	राष्ट्रीय भू-भौतिकी-अनुसंधान संस्थान
National Guild of Craftsman	राष्ट्रीय शिल्पिक संघ
National Institute of Autio-visual Education	राष्ट्रीय दृश्य-श्रव्य-शिक्षा संस्थान
National Productivity Council	राष्ट्रीय उत्पादकता-परिषद्
National Sample Survey Organisation	राष्ट्रीय प्रतिदर्श सर्वेक्षण संगठन
National Thermal Power Corporation Limited	राष्ट्रीय ताप विद्युत् निगम लिमिटेड
National Vocational Training Institute	राष्ट्रीय व्यावसायिक प्रशिक्षण संस्थान
News Services Division	समाचार सेवा प्रभाग
Nomadic Tribes Welfare Officer	यायावरी जनजाति कल्याण अधिकारी
Non-residential University	अनिवासी विश्वविद्यालय
Numismatist	मुद्राविद्
Nutritionist	पोषणविद्

O

Office of the Registrar General of India	भारत के महापंजीयक का कार्यालय
Oil and Natural Gas Commission	तेल तथा प्राकृतिक गैस आयोग
Organisation and Methods Division	संगठन और पद्धति प्रभाग
Orientation and Study Centre	अभिविन्यास तथा अध्ययन केन्द्र
Out-door Patients Department	बहिरंग रोगी विभाग

P

Passport Authority	पारपत्र प्राधिकारी
Patents Officer	एकस्व अधिकारी
Pedagogical Institute	अध्यापन संस्थान
Physical Culture Instructor	व्यायाम अनुदेशक
Planning Commission	योजना आयोग
Plant Physiologist	पादपक्रिया विज्ञानी
Plant Protection Officer	वनस्पति रक्षक अधिकारी

Principal Postal Appraiser	प्रधान डाक मूल्य-निरूपक
Probationary Superintendent	परिवीक्षाधीन अधीक्षक
Pro-chancellor (of a university)	समकुलाधिपति
Proctor (of a university)	कुलानुशासक
Progressman	प्रगतिवीक्षक
Project Co-ordination Division	परियोजना समन्वय प्रभाग
Prosecuting Inspector	अभियोजन निरीक्षक
Psychiatric Social Worker	मनश्चिकित्सा समाजसेवक
Public Debt Officer	लोक ऋण अधिकारी
Public Enterprises Bureau	लोक उद्यम ब्यूरो
Pupil Teacher	छात्राध्यापक

Q

Quality Control Officer	गुणवत्ता नियंत्रण अधिकारी
Quality Marking Officer	गुणवत्ता अंकन अधिकारी

R

Ranger	राजिक, रेंजर
Reception Officer	स्वागत अधिकारी
Recreation Officer	मनोविनोद अधिकारी
Refinance Director	पुनर्वित्त निदेशक
Reformatory Superintendent	सुधारालय अधीक्षक
Refresher Courses Department	पुनश्चर्या पाठ्यक्रम विभाग
Refugee Officer	शरणार्थी अधिकारी
Refund Clerk	प्रतिदाय लिपिक
Regional Iron and Steel Controller	प्रादेशिक लोहा-इस्पात नियंत्रक
Regional Research Laboratory	प्रादेशिक अनुसंधान प्रयोगशाला
Registrar-General of India	भारत का महापंजीयक
Rehabilitation and Artificial Limbs	पुनर्वास और कृत्रिम अंग विभाग
Requisition Officer	अधिग्रहण अधिकारी
Resettlement Officer	पुनर्व्यवस्थापन अधिकारी
Resident Collector	निवासी कलक्टर
Residential University	निवासी विश्वविद्यालय
Resources Inventory Specialist	साधन सूची विशेषज्ञ
Reviewing Officer	पुनर्विलोकन अधिकारी

Revising Officer	पुनरीक्षण अधिकारी
Rural Works Programme Director	ग्राम निर्माण कार्यक्रम निदेशक

S

Safety Inspector	संरक्षा निरीक्षक
Sales Executive	बिक्री कार्यपालक
Sales Promotion Officer	बिक्री-वर्धन अधिकारी
Scheduled Caste and Scheduled Tribe Commission	अनुसूचित जाति और अनुसूचित जनजाति आयोग
School of Planning and Architecture	योजना और वास्तुकला विद्यालय
Scrutinizer	संवीक्षक
Security Cell	सुरक्षा-कक्ष
Senior Design Assistant	वरिष्ठ अभिकल्प सहायक
Seniormost Production Assistant	वरिष्ठतम प्रस्तुति सहायक
Senior Research Officer	वरिष्ठ अनुसंधान अधिकारी
Sewage Disposal Engineer	मल-अपवहन अभियंता
Silt and Sediment Analyst	गाद और तलछट विश्लेषक
Small Scale Industries Development Commissioner	लघु उद्योग विकास आयुक्त
Social Welfare and Rehabilitation Directorate	समाज कल्याण तथा पुनर्वास निदेशालय
Soil Conservation Research Demonstration and Training Centre	भूमि-संरक्षण अनुसंधान, प्रदर्शन तथा प्रशिक्षण केन्द्र
Soil Testing Laboratory	मृदा-परीक्षण प्रयोगशाला
Sole Arbitrator	एकमात्र मध्यस्थ
Standing Screening Committee	स्थानीय छानबीन समिति
Statistics and Intelligence Branch	सांख्यिकी और आसूचना शाखा
Structural Engineer	संरचना अभियंता
Superintending Mining Geologist	अधीक्षक खनन भूविज्ञानी

T

Task Force Commander	कार्यदल कमांडर
Task Work Messenger	उजरती सन्देशवाहक
Taxation Officer	कराधान अधिकारी
Territorial Army Directorate	प्रादेशिक सेना निदेशालय

Town and Village Planner	नगर और ग्राम योजनाकार
Trade Fair Authority of India	भारतीय व्यापार मेला प्राधिकरण
Transcription and Programme Exchange Service	प्रतिलेखन और कार्यक्रम विनिमय सेवा

U

Union Public Service Commission	संघ लोक सेवा आयोग
University Grants Commission	विश्वविद्यालय अनुदान आयोग
Urban and Rural Planning Orgainisation	नगर और ग्राम योजना संगठन

V

Verification Officer	सत्यापन अधिकारी
Vice-chancellor (of a university)	कुलपति
Virus Entomologist	वाइरस कीट विज्ञानी
Visiting Professor	अभ्यागत आचार्य
Visitor (of a university)	कुलाध्यक्ष
Vocational Rehabilitation Centre For Handicapped	विकलांग व्यावसायिक पुनर्वास केन्द्र
Vocation Guidance Officer	व्यवसाय निर्देशन अधिकारी

W

Waste Land Reclamation Officer	बंजर भूमि उद्धार अधिकारी
Watch and Ward Officer	पहरा-निगरानी अधिकारी
Wild Life Guard	वन्य जीव रक्षक
Wild Life Preservation Officer	वन्य जीव परिरक्षण अधिकारी
Workshop Supervisor	कर्मशाला पर्यवेक्षक
Works Manager	कर्मशाला प्रबन्धक
Work study Unit	कार्य अध्ययन एकक

Y

Youth Welfare Officer	युवा कल्याण अधिकारी

Z

Zonal Rationing Office	आंचलिक राशनिंग कार्यालय

रेलवे के प्रमुख अधिकारी

1. महाप्रबन्धक
2. अपर महाप्रबन्धक
3. मुख्य वाणिज्यिक प्रबन्धक
4. मंडल रेल प्रबन्धक
5. अपर मंडल रेल प्रबन्धक
6. वाणिज्यिक प्रबन्धक
7. अपर वाणिज्यिक प्रबन्धक

रेलवे कर्मचारीवर्ग पदनाम

A

Accidents Investigation Officer	दुर्घटना अन्वेषण अधिकारी
Air-conditioning Supervisor	वातानुकूलन पर्यवेक्षक
Allotment Supervisor	आवंटन पर्यवेक्षक
Anti-corruption Officer	भ्रष्टाचार-निरोध अधिकारी
Assistant Carriage Cleaning Inspector	सहायक डिब्बा सफाई निरीक्षक
Assistant Catering Inspector	सहायक भोजन-प्रबन्ध निरीक्षक, सहायक खान-पान निरीक्षक
Assistant Claims Prevention Inspector	सहायक दावा निवारण निरीक्षक
Assistant Commercial Inspector	सहायक वाणिज्य निरीक्षक
Assistant Commercial Superintendent	सहायक वाणिज्य अधीक्षक
Assistant Controller of Stores	सहायक भंडार नियंत्रक
Assistant Foreman (Mechanical and Maintenance)	सहायक फोनमैन (यांत्रिक और अनुरक्षक)
Assistant Head Booking Clerk	सहायक प्रधान टिकट बाबू
Assistant Inspector of works	सहायक संकर्म निरीक्षक, सहायक कर्मशाला निरीक्षक, सहायक निर्माण निरीक्षक
Assistant Movement Inspector	सहायक संचलन निरीक्षक
Assistant Operating Superintendent	सहायक प्रचालन अधीक्षक
Assistant Permanent Way Inspector	सहायक रेलपथ निरीक्षक

Assistant Personnel Officer	सहायक कार्मिक अधिकारी
Assistant Running Shed Supervisor	सहायक इंजिन शेड पर्यवेक्षक
Assistant Security Officer	सहायक सुरक्षा अधिकारी
Assistant Signal and Tele-communications Engineer	सहायक सिग्नल और दूर-संचार इंजीनियर
Assistant Traffic Officer (Transit)	सहायक यातायात अधिकारी (परिवहन)
Assistant Train Inspector	सहायक गाड़ी निरीक्षक
Assistant Transhipment Inspector	सहायक यानान्तरण निरीक्षक
Assistant Transportation Superintendent	सहायक परिवहन अधीक्षक
Assistant Vigilance Officer	सहायक सतर्कता अधिकारी
Assistant Wagon Movement Inspector	सहायक माल डिब्बा संचलन निरीक्षक

C

Canteen Manager	कैंटीन प्रबन्धक
Carriage and Wagon Inspector	सवारी और माल डिब्बा निरीक्षक
Chief Booking Clerk	मुख्य टिकट बाबू
Chief Goods Shed Superintendent	मुख्य मालगोदाम अधीक्षक
Chief Operating Superintendent	मुख्य प्रचालन अधीक्षक
Chief Train Examiner	मुख्य गाड़ी परीक्षक
Chief Travelling Ticket Inspector	मुख्य चल टिकट-निरीक्षक
Claims Prevention Inspector	दावा निवारण अधिकारी
Chief Personnel Officer	मुख्य कार्मिक अधिकारी
Chief Traffic Superintendent	मुख्य यातायात अधीक्षक

D

Divisional Commercial Superintendent	प्रभागीय वाणिज्य अधीक्षक
Divisional Medical Officer	प्रभागीय चिकित्सा अधिकारी
Divisional Operating Superintendent	प्रभागीय प्रचालन अधीक्षक
Divisional Personnel Officer	प्रभागीय कार्मिक अधिकारी
Divisional Superintendent	प्रभागीय अधीक्षक
Drawing and Disbursing Officer	आहरण और संवितरण अधिकारी

E

Electrical Engineer-in-chief	प्रमुख बिजली/विद्युत् अभियंता/इंजीनियर

F

Fire Station Officer	दमकल केन्द्र अधिकारी

G

Grain Shop Manager	खाद्यान्न दुकान प्रबन्धक

H

Head Ticket Collector	प्रधान टिकट कलेक्टर
Head Train Examiner	प्रधान गाड़ी परीक्षक
Head Weigh-bridge Clerk	प्रधान तुला चौकी क्लर्क/लिपिक

I

Investigation Inspector	अन्वेषण निरीक्षक

L

Labour Welfare Officer	श्रम कल्याण अधिकारी
Liaison Officer	सम्पर्क अधिकारी
Luggage Room Attendant	सामान घर-परिचर

M

Member, Railway Service Commission	सदस्य, रेल सेवा आयोग

O

Operating Superintendent	प्रचालन अधीक्षक

P

Permanent Way Inspector	रेलपथ निरीक्षक
Personnel Officer	कार्मिक अधिकारी

R

Railway Protection Force	रेल सुरक्षा बल
Railway Sectional Officer	रेल अनुभागीय अधिकारी
Railway Financial Commissioner	रेल वित्त आयुक्त
Railway Sports Control Board	रेलवे खेल-कूद नियंत्रण बोर्ड
Reception Officer	स्वागत अधिकारी
Refreshment Room Manager	उपाहार कक्ष प्रबन्धक
Relieving Assistant Station Master	एवजी सहायक स्टेशन मास्टर

T

Transportation Superintendent	परिवहन अधीक्षक
Travelling Ticket Examiner	चल टिकट परीक्षक
Trial Engine Driver	परीक्षण इंजन चालक/ड्राइवर

W

Watch and Ward Officer	पहरा-निगरानी अधिकारी
Weighment Inspector	तोल-निरीक्षक
Workshop Supervisor	कर्मशाला पर्यवेक्षक
Works Manager	कर्मशाला प्रबन्धक

Z

Zonal Officer	आंचलिक अधिकारी

कार्यालयों एवं अधिकारियों के नाम

केन्द्र सरकार या राज्य सरकार के मंत्रालयों के अधीन अनेक विभाग होते हैं। विभागों के अधीन अनेक उपविभाग तथा अनुभाग होते हैं। प्रत्येक विभाग का एक प्रमुख होता है, जिसको अलग-अलग नामों से सम्बोधित किया जाता है, जैसे—अध्यक्ष, निदेशक, महानिदेशक, नियंत्रक, महानियंत्रक, मुख्य नियंत्रक, महानिरीक्षक, आयुक्त, मुख्य आयुक्त, महापंजीयक, सचिव, मुख्य सचिव आदि। कार्यालयों एवं अधिकारियों का विभागवार परिचय निम्नवत है—

केन्द्रीय सचिवालय के अधिकारी

1. कैबिनेट सेक्रेटरी या कैबिनेट सचिव
2. सचिव
3. संयुक्त सचिव
4. उप सचिव
5. अवर सचिव
6. अनुभाग अधिकारी

उत्तर प्रदेश राज्य सरकार (उ.प्र.) सचिवालय के अधिकारी

1. मुख्य सचिव
2. अपर मुख्य सचिव
3. प्रमुख सचिव

4. सचिव
5. संयुक्त सचिव
6. उप सचिव
7. अवर सचिव
8. अनुभाग अधिकारी
9. समीक्षा अधिकारी
10. सहायक समीक्षा अधिकारी

उत्तर प्रदेश सामान्य प्रशासन के अधिकारी

1. आयुक्त
2. अपर आयुक्त
3. जिलाधिकारी
4. अपर जिलाधिकारी
5. मुख्य विकास अधिकारी
6. उप जिला अधिकारी
7. तहसीलदार
8. नायब तहसीलदार

उत्तर प्रदेश पुलिस सेवा के अधिकारी

1. पुलिस महानिदेशक
2. अपर पुलिस महानिदेशक
3. महानिरीक्षक
4. उप महानिरीक्षक
5. वरिष्ठ पुलिस अधीक्षक
6. पुलिस अधीक्षक
7. अपर पुलिस अधीक्षक
8. उप पुलिस अधीक्षक

उत्तर प्रदेश यातायात विभाग के अधिकारी

1. अध्यक्ष
2. महानिदेशक
3. अपर महानिदेशक

4. मुख्य महाप्रबन्धक
5. महाप्रबन्धक
6. प्रबन्धक
7. सहायक प्रबन्धक
8. अपर परिवहन आयुक्त
9. सहायक परिवहन आयुक्त
10. परिवहन अधिकारी
11. सहायक परिवहन अधिकारी

उत्तर प्रदेश शिक्षा विभाग के अधिकारी

1. निदेशक
2. अपर निदेशक
3. संयुक्त निदेशक
4. उप निदेशक
5. जिला विद्यालय निरीक्षक
6. बेसिक शिक्षा अधिकारी

उत्तर प्रदेश आबकारी विभाग के अधिकारी

1. आबकारी आयुक्त
2. संयुक्त आबकारी आयुक्त
3. उप आबकारी आयुक्त
4. जिला आबकारी अधिकारी

उत्तर प्रदेश ग्राम विकास विभाग के अधिकारी

1. आयुक्त, ग्राम विकास
2. अपर आयुक्त ग्राम विकास
3. मुख्य विकास अधिकारी
4. जिला विकास अधिकारी
5. खंड विकास अधिकारी

अध्याय-3

कार्यालयी हिन्दी पत्राचार

केन्द्र सरकार तथा राज्य सरकार के सभी मंत्रालयों, उनके विभागों, आयोंगों, स्वायत्तशासी निकायों तथा प्राधिकरणों में होनेवाले सरकारी काम-काज का सबसे महत्त्वपूर्ण पक्ष है—पत्राचार। सभी कार्यालय, व्यक्तियों तथा संस्थाओं से निर्धारित प्रारूप के अनुसार पत्राचार करते हैं। सरकारी पत्राचारों के कई प्रारूप हैं जो अलग-अलग सन्दर्भ एवं विषय के आधार पर निर्धारित होते हैं।

चूँकि कार्यालयी पत्राचार का प्रारूप निर्धारित होता है अत: उसे सीखना तथा समझना पड़ता है। इसके लिए एक लम्बे अभ्यास की आवश्यकता पड़ती है। कार्यालयी पत्राचारों के विभिन्न प्रारूपों में आवेदन-पत्र, सरकारी पत्र, अर्द्ध सरकारी पत्र, कार्यालय आदेश, परिपत्र, अधिसूचना, कार्यालय ज्ञापन, विज्ञापन, निविदा, संकल्प तथा प्रेस विज्ञप्ति विशेष रूप से उल्लेखनीय है।

प्रभावशाली पत्र की विशेषताएँ

केन्द्रीय सरकार के कार्यालयों में प्रयुक्त पत्रों की रचना-प्रक्रिया, शैली तथा भाषा की अपनी विशिष्ट परम्परा व पद्धति होती है। सामान्यत: सरकारी पत्र विशिष्ट ढर्रे पर चलते हैं, परन्तु भारत में होनेवाले अनेक परिवर्तनों को देखते हुए दो सौ वर्ष पुरानी शासकीय काम-काज की पद्धति, उसकी शैली एवं भाषाभिव्यक्ति को भी बदलना आवश्यक हो जाता है। पत्राचार सम्प्रेषण का एक जबरदस्त माध्यम ही नहीं, अपितु सम्पर्क का प्रभावी साधन भी है। अत: प्रभावशाली पत्र लिखने के लिए कुछ महत्त्वपूर्ण विशेषताओं की ओर ध्यान देना आवश्यक हो जाता है।

सरलता : आदर्श पत्र लेखन की एक प्रमुख विशेषता यह होती है कि वह दुर्बोध नहीं होना चाहिए। अर्थात् पत्र में सरलता का होना नितान्त आवश्यक होता है। पत्र द्वारा कही जानेवाली बातों व तथ्यों को सीधे ढंग एवं स्पष्ट रूप से कहा

जाना चाहिए। पत्र द्वारा पांडित्य प्रदर्शन करना मूर्खता हो सकता है अर्थात् पत्र में किसी भी प्रकार की उलझन आदि पैदा न करके सहज व स्वाभाविक रूप से पत्र लिखा जाना चाहिए।

स्पष्टता : प्रभावशाली पत्र-लेखन स्पष्ट होना चाहिए। पत्र में लम्बे वाक्य-विन्यास तथा अत्यन्त कठिन शब्दों का कभी भी उपयोग नहीं किया जाना चाहिए वरना पत्र पढ़ते समय पाठक को असुविधा हो सकती है। ध्यान रहे पत्र चाहे व्यक्तिगत हो, सरकारी हो या व्यापारिक, विद्वत्ता-प्रकटीकरण का माध्यम नहीं है। पत्र में अपने विचारों, भावों तथा कथ्यों को स्पष्ट रूप से लिखा जाना चाहिए। ऐसा पत्र उत्कृष्ट तथा आदर्श पत्र-लेखन का अनूठा नमूना हो सकता है।

शिष्टता : कार्यालयीन पत्र ही नहीं, अपितु सभी प्रकार के पत्र-लेखन की भाषा शिष्ट तथा विनम्र होनी चाहिए। अगर पत्र द्वारा किसी नकारात्मक बात को भी कहना है तो उसे विनम्रापूर्वक ही कहा जाना चाहिए ताकि पत्र पानेवालों के मन को चोट न लगने पाए। अत: सभी सरकारी पत्राचार में शिष्टता और विनम्रता का होना अति आवश्यक है।

संक्षिप्तता : कोई भी कार्यालयीन पत्र संक्षिप्त होना बहुत जरूरी है। संक्षिप्तता पत्र की प्रभावोत्पादकता कही जा सकती है। किसी पत्र को निबन्ध का स्वरूप नहीं दिया जाना चाहिए वरना मूल अभीष्ट बातों का सम्प्रेषण छूटकर अन्य बातों का ही प्रक्षेपण अधिक मात्रा में हो जाएगा। संक्षिप्तता से प्रेषक तथा प्रेषिती दोनों को ही सुविधा होती है। पत्र में बातों व तथ्यों को घुमा-फिराकर कहने और एक ही बात को बार-बार दोहराने की आवश्यकता नहीं है। इस प्रकार पत्रों के प्रभाव में वृद्धि होती है। अत: सभी पत्र संक्षिप्त ही लिखे जाने चाहिए।

प्रभावोत्पादकता : शासकीय पत्र में भाषा, पद-विन्यास, वाक्य-विन्यास, विचार तथा भावों की ऐसी सुगठित अन्विति होनी चाहिए जिससे पत्र का एक संकलित प्रभाव प्रेषिती के मन पर पड़ सके। पत्र-लेखन में प्रभावोत्पादकता लाने के लिए पत्र लेखक को शासकीय कार्य-प्रणाली, सरकारी नीति तथा सम्बन्धित विषय की गहरी समझ होनी चाहिए। प्रभावपूर्ण हिन्दी पत्र लिखते समय सम्बन्धित विषया की पारिभाषिक शब्दावली की ओर भी उचित ध्यान दिया जाना चाहिए। प्रभाव के लिए माध्यम नहीं किन्तु वाक्य-विन्यास, भाव तथा विचारों का तर्कसंगत संयोजन अधिक महत्त्वपूर्ण होता है।

वैशिष्ट्यपूर्ण भाषा-शैली : पत्राचार की भाषा और साहित्यिक भाषा में पर्याप्त अन्तर होता है, खास तौर पर सरकारी पत्राचार में भाषा पर अनेक बन्धन अपने आप आ जाते हैं। सरकारी पत्रों को पत्र की प्रकृति के अनुसार पत्र द्वारा

विचारों, कथ्यों, भावों आदि की सहजता एवं सुगमता से प्रक्षेपित किया जाना चाहिए। सरकारी पत्र में विषयानुरूप विचारों एवं कथ्यों की क्रमबद्धता होनी चाहिए। सरकारी पत्र की भाषा सरल, स्पष्ट होकर वाक्य छोटे-छोटे हो। इस प्रकार सरकारी पत्र की भाषा में विशेष सावधानी बरतने की आवश्यकता होती है।

कार्यालयी हिन्दी पत्राचार के प्रकार

1. आवेदन-पत्र : कोई सरकारी अधिकारी अथवा कर्मचारी अपने उच्च अधिकारी से किसी बात को पूर्ण करने के लिए जिस प्रारूप पर अनुरोध करता है उसे आवेदन-पत्र कहते हैं। इसी तरह कोई गैर सरकारी व्यक्ति किसी सरकारी अधिकारी को जिस प्रारूप में आवेदन करता है, वह प्रारूप आवेदन-पत्र का विशिष्ट प्रारूप होता है। आवेदन-पत्र संक्षिप्त एवं सारगर्भित होता है।

आवेदन-पत्र के चार प्रमुख भाग होते हैं, जो इस प्रकार हैं—

1. आवेदन-पत्र के सबसे ऊपर बाएँ तरफ 'सेवा में' अथवा 'प्रतिष्ठा में' लिखने के बाद उसके नीचे सम्बोधित अधिकारी का पदनाम, विभाग का नाम तथा स्थान का उल्लेख होता है।
2. आवेदन-पत्र का द्वितीय भाग में सम्बन्धित विषय का उल्लेख किया जाता है। इसके लिए विषय लिखकर उसके आगे उसके बारे में उल्लेख होता है जो अधिकतम एक या दो पंक्तियों में होना चाहिए। इस विषय के ऊपर दाएँ तरफ दिनांक अंकित होना चाहिए।
3. तीसरा भाग मुख्य भाग होता है जो आवेदन-पत्र का सबसे महत्त्वपूर्ण पक्ष है। इसमें आवेदनकर्ता उस बात का उल्लेख करता है जिसके लिए वह आवेदन कर रहा है। यह भाग सबसे बड़ा होता है जिसमें दो या तीन प्रस्तर हो सकते हैं। आवेदनकर्ता अन्तिम प्रस्तर में अपने आवेदन का सारांश लिखता है जबकि इसके ऊपर वाले प्रस्तर में अपनी बात का विस्तार से उल्लेख करता है। जैसे—अवकाश प्राप्त करने हेतु, छात्रवृत्ति हेतु, किसी कर्मचारी अथवा अधिकारी की शिकायत हेतु, नौकरी हेतु अथवा किसी प्रकार की सहायता प्राप्त करने हेतु आवेदन-पत्र प्रेषित किए जा सकते हैं।
4. आवेदन-पत्र का अन्तिम भाग प्रार्थी का नाम, उसका पता, दूरभाष नम्बर तथा अन्य 'डिटेल' के साथ पूरा होता है। यह अन्तिम भाग आवेदन-पत्र के सबसे नीचे दाहिनी तरफ अंकित होता है। प्रार्थी के नाम के ऊपर 'भवदीय' अथवा 'आपका विश्वासपात्र' अंकित किया जाता है।

आवेदन-पत्रों के उदाहरण

1. छुट्टी के लिए आवेदन-पत्र

सेवा में,
श्रीमान प्रधानाचार्य महोदय
क ख ग विद्यालय
प्रयागराज, उत्तर प्रदेश

विषय : दो दिन के अवकाश हेतु

महोदय,

निवेदन है कि मैं आपके विद्यालय का कक्षा..........का छात्र/छात्रा हूँ। मैं कल शाम से ज्वर से पीड़ित हूँ। मुझे चिकित्सक ने दो दिन के लिए आराम की सलाह दी है, इसलिए मैं विद्यालय में दिनांक..........से..........तक उपस्थित होने में असमर्थ हूँ।

अत: श्रीमान जी से प्रार्थना है कि मुझे दो दिन के लिए अवकाश देने की कृपा करें। इसके लिए मैं सदा आपका आभारी रहूँगा/रहूँगी।

(धन्यवाद)

आपका आज्ञाकारी शिष्य
दिनांक : .... छात्र/छात्रा का नाम
कक्षा..........
रोल नं..........

2. मोटरसाइकिल चोरी होने के सम्बन्ध में।

सेवा में,
श्रीमान थानाध्यक्ष महोदय
सीकरीगंज
गोरखपुर, उत्तर प्रदेश

विषय : मोटरसाइकिल चोरी होने के सम्बन्ध में।

महोदय,

निवेदन है कि मैं क ख ग ग्राम बढ़यापार, पोस्ट बढ़यापार का निवासी हूँ। बीते शाम को मेरे घर के बाहर खड़ी मोटरसाइकिल चोरी हो गई जिसका

Rc. N. UP..........है मैने अपने घर के आसपास काफी खोजबीन की लेकिन मोटरसाइकिल का कोई पता नहीं चला।

अत: श्रीमान् जी से निवेदन है कि इस मामले को संज्ञान में उचित कार्यवाही करने की कृपा करें और मोटर साइकिल खोजकर मुझे वापस करने का कष्ट करें, आपकी महान कृपा होगी।

(धन्यवाद)

प्रार्थी हस्ताक्षर

दिनांक : ....

नाम ....

पिता का नाम ....

पता ....

मोबाइल नं. ....

सरकारी पत्र

सरकारी पत्राचार में सबसे अधिक मात्रा में सरकारी पत्र का प्रयोग होता है। सरकारी पत्रों का प्रयोग विभिन्न कार्यालयों, संस्थानों, निकायों, निगमों, सार्वजिनक उद्यमों, बैंकों, बीमा कम्पनियों आदि के बीच आपसी पत्राचार के लिए होता है। सरकारी पत्र में तथ्यों तथा स्थितियों को औपचारिक भाषा में लिखा जाता है। ऐसी भाषा सरल, सुबोध तथा स्पष्ट होनी चाहिए। सरकारी पत्रों में देशज लोकोक्तियों, मुहावरों व कहावतों का प्रयोग बिलकुल नहीं होना चाहिए। इसमें सीधे-सीधे व प्रत्यक्ष रूप से विषय का अंकन होना चाहिए। सरकारी पत्रों में किसी प्रकार की भ्रान्तियों, संशयों जैसी अस्पष्टता व अनिश्चितता नहीं होनी चाहिए।

सरकारी पत्र उत्तम पुरुष में लिखे जाते हैं। जिसकी शुरुआत इस प्रकार होती है—'मुझे यह कहने का आदेश हुआ है किअ', 'मुझे यह निर्देशित किया गया है कि मैं..........' आदि। सरकारी पत्रों के सम्बोधन में 'महोदय' का प्रयोग किया जाता है तथा सबसे नीचे 'भवदीय' लिखा जाता है।

सरकारी पत्र के प्रमुख अंग निम्नलिखित हैं—

1. पत्र-संख्या—सबसे ऊपर दाहिनी तरफ
2. प्रत्येक का नाम, पद नाम तथा कार्यालय—बाईं ओर
3. सेवा में के नीचे प्रेषिती का नाम, पदनाम तथा कार्यालय का पता—प्रेषक के नीचे
4. विषय—प्रेषिती के नाम, पदनाम के नीचे
5. स्थान एवं दिनांक—विषय के ऊपर दाहिनी तरफ

6. पत्र की मुख्य विषयवस्तु—महोदय सम्बोधन के नीचे
7. भवदीय के नीचे प्रेषक का हस्ताक्षर तथा नाम
   एवं पद नाम—विषयवस्तु के नीचे दाहिने तरफ
8. प्रतिलिपि—सबसे नीचे बाएँ तरफ—उन अधिकारियों का नाम जिन्हें प्रतिलिपि प्रेषित की जानी है।

सरकारी पत्र के उदाहरण

प्रेषक— पत्र संख्या-01/वित्त/2022-23

क ख ग
सचिव, वित्त विभाग
लखनऊ

सेवा में,

शिक्षा निदेशक
उत्तर प्रदेश
लखनऊ

विषय : मान्यता प्राप्त शिक्षा संस्थानों अनुदान में वृद्धि के सम्बन्ध में

दिनांक : 30 सितम्बर, 2022, लखनऊ

महोदय,

उक्त विषय पर आपके पत्र संख्या..........दिनांक..........के सन्दर्भ में मुझे आपसे यह कहने का निर्देश हुआ है कि शासन में मान्यता प्राप्त शिक्षा संस्थानों के अनुदान में वृद्धि किए जाने का प्रस्ताव स्वीकार कर लिया है। अतएव आप राज्य के विभन्न नगरों के मान्यता प्राप्त शिक्षा संस्थानों की सूची, उन्हें अभी तक दिया जानेवाला अनुदान व उसमें की जानेवाली प्रस्तावित वृद्धि इस मंत्रालय को शीघ्र भेजने की कृपा करें ताकि अनुदान वृद्धि की धनराशि निश्चित कर अन्तिम निर्णय लिया जा सके।

भवदीय
(हस्ताक्षर)
क ख ग
सचिव, उ.प्र. शासक

प्रेषक, पत्र संख्या—1994-158

सचिव,
उत्तर प्रदेश बेसिक शिक्षा परिषद
प्रयागराज

सेवा में,

1. समस्त मंडलीय सहायक शिक्षा निदेशक (बेसिक) उ.प्र.
2. समस्त जिला बेसिक शिक्षा अधिकारी, उ.प्र.

विषय : बेसिक शिक्षा परिषद् के अन्तर्गत एक ही परिसर में संचालित प्राथमिक एवं उच्च प्राथमिक विद्यालय के संविलय के सम्बन्ध में।

महोदय, दिनांक : 30.03.22

उपर्युक्त विषयक शासनादेश संख्या..........दिनांक..........तथा शिक्षा निदेशक (बेसिक) कार्यालय के पत्रांक शि.नि./52113-34421/2021-22, दिनांक 29 नवम्बर, 2020 तथा पत्रांक शि.नि. (बे.)-44321-158/201321 दिनांक 15.08.2020 का सन्दर्भ ग्रहण करने का कष्ट करें। उक्त पत्र के द्वारा बेसिक शिक्षा परिषद के अन्तर्गत एक ही परिसर में संचालित प्राथमिक एवं उच्च प्राथमिक विद्यालयों के संविलियन किए जाने के उपरान्त विद्यालयों के संचालन हेतु कार्यवाही कराए जाने के निर्देश दिए गए थे।

उपर्युक्त पत्र के द्वारा बेसिक शिक्षा परिषद् के अन्तर्गत के सम्बन्ध में दस बिन्दुओं से सम्बन्धित सूचना एक ही परिसर में संचालित प्राथमिक एवं उच्च प्राथमिक विद्यालय के संविलियन शासनादेश दिनांक 29.11.2020 में उल्लिखित निर्देश तथा शिक्षा निदेशक बेसिक उ.प्र. द्वारा निर्देशित पत्र दिनांक.......... एवं..........में निहित निर्देशों के अनुपालन में संविलियन कर एक विद्यालय (कक्षा 1 से 8) संचालित कराए जाने के सम्बन्ध में अब तक की गई कार्यवाही की प्रगति आख्या दिनांक..........तक शिक्षा निदेशालय (बेसिक) उ.प्र. लखनऊ तथा इस कार्यालय को उपलब्ध कराने के निर्देश दिए गए हैं।

दिए गए निर्देश के क्रम में कृपया दिनांक..........तक अपेक्षित सूचना उपलब्ध कराने का कष्ट करें।

भवदीय
(हस्ताक्षर)
क ख ग
उपसचिव
उ.प्र. बेसिक शिक्षा परिषद
प्रयागराज

प्रतिलिपि निम्नलिखित को सूचनार्थ एवं आवश्यक कार्यवाही हेतु प्रेषित
1. शिक्षा निदेशक (बेसिक) उ.प्र. लखनऊ
2. अपर शिक्षा निदेशक (शिविर) बेसिक शिक्षा निदेशालय, लखनऊ
3. उप शिक्षा निदेशक (प्रा.), बेसिक शिक्षा निदेशालय, लखनऊ

क ख ग
उप सचिव
उ.प्र. शिक्षा परिषद
प्रयागराज

अर्द्ध सरकारी पत्र

अर्द्ध सरकारी पत्र सरकारी पत्र की तरह ही लिखा जाता है किन्तु इसमें कई बातें व्यक्तिगत रूप से भी लिखी जाती हैं ताकि प्रस्तावित कार्य को व्यक्तिगत रुचि से तुरन्त सम्पन्न किया जा सके। कई बार सरकारी व्यवस्था के फलस्वरूप कोई मामला उलझ जाने पर सुलझता नहीं है जिसे अपने समकक्ष अथवा अपने से कनिष्ठ स्तर के अधिकारियों को प्रस्तावित कार्य शीघ्र निपटाने के लिए जिस पत्र का प्रयोग किया जाता है उसे अर्द्धसरकारी पत्र कहा जाता है। इन पत्रों के माध्यम से दूसरे व्यक्ति पर अपनत्व के द्वारा मनोवैज्ञानिक प्रभाव डाला जाता है जिससे सरकारी लाल फीताशाही में उलझा कोई मामला तुरन्त निस्तारण करने में मदद मिलती है। इन पत्रों में विचारों के आदान-प्रदान के लिए विशेष शासकीय औपचारिकता के निर्वाह करने की आवश्यकता नहीं होती।

अर्द्धसरकारी पत्रों की भाषा आदरसूचक होनी चाहिएं तथा उनमें आदेशात्मक वाक्यों का प्रयोग वर्जित होना चाहिए। ऐसे पत्रों में सम्बोधन के तौर पर नाम का प्रयोग किया जाता है तथा नाम से पहले प्रिय, प्रियवर या प्रियश्री आदि जोड़ा जाता है। पत्र पूरा होने पर पत्र का प्रेषक हस्ताक्षर करता है किन्तु नाम या हस्ताक्षर के नीचे प्रेषक का पद-नाम नहीं लिखा जाता। हस्ताक्षर के बाद पत्र के बाईं ओर प्रेषिती का नाम, पदनाम तथा पूरा पता लिखा जाता है। अर्द्ध सरकारी पत्र लिखने का मूल उद्देश्य होता है कि पत्र और उसमें निहित बातों या मामलों पर व्यक्तिगत रूप से विशेष ध्यान देकर कार्यवाही की जाए। अत: अपेक्षा होती है कि इस प्रकार के पत्र प्राप्त होने के बाद उन पर विशेष ध्यान देकर, जहाँ तक सम्भव हो सके सम्बन्धित कार्य अथवा मामले का निपटान जल्द से जल्द किया जाए।

अर्द्धसरकारी पत्र का उदाहरण

क ख ग	अ.स.प.सं. ....
संयुक्त सचिव	भारत सरकार
सचिव, वित्त विभाग	डाक व तार निदेशालय
लखनऊ	गोरखपुर, दिनांक ....

प्रिय,

दिल्ली तथा भारत के अन्य महानगरों में केन्द्रीय सरकार स्वास्थ्य योजना अत्यधिक सफलतापूर्वक चल रही है। इससे केन्द्र सरकार के कर्मचारियों को सन्तोषप्रद चिकित्सा सुविधा मिल रही है। भारत के अन्य जिला मुख्यालयों में भी जहाँ केन्द्रीय सरकार के कर्मचारियों का पर्याप्त संकेन्द्रण है वहाँ इसकी व्यवस्था की जा सकती है।

इसके अभाव में कर्मचारियों को जिला मुख्यालयों में अनुभवहीन स्थानीय चिकित्सकों से इलाज कराना पड़ता है अथवा सरकारी अस्पतालों में सामान्य रोगियों की तरह चिकित्सा करवाने के लिए बाध्य होना पड़ता है। इसमें बहुत असुविधा होती है। इस व्यवस्था में सरकारी धन का अपव्यय भी बहुत होता है, क्योंकि कई गैर जिम्मेदार कर्मचारी स्थानीय चिकित्सकों और कैमिस्टों के साथ मिलकर इस सुविधा का दुरुपयोग करते हैं। जनवरी में जब मैं दिल्ली आया था तब मैंने आपसे चर्चा भी की थी। आपसे निवेदन है कि ऐसे जिला मुख्यालयों में जहाँ केन्द्रीय सरकार के बहुत अधिक कर्मचारी हों केन्द्रीय सरकार स्वास्थ्य योजना लागू करने पर विचार करें और अपने विचार से अवगत कराएँ।

सादर,

श्री	आपका
संयुक्त सचिव	(हस्ताक्षर)
स्वास्थ्य मंत्रालय	क ख ग
निर्माण भवन, नई दिल्ली,	

कार्यालय आदेश

कार्यालय आदेश को अंग्रेजी में Office Order कहते हैं। कार्यालय आदेश शासकीय पत्रों का वह रूप है, जो किसी भी कार्यालय या मंत्रालय के कर्मचारियों को उनसे सम्बद्ध सूचनार्थ देने के लिए लिखे जाते हैं। सरकारी काम-काज के एक प्रमुख सम्पर्क माध्यम के रूप में इनका प्रयोग किया जाता है। कार्यालय आदेश का उपयोग

किसी मंत्रालय, सम्बद्ध विभाग, प्रभाग, अनुभाग एवं कार्यालय के कर्मचारियों के लिए अधिकारी व्यक्ति द्वारा सम्बन्धित कार्य हेतु किया जाता है। इनके द्वारा दिए गए आदेशों का अनुपालन करना सम्बन्धित कर्मचारियों का परम कर्तव्य होता है। ऐसे पत्रों का प्रयोग निम्नलिखित उद्देश्यों की पूर्ति के लिए होता है—

1. अवकाश स्वीकृत/अस्वीकृत करने की सूचना
2. नियुक्त और पदोन्नति की सूचना
3. स्थायीकरण या स्थानान्तरण आदि की सूचना
4. किसी विशेष कार्य-विधि के नवीनीकरण, परिवर्तन आदि की सूचना
5. किसी प्रशासकीय आदेश के पालन के सम्बन्ध में सूचना आदि
6. प्रशासन से सम्बन्धित निर्देश की सूचना

कार्यालय आदेश कर्मचारियों के प्रति आदेश के रूप में होता है। इसमें उत्तम पुरुष और एकवचन का प्रयोग किया जाता है। भाषा सरल, स्पष्ट तथा सीधी होती है। ऐसे पत्रों में किसी प्रकार की औपचारिकता नहीं बरती जाती। कार्यालय आदेश में प्रेषक, प्राप्तकर्ता, सम्बोधन, विषय और स्वनिर्देश कुछ भी नहीं लिया जाता है। प्रारम्भ में संख्या, कार्यालय का नाम, दिनांक और फिर कार्यालय आदेश होता है। आदेश के अन्त में दाईं ओर आदेशकर्ता अधिकारी का हस्ताक्षर पदनाम लिखा रहता है। उसके ठीक सामने बाईं ओर व्यक्तियों, विभागों, कार्यालयों आदि के नाम लिखे जाते हैं जिनको यह आदेश पत्र भेजा जाता है। कार्यालय आदेश के निम्नलिखित अंग होते हैं।

1. पत्र संख्या
2. प्रेषक कार्यालय का नाम
3. स्थान और दिनांक
4. कार्यालय आदेश की विषयवस्तु
5. प्रेषक का हस्ताक्षर और उसका पदनाम
6. पृष्ठांकन

कार्यालय आदेश का उदाहरण

इलाहाबाद
दिनांक : 1 अप्रैल, 2022

कार्यालय आदेश

जनपद समाहर्ता कार्यालय, इलाहाबाद में कनिष्ठ लिपिक के पद पर कार्यरत श्री क ख ग जी को बाढ़ राहत विभाग में वरिष्ठ लिपिक के पद पर पदोन्नत

करके उनकी नियुक्ति मीरापुर कस्बे में की जाती है और वे अगले आदेश तक वहीं कार्य करेंगे।

अ ब स
समाहर्ता, लखनऊ

प्रतिलिपि

1. बाढ़ राहत विभाग, मीरपुर
2. वेतन विभाग

परिपत्र

जब कोई सूचना या निर्देश एक साथ अनेक कार्यालयों को प्रेषित की जाती है, तो उसे परिपत्र कहते हैं। सूचना की पुष्टि के लिए प्राय: परिपत्र के साथ एक अलग नोटिस प्रेषित की जाती है।

प्राय: कार्यालयों में परिपत्र के मुद्रित फार्म होते हैं, जिन पर उस कार्यालय या कार्यालय का नाम मुद्रित रहता है। यह पत्र लगभग ज्ञापन के रूप में होता है सबसे ऊपर दाहिने परिपत्र संख्या लिख दी जाती है और उसके बाद थोड़ी जगह छोड़कर अगली पंक्ति के लगभग मध्य में विषय का संकेत रहता है—प्रेषक का नाम तभी दिया जाता है जब परिपत्र मुख्यालय से बाहर अधीनस्थ कार्यालयों को प्रेषित किया जाता है। इसमें सन्दर्भ, सम्बोधन और अधोलेख की आवश्यकता नहीं होती है। हस्ताक्षर और कोष्ठक में नाम तथा पदनाम अंकित होता है।

यदि कोई संलग्नक हो तो 'संलग्नक' लिखकर उसके बारे में लिख देना चाहिए।

परिपत्र का प्रारूप एवं उदाहरण

प्रेषक   प.सं. ....

मुख्य सचिव
उत्तर प्रदेश शासन
लखनऊ
सेवा में,

उत्तर प्रदेश के समस्त विभागाध्यक्ष, मंडल-आयुक्त जिलाधिकारी और अन्य समस्त कार्यालयाध्यक्ष

लखनऊ, दिनांक ....

विषय : शनिवार को कार्यालय अवकाश के सम्बन्ध में

महोदय,

उपर्युक्त विषय के सम्बन्ध में मुझे यह कहने का निर्देश हुआ है कि शासनादेश संख्या..........दिनांक..........को रद्द करते हुए, राज्यपाल महोदय की आज्ञा से 1 अप्रैल, 2017 से प्रत्येक महीने के प्रथम शनिवार को आधे दिन के अवकाश के बजाय, राज्य सरकार के नियंत्रणाधीन सभी कार्यालय और संस्थाओं में प्रत्येक महीने के द्वितीय शनिवार को पूर्ण अवकाश रहेगा।

भवदीय
(हस्ताक्षर)
क ख ग
प्रमुख सचिव

प्रतिलिपि निम्नलिखित को सूचनार्थ प्रेषित—

1. सचिवालय के समस्त अनुभाग
2. विधानसभा सचिवालय
3. विधान परिषद, सचिवालय
4. महालेखाकार, उत्तर प्रदेश, इलाहाबाद
5. राज्यपाल के सचिव
6. मुख्यमंत्री के सचिव

अधिसूचना

अधिसूचना पत्राचार का ऐसा रूप है जो भारत के राजपत्र में प्रकाशित किया जाता है। राजपत्रित अधिकारियों की नियुक्ति, पदोन्नति, स्थानान्तरण, प्रतिनियुक्ति आदि की सूचना राजपत्र में अधिसूचना के रूप में प्रकाशित की जाती है। सांविधिक नियमों और आदेशों की सूचना भी राजपत्र में अधिसूचना के रूप में दी जाती है। शक्तियों के सौंपे जाने की घोषणा भी अधिसूचना के रूप में राजपत्र में प्रकाशित की जाती है।

अधिसूचना का प्रारूप अन्य मसौदों से कुछ भिन्न होता है। सबसे ऊपर भारत के राजपत्र के भाग..........खंड..........में प्रकाशन के लिए लिखा जाता है। इसके बाद फाइल संख्या लिखी जाती है। कुछ मंत्रालय/कार्यालय हस्ताक्षर से ऊपर की फाइल संख्या लिखते हैं। इसके पश्चात् भारत सरकार, मंत्रालय/विभाग का नाम, कार्यालय का नाम एवं पता, स्थान व दिनांक लिखे जाते हैं। फिर बीच में अधिसूचना लिखा जाता है। इसमें किसी प्रकार का सम्बोधन या अधोलेख नहीं होता। जिन अधिसूचनाओं द्वारा सांविधिक नियमों या आदेशों की घोषणा की जाती है, उनके कलेवर के प्रारम्भ में सामान्य सांविधिक आदेश संख्या..........या सांविधिक आदेश..........दिया जाता है। सामान्यत: सचिव एवं संयुक्त सचिव स्तर के अधिकारी द्वारा अधिसूचना जारी की

जाती है। अधिसूचना में हस्ताक्षर से पहले फाइल संख्या दी जाती है। उसके बाईं तरफ सेवा में, प्रबन्धक, भारत सरकार मुद्राणालय..........का उल्लेख किया जाता है। अन्त में जिन-जिन को अधिसूचना की प्रतियाँ पृष्ठांकित की जाती हैं उनका उल्लेख होता है।

अधिसूचना का प्रारूप

(भारत के राजपत्र भाग 1 खंड 2 में प्रकाशनार्थ)
सं. ए-35054 / 2 / 2020 कें. हिं प्र सं / 194

भारत सरकार

राजभाषा विभाग, गृह मंत्रालय
केन्द्रीय हिन्दी प्रशिक्षण संस्थान

सातवाँ तल पर्यावरण
भवन काम्प्लेक्स लोधी
रोड नई दिल्ली-110 003
दिनांक : ....

अधिसूचना

विभागीय पदोन्नति समिति की सिफारिश पर सचिव (राजभाषा), राजभाषा विभाग, गृह मंत्रालय निम्नलिखित हिन्दी अध्यापकों को केन्द्रीय हिन्दी प्रशिक्षण संस्थान/हिन्दी शिक्षण योजना में सहायक निदेशक के पद पर पदोन्नति पर पी, बी 3 में रु. 15600-39100 + 5400 ग्रेड पे के वेतनमान में उनके नाम के सामने दर्शाई गई तारीख से सहर्ष नियुक्त करते हैं।

क्र. सं.	**नाम**	**नियुक्ति की तारीख**
1.	श्री राधेश्याम वर्मा	....
2.	श्रीमती अंजु देवी	....
3.	श्री वेंकटारमन	....

हस्ताक्षर
(क ख ग)
निदेशक

सेवा में
प्रबन्धक
भारत सरकार मुद्रणालय
फरीदाबाद।

कार्यालय ज्ञापन

राजकीय पत्राचार में जब अपने अधीनस्थ अधिकारियों या कर्मचारियों को साधारण सन्देश देने के लिए जो पत्र लिखा जाता है उसे ही कार्यालय ज्ञापन कहते हैं। इसका प्रयोग उच्चाधिकारियों द्वारा अधीनस्थ अधिकारियों को ऐसी सूचना भेजने के लिए किया जाता है जो सरकारी आदेश के समान नहीं होता। कार्यालय ज्ञापन अन्य पुरुष में ही लिखा जाता है और इसमें सम्बोधन अथवा अधोलेखन नहीं होता। सिर्फ अधिकारी का हस्ताक्षर और उसका नाम होता है तथा पानेवाले का नाम, पदनाम प्रेषक के हस्ताक्षर के नीचे पत्र के बाईं तरफ लिखा जाता है।

सरकारी कार्यालयों में अधिकारी अथवा कर्मचारियों की नियुक्तियाँ, तैयारियाँ स्थानान्तरण, वेतन वृद्धि आदि अनेक बातों के लिए कार्यालय ज्ञापन का प्रयोग किया जाता है। इसके अतिरिक्त अधीनस्थ कार्यालयों को ऐसे आदेश भेजने के लिए भी ज्ञाप का प्रयोग किया जाता है, जो पूरी तरह सरकारी नहीं होता। कार्यालय ज्ञापन उच्च अधिकारी अपने से कनिष्ठ अधिकारी को लिखते हैं। कार्यालय ज्ञापन संक्षिप्त और सीधे विषय से सम्बन्धित होते हैं अत: ज्ञाप लिखनेवाले पदाधिकारी को सरकारी नीतियों तथा सेवा नियमावली की पर्याप्त जानकारी होनी चाहिए।

ज्ञाप संक्षिप्त और विषयानुरूप ही लिखे जाने चाहिए। ज्ञाप तैयार करते समय ध्यान रहे कि लम्बे-चौड़े और वर्णात्मक लेखन नहीं हो। ज्ञापन में न तो सम्बोधन होता है और न ही आत्मनिर्देशन होता है। उसके अन्त में केवल प्रेषक के हस्ताक्षर तथा पदनाम दिया जाता है। ज्ञाप की भाषा सरल सहज होनी चाहिए तथा वाक्य एवं पद बिलकुल छोटे-छोटे होने चाहिए। ज्ञाप के बारे में एक बात विशेष रूप से ध्यान में रखी जानी चाहिए कि राजभाषा अधिनियम 1976 के अनुसार केन्द्रीय कार्यालय में कार्यरत प्रत्येक अधिकारी व कर्मचारी का अधिकार होगा कि उसे दिया जानेवाला ज्ञाप केवल हिन्दी में हो सकता है और वह अपना स्पष्टीकरण आदि भी केवल हिन्दी में ही प्रस्तुत कर सकता है।

कार्यालय ज्ञापन का प्रारूप

उत्तर प्रदेश शासन
बेसिक शिक्षा अनुभाग-5
सं.-3132/65-4-2019
लखनऊ : दिनांक : 14 फरवरी, 2022

कार्यालय ज्ञापन

शिक्षा निदेशक, बेसिक के कार्यालय पत्रांक—बे.शि.प./19805-04/2019 दिनांक..........एवं पत्रांक सं. शि.नि. (बे.) डी.ई./947/2019-20 दिनांक.......... के द्वारा बेसिक शिक्षा परिषद कार्यालय प्रयागराज, बेसिक शिक्षा निदेशालय, प्रयागराज के अधीन खंड शिक्षा अधिकारियों तथा लिपिक संवर्ग के कर्मियों के सेवा प्रकरण सम्बन्धी अनुभाग एवं वित्त नियंत्रक, बेसिक शिक्षा परिषद कार्यालय को जनपद प्रयागराज से साक्षरता निदेशालय उ.प्र. लखनऊ स्थानान्तरित किए जाने का प्रस्ताव उपलब्ध कराया गया है।

शासन द्वारा सम्यक् विचारोपरान्त प्रशासनिक सुगमता, कार्यहित एवं मितव्ययिता के दृष्टिगत सचिव बेसिक शिक्षा परिषद कार्यालय प्रयागराज के अधीन खंड शिक्षा अधिकारियों तथा लिपिक संवर्ग के कर्मियों के सेवा प्रकरण सम्बन्धी अनुभाग एवं वित्त नियंत्रक बेसिक शक्षा परिषद कार्यालय को समयबद्ध रूप से जनपद प्रयागराज से साक्षरता निदेशालय उ.प्र. लखनऊ में स्थानान्तरित किए जाने का निर्णय लिया गया है। स्थानान्तरण के फलस्वरूप रिक्त हुए भवनों के मरम्मत के पश्चात् इसका उपयोग बेसिक शिक्षा विभाग के कार्यालयों के उपयोगार्थ ही किया जाएगा।

कृपया तदनुसार अग्रतर कार्यवाही सुनिश्चित कराने का कष्ट करें।

हस्ताक्षर
(क ख ग)
अपर मुख्य सचिव

संख्या व दिनांक तदैव

प्रतिलिपि निम्नलिखित को सूचनार्थ एवं आवश्यक कार्यवाही हेतु प्रेषित—

1. महालेखाकार, प्रथम, लेखा एवं हकदारी उ.प्र. प्रयागराज
2. महानिदेशक, स्कूल शिक्षा उ.प्र. लखनऊ
3. राज्य परियोजना निदेशक, सर्व शिक्षा अभियान, उ.प्र. लखनऊ
4. सचिव बेसिक शिक्षा परिषद उ.प्र. प्रयागराज
5. वित्त नियंत्रक, बेसिक शिक्षा परिषद, उ.प्र. प्रयागराज
6. गार्ड फाइल

आज्ञा से
(हस्ताक्षर)
उप सचिव

प्रेस विज्ञप्ति

सरकारी पत्राचार में प्रेस विज्ञप्ति का विशेष महत्त्व होता है। केन्द्रीय अथवा राज्य सरकार के निर्णयों, आदेशों, प्रस्तावों तथा नीतियों को सार्वजनिक तौर पर प्रसारित एवं प्रचारित करने की उद्देश्य पूर्ति के लिए प्रेस विज्ञप्ति का प्रयोग किया जाता है। प्रेस विज्ञप्ति को समाचार-पत्रों में ज्यों की त्यों यथास्थिति प्रकाशित किया जाता है। सरकारी प्रेस विज्ञप्ति में समाचार-पत्र की ओर से कुछ भी घटाया या जोड़ा नहीं जा सकता, न ही उसमें फेर-बदल करने की अनुमति होती है। प्रेस विज्ञप्ति सूचनात्मक होती है और इसमें सम्बोधन अथवा अधोलेख आदि औपचारिक बातें नहीं होतीं। प्रेस विज्ञप्ति में यह आदेश भी दिया जाता है कि उसे विशिष्ट तारीख या अवधि में प्रकाशित किया जाए।

प्रेस विज्ञप्ति-2

शनिवार, दिनांक 9 अप्रैल, 2022, रात्रि 9 बजे से
पूर्व प्रसारित अथवा प्रकाशित न किया जाए।

विषय : भारत और फ्रांस के बीच व्यापारिक सन्धि।

भारत सरकार और फ्रांस सरकार के उच्चाधिकार प्राप्त प्रतिनिधियों की विशेष बैठक में आज प्रात: 10 बजे यह सन्धि हुई थी कि भारत और फ्रांस में रसायन, चाय, जूट, चीनी, गरम मसाला आदि माल का व्यापार दोनों पक्षों द्वारा तय किए गए निश्चित नियमों के अनुसार होगा। दोनों देशों की देय राशि के भुगतान हेतु दोनों देशों की मुद्राओं के विनिमय आदि के सम्बन्ध में भी उचित निर्णय किया गया है। इस व्यापारिक सन्धि से दोनों देशों की मैत्री में और वृद्धि होगी।

मुख्य सूचना अधिकारी, प्रेस, सूचना ब्यूरो, नई दिल्ली के पास विज्ञप्ति जारी करने हेतु प्रेषित।

(क ख ग)
संयुक्त सचिव
भारत सरकार

व्यापार मंत्रालय
नई दिल्ली, दिनांक : 1 अप्रैल, 2022

प्रेस विज्ञप्ति

शुक्रवार, दिनांक 18 जून, 1986, रात्रि 10 बजे से
पूर्व प्रसारित अथवा प्रकाशित न किया जाए।

विषय : भारत और जापान के बीच राजनयिक सम्बन्ध।

भारत सरकार और जापान सरकार इस बात पर सहमत हो गई है कि दोनों सरकारों के दूतावासों के स्तर पर अत्यन्त घनिष्ठ मित्रतापूर्ण मधुर सम्बन्ध प्रस्थापित किए जाएँ। आशा है कि इससे दोनों राष्ट्रों के हित सम्बन्धों में वृद्धि होगी और परस्पर सम्बन्ध और भी अधिक सुदृढ़ होंगे जो दोनों के लिए लाभदायक होंगे।

मुख्य सूचना अधिकारी, प्रेस, सूचना ब्यूरो, नई दिल्ली के पास विज्ञप्ति जारी करने तथा इसे विस्तृत रूप से प्रसारित करने के लिए प्रेषित।

पर राष्ट्र मंत्रालय
नई दिल्ली, 2 जून, 1986

(क ख ग)
संयुक्त सचिव
भारत सरकार

निविदा

निविदा का अर्थ है आवश्यक रकम लेकर वांछित कार्य करने का वादा। किसी सरकारी / गैर सरकारी कार्यालय अथवा प्रतिष्ठान के द्वारा अपने कार्य को करवाने, सामान की आपूर्ति करवाने, अपने किसी सामान की नीलामी करवाने के लिए सम्बन्धित प्रतिष्ठानों अथवा व्यक्तियों को सूचनार्थ या आवश्यक जानकारी देने के लिए समाचार-पत्रों में निर्धारित प्रारूप पर जो विज्ञापन प्रकाशित किया जाता है उसे निविदा कहते हैं। निविदा तीन प्रकार की होती है—

1. सीमित निविदा—कम खर्च और कम समय में होनेवाले सरकारी काम कराने हेतु इसके अन्तर्गत सीमित निविदा जारी की जाती है। एक लाख रुपए की सीमा तक की निविदाएँ इस श्रेणी में आती हैं। यह सीमित लोगों के लिए जारी की जाती है।
2. यह सबके लिए खुली होती है। एक लाख से अधिक की धनराशि की निविदाएँ इसके अन्तर्गत आती हैं। इसकी अवधि 15 दिन या अधिक की होती है।
3. केवल विशेष परिस्थितियों में जारी की जाती है।

निविदा लेखन में निम्नलिखित बातों का ध्यान रखा जाता है—

1. निविदा प्रपत्र का मूल्य
2. प्रस्तावित कार्य का विवरण
3. कार्य पूरा करने की अवधि
4. निविदा प्रपत्र के साथ जमा कराई जानेवाली धरोहर धनराशि
5. निविदा प्रपत्र प्राप्त करने की अन्तिम तारीख एवं समय
6. निविदा जमा करने की अन्तिम तारीख व समय
7. निविदा खुलने की तारीख व समय
8. उस अधिकारी का नाम जिसके सामने निविदाएँ खोली जाएँगी
9. निविदाओं को खोलने के समय उपस्थित रह सकनेवाले व्यक्तियों / पर्यवेक्षकों के नाम / ब्योरा
10. यह स्पष्ट रूप से लिखा जाता है कि विक्रय के पश्चात् न तो निविदा प्रपत्र वापस किया जा सकता है न तो उसका पूरा या आंशिक मूल्य किसी रूप में वापस किया जाएगा और न उस प्रपत्र का उपयोग किसी आगामी / अन्य टेंडर नोटिस के सन्दर्भ में किया जा सकेगा।
11. धरोहर धनराशि को जमा करने की विधि धनराशि नकद, चैक द्वारा, बैंक ड्राफ्ट, एफ.डी.आर.सी. के रूप में स्वीकार की जाएगी। आलेखक यह सुविधा भी देते हैं कि धरोहर धनराशि डाकघर, बचत, पासबुक, किसान विकास पत्र, रा. जमा पत्र आदि के रूप में भी स्वीकार किए जा सकते हैं।
12. सक्षम अधिकारी को यह अधिकार होगा कि वह कारण बताए बिना ही किसी विशेष निविदा को अपनाकर समस्त निविदाओं को निरस्त कर सकता है।
13. किसी-किसी टेंडर नोटिस में इस आशय का भी उल्लेख रहता है कि सक्षम अधिकारी निविदा के कार्य को एक से अधिक ठेकेदारों के मध्य विभाजित कर सकता है।
14. कभी-कभी ठेकेदारों के आवास / निवास क्षेत्र को सीमित कर दिया जाता है अर्थात् यह प्रतिबन्ध लगा दिया जाता है कि ठेकेदार क्षेत्र विशेष के ही निवासी हों।
15. सामान्यत: निविदा के लिए उन्हीं ठेकेदारों को अधिकृत माना जाता है जो टेंडर नोटिस जारी करनेवाले कार्यालय में पंजीकृत हो परन्तु कभी-कभी कुछ अन्य कार्यालयों में भी पंजीकृत ठेकेदारों को अधिकृत कर दिया जाता है।

निविदा सूचना का प्रारूप

कार्यालय का नाम एवं पता

पत्र क्रमांक दिनांक

निविदा संख्या

....

....

....निविदा विवरण इस प्रकार है—

क्र.सं.	सामग्री का विवरण राशि तिथि	अनुमानित राशि	धरोहर राशि	निविदा प्रस्तुत करने की तिथि	निविदा खोलने की तिथि	निविदा प्रपत्र शुल्क

शर्तें :

(i)

(ii)

हस्ताक्षर
पदनाम

कार्यालय पश्चिम क्षेत्र सांस्कृतिक केन्द्र
बणोर की हवेली, गणगौर हाट, उदयपुर (राज.) 313003
फोन फैक्स : 0283-2523823, 2422532

क्रमांक एक—11(22) शिल्पग्राम /2019/1046

निविदा सूचना

शिल्प ग्राम परिसर में स्थित नवनिर्मित फूडकोर्ट को दिनांक 20/10/2019 से 31/10/2022 तक (शर्तों के अधीन) तीन वर्ष के लिए संचालन हेतु निविदा बन्द लिफाफे में आमंत्रित की जाती है। निविदा प्रपत्र एवं नियम/शर्तें इस कार्यालय से किसी भी कार्यदिवस पर इच्छुक व्यक्ति दिनांक 17.08.2019 तक शुल्क राशि 100/- मात्र जमा कर सायं 5 बजे तक प्राप्त कर सकते हैं। भरी हुई निविदाएँ दिनांक 17.08.2019 को मध्याह्न 1:00 बजे तक धरोहर राशि 40,000/- मात्र जमा होने पर स्वीकार की जाएगी। निविदाएँ इसी दिन सायं 4:00 बजे उपस्थित निविदादाताओं के समक्ष कार्यालय बागोर की हवेली में खोली जाएगी। निर्धारित समय के पश्चात् अथवा धरोहर राशि के बिना निविदा स्वीकार नहीं की जाएगी। निविदा स्वीकृत/अस्वीकृत अथवा निरस्त करने का अधिकार केन्द्र निदेशक को होगा।

(क ख गा)
निदेशक प्रभारी

विज्ञापन

विज्ञापन शब्द 'वि' उपसर्ग तथा ज्ञापन शब्द को जोड़कर बना है। जिसका अर्थ है विशेष तथा ज्ञापन का अर्थ है जानकारी देना। किसी वस्तु के विषय में विशेष जानकारी देना ही ज्ञापन कहलाता है। विज्ञापन शब्द अंग्रेजी के Advertisement का हिन्दी अनुवाद है जिसका अर्थ है किसी वस्तु के बारे में सूचना देना अथवा ध्यान आकर्षित करना। विज्ञापन उसी सूचना अथवा अपील का सुन्दर प्रस्तुतीकरण है।

विज्ञापन के उद्देश्य

विज्ञापन के कई उद्देश्य हो सकते हैं, जैसे—उपभोक्ताओं को प्रभावित करना, उत्पादक को लाभ पहुँचाना, विक्रेता की मदद करना, जनता तक नए उत्पाद की सूचना पहुँचाना, लोगों में उत्पाद के प्रति रुचि एवं विश्वास पैदा करना, उपभोक्ताओं को खरीदने के लिए प्रेरित करना प्रतिस्पर्धा बनाने के लिए

व्यापारियों को अपनी ओर आकर्षित करना, उत्पादक और उपभोक्ता के बीच अच्छे सम्बन्ध बनाना, उपभोक्ता को खरीदने की क्षमता को विकसित करना आदि।

विज्ञापन के प्रकार

1. सूचनाप्रद विज्ञापन,
2. आकर्षण पैदा करनेवाले विज्ञापन,
3. सांस्थानिक विज्ञापन,
4. उद्योग सम्बन्धी विज्ञापन,
5. वित्तीय विज्ञापन,
6. वर्गीकृत विज्ञापन,
7. नौकरी सम्बन्धी विज्ञापन।

विज्ञापन के माध्यम

विज्ञापन के मुख्यत: दो माध्यम हैं—प्रिंट माध्यम तथा इलेक्ट्रॉनिक माध्यम। प्रिंट माध्यम के अन्तर्गत पुस्तक, समाचार-पत्र, पत्रिकाएँ, पम्फलेट, बैनर, पोस्टर, स्टीकर आदि आते हैं। वहीं इलेक्ट्रॉनिक माध्यम के अन्तर्गत मुख्यत: दो माध्यम आते हैं।

1. श्रवण माध्यम
2. दृश्य-श्रव्य माध्यम

श्रवण माध्यम में रेडियो, एफ.एम. इत्यादि आते हैं, वहीं दृश्य-श्रव्य माध्यम के अन्तर्गत टेलीविजन, सिनेमा, इंटरनेट, मोबाइल, लैपटॉप इत्यादि आते हैं।

संकल्प

किसी विनिश्चय या नीति-निर्णय अथवा महत्त्वपूर्ण विषय पर लागू होनेवाले आदेशों के सम्बन्ध में शासकीय विभागों द्वारा संकल्प जारी किए जाते हैं। यह तब जारी होता है जब विनिश्चय या आदेशों का प्रसार सार्वजनिक रूप से करना

हो। विभिन्न विभागों द्वारा प्रशासनिक प्रतिवेदनों तथा सामान्य प्रतिवेदनों के सम्बन्ध में भी संकल्प जारी किए जाते हैं। कभी-कभी समितियों के संगठन आदि विषय के सम्बन्ध में भी संकल्प जारी किए जाते हैं। संकल्प सरकारी गजट में भी प्रकाशित किए जाते हैं।

सार्वजनिक स्वास्थ्य विभाग
सं. 504 (4) सोलह—2-1650-95
दिनांक : 7 फरवरी, 2022

संकल्प

पढ़ा गया—

प्रिंस ऑफ वेल्स जुओलॉजिकल गार्डन ट्रस्ट, लखनऊ का वार्षिक प्रतिवेदन 2018-21 तथा 2021-22।

विचार—जल-जीवालय (Aquarium) का निर्माण प्राणि-संग्रहालय के लिए बहुत मूल्यवान सिद्ध हुआ है। कनाडियन वीवर्स और कतिपय दुर्लभ पक्षियों से संग्रहालय और अधिक आकर्षक हो गया है। पिकनिक स्थलों तथा विनोद की अन्य सुविधाओं की भी व्यवस्था कर दी गई है और यह सन्तोष की बात है कि छुट्टियों में लोग अधिक संख्या में संग्रहालय देखने आए।

नाममात्र का प्रवेश शुल्क लेने से प्राणी-उद्यान का सुचारु प्रबन्ध करने में बड़ी सुविधा मिली है।

अध्याय-4

प्रारूप लेखन

किसी सरकारी कार्यालय, संस्थान अथवा संगठन में पत्र-लेखन से पूर्व उनका जो कच्चा रूप या मसौदा तैयार किया जाता है उसे प्रारूप-लेखन कहा जाता है। इसे सम्बन्धित उच्च अधिकारी से अनुमोदित करवाना अनिवार्य होता है।

पत्र अनेक प्रकार के होते हैं। विषय सन्दर्भ व्यक्ति व क्षेत्र के अनुसार अनेक प्रकार के पत्रों के प्रारूप बनाने का तरीका भी भिन्न-भिन्न होता है। व्यावसायिक पत्रों के प्रारूप लेखन के लिए प्राय: कुछ तथ्य संकेतों की आवश्यकता पड़ती है जिसमें प्रेषक का नाम व पता, पानेवाले का नाम और पता, विशेष संकेत, सम्बोधन, पत्र की मुख्य सामग्री, अभिव्यक्ति शैली, समापन सूचक शब्द, हस्ताक्षर और नाम, संलग्नक इत्यादि प्रमुख होते हैं।

प्रारूप लेखन की विशेषताएँ

प्रारूप लेखन चाहे किसी भी प्रकार का हो उसमें स्पष्टता जरूर होनी चाहिए। पत्र में प्राय: एक ही विषय, सन्दर्भ अथवा उद्देश्य की पूर्ति सम्भव है। पत्र प्रेषक पत्र प्राप्तकर्ता तक जो बात पहुँचाना चाहता है वही मुख्य होनी चाहिए अर्थात् पत्र में एकान्विति बनी रहनी चाहिए। पत्रों में लिखी गई हर बात सहज होनी चाहिए व अकृत्रिम होनी चाहिए। सरकारी पत्रों में तथ्य प्रस्तुति परम आवश्यक होती है इसलिए यथार्थता की प्रारूप लेखन की एक बड़ी विशेषता होती है। पत्र लिखते समय यह ध्यान रहे कि वह ज्यादा लम्बा न हो अर्थात् पत्र का मसौदा बनाते समय संक्षेपण की प्रक्रिया का पालन करना चाहिए। कोई भी पत्र अपने कथन या मन्तव्य में स्वत: पूर्ण होना चाहिए, उसे पढ़ने के उपरान्त तद् विषयक किसी प्रकार की जिज्ञासा शंका या स्पष्टीकरण की आवश्यकता शेष नहीं रहना चाहिए।

पत्र लेखन में नयापन व मौलिकता बनी रहनी चाहिए व पत्र लेखन में प्रारूप की लिखावट, सुन्दरता, शुद्धता, स्थान, तिथि, पते आदि का पूरा ध्यान रखना चाहिए। इससे पत्र के प्रभावान्विति में वृद्धि होती है।

सरकारी अथवा औपचारिक पत्र-व्यवहार में प्रयुक्त होनेवाले पत्रों के अनेक भेद-प्रभेद हो सकते हैं। फिर भी प्रमुख रूपों का उल्लेख यहाँ किया जा रहा है।

1. सरकारी पत्र (Official Letter)
2. अर्धसरकारी पत्र (Demi-Official Letter—D.O.)
3. कार्यालय ज्ञापन (Office Memorandum)
4. ज्ञापन (Memorandum या Memo)
5. कार्यालय-आदेश (Office Order)
6. परिपत्र (Circular)
7. मंजूरी पत्र (Sanction Letter)
8. अनुस्मारक (Reminder)
9. पृष्ठांकन (Endorsement)
10. अधिसूचना (Notification)
11. प्रेस-विज्ञप्ति / प्रेस नोट (Press Communiqut / Press Note)
12. तार (Telegram)
13. द्रुत (तुरत) पत्र (Express Letter)
14. मितव्यय पत्र (Savingram)
15. सूचना (Notice)
16. पावती प्राप्ति स्वीकार (Ackowledgement)

इस तरह से हम देखते हैं कि उपरोक्त पत्रों का प्रयोग ही अधिकांशत: सरकारी व औपचारिक पत्र व्यवहार में किया जाता है।

विभिन्न पत्रों के प्रारूप

1. सरकारी पत्र

अनुमोदन के लिए प्रारूप

दिल्ली प्रशासन
पुराना सचिवालय, शामनाथ मार्ग
दिल्ली, 110054

संख्या/सन्दर्भ.......... दिनांक..........

निदेशक,
केन्द्रीय हिन्दी निदेशालय,

शिक्षा एवं समाज-कल्याण मंत्रालय, भारत सरकार
पश्चिमी खंड सं. 7, रामकृष्ण पुरम, नई दिल्ली-110022

विषय : 'बृहत् पारिभाषिक शब्द संग्रह'
मानविकी खंड-3 और 4 का क्रयादेश।

महोदय,

मुझे यह कहने का..
खरीदना चाहता है।

आपसे अनुरोध है कि ....
..................के नाम से भेज दें।

भवदीय
(हस्ताक्षर)
(क ख ग)
हिन्दी उच्चाधिकारी
दिल्ली प्रशासन

सूचनार्थ प्रतिलिपि
(1) कार्यकारी पार्षद (शिक्षा) दिल्ली प्रशासन
(2) निदेशक, शिक्षा निदेशालय, दिल्ली प्रशासन
(3) वित्त अनुभाग, शिक्षा निदेशालय

....
क ख ग
हिन्दी अधिकारी

2. अर्द्ध सरकारी पत्र

अनुमोदनार्थ-प्रारूप

सन्दर्भ/अर्द्ध सरकारी पत्र.......... वित्त मंत्रालय
भारत सरकार
राजाराम नई दिल्ली
सचिव दिनांक..........

प्रिय श्री शर्मा जी,

मैं इस मंत्रालय के पत्र सं. ....दिनांक.............की ओर आपका ....वापस आई है।

आप जानते हैं..सरलता होगी।

सधन्यवाद

सेवा में
श्री..........शर्मा
सचिव, गृह मंत्रालय
भारत सरकार
नई दिल्ली

आपका
....
(क ख ग)

कार्यालय ज्ञापन

विषय : अनुमोदनार्थ प्रारूप

पत्र संख्या/सन्दर्भ..........
गृह मंत्रालय, भारत सरकार

नई दिल्ली
दिनांक..........

कार्यालय ज्ञापन

विषय : सभी मंत्रालयों के कार्यालयों के कार्य-समय में परिवर्तन

दिल्ली की बढ़ती हुई..
....
....
..................अवसर मिलेगा।

यह सर्वसम्मत निर्णय दिनांक..............से प्रभावी ....
....
.................कर सकें।

(क ख ग)
मुख्य सचिव
गृह मंत्रालय

सूचनार्थ प्रतिलिपि
सभी मंत्रालय, भारत सरकार

ज्ञापन

अनुमोदनार्थ प्रारूप

मानव संसाधन विकास मंत्रालय
भारत सरकार, नई दिल्ली

पत्र संख्या/सन्दर्भ..........

दिनांक..........

ज्ञापन

विषय : 'हिन्दी अधिकारी' के पद पर नियुक्ति

श्री..............को हर्ष के साथ...
....
..................स्वीकृति दे दें।

प्राप्तकर्ता का पता
श्री ....
....
....
..........पिन..........

....
क ख ग
कृते सचिव
मानव संसाधन विकास मंत्रालय

सूचनार्थ प्रतिलिपि
1. सचिव शिक्षा विभाग, मानव संसाधन विकास मंत्रालय

....
क ख ग
कृते सचिव

कार्यालय आदेश

अनुमोदनार्थ प्रारूप

शिक्षा विभाग, दिल्ली प्रशासन
पुराना सचिवालय, शामनाथ मार्ग, दिल्ली-6

संख्या/सन्दर्भ..........

दिनांकअ

दिल्ली प्रशासन के...
....
....कर लें।

अ आ ई
संयुक्त निदेशक

सूचनार्थ तथा आदेशानुपालन हेतु प्रतिलिपि

1. सम्बद्ध अध्यापक..........विद्यालय
2. सम्बद्ध प्रधानाचार्य..........विद्यालय
3. उपशिक्षा निदेशक, सम्बद्ध मंडल
4. मुख्य प्रशासन शाखा

....
अ. आ. ई.
संयुक्त निदेशक

परिपत्र

अनुमोदनार्थ प्रारूप

स्वास्थ्य एवं परिवार कल्याण मंत्रालय
भारत सरकार, नई दिल्ली

संख्या/सन्दर्भ.......... दिनांक..........

परिपत्र

केन्द्रीय सचिवालय के सभी..
प्राप्त कर सकते हैं।

....
क ख ग
सचिव

सूचनार्थ प्रतिलिपि

1. सचिव सभी मंत्रालय, भारत सरकार

....
क ख ग
सचिव

अनुस्मारक

अनुमोदनार्थ प्रारूप

संख्या/सन्दर्भ.......... | शिक्षा निदेशालय
उपशिक्षा निदेशक | दिल्ली प्रशासन
मंडल पश्चिम क्षेत्र | शामनाथ मार्ग, दिल्ली
दिल्ली | दिनांक..........

अनुस्मारक-दो

विषय...

प्रिय महोदय,

उपर्युक्त विषय पर..
....
....
......................का कष्ट करें।

भवदीय
(क ख ग)
संयुक्त निदेशक
शिक्षा निदेशालय

अधिसूचना

अनुमोदनार्थ प्रारूप

कृषि मंत्रालय
भारत सरकार
संख्या/सन्दर्भ.......... नई दिल्ली
दिनांक..........

अधिसूचना

(भारतीय राजपत्र के भाग..........अनुभाग..........में प्रकाशनार्थ)

जनसाधारण को..मानी जाएगी।

....
क ख ग
सचिव, कृषि मंत्रालय
संख्या..........

प्रबन्धक महोदय,
भारत सरकार प्रेस, नई दिल्ली

प्रेस विज्ञप्ति / प्रेस नोट

प्रेस विज्ञप्ति

(दिनांक..........को प्रात:..........से पूर्व प्रकाशित न किया जाए।)

प्रेस विज्ञप्ति

भारत और रूस के बीच सांस्कृतिक समझौता

आज दिनांक..........को भारत सरकार...हो सकेगा।

मानव संसाधन विकास मंत्रालय
भारत सरकार, नई दिल्ली
दिनांक..........

य र ल
सचिव

प्रेस नोट

गृह मंत्रालय
भारत सरकार
नई दिल्ली

प्रेस नोट

दिल्ली में सुरक्षा एवं अनुशासन का प्रयत्न

देश के विभिन्न...
....
........................सहायता करें।

....
क ख ग
गृह मंत्रालय

(दिनांक..........को पूर्ण प्रकाशित न किया जाए।)

तार

अनुमोदनार्थ प्रारूप

तार

प्राप्तकर्ता का नाम व पता
मुख्यमंत्री
उत्तर प्रदेश सरकार
लखनऊ, उत्तर प्रदेश

मूल विषय
(सन्देश)

पत्र संख्या..........देखिए, अधिवेशन स्थगित
अगले पत्र की प्रतीक्षा करें।

गृह मंत्री
भारत सरकार

प्रेषक का नाम व पता
(यह तार से नहीं भेजा जाता)

श्री.........
महामंत्री
गृह मंत्रालय, भारत सरकार
नई दिल्ली।

टिप्पणी

टिप्पणी लिखने का कार्य सहायक स्तर के कर्मचारी से लेकर सचिव पद तक के अधिकारी को करना पड़ता है। वस्तुत: प्रकरण की महत्ता के साथ उसके लेखक का भी महत्त्वपूर्ण होना अपेक्षित है। इसलिए मंत्रियों की स्वीकृति हेतु लिखे जानेवाले तथा किसी सरकारी नीति एवं योजना से सम्बद्ध टिप्पण उपसचिव तथा सचिव महोदयों को लिखने पड़ते हैं। मुख्य टिप्पण की पूरक विभिन्न विभागों द्वारा लिखी गई टिप्पणियाँ, दी गई सूचनाएँ एवं आदेश-अनुदेश आदि सभी टिप्पण के ही अंग माने जाते हैं। यहाँ यह बतला देना भी प्रासंगिक होगा कि राष्ट्रपति, प्रधानमंत्री या किसी मंत्री द्वारा लिखे टिप्पण को मिनट कहा जाता है।

टिप्पण तटस्थ भाव से और अन्य पुरुष में लिखा गया एक ऐसा मंतव्य है जिसमें लेखक विचाराधीन नीति, योजना, समस्या, प्रश्न अथवा प्रकरण के पूर्वापर से सम्बद्ध आदेशादि का परीक्षण कर एवं तद्‌विषयक कानूनी आर्थिक तथा व्यावहारिक पहलुओं के पक्ष-विपक्ष पर सोच-विचार कर कार्रवाई करने हेतु आंशिक या पूर्ण स्पष्टीकरण, टिप्पणी, सुझाव, आदेश, अनुदेशादि प्रस्तुत करता है।

टिप्पण की विशेषताएँ व नियम

(1) टिप्पण की भाषा सहज, सरल व स्पष्ट होनी चाहिए।
(2) टिप्पण विचाराधीन मूल मत्र (Original Letter) आदि के ऊपर नहीं लिखा जाता। कार्यालय में इसके निमित्त यदि कोई विशेष प्रपत्र निश्चित नहीं है तो इसे अलग कागज पर ही लिखना चाहिए।

(3) टिप्पण सदैव अन्य पुरुष में लिखा जाना चाहिए।
(4) टिप्पण के प्रथम अनुच्छेद (Paragraph) को छोड़कर अन्य अनुच्छेदों को संख्याबद्ध करते जाना चाहिए।
(5) टिप्पण में चर्चित पत्रादि के पत्रांक, दिनांक तथा फाइल में उनके मूल रूप को देखने के लिए निर्देश हाशिए में ही देना चाहिए न कि टिप्पण के कलेवर में।
(6) यदि नितान्त आवश्यक न हो तो टिप्पण के कलेवर में सन्दर्भणीय (Under Reference) सामग्री से कुछ भी शब्दश: उद्धृत न करके फाइल में लगी उसकी प्रतिलिपि देखने के लिए ही अनुरोध करना चाहिए।
(7) टिप्पण में दिये जानेवाले सुझाव किसी भी प्रकार के पूर्वग्रह से मुक्त होने चाहिए। बिना किसी जरूरत के उसमें किसी प्रकार की अतिशयोक्ति का प्रयोग नहीं करना चाहिए।
(8) यदि किसी प्रकरण के अलग-अलग पक्षों पर उच्चाधिकारी का आदेश लेना जरूरी हो तो उस स्थिति में अलग-अलग टिप्पण प्रस्तुत करना चाहिए या फिर उसे वर्गों में विभाजित कर लेना चाहिए।

टिप्पण के प्रक्रियात्मक सोपान

(1) टिप्पण का प्रारम्भ सर्वोपरि मूल पत्र का प्राप्ति क्रमांक डालते हुए तथा फाइल में जहाँ वह लगा है, उस पर डाली गई पृष्ठ संख्या का हवाला देते हुए करना चाहिए क्योंकि यही विचाराधीन पत्र ही प्रस्तुत टिप्पण का आधार होता है। अत: इसे प्रथम पंक्ति में सन्दर्भ सहित रेखांकित भी कर देना चाहिए। इतनी व्यवस्था कर लेने के उपरान्त पर्याप्त हाशिया छोड़कर अब टिप्पण लिखना प्रारम्भ कर देना चाहिए।
(2) टिप्पण सदा स्याही से लिखा जाना चाहिए या टाइप किया जाना चाहिए, इसके अतिरिक्त फाइल के बाईं ओर टिप्पण लिखने के लिए लगे स्वच्छ पृष्ठों पर तथा दाईं ओर लगी सन्दर्भ सामग्री के पृष्ठों पर अलग-अलग संख्या डालनी और आवश्यकतानुसार सन्दर्भ रूप में अलग-अलग ही उद्धृत करनी चाहिए।
(3) टिप्पण लेखक की अतिविस्तार व्याख्या एवं उपदेशात्मकता से बचना चाहिए।
(4) टिप्पण में जिन-जिन प्रलेखों (Documents) की चर्चा की गई हो उनका संचिका में उसी क्रम में लगा होना अनिवार्य होता है जिस क्रम में वे टिप्पण में सन्दर्भित किए गए हों।

(5) इस प्रकार टिप्पण लिखा लेने पर उसका लेखन नीचे बाईं ओर अपने हस्ताक्षर करेगा और अपने हस्ताक्षरों में प्रथमाक्षर (Initial) ही लिखेगा जबकि टिप्पण को अनुमोदित या स्वीकृत करनेवाला अवर सचिव पद आदि का अधिकारी नीचे दाईं ओर हस्ताक्षर करेगा और हस्ताक्षरों में अपना पूरा नाम प्रयोग में लाएगा। यहाँ अपने नामों के नीचे उच्चाधिकारी अपने पदों का उल्लेख भी कर सकते हैं। ये सभी कार्य सम्पन्न कर लेने के उपरान्त टिप्पणकर्ता यदि सहायक पद का है तो वह टिप्पण के बाईं ओर हाशिये में अधीक्षक/अनुभाग अधिकारी का मात्र पद ही अंकित करके टिप्पण को उसके अवलोकनार्थ भेज देगा। टिप्पण की जाँच एवं अवलोकन की यह औपचारिक प्रक्रिया प्रकरण की गम्भीरता को ध्यान में रखते हुए और अधिकारी विशेष के अधिकार क्षेत्र को देखते हुए उत्तरोत्तर बढ़ती जाती है जिसे पूरा करना अनिवार्य होता है। अत: यदि आवश्यक हो तो टिप्पण को अनुभाग अधिकारी द्वारा शाखा-अध्यक्ष को, शाखा अध्यक्ष द्वारा अवर सचिव को और इसी क्रम में उप-सचिव, संयुक्त सचिव/सचिव तदुपरान्त उपमंत्री, मंत्री स्तर तक विचाराधीन नीति या योजना पर अनुमति-स्वीकृति आज्ञा-आदेश अथवा अनुदेश-निर्देश प्राप्त करने के लिए भेजा जाता है। यहाँ यह भी उल्लेखनीय है कि उच्चाधिकारियों के मौखिक आदेश भी लिखित की तरह मान्य होते हैं। इस विषय में करणीय यह है कि जिस अधीनस्थ अधिकारी को उच्चाधिकारी के मौखिक आदेश दिए जाते हैं वह उसे टिप्पण पृष्ठ पर अंकित कर यथोचित कार्यवाही कर ले।

(6) सहायक पद से सचिव पद तक जिस-जिस के पास टिप्पण जाएगा उसे नाम से नहीं अपितु पदेन हाशिये में अंकित किया जाएगा।

टिप्पण का उदाहरण

केन्द्रीय सरकार
वित्त मंत्रालय

विचाराधीन पत्र : क्रमांक 7, शिक्षा, समाज-कल्याण व संस्कृति मंत्रालय के पत्र संख्या 875 की प्रतिलिपि

1. विचाराधीन पत्र में उक्त शिक्षा मंत्रालय द्वारा प्रौढ़ शिक्षा के निमित्त तैयार की गई छठी पंचवर्षीय योजना (1988-93) के अन्तर्गत स्वीकृत 200 करोड़ रुपए की राशि को बढ़ाकर नवगठित योजना आयोग द्वारा बनाई

जानेवाली नई योजना (1990-95) में उसे दुगुना करने का अनुरोध है। इस बढ़ोतरी करने की प्रार्थना के पीछे एक तो यह तर्क दिया गया है कि दो वर्ष की अवधि अर्थात् 1993 से 1995 का काल बढ़ जाएगा दूसरा यह भी कहा गया है कि पिछले तीस वर्षों में साक्षरता तो केवल 15.6 प्रतिशत बढ़ी है जबकि आज जनसंख्या में वृद्धि प्रति माह 10 लाख की दर से होती जा रही है। इस प्रकार यदि प्रौढ़ शिक्षा पर विशेष ध्यान न दिया गया तो सन् 2001 में देश के 55 करोड़ भारतीय अँगूठा-टेक हो जाएँगे।

2. प्रौढ़ शिक्षा के लिए वांछित धन की इस बढ़ोतरी की माँग को इसलिए भी तर्कसंगत माना जा सकता है कि देश में इस समय 120 विश्वविद्यालय हैं और इनसे सम्बद्ध 4500 कॉलेजों तथा 40 हजार सेकेंडरी स्कूलों में 35 लाख अध्यापक अरबों रुपए के वार्षिक व्यय से लगभग 10 करोड़ बच्चों, छात्र-छात्राओं को शिक्षा प्रदान कर रहे हैं। किन्तु किए गए सर्वेक्षणों के आधार पर आज भी 5 से 13 वर्ष तक की आयु के आधे बच्चे स्कूलों में नहीं जाते। जब बच्चों का यह हाल है तो प्रौढ़ों को शिक्षित करना तो और भी कठिन एवं व्यय सापेक्ष है।
3. समस्या के समुचित समाधान हेतु निम्नांकित सुझावों के साथ प्रौढ़-शिक्षा के लिए पूर्वनिश्चित राशि को दुगुना करने हेतु शिक्षा मंत्रालय की माँग के उचित होने की सिफारिश नव-निर्मित योजना आयोग को की जा सकती है :
   (क) प्रौढ़ महिलाओं के लिए अध्यापिकाओं द्वारा लगाई जानेवाली कक्षाओं में उन्हें कुछ घरेलू उद्योग धन्धों की जानकारी भी देने की व्यवस्था की जानी चाहिए। इससे पक्की उम्र में पढ़ना-लिखना उन्हें उबाऊ नहीं लगेगा।
   (ख) राष्ट्रपिता गांधी जी के विचारों को कार्यरूप में परिणित करने की बात दृष्टि में रखकर यदि विश्वविद्यालय के छात्रों के लिए कुछ दिन गाँवों में जाकर प्रौढ़ों को पढ़ाने के कार्य उनकी डिग्री का एक अंग बना दिया जाए तो इस कार्यक्रम में तीव्रता लाई जा सकती है।
4. यदि उपरिलिखित सुझाव एवं राज्यों से इस सन्दर्भ में विचार-विमर्श करने की सिफारिश स्वीकृत कर ली जाती है तो इस संचिका (फाइल) को नवगठित योजना-आयोग के पास भेजने से पूर्व राज्य सरकारों से परामर्श करने हेतु गृह मंत्रालय को भेजना आवश्यक होगा।

कृपया सचिव महोदय इसे देख लें।

अवलोकनार्थ

सचिव

(नाम)
हस्ताक्षर
क ख ग
उप सचिव

देख लिया। मैं उक्त मंतव्य से सहमत हूँ। संचिका को गृह मंत्रालय भेज दिया जाए।

(नाम)
सचिव

संक्षेपण

संक्षेपण शब्द संस्कृत भाषा के क्षिप धातु में सम् उपसर्ग और ल्युट् प्रत्यय से मिलकर बना है, जिसका अर्थ होता है छोटा करना या संक्षिप्त करके प्रस्तुत करना।

प्रशासनिक कार्यालयों में अपने से उच्च अधिकारियों के सामने कार्यालय की विभिन्न कार्यवाही को अधिकारियों के समयाभाव के कारण संक्षेप में प्रस्तुत करना होता है क्योंकि यदि अधिकारी वर्ग प्रत्येक मामले को विस्तार से समझने या पढ़ने लगेगा तो इसमें उसका बहुत समय नष्ट होगा एवं कार्यालय के अन्य कार्य पिछड़ जाएँगे। इसलिए यह आवश्यक होता है कि कर्मचारी वर्ग उन मामलों को छोटा करके उच्च अधिकारियों के पास भेजें।

इस कार्य में संक्षेपण की आवश्यकता होती है। संक्षेपण करनेवाला व्यक्ति कम समय में ही जटिल मामलों पर आवश्यक कार्यवाही शीघ्र करवा सकता है।

किसी सामग्री को मूल के लगभग एक-तिहाई मात्रा में, संक्षिप्त रूप में सहज भाषा और व्यवस्थित रूप में प्रस्तुत करना संक्षेपण कहलाता है।

इस प्रकार हम कह सकते हैं कि ऐसा लेख जिसमें किसी वक्तव्य, निबन्ध अनुच्छेद आदि में व्यक्त किए गए भावों को संक्षेप में प्रस्तुत किया जाता है, उसे संक्षेपण कहते हैं। यह संक्षिप्त रूप स्वत: पूर्ण, स्पष्ट, तारतम्ययुक्त और प्रभावी होना चाहिए।

संक्षेपण की विशेषताएँ

उपरोक्त परिभाषाओं के अनुसार संक्षेपण करते समय कुछ मूलभूत तत्त्वों का ध्यान रखना चाहिए। वही तत्त्व संक्षेपण की विशेषताएँ भी हैं।

(1) संक्षिप्तता संक्षेपण की सबसे महत्त्वपूर्ण विशेषताओं में से एक है। प्राय: मान्यता यह है कि संक्षेपण अपने मूल का एक-तिहाई होना चाहिए। किन्तु यह कोई सर्वथा अनिवार्य नियम नहीं है। अर्थात् कुछ शब्दों के कम या ज्यादा हो जाने का कोई विशेष प्रभाव नहीं पड़ता। फिर भी कलेवर का लघु होना अनिवार्य है।

(2) संक्षिप्तता का यह कतई अर्थ नहीं है कि मूल अनुच्छेद की कुछ महत्त्वपूर्ण बातें संक्षेपण करते समय छूट जाएँ अर्थात् संक्षेपण के बाद भी उसका वही अर्थ निकलना चाहिए जो संक्षेपण के पहले निकल रहा था।

(3) जब हम मूल विषय को संक्षिप्त करते हैं तो यह ध्यान रखना चाहिए कि उसकी उपयोगी यथार्थ और महत्त्वपूर्ण बातों में विश्वास न आए अर्थात् सुसम्बद्धता संक्षेपण का एक महत्त्वपूर्ण विशेषताओं में से एक है।

(4) मूल विषय की सभी बातों को संक्षेपण में प्रस्तुत करते समय सहज एवं स्पष्ट भाषाशैली का ध्यान रखना अति आवश्यक है। यह ध्यान रखना भी आवश्यक है कि मूल विषय संक्षेपण में आकर सहज व सरल हो जाए।

(5) संक्षेपण की भाषा में अन्य पुरुष का प्रयोग करना चाहिए एवं संक्षेपण की शैली सरल और सर्वग्राह्य होनी चाहिए ताकि उसका अपेक्षित प्रभाव पड़ सके।

संक्षेपण की विधि

संक्षेपण एक कला है। यह सामान्यत: मूल अनुच्छेद का एक-तिहाई रूप होता है। यदि हमें किसी विषय-सामग्री का संक्षेपण करना पड़े तो उसके लिए विभिन्न नियमों की जानकारी होनी चाहिए जो निम्नलिखित हैं—

(1) दिए गए विषय-सामग्री को तब तक पढ़ना चाहिए जब तक उसका मूल भाव, मूल प्रतिपाद्य भलीभाँति स्पष्ट न हो जाए।

(2) विषय-सामग्री में मिलनेवाले महत्त्वपूर्ण शब्दों को व तथ्यों को रेखांकित कर लेना चाहिए जिससे संक्षेपण करते समय उन तथ्यों व शब्दों को सरलता से ध्यान में रखा जा सके।

(3) बार-बार पढ़ने की प्रक्रिया में उस विषय-सामग्री का शीर्षक भी चुनना चाहिए कभी-कभी उपयुक्त शीर्षक की खोज करने में मूल भाव को समझने में भी सुविधा होती है और यदि मूल प्रतिपाद्य स्पष्ट हो जाता है

तो शीर्षक का चुनाव सहजता से हो सकता है। वाक्य या वाक्यांश को शीर्षक बनाने से बचना चाहिए।

(4) मूल विषय-सामग्री में से चुनी हुई रेखांकित सामग्री को अब एक अन्य जगह उतार लेना चाहिए। उनमें आपसी सामंजस्य बैठाना चाहिए। उसके तथ्यों के लिए सरल वाक्य बनाना चाहिए। प्राय: हम मूल सामग्री के उन चुने हुए वाक्य या वाक्यांशों को ज्यों का त्यों रख देते हैं और समझ लेते हैं कि संक्षेपण ठीक हो गया, यह बहुत बड़ा भ्रम है। जब हम कुछ-कुछ तथ्यों को किसी पैराग्राफ से चुनते हैं तो तथ्यों व वाक्यों का तारतम्य टूट जाता है इसलिए उनमें व्यवस्था बनाकर अपनी भाषा में उन्हें पुन: प्रस्तुत करना चाहिए।

(5) मूल विषय सामग्री में जो विचार संक्षिप्त रूप में अभिव्यक्त किए गए हों, उनकी व्याख्या नहीं करनी चाहिए।

(6) संक्षेपण में सभी तथ्यों को लेकर सहज, स्पष्ट व अन्य पुरुष की भाषा प्रयोग करते हुए अन्तिम रूप में लिखना चाहिए। भाषा, वाक्य संरचना आदि संक्षेपण करनेवाले की अपनी होनी चाहिए।

(7) संक्षेपण में मुहावरों, लोकोक्तियों, आलंकारिता भाषा और द्वयर्थक शब्दों के चुनाव से बचना चाहिए। इससे संक्षेपण के अस्पष्ट व कठिन होने का खतरा बना रहता है।

(8) संक्षेपण करने के बाद एक बार उसका पुनरीक्षण जरूर करना चाहिए अर्थात् विषय सामग्री की संक्षिप्तता के बाद उसका मूल्यांकन आवश्यक होता है। इससे यह पता लगता है कि विषय सामग्री के संक्षेपण के बाद भी वही भावार्थ निकल रहा है जो मूल विषय सामग्री का निकल रहा था या फिर संक्षेपण केवल कोरे वाक्यों का समूह बनकर रह गया है।

संक्षेपण के भेद

संक्षेपण प्राय: दो प्रकार का होता है

(1) धाराप्रवाह संक्षेपण

(2) सारिणी संक्षेपण

अभी तक हमने धाराप्रवाह संक्षेपण की बात की है। सारिणी संक्षेपण में प्राय: कार्यालयों में प्राप्त होनेवाले आवेदन पत्रों या अन्य अनेक प्रकार के पत्रों की विषय-वस्तु का संक्षेपण एक तथ्यात्मक सारिणी या तालिका बनाकर प्रस्तुत किया जाता है। जैसे तालिका के शीर्षक होंगे—क्रमांक/पत्र प्राप्ति की तिथि/पत्र का दिनांक/प्रेषक/प्राप्तकर्ता/सन्दर्भ, विषयवस्तु/आदि। इसी क्रम में 1, 2, 3...आदि सभी पत्रों का एक संक्षिप्त रूप हमारे सामने तैयार हो जाता है।

संक्षेपण का उदाहरण

मूल-अनुच्छेद

अन्तर्राष्ट्रीय बाजार में भारतीय उद्योग, विदेशी उद्योगों से टक्कर लेने की क्षमता कैसे पैदा करें? यह एक बहुत बड़ी चुनौती है। शुरू-शुरू में देश के अर्थ-तंत्र में मूल क्षेत्र के उद्योगों की स्थापना में सरकार ने मुख्य उद्यमी की महत्त्वपूर्ण भूमिका निबाही। राष्ट्रहित में आधारभूत उद्योगों की आवश्यकता को समझते हुए बहुत से उद्योगों को अनेक प्रकार से संरक्षण प्रदान किया और देश-विदेश के प्रतिद्वंद्वी उद्योगों द्वारा मुकाबले की चोट से बचाने की हरचंद कोशिश की गई। पिछले तीन दशकों में कुछ महत्त्वपूर्ण क्षेत्रों में कई उद्योगों ने काफी उन्नति की है। इलेक्ट्रॉनिक्स व बायोटेक्नोलॉजी आदि के क्षेत्र में नव्यतम उद्योंगों के आगमन पर नजर दौड़ाई जाए तो राष्ट्र की विकास यात्रा में प्रभावित हुए बिना नहीं रहा जाता।

संक्षेपण

भारतीय उद्योग को विश्व-बाजार में टिकने के लिए कड़ी चुनौती का सामना करना पड़ रहा है। आरम्भ में सरकार ने राष्ट्रहित में आधारभूत उद्योगों की कई प्रकार से सहायता की, उन्हें प्रोत्साहन दिया। परिणामस्वरूप अनेक उद्योग उन्नत भी हुए। विद्युत उत्पादन के क्षेत्र में भारतीय उद्योग की प्रगति विशेष सराहनीय है।

शीर्षक : भारतीय उद्योग की चुनौती

पल्लवन

पल्लवन एक प्रकार की सर्जनात्मक गद्य रचना है। इसमें किसी सूत्र, उक्ति, विषय विचार बिन्दु का कल्पना के सहारे, मौलिक, उक्ति-वैचित्र्यपूर्ण, उन्मुक्त, सारगर्भित विस्तार प्रवाहमयी सहज भाषा-शैली में किया जाता है।

पल्लवन और निबन्ध लेखन में अन्तर

पल्लवन और निबन्ध के पारस्परिक साम्य-वैषम्य के विषय में विवेचन करना आवश्यक है। प्राय: पल्लवन को निबन्ध ही मान लिया जाता है। ऐसा करना

बिलकुल गलत है। निबन्ध में भी यद्यपि किसी के विचार-बिन्दु का विस्तार कल्पना, प्रतिभा और मौलिकता के आधार पर किया जाता है तथापि उसका उद्‌देश्य निश्चित सीमा के अन्तर्गत किया जाता है। निबन्ध में यह सीमा प्राय: नहीं रहती। अर्थात् कलेवर की दृष्टि से दोनों भिन्न हैं, चाहे दोनों की रचना-प्रक्रिया समान है। दूसरी बात उद्‌देश्य की है। निबन्ध से अपेक्षा की जाती है कि किसी विषय की विभिन्न दिशा-संकेतों के माध्यम से विस्तृत और विश्लेषित जानकारी मिल सकेगी। किसी विचार-बिन्दु का सूत्रपात करके उसका विवेचन-विश्लेषण का पूर्ण विकास किया जाता।

इसके ठीक विपरीत, पल्लवन में यह विकास अत्यन्त त्वरित और सारगर्भित होता है। विषय के सभी पहलुओं का उद्‌घाटन और विवेचन पल्लवन में सम्भव नहीं होता। पल्लवन जब एक या डेढ़ पृष्ठ से अधिक होने लगता है तब समस्त विचार-बिन्दुओं में बिखराव आने की आशंका रहती है।

पल्लवन में यह अपेक्षा की जाती है कि लेखक अपेक्षित विषय पर अपने विचार विवेचन-विश्लेषण, उदाहरण-दृष्टान्त आदि सभी का उपयोग समास-शैली में करेगा। तीसरी बात विषय की है। किसी भी विषय या संकेत-बिन्दु पर निबन्ध तो लिखा जा सकता है किन्तु उन सभी का पल्लवन करना कभी-कभी कठिन हो जाता है।

पल्लवन के लिए विषय ऐसे होने चाहिए जिनमें बहुत विस्तार की गुंजाइश न हो।

शास्त्रीय सूत्र, वैज्ञानिक समीकरण या प्रौद्योगिकी सरणियों पर पल्लवन करना प्राय: कठिन होता है। इन्हें प्राय: किसी निबन्ध में ही समझाया जा सकता है। इस प्रकार स्पष्ट है कि प्राय: पल्लवन और निबन्ध में सतही तौर पर साम्य होते हुए भी अन्तर बहुत अधिक है।

पल्लवन की प्रमुख विशेषताएँ

(1) **गद्यात्मक रचना :** पल्लवन के लिए प्राय: निश्चित है कि इसमें भावानुभूति को गद्य रूप में प्रकट किया जाएगा। विचारों का तर्कपूर्ण विवेचन-विश्लेषण गद्य में ही किया जा सकता है। कविता में उसकी गुंजाइश नहीं है। पल्लवन में लेखक अपनी रुचि, मेधा और अवसर के अनुकूल किसी विषय का विस्तार प्रस्तुत करता है। यह गद्य-रचना पर्याप्त विस्तृत नहीं होती। एक सीमा में रहकर ही अपने विचारों को प्रस्तुत करना पड़ता है अन्यथा निबन्धात्मकता आने का खतरा रहता है।

(2) **सर्जनात्मकता :** किसी विषय पर प्रस्तुत किए गए लेखक के विचार उसकी वैयक्तिक सृजनशीलता का परिणाम होने चाहिए। अन्यथा उनमें बिखराव, कृत्रिमता और अस्पष्टता आ जाएगी। सृजनशीलता के लिए प्रतिमय और अभ्यास अनिवार्य है। जब हम एक ही विषय पर विभिन्न व्यक्तियों से एक साथ, एक ही समय में पल्लवन करवाते हैं तो सभी की प्रस्तुति भिन्न-भिन्न होगी।

केन्द्रोन्मुखता

पल्लवन करते समय हमें इस बात का ध्यन रखना चाहिए कि मूल विषय से बिना भटके मुख्य विषय पर ही अपना ध्यन केन्द्रित करना चाहिए अर्थात् लेखक को निर्दिष्ट विषय के केन्द्र में रहना चाहिए एवं सृजन शक्ति को मुख्य विषय पर केन्द्रित करना चाहिए।

मौलिकता

सृजनात्मकता की प्रथम अपेक्षा मौलिकता में है। मौलिकता में व्यक्ति का निजी अनुभव, दृष्टिकोण और विश्लेषण प्रकट होता है। मौलिकता, पल्लवन के सबसे महत्त्वपूर्ण विशेषताओं में से एक होती है। समसामयिकता की अपेक्षा के अनुसार नवीन भाव विचार के संकेत से पल्लवन में मौलिकता आती है।

कल्पनात्मकता

पल्लवन में कल्पनात्मकता का स्थान अत्यन्त महत्त्वपूर्ण है। कल्पनाशीलता के द्वारा नीरस विषय को भी सरस और व्यंजनापूर्ण बनाया जा सकता है, लेकिन जहाँ हम अति कल्पना का आश्रय लेने लगते हैं वहाँ कृति कृत्रिम, अविश्वसनीय और अयथार्थवादी होने लगती है। अत: पल्लवन में विषय का प्रतिपादन स्वाभाविकता की सीमा में रहकर ही किया जाना चाहिए, यह निबन्ध नहीं है अत: कल्पना की अपेक्षा भी सीमित हो जाती है।

प्रवाहमयता

पल्लवन एक सुगठित, समेकित इकाई है। इसमें जिन भाव-अनुभूतियों को प्रस्तुत किया जाता है, उनमें निरन्तर गति रहनी चाहिए। अर्थात् प्रवाहमयता भी पल्लवन की एक महत्त्वपूर्ण विशेषता है। प्रवाह को बनाए रखने के लिए भावों-विचारों को संगठित कर लेना चाहिए एवं विषयवस्तु के प्रत्येक अंग एक-दूसरे से इस प्रकार जुड़े होने चाहिए कि वे एक श्रृंखला का आभास प्रदान करे।

सहजता

सहजता पल्लवन की एक ऐसी विशेषता है जिसकी आवश्यकता वस्तु और शिल्प दोनों के लिए अनिवार्य है। साहित्य की किसी भी विधा के लिए सहजता उपयोगी गुण है। पल्लवन करते समय कल्पना व मौलिकता की रक्षा सहज रहकर ही की जा सकती है। बात संक्षेप में ही क्यों न कही जाए लेकिन बात सर्वजन सुलभ और सरल होनी चाहिए।

भाषा लालित्य

हमारे भाव और विचारों को अभिव्यक्त करने का माध्यम भाषा है। पल्लवन के द्वारा किसी विषय से सम्बद्ध विचार-बिन्दुओं को इस प्रकार व्यक्त किया जाता है कि सब लोग उसका आशय भलीभाँति सहज रूप में समझ सकें। इसके लिए आवश्यक है ललित और सरल भाषा का प्रयोग। संक्षेप में कहा जा सकता है कि विषय की अपेक्षा के अनुरूप सहज सरल शब्द-चयन, नवीन प्रतीक बिम्बयोजना और उपयुक्त उक्तिकौशल भाषागत सौन्दर्य के उपादेय अंग हैं। पल्लवन करते समय इन अंगों का पर्याप्त ध्यन रखना चाहिए।

पल्लवन की प्रविधि

पल्लवन की विशेषताओं का विवेचन करने के पश्चात् इसकी रचना प्रक्रिया और प्रविधि को समझना सरल हो जाता है। इस सन्दर्भ में महत्त्वपूर्ण प्रक्रियात्मक सोपान निम्नलिखित हैं।

विषय चयन

पल्लवन करते समय विषय का चुनाव सर्वप्रथम और सर्वप्रमुख अंग है। एकाधिक विषयों में से अपनी रुचि एवं भावप्रवणता के अनुकूल विषय चुनना चाहिए। विषय को वास्तव में बीज कहा जाता है। यदि विषय समसामयिक परिवेश से होगा तो उसे विभिन्न आयामों से समझाया जा सकता है। विषय ही पल्लवन की पहली सीढ़ी है।

चिन्तन-मनन

विषय के आधार पर हमारे मन में विभिन्न भाव-विचार उत्पन्न होते हैं। हमारी कल्पना उस विषय में अनुकूल सामग्री जुटाना आरम्भ कर देती है। हमारा अभ्यास, अध्ययन, ज्ञान, प्रतिभा आदि निर्दिष्ट विषय के सन्दर्भ में तर्क-वितर्क करने लगती

है। दूसरे शब्दों में कह सकते हैं कि चिन्तन-मनन के द्वारा तदनुकूल सामग्री का संकलन किया जाता है।

सामग्री चयन

संकलित सामग्री का त्याग व ग्रहण के माध्यम से चुनाव करना पड़ता है। क्या प्रासंगिक है व क्या अप्रासंगिक है, क्या विषय के अनुकूल रहेगा, क्या प्रतिकूल रहेगा। पाठक या श्रोता की रुचि और सामर्थ्य को भी यहाँ ध्यन में रखना चाहिए व पल्लवन के उद्देश्य को भी अपने मस्तिष्क में रखना चाहिए।

सुसंयोजन

इसके अन्तर्गत उपलब्ध सामग्री को सँजोया जाता है। विषय के अर्थ, स्वरूप, व्याख्या, उदाहरण, दृष्टान्त, लाभ-हानि, पक्ष-विपक्ष, उपादेयता-सार्थकता, सन्देश आदि सीढ़ियों द्वारा उसके प्रतिपादन का क्रम तैयार किया जाता है। जब हम पल्लवन में अपरिचित को परिचित बनाते हैं, अप्रस्तुत को प्रस्तुत करते हैं तो उसमें उत्तरोत्तर विकास अपेक्षित रहता है। प्राय: 15-20 पंक्तियों का एक अनुच्छेद पल्लवन के लिए पर्याप्त है, अत: समग्र संचित और कल्पित सामग्री को तदनुरूप संयोजित करना और अधिक जरूरी हो जाता है।

पुनरावलोकन

पुनरावलोकन का अर्थ है—एक बार पुन: देखना पल्लवन करने के पश्चात् उसे एक बार पुन: पढ़ लेना चाहिए। ऐसा करने से अनुच्छेद के सरल-सहज एवं उन्मुक्त प्रवाह का ज्ञान तो हो ही जाएगा, साथ ही साथ कोई महत्त्वपूर्ण बात उसमें छूट तो नहीं गई इसका पता भी लग जाएगा एवं वर्तनी, वाक्य-विन्यास, शब्द-विन्यास और विराम चिह्नों के प्रयोग के साथ-साथ निष्कर्ष अथवा उपसंहार निर्दिष्ट विषय के अनुरूप है या नहीं उसका पता भी चल जाएगा। पुनरावलोकन करने के बाद यदि कहीं किसी प्रकार की कमी रह गई हो तो उसे तुरन्त दूर कर संशोधित कर लेना चाहिए। यह सब कर लेने पर एक श्रेष्ठ पल्लवन तैयार हो सकता है।

उपर्युक्त विवेचनों के आधार पर यह कहा जा सकता है कि एक निश्चित सीमा में बँधकर किसी विषय का पल्लवन करने के लिए हमें निरन्तर अभ्यास करते रहना चाहिए। इससे हमारी सृजनशीलता परिपक्व होती है एवं हम किसी भी विषय पर अपेक्षाकृत सरलता से अपने विचार व्यक्त कर सकते हैं।

पल्लवन के उदाहरण और दिशा संकेत

अविस्मरणीय क्षण

जीवन का हर क्षण अनमोल है, हर क्षण का अपना विशेष महत्त्व है। परन्तु समय के तीव्र प्रवाह में सभी क्षण धूल कण से धुलकर बह जाते हैं।

उन्हें कैसे सँभाला-सँजोया जाए, कैसे यादों की पिटारी में सुरक्षित रखा जाए, यादें भी रेत-सी फिसल-फिसल हाथ से निकल जाती हैं। और फिर इतनी स्मरण शक्ति लाएँ कहाँ से जो किसी एक क्षण को कभी विस्मृत ही न होने दें। यहाँ तो साल-भर, दिन-रात, बार-बार जो रह-रहकर याद करते हैं वह परीक्षा भवन में प्रवेश करते ही, एक क्षण में हवा हो जाती है। सैकड़ों-हजारों घंटों की मेहनत पल-भर में शून्य होकर रह जाती है और आप चाहते हैं कि फिर भी हम किसी अविस्मरणीय नहीं हैं कि हम मस्तक पर हाथ मलकर सोच रहे हैं, मन की अँधेरी गुफाओं में यादों की टार्च घुमा-घुमाकर टटोल रहे हैं कि कोई ऐसा राज याद आ जाए जिसे हम भुला न पाए हों। पर आश्चर्य! जीवन के लाखों-करोड़ों क्षणों में से एक भी तो किसी सरकारी या गैर सरकारी बचत योजना के अन्तर्गत सुरक्षित नहीं रह पाया। काश! यदि हम जानते कि अविस्मरणीय क्षण भी परीक्षा में अंक दिला सकेंगे तो हम पुस्तकें रटने की बजाय क्षणों को ही सँभालकर मस्तिष्क की तिजोरी में बन्द कर देते और आज लेखनी की नोक से उस तिजोरी का ताला खोलकर अंकों से अपनी झोली भर लेते हैं। लो, तिजोरी और ताली से याद आ गया—एक बार पिताजी जल्दी में आयकर कार्यालय में जाते समय मुझसे कह गए—तिजोरी अच्छी तरह बन्द करके ताली सँभालकर रख देना। रात को लौटकर उन्होंने ताली माँगी।

मैंने बहुत खोजा—अपना बस्ता, पुस्तकें, अलमारी, बिस्तर, तकिया—सब कुछ छान मारा, पर ताली कहीं न मिली। पिता जी बहुत बिगड़े। माताजी को भी जितनी जली-कटी याद थी, उन्होंने खूब सुनाई। मेरी सारी पढ़ाई और योग्यता को कोसा! मैं सिवाय सिर झुकाकर जमीन पर दृष्टि गड़ाने के और क्या करता। रात भर भी कोई सो न सका। अगले दिन पिताजी उदास मन से दुकान पर गए और मुझे कहा कि जाकर तालियाँ बनानेवाले को बुला लाओ। मैं जब तालीवाले को लेकर काँपते-काँपते दुकान पर पहुँचा तो पिताजी बाहर ही भौंहें ताने हुए मिले।

बोले—नालायक कहीं के! ताली तिजोरी में ही लगी भूल गए और हमें रात-भर परेशान किया। अब मैं क्या जवाब देता? मेरी भूल का वह क्षण सदा के लिए अविस्मरणीय बन गया।

प्रतिवेदन

सरकारी अथवा गैर-सरकारी, किसी एकल अथवा बहुसंख्यक आयोग-न्याय पीठासीन या सेवानिवृत्त एक अथवा एकाधिक न्यायाधीशों पर गठित समिति अथवा व्यक्ति-विशेष द्वारा किसी प्रकरण-विशेष से सम्बन्धित साक्षी एवं प्रमाण-पुष्ट अभिलेखबद्ध इतिवृत्त को प्रतिवेदन कहते हैं।

इसी परिभाषा को सरल शब्दों में इस प्रकार भी प्रस्तुत किया जा सकता है—

सरकारी या गैर-सरकारी स्तर पर एक या अधिक पीठासीन या सेवानिवृत्त न्यायाधीशों अथवा अन्य विशिष्ट / सक्षम व्यक्तियों पर गठित समिति या आयोग विशेष द्वारा किसी विशेष मामले (प्रकरण) की छानबीन/जाँच पर आधारित विवरण, सुझाव आदि के अभिलेख को प्रतिवेदन कहते हैं।

इस आधार पर कहा जा सकता है कि—

- प्रतिवेदन किसी मामले की जाँच पर आधारित विवरण है।
- प्रतिवेदन में जाँच के निष्कर्ष, सुझाव आदि सम्मिलित होते हैं।
- प्रतिवेदन किसी एक व्यक्ति या व्यक्तियों द्वारा उस अधिकारी, संस्था आदि को पेश किया जाता है जिसने उन्हें यह कार्य सौंपा हो।
- प्रतिवेदन प्रस्तुत करते (जाँच या छानबीन करने) वाले व्यक्ति/व्यक्तियों का सम्बद्ध विषय का विशेषज्ञ अथवा उसकी छानबीन में सक्षम होना आवश्यक है।
- जाँच या छानबीन करनेवाला व्यक्ति पीठासीन (वर्तमान) या सेवानिवृत्त (भूतपूर्व) न्यायाधीश व्यक्ति अथवा सम्बद्ध विशेष के प्रशासनिक और कानूनी पहलुओं का जानकार कोई अन्य अधिकारी या विशेषज्ञ हो सकता है।

प्रतिवेदन के प्रमुख अंग या तत्त्व

उपर्युक्त विवेचन के आधार पर प्रतिवेदन के कतिपय प्रमुख अंगों या तत्त्वों का निर्देश किया जा सकता है जो इस प्रकार हैं—

(1) **प्रकरण-विशेष—** प्रतिवेदन का सबसे पहला प्रमुख तत्त्व है—कोई विशेष मामला या प्रकरण वह प्रकरण घटना, दुर्घटना, आरोप, शिकायत, आचरण, दंगा, विवाद, नीति या कुछ और भी हो सकता है, जिसके अध्ययन या जाँच की आवश्यकता महसूस की गई हो।

(2) **मनोनीत या गठित जाँचकर्ता या अध्ययनकर्ता—** प्रतिवेदन का दूसरा प्रमुख तत्त्व है—जाँचकर्ता या अध्ययनकर्ता का किसी सरकारी

संस्था द्वारा गठित अथवा मनोनीत होना। उदाहरण आसाम में विदेशी नागरिकों की समस्या का अध्ययन करने के लिए कुछ राजनीतिक दलों और धार्मिक-सामाजिक संस्थाओं ने भी समितियाँ गठित कीं और सरकार द्वारा भी व्यक्ति विशेष को नियुक्त किया गया।

दोनों स्थितियों में अध्ययनकर्ता एक या अनेक व्यक्तियों की समिति ने अपना-अपना प्रतिवेदन प्रस्तुत किया।

(3) **निश्चित अवधि—** प्राय: हर प्रतिवेदन को प्रस्तुत करने के लिए समय की कुछ-न-कुछ सीमा निर्धारित रहती है। यह बात अध्ययन-प्रकरण अर्थात् जाँच के मामले के स्वरूप पर निर्भर करती है कि समय कितना रखा गया, वह समय एक दिन से लेकर एक वर्ष या इससे भी अधिक हो सकता है।

(4) **प्रामाणिक साक्षी—** प्रतिवेदन की प्रामाणिकता उसमें उल्लिखित साक्षियों पर ही आधारित होती है। अध्ययन का प्रकार चाहे किसी साधारण से कार्यालय के किसी चतुर्थ श्रेणी का आचरण हो या चाहे प्रधानमंत्री पर लगाया गया कोई आरोप—उसके पक्ष-विपक्ष में प्राप्त प्रमाण तब तक प्रतिवेदन में स्थान नहीं पा सकते जब तक उनका कोई प्रामाणिक पुष्ट आधार न हो।

प्रतिवेदन के गुण अथवा विशेषताएँ

प्रतिवेदन के महत्त्व को देखते हुए—

तथ्यात्मकता— प्रतिवेदन की सर्वप्रथम विशेषता है—तथ्यात्मकता विभिन्न सूत्रों से प्राप्त तथ्य से ही प्रतिवेदन का कलेवर तैयार करते हैं। वास्तव में सामान्य सूचना समाचार या वृत्तान्त-विवरण से प्रतिवेदन की भिन्नता और विशिष्टता उसकी तथ्यात्मकता के कारण ही सम्भव है।

संक्षिप्तता या सुगठितता— कोई प्रतिवेदन अपने विषय के अनुरूप आधे पृष्ठ से लेकर हजारों पृष्ठों तक का हो सकता है। कार्यालय में केवल कुछ पंक्तियों के प्रतिवेदन भी प्रस्तुत होते रहते हैं। यहाँ संक्षिप्तता या सुगठितता से अभिप्राय अनति विस्तार है अर्थात् उसमें अनावश्यक विस्तार नहीं होना चाहिए।

सुस्पष्टता— प्रतिवेदन का अन्तिम और सर्वसमन्वित गुण है—सुस्पष्टता। प्रतिवेदन में कोई भी बात ऐसी नहीं होनी चाहिए जिसके लिए पुन: स्पष्टीकरण की आवश्यकता पड़े।

अस्पष्ट स्थिति सूचना या वृत्तान्त को एक वैध एवं स्पष्ट रूप देने के लिए ही तो विधिवत्-अध्ययन जाँच आदि द्वारा प्रतिवेदन रूप में प्रस्तुत करने की आवश्यकता

पड़ती है, यदि अनेक आदमियों के श्रम, विपुल समय एवं धन-व्यय से तैयार किए गए प्रतिवेदन में किसी भी दृष्टि से कुछ भी अस्पष्टता रह जाएगी तो इसका उद्देश्य ही समाप्त हो जाएगा।

प्रतिवेदन की प्रविधि एवं प्रस्तुति-प्रक्रिया

प्रतिवेदन की प्रस्तुति का एक विशेष पृष्ठधारा होता है। यह औपचारिक नित्य-क्रिया-कलाप का अंग न होकर एक विशिष्ट कार्य है—अपने स्वरूप में भी महत्त्व में भी और अपनी उपयोगिता तथा महत्ता में भी। तदानुसार इसकी प्रविधि एवं प्रक्रिया भी विशिष्टता की अपेक्षा रखती है जिसकी रूपरेखा आगे दी जा रही है।

प्रतिवेद्य प्रकरण का औचित्य एवं उसकी अनुरूपता

किसी प्रतिवेदन को प्रस्तुत करने की स्थिति तभी आएगी जब उसके लिए कोई उचित कारण, प्रकरण अथवा प्रसंग होगा।

उस प्रकरण या प्रसंग से सम्बन्धित अध्ययन या जाँच का क्या उपयोग होगा? इन सब बातों का औचित्य देखकर ही किसी व्यक्ति, आयोग मंडल, समिति या दल को प्रतिवेदन प्रस्तुत करने के लिए कहा जाएगा। अत: प्रतिवेदन प्रक्रिया में प्रथम सोपान है उसके अनुरूप किसी कारण, आधार या स्थिति का होना।

तथ्य संकलन— प्रतिवेदन की प्रस्तुति से पूर्व सबसे महत्त्वपूर्ण प्रक्रिया तथ्य संकलन ही है। यह कार्य सार्वजनिक सुनवाई द्वारा भी हो सकता है अथवा व्यक्तिगत रूप से सम्बद्ध व्यक्तियों से मिलकर, सम्बद्ध स्थान पर जाकर वस्तुस्थिति का अवलोकन अध्ययन करके पत्राचार द्वारा पूछताछ करके या गोपनीय रूप से विभिन्न प्रयासों द्वारा भी हो सकता है। प्रतिवेदन-प्रस्तुतकर्ता द्वारा सभी उपलब्ध एवं प्रयत्नपूर्वक प्राप्त तथ्यों को अभिलेखबद्ध करते जाना आवश्यक है।

अभिलेखन और आलेखन— उपर्युक्त प्रक्रिया की पूर्ति के उपरान्त प्रतिवेदन की शेष प्रविधि या प्रक्रिया की पूर्ति का दायित्व केवल अध्ययनकर्ता या जाँचकर्ता व्यक्ति या व्यक्तियों पर रह जाता है। प्राप्त तथ्यों/साक्षियों को साथ-साथ अभिलेखबद्ध कर लिया जाता है तदुपरान्त समस्त प्राप्त उपलब्ध सामग्री के आधार पर विवरणिवत तैयार करना नियुक्त व्यक्तियों का कार्य है। इसके लिए जैसा कि पीछे कहा जा चुका है प्रतिवेदन प्रस्तुतकर्ता के लिए नीर-क्षीर विवेक, निर्णयात्मकता, सुस्पष्टता, संक्षिप्तता, एकसूत्रता आदि तत्त्वों का निर्वाह उपर्युक्त है। उल्लेखनीय है कि प्रतिवेदन में किसी को सम्बोधन, अभिवादन आदि नहीं

होता, न ही स्वनिर्देश जैसी कोई प्रक्रिया अपनाई जाती है। तटस्थ रूप में ही इसका लेखन होता है।

इस प्रकार प्रतिवेदन-प्रस्तुति की प्रक्रिया विभिन्न चरणों में से होती हुई पूर्णता को प्राप्त होती है।

प्रतिवेदन के रूप या प्रकार

अपनी मूल प्रकृति और प्रक्रिया के आधार पर प्रतिवेदन मुख्य रूप से दो प्रकार के हो सकते हैं—

(1) किसी एक व्यक्ति द्वारा प्रस्तुत किया जानेवाला प्रतिवेदन
(2) किसी मामले के लिए गठित समिति, उपसमिति, आयोग, अध्ययन दल, जाँच दल आदि द्वारा प्रस्तुत प्रतिवेदन।

प्रथम प्रकार के प्रतिवेदन में क्योंकि अकेला व्यक्ति ही उत्तरदायी होता है, अत: वह प्रतिवेदन में मैं शैली का प्रयोग करेगा—मैं समझता हूँ, मुझे ऐसा प्रतीत होता है, मेरा विचार है, मैं सुझाव देना चाहूँगा आदि। दूसरे प्रकार के प्रतिवेदन को प्राय: सम्बद्ध समिति, उपसमिति, आयोग या अध्ययन दल का संयोजक, सचिव या अध्यक्ष (जैसी भी स्थिति हो) प्रस्तुत करता है। इससे प्राय: अन्य पुरुष वाचक शैली एवं भाववाच्य का प्रयोग होता है—अमुक द्वारा प्राप्त सभी के आधार पर कहा जा सकता है, ऐसा मानने का कोई कारण नहीं, ऐसा मानने के अनेक कारण मौजूद हैं, इत्यादि।

विषयवस्तु प्रशासकीय कार्य-प्रणाली और विविध औपचारिक परम्पराओं के आधार पर प्रतिवेदन कई प्रकार के हो सकते हैं, जैसे—

(1) किसी विभाग, मंत्रालय या स्थायी समिति (राजभाषा सम्बन्धी संसदीय समिति) या आयोग विज्ञानिक एवं तकनीकी शब्दावली आयोग आदि द्वारा प्रस्तुत नियमित (वार्षिक / अर्द्धवार्षिक) आदि प्रतिवेदन।
(2) विशेष मामले से गठित अध्ययन दल, जाँच समिति आयोग आदि द्वारा प्रस्तुत विशेष प्रतिवेदन (जो एक बार ही प्रस्तुत होगा)
(3) विभिन्न अधिवेशनों/सम्मेलनों/शिखर वार्ताओं आदि के समापन पर प्रस्तुत विशेष प्रतिवेदन (जो एक बार ही प्रस्तुत होगा)
(4) विभिन्न अधिवेशनों/सम्मेलनों/शिखर वार्ताओं आदि के समापन पर प्रस्तुत किए जानेवाले समसमायिक प्रतिवेदन।

उल्लेखनीय है कि हर प्रकार और कोटि के प्रतिवेदन की प्रक्रिया एवं प्रविधि में आवश्यकता और वस्तुस्थिति के अनुसार थोड़ा-बहुत अन्तर हो सकता है।

उदाहरण

लेखा अनुभाग दिल्ली नगर निगम के लेखा-अधिकारी पर भ्रष्टाचार के आरोप की जाँच पर आधारित

प्रतिवेदन

दिनांक 9.5.96 को अधीक्षक लेखा-अनुभाग द्वारा भी लेखा अधिकारी के विरुद्ध कथित भ्रष्टाचार के आरोप की जाँच के लिए नियुक्त त्रि-सदस्यीय समिति मामले की पूरी छानबीन के पश्चात् इस निष्कर्ष पर पहुँची है कि श्री लेखा अधिकारी सर्वदा निर्दोष है। उन पर लगाए गए भ्रष्टाचार के तीनों आरोप (मूल आरोप पत्र की प्रतिलिपि संलग्न है) मिथ्या एवं मनगढ़ंत है। प्रत्येक के सम्बन्ध में समिति का अलग-अलग अभिमत इस प्रकार है—

(1) पहला आरोप यह था कि लेखा-अधिकारी ने गांधी मार्ग की मरम्मत के लिए ठेकेदारों से रिश्वत लेकर उसकी उच्च मूल्य की निविदा पास कर दी।

 (क) इस सम्बन्ध में लेखा-अनुभाग की डाक-दैनिकी में केवल सारा निविदाओं की प्राप्ति का उल्लेख है। जिस सम्भरणकर्ता की निविदा स्वीकार की गई है उसके द्वारा निर्दिष्ट भाव सबसे कम हैं।

 (ख) निविदा पास करनेवाली समिति में लेखा-अधिकारी के साथ उपलेखा अधिकारी और अपर लिपिक लेखा विभाग भी सम्मिलित थे, उनके हस्ताक्षर निविदा विवरणिका में मौजूद हैं।

 (ग) एतद्विषयक आरोप की पुष्टि हेतु कोई प्रामाणिक साक्ष्य उपलब्ध नहीं हैं।

(2) दूसरा आरोप चतुर्थ श्रेणी कर्मचारी के पद पर ऐसे व्यक्ति की कथित नियुक्ति के सम्बन्ध में जिसके विषय में दो मुद्दों का उल्लेख किया गया—

 (1) नियुक्त व्यक्ति की अर्हता अन्य आवेदकों से कम है।

 (2) उसे साक्षात्कार के बिना ही नियुक्त कर लिया गया। (विस्तृत आरोप पत्र संलग्न है)

  (क) इस सम्बन्ध से उल्लेखनीय है कि कथित व्यक्ति में नियुक्ति पूर्णत: स्थायी व्यवस्था होने तक अल्पकालिक अथवा

(अन्तरिम) आधार पर की गई है जिसके लिए लेखा अधिकारी के पद का व्यक्ति बिना साक्षात्कार नियुक्ति के लिए सक्षम है।

(ख) नियुक्त व्यक्ति की अर्हता उक्त पद के लिए वांछनीय न्यूनतम योग्यता (हायर सेकेंडरी, द्वितीय श्रेणी) से कम नहीं है।

(ग) अन्य आवेदकों के आवेदन-पत्रों का कोई व्यवस्थित विवरण प्राप्त नहीं, जिससे उक्त शिकायत के औचित्य का परीक्षण हो सके।

(3) कथित अधिकारी पर तीसरा आरोप यह है कि पिछले वर्ष उसने नगर की एक सम्भ्रान्त बस्ती में बहुत बड़ा मकान बनवाया है जिसके लिए अनुचित तरीकों से धन-संग्रह किया गया है (मूल आरोप पत्र की प्रतिलिपि संलग्न है)।

(क) यह विषय उक्त समिति की अधिकार सीमा से बाहर है।

(ख) इसके लिए आयकर विभाग ही जाँच करने को सक्षम है।

(ग) इस आरोप का सम्बन्ध नगर निगम के लेखा अनुभाग के लिए निर्धारित लेखा अधिकारी के संवैधानिक कर्तव्यों, दायित्वों से नहीं है। अर्थात् अधिकारी की आय के या मकान पर की गई धनराशि के कई अन्य निजी स्रोत हो सकते हैं जिनकी चर्चा से समिति को कोई सरोकार नहीं है।

निष्कर्ष—उक्त अधिकारी पर लगाए गए आरोप निराधार हैं।

अभिमत—आरोपकर्ताओं को चेतावनी देनी आवश्यक है जिससे वैयक्तिक चरित्र-हनन की प्रवृत्ति को प्रोत्साहन न मिले।

(1) हस्ताक्षर	हस्ताक्षर
....	....
सहसदस्य	संयोजक
(2) हस्ताक्षर	दिनांक 31.12.96
....	
सहसदस्य	

संलग्न

1. आरोपपत्र की प्रतिलिपियाँ 1, 2, 3
2. निविदा-विवरणिका की प्रतिलिपि
3. अन्तरिम आधार पर नियुक्त चतुर्थ श्रेणी कर्मचारी के शपथ पत्र की प्रतिलिपि एवं उसके प्रमाणपत्रों की प्रतिलिपियाँ

स्ववृत्त लेखन

स्ववृत्त का तात्पर्य है अपना वृत्त लिखना या अपना वृतान्त कहना। वृतान्त का एक अन्य अर्थ अपनी आपबीती भी होता है, किन्तु स्वयं अपने बारे में संक्षिप्त रूप से आवश्यक सूचना प्रदान करना ही स्ववृत्त लेखन कहलाता है।

अंग्रेजी में इसे Bio-data, Resume या curriculum-vitae कहते हैं। स्ववृत्त किसी आजीविका प्राप्ति के सन्दर्भ में लिखा जाता है। इस पत्र में व्यक्ति, पद से सम्बन्धित अपनी योग्यताओं, कार्यानुभव व उपलब्धियों को प्रस्तुत करता है। स्ववृत्त व्यक्ति की विशेषता का परिचायक होता है। आजकल जीविकोपार्जन के अतिरिक्त भी कुछ उद्देश्यों के लिए स्ववृत्त लेखन किया जाता है। जैसे विवाह हेतु एवं अन्य विशिष्ट कार्य करने के लिए योग्यता एवं अनुभव सम्बन्धी स्ववृत्त लेखन आदि।

स्ववृत्त लेखन से व्यक्ति का व्यक्तित्व झलकता है। इससे नियोजनकर्ता संस्था को सही व्यक्ति को चुनने में सहायता मिलती है। आवेदन पत्र में व्यक्ति के व्यक्तित्व एवं अभिव्यक्ति की शैली की भी परीक्षा हो जाती है। अत: सही एवं व्यवस्थित स्ववृत्त लेखन से नियोजनकर्ता को व्यक्ति को चुनने में सुविधा हो जाती है।

स्ववृत्त लेखन की विशेषताएँ

स्ववृत्त लेखन की कुछ विशेषताएँ निम्नलिखित हैं—

(1) स्ववृत्त लेखन को बहुत अच्छा बनाना चाहिए। इसमें व्यवस्थित रूप से सूचनाओं का संकलन होना चाहिए एवं यह त्रुटिरहित तथा इसकी सूचनाएँ नियोक्ता के आवश्यकतानुसार होनी चाहिए।

(2) स्ववृत्त में आलंकारिक भाषा की गुंजाइश नहीं है। इसीलिए इसकी शैली सरल, सीधी, सटीक और साफ होनी चाहिए ताकि पढ़नेवाले को सारी बातें एक ही नजर में स्पष्ट हो जाएँ और अर्थ निकालने के लिए दिमाग पर जोर न डालना पड़े।

(3) स्ववृत्त सूचनाओं का एक अनुशासित प्रवाह है। अर्थात् इसमें प्रवाह और अनुशासन दोनों होने चाहिए।

(4) स्ववृत्त व्यक्ति परिचय से प्रारम्भ होता है और शैक्षणिक योग्यता, अनुभव, प्रशिक्षण, उपलब्धियाँ, कार्येतर गतिविधियाँ इत्यादि पड़ावों को पार करता हुआ अपनी पूर्णता प्राप्त करता है।

स्ववृत्त लेखन का उदाहरण

स्ववृत्त

नाम :— हाल ही में

पिता का नाम :— खींची गई फोटो

माता का नाम :—

जन्मतिथि :—

वर्तमान पता :—

स्थायी पता :—

टेलीफोन नं. :—

मोबाइल नं. :—

ई-मेल :—

भाषाओं का ज्ञान :—

शैक्षणिक योग्यताएँ :—

1. —
2. —
3. —
4. —

अन्य सम्बन्धित योग्यताएँ—

1.
2.

उपलब्धियाँ—

1.
2.
3.

कार्येतर गतिविधियाँ और अभिरुचियाँ—

1.
2.
3.
4.

सम्मानित व्यक्तियों का विवरण जो मेरे व्यक्तित्व व उपलब्धियों से परिचित हैं।

1.
2.

उद्घोषणा

मैं यह लिखित घोषणा करता हूँ मेरे द्वारा प्रदत्त उपरोक्त सभी सूचनाएँ मेरे ज्ञान और विश्वास के आधार पर सत्य व पूर्ण हैं।

स्थान :
दिनांक : हस्ताक्षर

अध्याय-5

हिन्दी भाषा और कम्प्यूटर का विकासक्रम

कम्प्यूटर; इतिहास एवं विकास, प्रकार, उपयोग व सीमाएँ

कम्प्यूटर एक इलेक्ट्रॉनिक मशीन है जो डेटा तथा निर्देशों को इनपुट के रूप में ग्रहण करता है, उनका विश्लेषण करता है और आवश्यक परिणामों को निश्चित प्रारूप में आउटपुट के रूप में निर्गत करता है। यह डेटा के भंडारण तथा तीव्र गति और त्रुटि रहित ढंग से उसके विश्लेषण का कार्य करता है। ऑक्सफोर्ड डिक्शनरी के अनुसार, "कम्प्यूटर एक स्वचालित इलेक्ट्रॉनिक मशीन है, जो अनेक प्रकार की तर्कपूर्ण गणनाओं के लिए प्रयोग किया जाता है।"

वर्तमान में शायद ही कोई ऐसा क्षेत्र होगा, जिसमें कम्प्यूटर का प्रयोग नहीं किया जा रहा है। शिक्षा, यातायात, पुलिस, प्रशासन, मौसम विज्ञान, संगीत, चित्रकला, ज्योतिष, इंजीनियरिंग डिजाइन आदि अनेक क्षेत्रों में कम्प्यूटर का प्रयोग हो रहा है। कम्प्यूटर की सहायता से विभिन्न काम जैसे नौकरी की तलाश, किसी उत्पाद के बारे में जानकारी हासिल करना, खरीदारी या फिर कहीं घूमने की योजना तैयार करना आसानी से किए जा सकते हैं। इसलिए वर्तमान युग को कम्प्यूटर का युग कहा जा सकता है।

हम आज कम्प्यूटर का इस्तेमाल संचार के साधन के रूप में भी करते हैं। यह संचार, मात्र लिखित रूप तक ही सीमित नहीं है बल्कि आधुनिक तकनीक की बदौलत कम्प्यूटर के द्वारा, ध्वनियाँ, वीडियो और ग्राफिक्स भी भेजे जा सकते हैं। घर में निजी कम्प्यूटर की सहायता से आप अपनी चेक बुक का लेखा-जोखा, बिलों का भुगतान, आय और खर्चों का हिसाब, पैसों का स्थानान्तरण, स्टॉक की खरीदारी आदि काम आसानी से कर सकते हैं। अत: कम्प्यूटर ने मानव जीवन के सभी क्षेत्रों में अपनी भूमिका इतनी मजबूत कर ली है कि कम्प्यूटर के बिना सभी काम अब असम्भव से प्रतीत होने लगे हैं। क्योंकि आज कम्प्यूटर का उपयोग घरों से लेकर कार्यालयों, विद्यालयों से लेकर बड़ी-बड़ी वैज्ञानिक प्रयोगशालाओं तक में में हो रहा है।

लेकिन कम्प्यूटर अपने आरम्भिक दौर में इतना बहुआयामी नहीं था। वर्तमान में कम्प्यूटर द्वारा जितने कार्य बहुत सरलता और कम समय में किए जा सकते हैं कम्प्यूटर का विकासक्रम उतना ही लम्बा और जटिल रहा है—

कम्प्यूटर का आविष्कार आज से दो हजार वर्ष पूर्व हुआ था। तब कम्प्यूटर की शुरुआत अबेकस के रूप में हुई थी। अबेकस एक आयताकार लकड़ी का फ्रेम है; जो छड़ से बना होता है, जिसमें एक विभाजन पट्टी होती है। धातु के तारों के मध्य एक पट्टी होती है और प्रत्येक तार में मोती होते हैं। इसका उपयोग गणितीय क्रियाओं (जोड़, घटाव, विभाजन, गुणन, भिन्न और वर्गमूल) को आसानी से करने के लिए किया जाता था।

पहले डिजिटल कम्प्यूटर का आविष्कार ब्लेज पास्कल द्वारा 1642 ई. में किया गया। इसमें नम्बर लगा होता था जिसे डायल करना पड़ता था। लेकिन यह केवल जोड़ने का ही कार्य कर सकता था। तथापि 1671 ई. में एक कम्प्यूटर का आविष्कार किया गया जो अन्ततः 1694 में जाकर तैयार हुआ। इस आविष्कार का श्रेय गॉटफ्राइड वीलहेम वॉन लीबनिज (Gottfried Wilhelm von Leibniz) को जाता है। लीबनिज ने योज्य अंक की शुरुआत के लिए स्टेप्ड गीयर यंत्रावली का आविष्कार किया जिसका आज भी उपयोग होता है।

कम्प्यूटर का विकासक्रम नीचे वर्षवार दिया जा रहा है :

- 3000 ईसा पूर्व बेबीलोन में अबेकेस का आविष्कार किया गया।
- 1800 ईसा पूर्व में एक बेबीलोनवासी ने संख्या समस्या के लिए एलॉगरिथम का आविष्कार किया।
- 500 ईसा पूर्व में एक मिस्रवासी ने मोतियों एवं तार का अबेकस बनाया।
- 200 ईसा पूर्व में जापान में कम्प्यूटिंग ट्रे का उपयोग आरम्भ हुआ।
- 1000 ईसा पूर्व में ऑरिलीक के गरबर्ट या पोप द्वारा अबेकस को नया रूप दिया गया।
- 1617 ई. में स्कॉटलैंड के आविष्कारक जॉन नेपियर ने घटाव के द्वारा भाग करने और जोड़ के द्वारा गुणा करने की प्रणाली के बारे में बताया।
- 1622 ई. में विलियम आउट्रेड द्वारा स्लाइड रूल का विकास किया गया।
- 1624 ई. में हीडबर्ग विश्वविद्यालय के विल्हेम सिकार्ड द्वारा प्रथम चतुष्कार्यीय कैलकुलेटर-घड़ी का आविष्कार किया गया।
- 1642 ई. में पेरिस के ब्लेज पास्कल द्वारा प्रथम अंकीय गणना मशीन बनाई गई।
- 1780 ई. में बेंजामिन फ्रैंकलिन द्वारा बिजली की खोज की गई।
- 1876 ई. में अलेक्जेंडर ग्राहम बेल ने टेलीफोन का आविष्कार किया।

- 1886 ई. में विलियम बरौग द्वारा व्यावसायिक यांत्रिकीय गणना मशीन विकसित किया गया जो सफल रहा।
- 1889 में हॉलेरीथ टेबुलेटिंग मशीन ने पेटेंट जारी किया।
- 1896 ई. में हॉलरीथ ने टेबुलेटिंग मशीन कम्पनी (जो स्वयं उनके द्वारा स्थापित था) के माध्यम से छँटाई (sorting) मशीन का निर्माण किया।
- 1911 ई. में टेबुलेटिंग कम्पनी के विलय के बाद कम्प्यूटर टेबुलेटिंग रिकॉर्डिंग कम्पनी का उदय हुआ। इसकी स्थापना कम्प्यूटिंग स्केल कम्पनी और इंटरनेशनल टाइम रिकार्डिंग कम्पनी के विलय से हुई।
- 1925 ई. में MIT में वन्नेवर बुश द्वारा अवकलक विश्लेषक (Differential Analyzer) लार्ज स्केल एनालॉग कैलकुलेटर बनाया गया।
- 1927 ई. में लंदन व न्यूयार्क के बीच प्रथम सार्वजनिक रेडियो टेलीफोन का प्रयोग शुरू हुआ।
- 1931 ई. में जर्मनी के कोनार्ड ज्यूस ने जेड-1 या प्रथम कैलकुलेटर बनाया।
- 1936 में अंग्रेज एलेन एम. टर्निंग ने एक मशीन बनाई जो गणना योग्य किसी फलन/कार्य के संगणन में सक्षम थी।
- 1937 ई. में बेल टेलीफोन प्रयोगशाला में जार्ज स्टिब्ज ने प्रथम द्विघाती कैलकुलेटर बनाया।
- 1938 ई. में ह्वेलेट पैकर्ड कम्पनी ने विद्युत उपकरण बनाया।
- 1940 ई. में टेलीविजन से रंगीन प्रसारण का शुभारम्भ हुआ।
- 1940 में बेल प्रयोगशाला द्वारा प्रथम टर्मिनल का निर्माण कर सुदूर प्रसंस्करण प्रयोग शुरू किया गया।
- 1944 ई. में इंग्लैंड में कोलोसस मार्क-2 का निर्माण हुआ।
- 1947 ई. में एसोसिएसन फॉर कम्प्यूटिंग मशीनरी का गठन हुआ।
- 1948 ई. में आई.बी.एम. द्वारा 604 इलेक्ट्रॉनिक कैलकुलेटर जारी किया गया।
- 1951 ई. में प्रथम संयुक्त कम्प्यूटर सम्मेलन का आयोजन हुआ।
- 1953 ई. में यूनीवेक के लिए, रेमिंगटन रैंड द्वारा प्रथम उच्च गति वाला प्रिंटर विकसित किया गया।
- 1958 ई. में जापान एन.ई.सी. में प्रथम इलेक्ट्रॉनिक कम्प्यूटर एन.ई.सी-1101 व 1102 विकसित किया गया।
- 1960 ई. में पहला हटाने जाने योग्य डिस्क लाया गया।
- 1958 ई. में डिजिटल इक्वीपमेंट कम्पनी से प्रथम मिनी कम्प्यूटर पी.डी. पी-8 आया।

- 1969 ई. में डिजिटल इक्वीपमेंट कम्पनी द्वारा 16 बाइट का मिनी कम्प्यूटर PDP-11/20 तैयार किया गया।
- 1972 में इंटेल द्वारा 8 बाइट का माइक्रो प्रॉसेसर लाया गया।
- 1976 ई. में पर्किन एल्मर व गाउल्ड एस.ई.एल. ने सुपर मिनी कम्प्यूटर बाजार में उतारा।
- 1977 ई. में एप्पल कम्प्यूटर की स्थापना पर एप्पल-2 पर्सनल कम्प्यूटर लाया गया।
- 1980 ई. में संयुक्त राज्य अमेरिका में कम्प्यूटर की कुल संख्या 10 लाख के ऊपर पहुँची।
- 1983 ई. में संयुक्त राज्य में कम्प्यूटर की कुल संख्या 1 करोड़ के पार पहुँची।
- 1983 ई. में संयुक्त राज्य में कम्प्यूटर की कुल संख्या 3 करोड़ की संख्या को पार किया।
- 1992 ई. में माइक्रोसॉफ्ट द्वारा कार्य समूह के लिए विंडोज ऑपरेटिंग सिस्टम का शुभारम्भ किया गया।

कम्प्यूटर के जनक

चार्ल्स बैबेज एक अंग्रेज गणितज्ञ और अनुसन्धानकर्ता थे, जो 1800 ई. में ही यह मानते थे कि वह कम्प्यूटर की तरह मशीन बना सकते हैं। 1827 में उन्होंने ब्रिटिश सरकार को उनकी परियोजना में धन लगाने के लिए रजामन्द करने के बाद सालों तक अपने *डिफरेंस इंजन* पर काम करते रहे। यह एक ऐसा यंत्र था, जो तालिका (टेबल) बनाने के काम में इस्तेमाल होता था। हालाँकि उन्होंने इसके कुछ हिस्सों का प्रोटोटाइप (नमूना) भी बना लिया था, लेकिन आखिरकार इस योजना को बीच में ही छोड़ दिया। उन्होंने 1854 ई. में एक विश्लेषणात्मक इंजन (एनालिटिकल इंजन) बनाने का फैसला किया, पर उसको भी बीच में ही छोड़ दिया। हालाँकि, यांत्रिक कम्प्यूटर बनाने के उनके प्रस्ताव ने आधुनिक कम्प्यूटर की खोज को एक विचार तो दिया ही। अपनी इसी सफलता की वजह से उनको कम्प्यूटर का जनक भी कहा जाता है।

कम्प्यूटर के इतिहास को प्राय: कम्प्यूटरीकरण के विविध यंत्रों की अलग पीढ़ियों से जोड़कर देखा जाता है। कम्प्यूटर की हरेक पीढ़ी एक अहम् तकनीकी विकास को दर्शाती है जिसने आधारभूत तौर पर कम्प्यूटर के काम करने के तरीके को

बदल दिया। इससे और भी छोटे, सस्ते, अधिक शक्तिशाली और अधिक प्रभावी व भरोसेमन्द उपकरण लगातार बनने लगे। यहाँ कम्प्यूटर के विकास के विभिन्न चरणों की जानकारी दी जा रही है जिनके कारण आज मौजूदा उपकरण बने और जिनका हम इस्तेमाल कर रहे हैं।

(क) प्रथम पीढ़ी (1940-1956)

पहली पीढ़ी के कम्प्यूटरों में मेमोरी के लिए चुम्बकीय (मैग्नेटिक) और परिपथीय (सर्क्यूटरी) ड्रम का इस्तेमाल किया जाता था और इसी वजह से ये काफी बड़े होते थे और पूरे कमरे भर की जगह घेर लेते थे। यह इस्तेमाल में काफी महँगे होते थे और काफी अधिक बिजली ग्रहण करते थे, बेहद गर्मी पैदा करते और कई बार इसी वजह से खराब भी हो जाते थे। पहली पीढ़ी के कम्प्यूटर, परिचालन के लिए मुख्यतः मशीनी भाषा पर निर्भर होते थे और एक समय में एक ही समस्या का हल कर सकते थे। इनका इनपुट पंच कार्डों और पेपर टेप पर आधारित था जबकि आउटपुट केवल प्रिंटआउट पर ही दिखते थे।

UNIVAC (यूनिवर्सल ऑटोमैटिक कम्प्यूटर) और ENIAC (इलेक्ट्रॉनिक न्यूमैरिकल इंटीग्रेटर एंड कम्प्यूटर) पहली पीढ़ी के कम्प्यूटर उपकरणों के उदाहरण हैं। यूनीवैक पहला व्यावसायिक कम्प्यूटर था जिसे 1951 में संयुक्त राज्य अमेरिका के जनगणना ब्यूरो को दिया गया था।

(ख) दूसरी पीढ़ी (1956-1963)

इस पीढ़ी के कम्प्यूटरों में वैक्यूम ट्यूब के स्थान पर ट्रांजिस्टर का प्रयोग शुरू हुआ। ट्रांजिस्टर की खोज 1947 में ही हो गई थी पर इसका व्यापक इस्तेमाल 1950 के दशक के अन्तिम दौर में ही हो सका था। यह वैक्यूम ट्यूब से काफी परिष्कृत था जिसने कम्प्यूटर को छोटा, तेज, सस्ता, ऊर्जा के बेहतर इस्तेमाल और पहली पीढ़ी के कम्प्यूटर के मुकाबले अधिक भरोसेमन्द बनाया। हालाँकि ट्रांजिस्टर भी काफी गर्मी पैदा करते थे जिससे कम्प्यूटर को नुकसान पहुँचता था, पर यह वैक्यूम ट्यूब के मुकाबले काफी बेहतर था। दूसरी पीढ़ी के कम्प्यूटर भी इनपुट के लिए पंच कार्ड और आउटपुट के लिए प्रिंटआउट पर निर्भर थे।

दूसरी पीढ़ी के कम्प्यूटर क्रिप्टिक बाइनरी मशीनी भाषा के मुकाबले सिंबॉलिक या एसेंबली लैंग्वेज का इस्तेमाल करते थे। इससे प्रोग्रामर को वर्ड्स में खास निर्देश देने में सुविधा होती थी। ऊँचे स्तर की प्रोग्रामिंग भाषाएँ भी इसी समय खोजी गईं, जैसे कोबोल (COBOL) और फॉरट्रान (FORTRAN)। ये ऐसे

पहले कम्प्यूटर भी थे, जो अपनी स्मृति (मेमोरी) में अपने निर्देशों को संगृहीत रखते थे, जिससे मैग्नेटिक ड्रम्स की जगह मैग्नेटिक कोर तकनीक का इस्तेमाल शुरू हुआ। इस पीढ़ी के पहले कम्प्यूटर परमाणु ऊर्जा उद्योग के लिए विकसित किए गए थे।

(ग) तीसरी पीढ़ी (1964-1971)

तीसरी पीढ़ी के कम्प्यूटरों की सबसे बड़ी विशेषता एकीकृत परिपथ के इस्तेमाल की थी। ट्रांजिस्टर को छोटा कर सिलिकॉन चिप पर लगाया गया, जिसे सेमी कंडक्टर कहते थे। इसने असाधारण रूप से कम्प्यूटर की क्षमता और गति में बढ़ोतरी कर दी। पंच कार्ड और प्रिंटआउट की जगह उपयोगकर्ताओं को तीसरी पीढ़ी के कम्प्यूटर में मॉनिटर और की-बोर्ड से परिचित कराया गया। साथ ही, एक ऑपरेटिंग सिस्टम से भी वह मुखातिब हुए। इससे एक ही समय एक केन्द्रीय कार्यक्रम (सेंट्रल प्रोग्राम) के साथ कई सारे अलग-अलग अनुप्रयोग (एप्लिकेशन) लायक उपकरण बन सके। पहली बार कम्प्यूटर एक बड़े वर्ग तक पहुँच सका क्योंकि वह पहले के मुकाबले अधिक छोटे और सस्ते थे।

(घ) चौथी पीढ़ी (1971 से अब तक)

माइक्रो प्रॉसेसर के साथ ही चौथी पीढ़ी के कम्प्यूटर अस्तित्व में आए, जिसमें हजारों एकीकृत परिपथों (इंटीग्रेटेड सर्किट) को एक सिलिकॉन चिप में बनाया गया। जहाँ पहली पीढ़ी के कम्प्यूटर पूरे कमरे की जगह लेते थे, अब कम्प्यूटर हथेली में समा सकते थे। 1971 ई. में खोजे गए इंटेल 4004 चिप में कम्प्यूटर के सभी जरूरी घटक (कम्पोनेंट्स) थे—सेंट्रल प्रॉसेसिंग यूनिट और मेमोरी से लेकर इनपुट, आउटपुट कंट्रोल तक सिर्फ एक चिप पर।

1981 में आई.बी.एम. अपना पहला कम्प्यूटर लेकर आई। यह घरेलू उपयोग करनेवालों के लिए था। 1984 में एप्पल ने मैकिनटोस बनाया। माइक्रो प्रॉसेसर, डेस्कटॉप कम्प्यूटर से आगे बढ़कर जीवन के कई क्षेत्रों में आया और दिन-प्रतिदिन के उत्पादों में माइक्रो प्रॉसेसर का इस्तेमाल होने लगा।

ये छोटे कम्प्यूटर काफी ताकतवर होते हैं। वे आज एक साथ नेटवर्क को जोड़ सकते हैं जो अन्ततः इंटरनेट के विकास में काम आए। चौथी पीढ़ी के कम्प्यूटर ने माउस, जीयूआई और हाथ से पकड़े जानेवाले उपकरणों का भी विकास किया।

(च) पाँचवीं पीढ़ी (वर्तमान और आगे)

पाँचवीं पीढ़ी के कम्प्यूटर उपकरण जो कृत्रिम बुद्धि पर आधारित हैं, अब भी विकास की प्रक्रिया में हैं, हालाँकि इसके कुछ उपकरण जैसे आवाज की पहचान (वॉयस रिकॉगनिशन) आज इस्तेमाल किए जा रहे हैं। सुपर कंडक्टर और पैरेलल प्रॉसेसिंग, कृत्रिम बुद्धि को वास्तविकता में बदलने में सहायता कर रहे हैं। परिमाण संगणन (क्वांटम कम्प्यूटेशन) और मॉलेक्यूलर व नैनोटेक्नोलॉजी आनेवाले वर्षों में कम्प्यूटर का चेहरा पूरी तरह बदल देगा। पाँचवीं पीढ़ी के कम्प्यूटर का लक्ष्य ऐसे उपकरणों का विकास करना है जो प्राकृतिक लैंग्वेज इनपुट से संचालित हो सकते हैं और वह स्व-संगठन (सेल्फ-ऑर्गनाइजेशन) और सीखने के लायक है।

प्रत्येक पीढ़ी में, कम्प्यूटरों में उन्नत तकनीकों के प्रयोग के आधार पर ही आज हमारे सामने कम्प्यूटरों की एक विस्तृत श्रृंखला मौजूद है, जिसका उपयोग सामान्य मनोरंजन से लेकर रॉकेट विज्ञान तक में किया जा रहा है। उपयोग के आधार पर कम्प्यूटरों के प्रकार निम्न हैं—

पर्सनल कम्प्यूटर (PC) **:** पर्सनल कम्प्यूटर (PC), व्यक्तिगत उपयोग में आनेवाला अपेक्षाकृत कम खर्चीला, छोटा डिजाइन किया गया कम्प्यूटर है। यह माइक्रो प्रॉसेसर प्रौद्योगिकी पर आधारित है। व्यापार में इसका उपयोग शब्द संसाधन (WORD PROCESSING), लेखांकन (ACCCOUNTING) डेस्कटॉप प्रकाशन, स्प्रेडशीट तथा डेटाबेस प्रबन्धन (Database Management) आदि के लिए होता है। घर में पर्सनल कम्प्यूटर का उपयोग मनोरंजन के लिए, ई-मेल भेजने व देख़ने तथा छोटे डाक्यूमेंट्स को तैयार करने के लिए होता है। मोबाइल, लैपटॉप, टेबलेट आदि इसके कुछ उदाहरण हैं।

मेनफ्रेम : बड़े हार्ड ड्राइव, बहुत अधिक स्मृति क्षमता (RAM), मल्टीपल सीपीयू के साथ चलनेवाले कम्प्यूटर विभिन्न प्रकार की संगणना करते हैं जो प्रॉसेसर की गति और मेमोरी के इस्तेमाल पर निर्भर करता है।

सुपर कम्प्यूटर : यह कम्प्यूटर काफी सारे प्रॉसेसर, ALU, मेमोरी (RAM) वगैरह से लैस होता है। आमतौर पर इसका उपयोग वैज्ञानिक शोध-कार्य में किया जाता है। इसकी क्षमता 14,000 माइक्रो कम्प्यूटर की होती है।

लैपटॉप : यह पर्सनल कम्प्यूटर के समान कार्य करनेवाला लेकिन हाथ में उठाकर साथ ले जाने योग्य सुसम्बद्ध (काम्पैक्ट) कम्प्यूटर है। यह नोटबुक के आकार का होता है।

माइक्रो कम्प्यूटर : यह बहुत छोटा कम्प्यूटर होता है, जो कैमरा में इस्तेमाल किया जाता है। माइक्रो कम्प्यूटर ऐसा कम्प्यूटर है जिसके सेंट्रल प्रॉसेसिंग यूनिट

में माइक्रो प्रॉसेसर होता है। इसकी दूसरी विशेषता है यह माइक्रो फ्रेम और मिनी कम्प्यूटर की तुलना में काफी कम जगह लेता है।

पर्सनल डिजिटल असिस्टेंट या पामटॉप (PDA) **:** यह हथेली में रखे जाने योग्य कम्प्यूटर है, हालाँकि पिछले कई सालों से इसमें लगातार बदलाव हो रहा है। पीडीए PDA को छोटे कम्प्यूटर या पामटॉप के नाम से भी जाना जाता है। इसके कई इस्तेमाल हैं—गणना, घड़ी और कैलेंडर के तौर पर इस्तेमाल, इंटरनेट तक पहुँच, ई-मेल भेजना या प्राप्त करना, वीडियो रिकॉर्डिंग, टाइपराइटिंग व वर्ड प्रॉसेसिंग, एड्रेस बुक के तौर पर इस्तेमाल, स्प्रेडशीट बनाना व उस पर लिखना, बार कोड की स्कैनिंग, रेडियो या स्टीरियो के तौर पर इस्तेमाल, कम्प्यूटर गेम्स, सर्वे रिस्पांस की रिकॉर्डिंग और ग्लोबल पोजीशनिंग सिस्टम (GPS) वगैरह। नये पामटॉप में कलर स्क्रीन और ऑडियो क्षमता, मोबाइल फोन के तौर पर इस्तेमाल (स्मार्ट फोन), वेब ब्राउजर या पोर्टेबल मीडिया प्लेयर भी आता है। कई पीडीए (PDA) इंटरनेट तक, वाई-फाई के इस्तेमाल से इंट्रानेट या एक्स्ट्रानेट तक या वायरलेस वाइड-एरिया नेटवर्क तक भी पहुँच सकते हैं। बहुत सारे पामटॉप में टच स्क्रीन तकनीक का भी इस्तेमाल होता है।

एनालॉग : पुराने, अव्यावहारिक कम्प्यूटर। ये भौतिक मात्राओं की गणना करते हैं, जैसे एमीटर, वोल्टेज मीटर वगैरह। एनालॉग कम्प्यूटर एक ऐसा उपकरण है जो लगातार भौतिक परिवर्तनों का इस्तेमाल कर संगणना करते हैं जो कि वास्तविक वस्तुओं के एनालॉग होते हैं। एनालॉग कम्प्यूटर उदाहरण के लिए गीयर्स के लगातार घूर्णन (कंटीन्यूअस रोटेशन) का इस्तेमाल कर सकते हैं या मशीनी या विद्युत-मशीनी (इलेक्ट्रो मैकेनिकल) हिस्सों के कोणीय गति (एंग्युलर मूवमेंट) की सहायता से संगणन (कम्प्यूटेशन) करता है।

डिजिटल : ये प्रॉसेसिंग के लिए बायनरी अंकों का इस्तेमाल करते हैं, जैसे पर्सनल कम्प्यूटर।

कम्प्यूटर जो अंकों (डिजिट) के सन्दर्भ में आँकड़े (डेटा) संगृहीत करते हैं और खंडित चरणों (डिस्क्रिट स्टेप्स) में एक चरण से दूसरे चरण में प्रॉसेसिंग करता है। किसी डिजिटल कम्प्यूटर की अवस्था खास तौर पर बायनरी डिजिट (द्विआधारी अंकों) के इस्तेमाल से होता है जो किसी स्टोरेज मीडियम, ऑन-ऑफ स्विच या रिले के मैग्नेटिक मार्कर की उपस्थिति या अनुपस्थिति का भी रूप ले सकता है। डिजिटल कम्प्यूटर में अक्षर, अंक और पूरा आलेख भी डिजिटल तरीके से दिखता है। एनालॉग कम्प्यूटरों के उलट यह डिजिटल कम्प्यूटर किसी भी अवस्था को दिखाने के लिए भारी संख्या में अंकों की सेवा लेकर बारंबारता को बढ़ा सकता है, वह भी क्रमहीन तरीके से छोटे चरणों में।

हाइब्रिड : ये कम्प्यूटर डिजिटल और एनालॉग कम्प्यूटर की बेहतरीन खूबियों को समाहित रखते हैं। ये वैसे कम्प्यूटर हैं जिनमें दोनों ही तरह की (डिजिटल और

एनालॉग) कम्प्यूटरों की विशेषताएँ होती हैं। इसका डिजिटल हिस्सा आमतौर पर कंट्रोलर की भूमिका निभाता है और तार्किक संक्रियाएँ (डिजिटल ऑपरेशंस) मुहैया कराता है, जबकि इसका एनालॉग वाला हिस्सा सामान्यत: विभेदी गणनाएँ करता है।

कम्प्यूटर के अनुप्रयोग

कम्प्यूटर का प्रयोग विभिन्न क्षेत्रों में किया जा रहा है। वर्तमान में, शायद ही कोई ऐसा क्षेत्र हो जहाँ कम्प्यूटर का प्रयोग नहीं किया जा रहा है। निम्नलिखित क्षेत्रों में कम्प्यूटर के विभिन्न अनुप्रयोग हो रहे हैं :

1. **डेटा प्रॉसेसिंग :** बड़े और विशाल सांख्यिकीय डेटा से सूचना तैयार करने में कम्प्यूटर का प्रयोग किया जा रहा है। जनगणना, सांख्यिकीय विश्लेषण, परीक्षाओं के परिणाम आदि में इसका प्रयोग किया जा रहा है।
2. **सूचनाओं का आदान-प्रदान :** भंडारण की विभिन्न पद्धतियों के विकास और कम स्थान घेरने के कारण ये सूचनाओं के आदान-प्रदान के बेहतर माध्यम साबित हो रहे हैं। इंटरनेट के विकास ने तो इसे 'सूचना का राजमार्ग' (Information Highway) बना दिया है।
3. **शिक्षा :** मल्टीमीडिया (Multimedia) के विकास और कम्प्यूटर आधारित शिक्षा ने इसे विद्यार्थियों के लिए उपयोगी बना दिया है। डिजिटल लाइब्रेरी ने पुस्तकों की सर्वसुलभता सुनिश्चित की है।
4. **वैज्ञानिक अनुसन्धान :** विज्ञान के अनेक जटिल रहस्यों को सुलझाने में कम्प्यूटर की सहायता ली जा रही है। कम्प्यूटर में परिस्थितियों का उचित आकलन भी सम्भव हो पाता है।
5. **रेलवे और वायुयान आरक्षण :** कम्प्यूटर की सहायता से किसी भी स्थान से अन्य स्थानों के रेलवे और वायुयान के टिकट लिए जा सकते हैं तथा इसमें गलती की सम्भावना भी नगण्य है।
6. **बैंक :** कम्प्यूटर के अनुप्रयोग ने बैंकिंग क्षेत्र में क्रान्ति ला दी है। एटीएम (ATM) तथा ऑनलाइन बैंकिंग, चेक के भुगतान, रुपया गिनना तथा पासबुक इंट्री में कम्प्यूटर का प्रयोग किया जा रहा है।
7. **चिकित्सा :** शरीर के अन्दर के रोगों का पता लगाने, उनका विश्लेषण और निदान में कम्प्यूटर का विस्तृत प्रयोग हो रहा है। सीटी स्कैन, अल्ट्रासाउंड, एक्स-रे तथा विभिन्न जाँच में कम्प्यूटर का प्रयोग हो रहा है।
8. **रक्षा :** रक्षा अनुसन्धान, वायुयान नियंत्रण, मिसाइल, राडार आदि में कम्प्यूटर का प्रयोग किया जा रहा है।

9. **अन्तरिक्ष प्रौद्योगिकी :** कम्प्यूटर की तीव्र गणना क्षमता के कारण ही ग्रहों, उपग्रहों और अन्तरिक्ष की घटनाओं का सूक्ष्म अध्ययन किया जा सकता है। कृत्रिम उपग्रहों में भी कम्प्यूटर का विशेष प्रयोग हो रहा है।
10. **संचार :** आधुनिक संचार व्यवस्था कम्प्यूटर के प्रयोग के बिना सम्भव नहीं है। टेलीफोन और इंटरनेट ने संचार क्रान्ति को जन्म दिया है। तंतु प्रकाशिकी संचरण (Fibre optics communication) में कम्प्यूटर का प्रयोग किया जाता है।
11. **उद्योग व व्यापार :** उद्योगों में कम्प्यूटर के प्रयोग से बेहतर गुणवत्ता वाले वस्तुओं का उत्पादन सम्भव हो पाया है। व्यापार में कार्यों और स्टॉक का लेखा-जोखा रखने में कम्प्यूटर सहयोगी सिद्ध हुआ है।
12. **मनोरंजन :** सिनेमा, टेलीविजन के कार्यक्रम, वीडियो गेम में कम्प्यूटर का उपयोग कर प्रभावी मनोरंजन प्रस्तुत किया जा रहा है। मल्टीमीडिया के प्रयोग ने कम्प्यूटर को मनोरंजन का उत्तम साधन बना दिया है।
13. **प्रकाशन :** प्रकाशन और छपाई में कम्प्यूटर का प्रयोग इसे सुविधाजनक तथा आकर्षक बनाता है। रेखाचित्रों और ग्राफ का निर्माण अब सुविधाजनक हो गया है।
14. **प्रशासन :** प्रशासन में पारदर्शिता लाने, सरकार के कार्यों को जनता तक पहुँचाने तथा विभिन्न प्रशासनिक तंत्रों में बेहतर तालमेल के लिए ई-प्रशासन (e-governance) का उपयोग कम्प्यूटर की सहायता से ही सम्भव हो पाया है।
15. **डिजिटल पुस्तकालय :** पुस्तकों को अंकीय स्वरूप प्रदान कर उन्हें अत्यन्त कम स्थान में अधिक समय के लिए सुरक्षित रखा जा सकता है। इसे इंटरनेट से जोड़ देने पर किसी भी स्थान से पुस्तकालय में संगृहीत सूचना को प्राप्त किया जा सकता है।

कम्प्यूटर के अनुप्रयोग के प्रभाव

1. **समय की बचत :** चूँकि कम्प्यूटर के कार्य करने की गति अत्यन्त तीव्र है, अतः मनुष्य द्वारा एक वर्ष में पूरा किए जानेवाले कार्यों को कम्प्यूटर की सहायता से कुछ ही मिनटों में किया जा सकता है।
2. **त्रुटि रहित कार्य :** कम्प्यूटर के प्रयोग से कार्य में त्रुटि की सम्भावना नगण्य हो जाती है। जो त्रुटि होती भी है, वह गलत डेटा या गलत प्रोग्राम का परिणाम है जिसे पहचान कर सही किया जा सकता है।

3. **कार्य की गुणवत्ता :** चूँकि कम्प्यूटर हर बार समान गुणवत्ता से कार्य करता है, अत: बार-बार एक ही कार्य को करने के पश्चात् भी उत्पाद की गुणवत्ता पर कोई असर नहीं होता है।
4. **कागज की बचत :** डेटा संग्रहण के इलेक्ट्रॉनिक विधियों के उपयोग और उनकी विशाल भंडारण क्षमता के कारण कम्प्यूटर के प्रयोग से कागज की बचत सम्भव हो पाती है।

कम्प्यूटर पर हिन्दी का आगमन

कम्प्यूटर और मोबाइल पर हिन्दी को देखना-लिखना-पढ़ना आज भले ही आसान लगता हो लेकिन इसकी शुरुआत ऐसी नहीं थी। पश्चिमी देशों में सूचना प्रौद्योगिकी की शुरुआत होने के कारण इसकी भाषा अंग्रेजी ही रही और एक आम भारतीय इसके लाभों से सालों तक दूर ही रहा क्योंकि अंग्रेजी उसकी सहज भाषा नहीं थी।

इसके समाधान के लिए भारत ने भी अपनी भाषा और लिपि में सॉफ्टवेयर तैयार करने की दिशा में प्रयोग करना प्रारम्भ किए। 1965 के आसपास हिन्दी भाषा और देवनागरी लिपि को लेकर कम्प्यूटर पर काम शुरू हुआ और 1970 के बाद आशानुरूप सफलता मिलने लगी थी।

आईसीआईएल (ICIL) हैदराबाद की एक कम्पनी ने 1977 में हिन्दी में 'फोर्ट्रान' नामक कम्प्यूटर भाषा में एक प्रोग्राम चलाया, जिसके आधार पर यह कहा जा सकता है कि कम्प्यूटर पर हिन्दी सबसे पहले 1977 में दिखाई दी थी। आईआईटी (IIT) कानपुर में सभी भारतीय भाषाओं के लिए उपयोग की जा सकनेवाली एक बहुत सरल की-बोर्ड एवं उसकी प्रणाली तैयार की गई जिसका पहला प्रोटोटाइप टर्मिनल 1978 में तैयार किया गया। इसे नई दिल्ली में आयोजित तृतीय विश्व सम्मेलन में प्रस्तुत भी किया गया। इसके विकास में आईआईटी (IIT) कानपुर के कम्प्यूटर वैज्ञानिक डॉ. आर.एम.के. सिन्हा का योगदान सबसे महत्त्वपूर्ण है। बिरला विज्ञान और टेक्नोलॉजी संस्थान, पिलानी और DCM, दिल्ली के संयुक्त प्रयास में प्रथम द्विभाषी कम्प्यूटर 'सिद्धार्थ' का विकास 1980 के आसपास हुआ।

एप्पल (Apple) ने 1997 में भारतीय भाषा किट प्रस्तुत करके हिन्दी में कार्य करना सम्भव किया। इसी दौरान 'मोटोरोला' कम्पनी ने भारतीय भाषाओं में पेजर टेक्नोलॉजी के विकास के लिए मानक ISCII के ही अनुरूप 'ISCLAP' (इंडियन स्टैंडर्ड कोड फॉर लैंग्वेज पेजिंग) के मानक का विकास किया था जिसकी सहायता से सन्देशों का आदान-प्रदान पेजर पर हिन्दी , मराठी और गुजराती में करना सम्भव हो पाया। 1998 में दुनिया की सबसे बड़ी कम्पनी आईबीएम (IBM) ने डॉस-6 का हिन्दी संस्करण तैयार किया।

रघुनाथ कृष्ण जोशी (1936-2008) कैलिग्राफर, डिजाइनर, कवि एवं शिक्षक थे। वे देवनागरी के मंगल फॉण्ट के जनक थे। उनकी वजह से आज से हिन्दी और मराठी जैसी भाषाओं को इंटरनेट पर एक अलग पहचान मिली। वे वैदिक संस्कृत लिपि को मान्यता देने सम्बन्धी एक प्रस्ताव लेकर अमेरिका गए थे और वहाँ एअरपोर्ट पर ही उनका निधन हो गया। उन्होंने भारत की सभी लिपियों का अध्ययन करके 'देवनागरी' नामक लिपि विकसित की। वे देवनागरी लिपि हेतु यूनिकोड मानकों के निर्धारण के लिए निरन्तर कार्यरत थे। श्री जोशी ने अनेकानेक फॉण्ट्स के कम्प्यूटरीकरण किए, जिसमें लिनक्स प्लेटफार्म में हिन्दी का 'रघु' तथा माइक्रोसॉफ्ट विंडोज का डिफॉल्ट हिन्दी फॉण्ट 'मंगल' शामिल है। प्रोफेसर जोशी भारतीय भाषाओं/लिपियों के कम्प्यूटरीकरण को पूर्णत: फोनेटिक, सरल, सपाट और एकमुखी बनाने के लिए मौलिक शोधपूर्ण सरल प्रौद्योगिकी के मानकीकरण के लिए सतत प्रयत्नशील थे।

वर्तमान युग में कम्प्यूटर में इंटरनेट का विशेष महत्त्व है। वर्तमान में नेट पर देवनागरी में प्रकाशित होनेवाले अनेक समाचार-पत्र और पत्रिकाएँ उपलब्ध हैं। जैसे—हंस, आजकल, नया ज्ञानोदय आदि इंटरनेट पर उपलब्ध हैं। हिन्दी में अनेक पुस्तकें भी नेट पर उपलब्ध हैं और उनकी संख्या प्रतिदिन बढ़ रही है। अब तो ऑनलाइन फॉर्म भरने की सुविधा भी नागरी में उपलब्ध है। इसके साथ-साथ ऑनलाइन कक्षाएँ एवं परीक्षाएँ भी इंटरनेट के माध्यम से ली जा रही हैं।

राजभाषा विभाग में सूचना प्रौद्योगिकी को बढ़ावा देने के लिए हिन्दी सॉफ्टवेयर विकसित किए जिससे इच्छुक कर्मचारी आसानी से अपना काम कर सकें। इसमें एक सॉफ्टवेयर है 'मंत्रराजभाषा' जो अंग्रेजी से हिन्दी अनुवाद के लिए सहायक है। इसके अलावा हिन्दी सीखने का ऑनलाइन पाठ्यक्रम है 'लीला' जिसे अंग्रेजी तथा अन्य भारतीय भाषाओं की सहायता से सीख सकते हैं।

सूचना क्रान्ति के युग में 'मल्टीमीडिया गुरु' भी कभी उपयोगी सिद्ध हुआ है। 'यूनिकोड टेक्नोलॉजी' नागरिक के लिए वरदान स्वरूप आई है। हिन्दी में पहले भी 'चाणक्य' और 'कृति देव' जैसे सॉफ्टवेयर से काम हो रहा था। यूनिकोड ने तो कम्प्यूटर और लिपि के सम्बन्ध एकाकार करने का काम किया है। यूनिकोड 16 बिट का कोड है, जिसमें 65536 संकेत उपलब्ध हैं। इसमें विश्व की लगभग सभी भाषाओं में काम सम्भव है।

यूनिकोड से कार्य में एकरूपता आती है तथा अलग-अलग प्रकार के फॉण्ट्स से मुक्ति मिलती है। आज कार्यालयों के सभी कार्य देवनागरी में सरलता से सम्भव है। हिन्दी की फाइलों का आदान-प्रदान सहज रूप से हो रहा है। यूनिकोड का

प्रचलित फॉण्ट मंगल है। यूनिकोड आधारित हिन्दी, देवनागरी, IME TOOL आदि जैसे उपकरणों की सहायता से टंकित की जा सकती है।

कम्प्यूटर में नागरी लिपि के प्रयोग का प्रथम प्रयास इलेक्ट्रॉनिक कॉरपोरेशन ऑफ इंडिया, हैदराबाद द्वारा किया। वर्तमान समय में कम्प्यूटर निर्माताओं द्वारा 40 से अधिक हिन्दी के सॉफ्टवेयर बाजार में उपलब्ध करा दिए गए हैं। जिनमें अक्षर प्रकाशक सुलिपि, इंडिका और मल्टीवर्ड आदि प्रमुख हैं। कुछ संस्थाएँ भी इस प्रयास में लगी हुई हैं जिनमें IIT कानपुर, IIT दिल्ली और केन्द्रीय हिन्दी संस्थान दिल्ली प्रमुख हैं।

इस प्रकार हिन्दी ने अति अल्प समय में कम्प्यूटर के क्षेत्र में आशाजनक वृद्धि की है। जैसे-जैसे यह तकनीक विकसित होगी और भारतीय जनता के सभी वर्गों तक इसकी पहुँच होगी तो निश्चित रूप से भारत प्रगति की राह पर होगा, और इस प्रकार नागरिक क्षेत्र में कम्प्यूटर का भविष्य उज्ज्वल होगा।

कम्प्यूटर की दुनिया में हिन्दी का विकास

भाषायी कम्प्यूटिंग कम्प्यूटर विज्ञान का एक महत्त्वपूर्ण क्षेत्र है। आज के कम्प्यूटर युग में किसी भी भाषा का विकास कम्प्यूटरीकरण के बिना नहीं हो सकता। किसी भी भाषा के ज्ञान-विज्ञान को सुरक्षित रखने एवं पूरी दुनिया तक पहुँचाने के लिए उसका कम्प्यूटरीकरण अत्यन्त आवश्यक है। भाषायी कम्प्यूटिंग की दुनिया में हिन्दी ने बहुत तरक्की की है। 80 के दशक में कम्प्यूटिंग की दुनिया में प्रवेश से लेकर आज हिन्दी ने इस क्षेत्र में महत्त्वपूर्ण स्थान बना लिया है। आज कम्प्यूटर और दूसरे ऐसे उपकरणों पर हिन्दी में काम करना उतना ही सहज है जितना किसी और भाषा में।

कम्प्यूटर की दुनिया में हिन्दी का प्रवेश सबसे पहले डॉस के जमाने में अक्षर, शब्दरत्न आदि जैसे वर्ड प्रॉसेसरों के रूप में हुआ। बाद में विंडोज का पदार्पण होने पर 8-बिट ऑस्की फॉण्टों जैसे कृतिदेव, चाणक्य आदि के द्वारा वर्ड प्रॉसेसिंग, डीटीपी तथा ग्राफिक्स अनुप्रयोगों में हिन्दी में मुद्रण सम्भव हुआ। अब तक हिन्दी केवल मुद्रण के काम तक ही सीमित थी। यूनिकोड के आगमन से यह स्थिति बदली। माइक्रोसॉफ्ट के विंडोज ऑपरेटिंग सिस्टम में विंडोज 2000 तथा पल के मक ओस में ओस एक्स (संस्करण 10) से यूनिकोड हिन्दी का समर्थन आया। इससे अंग्रेजी आदि यूरोपीय भाषाओं की तरह कम्प्यूटर पर सभी एप्लिकेशनों में हिन्दी का प्रयोग सम्भव हो गया। हिन्दी का मानक की-बोर्ड इन्स्क्रिप्ट सभी आधुनिक ऑपरेटिंग सिस्टमों में अन्तर्निर्मित आता है। हिन्दी टाइपिंग औजारों की सुलभता से इंटरनेट पर हिन्दी का प्रयोग लोकप्रिय हो गया। अधिकतर पुराने नॉन-यूनिकोड फॉण्ट प्रयोग करनेवाली वेबसाइटों ने यूनिकोड को अपना लिया। वर्तमान में इंटरनेट पर हिन्दी प्रयोक्ताओं की अच्छी-खासी संख्या है।

राजभाषा हिन्दी और कम्प्यूटर स्थानीयकरण; वर्तमान और भविष्य

हिन्दी को भारत संघ की राजभाषा के रूप में 14 सितम्बर, सन् 1949 को स्वीकार किया गया। इसके बाद संविधान में राजभाषा के सम्बन्ध में धारा 343 से 352 तक की व्यवस्था की गई। तब से 14 सितम्बर का दिन पूरे भारत में प्रतिवर्ष हिन्दी दिवस के रूप में मनाया जाता है। धारा 342 (1) के अनुसार भारतीय संघ की राजभाषा हिन्दी एवं लिपि देवनागरी है। बाद में राजभाषा अधिनियम 1963, राजभाषा नियम 1976 और उनके अन्तर्गत समय-समय पर राजभाषा विभाग, गृह मंत्रालय की ओर से जारी किए गए निर्देशों द्वारा राजभाषा हिन्दी के वैधानिक प्रावधानों को परिभाषित किया गया है। राजभाषा हिन्दी का प्रयुक्ति-क्षेत्र आमतौर पर अधुनातन मुद्रण की सुविधाओं, शब्दावली मानकीकरण, क्लिष्ट शब्दावली, और हिन्दीतर भाषा-भाषी कर्मचारियों के हिन्दी भाषा प्रशिक्षण की विभिन्न समस्याओं से आक्रान्त रहा है। लेकिन विभिन सरकारी-गैर सरकारी संस्थाओं और निजी समूहों के सहयोग से सूचना क्रान्ति के इस युग में राजभाषा हिन्दी भी अब कम्प्यूटर तकनीक के सहारे नई ऊँचाइयाँ छू रही है।

भूमंडलीकृत हो रही दुनिया की आधुनिक अर्थव्यवस्था में व्यापारिक गतिविधियों के लिए उभरकर आ रहे बाजार के बहुत व्यापक स्पेक्ट्रम हेतु आपस में प्रतिस्पर्धा है। इस बाजार की जीतने का एक आसान तरीका है : स्थानीयकरण। स्थानीयकरण अपने नए लक्षित उपभोक्ताओं की भाषा में अपनी वकालत करते हुए सामग्री और उत्पाद को प्रस्तुत करता है। स्थानीयकरण का अर्थ सही रूप से सिर्फ भाषा अनुवाद ही नहीं कर देना है बल्कि स्थानीयकरण कई स्तरों पर किया जाता है जैसे स्थानीय अन्तर्वस्तु, रीति-रिवाज, संकेत प्रणाली, सॉर्टिंग, सांस्कृतिक मूल्यों व सन्दर्भों के साथ सौन्दर्यानुभूति की दृष्टि से स्थानीयकरण।

पर क्या स्थानीयकरण केवल बाजार के लिए किया जा रहा है? विश्व की 94 प्रतिशत जनता अंग्रेजी को प्रथम भाषा के रूप में नहीं बोलती। आज के सूचना क्रान्ति के युग में यह आवश्यक हो गया है कि ज्ञान की गंगा गाँव-गाँव तक बहे। यह कार्य तभी सम्भव है जब प्रादेशिक व देशीय भाषाओं में ज्ञान-विज्ञान और सूचनाएँ लोगों तक पहुँच पाएँ। हमारी रोजमर्रा की जिन्दगी में सूचना प्रौद्योगिकी की भूमिका बढ़ती जा रही है। मोबाइल फोन, ए.टी.एम, रेलवे टिकट आरक्षण से लेकर पर्सनल कम्प्यूटर/लैपटॉप और मोबाइल तक सूचना प्रौद्योगिकी हमारे काम आ रही है।

आज से कुछ वर्ष पूर्व इन संसाधनों तक केवल अंग्रेजी की जानकारी रखनेवाले समाज की ही पहुँच थी परन्तु अब स्थानीयकरण (लोकलाइजेशन) की बदौलत मध्य प्रदेश का एक छोटा किसान भी ई-चौपाल के जरिये बटन दबाकर मंडी के भाव और कृषि सम्बन्धी सूचनाएँ पता कर रहा है।

दूसरी तरफ हिन्दी भारत गणराज्य की राजभाषा भी है। इसका प्रयुक्ति क्षेत्र बहुत व्यापक है। इसके अन्तर्गत केन्द्र सरकार के विभिन्न मंत्रालय, विभाग, कार्यालय,

निगम, कम्पनी, बैंक, आयोग आदि आते हैं। सूचना प्रौद्योगिकी का इस्तेमाल इन सभी क्षेत्रों में दिनों-दिन बढ़ता जा रहा है। सर्वज्ञात है कि कम्प्यूटर ने राजभाषा हिन्दी में काम करना सुगम बनाया है।

हिन्दी में कम्प्यूटर स्थानीयकरण का कार्य काफी पहले शुरू हुआ और अब यह आन्दोलन की शक्ल ले चुका है। हिन्दी सॉफ्टवेयर लोकलाइजेशन का कार्य सर्वप्रथम सी-डैक (CDAC) द्वारा 90 के दशक में शुरू किया गया था। हिन्दी भाषा के लिए कई संगठन काम करते हैं जिसमें सी-डैक, गृह मंत्रालय का राजभाषा विभाग, केन्द्रीय हिन्दी संस्थान और अनेकों गैर-सरकारी संगठन जैसे सराय, इंडलिनक्स आदि प्रमुख हैं। इनमें से एक इंडलिनक्स ने भी अपना काम हिन्दी से ही शुरू किया। हिन्दी के लिए विभिन्न परियोजनाओं को एक सूत्र में पिरोने के उद्‌देश्य से सोर्सफोर्ज वेबसाइट पर हिन्दी प्रोजेक्ट भी प्रारम्भ किया गया है। यहाँ मुख्यत: फेडोरा, ग्नोम, केडीई, मोजिला, और ओपन-ऑफिस का हिन्दी स्थानीयकरण किया जा रहा है। दूसरी ओर दिल्ली स्थित 'सराय' नामक गैर सरकारी संस्था ने भी हिन्दी में कम्प्यूटर स्थानीयकरण के लिए महत्त्वपूर्ण भूमिका निभाई है। पुणे स्थित रेड हैट भी कम्प्यूटर पर हिन्दी को बढ़ावा दे रही है।

हिन्दी के बड़े बाजार की नब्ज को देखते हुए व्यावसायिक रूप में हिन्दी में स्थानीयकरण को सबसे अधिक बढ़ावा बृहत् साफ्टवेयर संस्था माइक्रोसाफ्ट ने दिया है। माइक्रोसाफ्ट ने अपने साफ्टवेयर उत्पादों से सम्बन्धित सहायक साहित्य तथा मार्गदर्शक सूत्रों को विशेषज्ञों की सहायता से हिन्दी में उपलब्ध कराने के प्रयत्न शुरू किए हैं। बहुप्रचलित विंडोज विस्टा और विंडोज सेवन जैसे ऑपरेटिंग सिस्टम के साथ वर्ड, पावर पॉइंट, एक्सेल, नोटपैड, इंटरनेट एक्स्प्लोरर जैसे प्रमुख साफ्टवेयर उत्पाद अब हिन्दी में काम करने की सुविधा देते हैं। लेखन में त्रुटियों को दूर करने के लिए आवश्यक 'शब्द-कोश' जैसी सुविधाएँ हिन्दी में उपलब्ध है और उनके कार्यान्वयन सम्बन्धी प्रयोग चालू हैं। माइक्रोसाफ्ट का लैंग्वेज इंटरफेस पैक स्थानीयकरण का बेहतरीन उदाहरण है। गृह मंत्रालय के राजभाषा विभाग ने अपनी वेबसाइट (http://rajbhasha.nic.in/) पर राजभाषा हिन्दी में काम करने को आसान बनाने के उद्‌देश्य से हिन्दी में कई सॉफ्टवेयर उपकरण उपलब्ध करवाए हैं। जिनमें से निम्नलिखित प्रमुख हैं :

- कम्प्यूटर की सहायता से प्रबोध, प्रवीण तथा प्राज्ञ स्तर की हिन्दी स्वयं सीखने के लिए राजभाषा विभाग ने कम्प्यूटर प्रोग्राम (लीला हिन्दी प्रबोध, लीला हिन्दी प्रवीण, लीला हिन्दी प्राज्ञ) तैयार करवाकर सर्वसाधारण द्वारा उसका नि:शुल्क प्रयोग के लिए उसे राजभाषा विभाग की वेबसाइट पर उपलब्ध करवाया है।

- मंत्र अंग्रेजी से हिन्दी अनुवाद सॉफ्टवेयर प्रशासनिक एवं वित्तीय क्षेत्रों के लिए प्रयोग एवं डाउनलोड हेतु राजभाषा विभाग की वेबसाइट पर उपलब्ध करवाया है।
- श्रुतलेखन नामक उपकरण हिन्दी वाक् (स्पीच) से पाठ (टेक्स्ट) हेतु उपलब्ध करवाया है।
- वाचांतर नामक उपकरण अंग्रेजी वाक् (स्पीच) से हिन्दी अर्थ अनुवाद हेतु उपलब्ध करवाया है।
- सी-डैक पुणे के तकनीकी सहयोग से ई-महाशब्दकोश का निर्माण किया है, जो राजभाषा विभाग की वेबसाइट पर नि:शुल्क उपलब्ध है।
- हिन्दी में शब्द संसाधन (word processing) के लिए विशेष रूप से तैयार ई-पुस्तक राजभाषा विभाग की वेबसाइट पर उपलब्ध है।

मोबाइल फोन पर हिन्दी समर्थन हेतु निरन्तर कार्य चल रहा है। कई सोनी, नोकिया और सैमसंग जैसी कम्पनियों ने मोबाइल पर हिन्दी प्रदर्शन, हिन्दी टंकण, और हिन्दी भाषा में इंटरफेस आदि की सुविधा उपलब्ध करवाई है।

इंटरनेट पर हिन्दी को भारत की वेबदुनिया (http://www.webdunia.com/) नामक वेबसाइट ने सर्वप्रथम स्थान दिया। वेबदुनिया ने हिन्दी में लिखने की सुविधा के साथ हिन्दी में मेल, समाचार, ज्योतिष, शिक्षा आदि की सुविधाएँ प्रारम्भ की। दूसरी ओर इंटरनेट पर विश्व प्रसिद्ध खोज इंजन गूगल और याहू सरीखी कम्पनियों ने स्थानीयकरण के माध्यम से हिन्दी सहित कई भारतीय भाषाओं में अपनी सुविधाएँ देना शुरू किया है। गूगल लैब्स इंडिया ने हिन्दी और अन्य भारतीय भाषाओं के लिए कई सुविधाजनक अनुप्रयोग उपलब्ध करवाए हैं। जिसमें गूगल का सम्पादित (Input Method Editor), ऑनलाइन लिप्यंतरण सुविधा, हिन्दी वर्तनी जाँचक, गूगल ट्रांसलेट, गूगल बुक्स और हिन्दी में ब्लॉगर आदि सुविधाएँ महत्त्वपूर्ण हैं। गूगल ट्रांसलेट ने हिन्दी अनुवाद को सरल बना दिया है। इससे समूचे वेबपेजों का सरल हिन्दी अनुवाद सम्भव हो गया है। हिन्दी में वेब पृष्ठों की संख्या दिनों-दिन बढ़ती ही जा रही है। दैनिक जागरण समाचार समूह के साथ जुड़कर याहू ने हिन्दी खबरों को देश-दुनिया तक पहुँचाया है।

अध्याय-6

हिन्दी भाषा में कम्प्यूटर प्रौद्योगिकी

कम्प्यूटर का विकास एक गणक मशीन के रूप में हुआ। लेकिन इंटरनेट के आविष्कार ने इसे संचार और संवाद का सबसे सशक्त माध्यम बना दिया। इन विशेषताओं के चलते सूचना क्रान्ति के दौर में कम्प्यूटर हर क्षेत्र के लिए सबसे बड़े माध्यम के तौर पर उभरा। आज किसी भी क्षेत्र में कम्प्यूटर के बिना कोई भी काम असम्भव सा लगता है। कम्प्यूटर की उपयोगिता को ध्यान में रखते हुए भारत सरकार ने इसे जन-जन तक पहुँचाने का संकल्प लिया। लेकिन इसके लिए भारतीय भाषाओं के अनुकूल मानक लिपि और फॉण्ट्स का विकास पहली आवश्यकता थी। जैसा कि हम सभी जानते हैं कि कम्प्यूटर की भाषा मुख्य रूप से अंग्रेजी है। अत: भारतीय भाषाओं के फॉण्ट्स तैयार करने का काम कठिन था, लेकिन वैज्ञानिकों के अथक प्रयास से यह काम सम्भव हो सका। कम-से-कम बाइट में अधिक-से-अधिक सूचनाएँ इकट्ठी करने के लिए अक्षर का कोड बनाना होता है। देवनागरी में यह कोड बनाने का काम आईआईटी (IIT) कानपुर ने 1983 में शुरू किया। 1990-91 में भारतीय मानकीकरण ने ISCII (इंडियन स्टैंडर्ड कोड फॉर इनफार्मेशन इंटरचेंज) कोड को मान्यता दी। इस कोड का निर्धारण भारतीय मानक ब्यूरो, इलेक्ट्रॉनिक विभाग, एनआईसी (NIC), सी-डैक और अन्य भाषा विशेषज्ञों की साझा कोशिशों से सम्भव हुआ। विंडो, टेलीप्रिंटर, टीवी (TV) आदि सभी माध्यमों में यह कोड सफल रहा है।

इंडियन स्टैंडर्ड कोड फॉर इनफार्मेशन इंटरचेंज (ISCII) कोड के आधार पर भारतीय भाषाओं (उर्दू को छोड़कर) के लिए 'इनस्क्रिप्ट' नाम से समान की-बोर्ड का विकास किया गया। यह की-बोर्ड अंग्रेजी के 'क्वेर्टी' की-बोर्ड पर आधारित है। इसके माध्यम से न केवल भारतीय भाषाओं में बल्कि अंग्रेजी में भी टाइपिंग का कार्य बखूबी किया जा सकता है। ISCII कोड मानक कोड के आधार पर सी-डैक ने IIT कानपुर के सहयोग से 'जिस्ट' नामक भाषा तकनीक का विकास किया। 'जिस्ट' एक ऐसा कम्प्यूटर चिप होता है जिसमें अनेक भाषाओं को एक ही की-बोर्ड पर संचालित किया जा सकता है। आज इस टेक्नोलॉजी के अन्तर्गत कम्प्यूटर से

सम्बन्धित सभी प्रकार के अनुप्रयोगों को हिन्दी और अन्य भारतीय भाषाओं में सम्पन्न किया जा सकता है। इसकी सहायता से डॉस, विंडोज और यूनिक्स के अन्तर्गत सभी भारतीय भाषाआओं में शब्द संसाधन और डेटा संसाधन का कार्य किया जा सकता है। इसमें हिन्दी स्पेलचेकर और ऑनलाइन शब्दकोश के साथ-साथ ई-मेल और वेब प्रकाशन की सुविधा भी प्रदान की गई है। इसके अलावा भारतीय भाषाओं में उच्च कोटि का प्रकाशन कार्य करने के लिए 'इंस्फॉक' नामक मानक फॉण्ट का विकास किया गया है। लिप्स (LIPS) के जरिये फिल्मों के उपशीर्षक भारतीय भाषाओं में लिखे जा सकते हैं। इसी प्रकार डबिंग के लिए बटरफ्लाई, सीडी-रोम तैयार करने के लिए कैमेलियन तथा टीवी पर सरलता से समाचार वाचन के लिए मल्टी-प्रोम्पटर आदि का निर्माण भी किया गया है। इसी प्रकार हिन्दी में कम्प्यूटर पर कार्य करने के लिए और भी अन्य प्रोग्रामों का विकास किया गया है।

लेकिन इन प्रोग्रामों का कोई मतलब नहीं होता यदि कम्प्यूटर इंटरनेट से नहीं जुड़ता। क्योंकि जिस उद्देश्य (संचार) के लिए इन प्रोग्रामों का विकास हुआ वह इंटरनेट से आगमन के बाद ही सम्भव हो सका। इसलिए हिन्दी भाषा में कम्प्यूटर प्रौद्योगिकी के विकास को यदि समझना है, तो उसका मार्ग इंटरनेट से होकर ही जाएगा।

इंटरनेट : एक परिचय

वर्ष 1969 में अमेरिकी रक्षा विभाग के मुख्यालय पेंटागन अवस्थित एडवांस्ड रिसर्च प्रोजेक्ट्स एजेंसी (ARPA) की संकल्पना के साथ ही इंटरनेट का उद्भव एवं विकास हुआ। अमेरिका के रक्षा वैज्ञानिक उस समय एक इस तरह की कमांड कंट्रोल संरचना का विकास करना चाह रहे थे जिस पर सोवियत संघ के परमाणु हमले का कोई प्रभाव न पड़े और इसी दृष्टिकोण से उन्होंने हमले की स्थिति में अमेरिका के समस्त सूचना संसाधनों के संरक्षण के उद्देश्य से विकेन्द्रित सत्ता वाला एक नेटवर्क बनाया, जिसके अन्तर्गत सभी कम्प्यूटरों को एक समान दर्जा दिया गया था।

भारत में इंटरनेट

भारत में इंटरनेट क्रान्ति की शुरुआत 15 अगस्त, 1995 को हुई जब सरकार ने आम जनता को इसके उपयोग की अनुमति दी। विदेश संचार निगम लिमिटेड की मामूली सी टेलीफोन लाइन सूचनाओं के इस विश्वव्यापी महामार्ग का प्रवेशद्वार बनी।

कहने को तो इसकी उम्र आज केवल बीस वर्ष है लेकिन अपनी असीमित पहुँच के कारण आज यह दैनिक आवश्यकता की वस्तु बन गया है। सन् 1998

में सरकार ने निजी कम्पनियों को भी इंटरनेट सेवा क्षेत्र में आने की अनुमति दे दी। जिसे मुख्य रूप से VSNL की GIAS (Gateway International Access Service) के माध्यम से उपलब्ध कराया गया। वर्तमान समय में कई निजी संस्थाएँ भी इंटरनेट सुविधा उपलब्ध करा रही हैं। विद्यार्थियों तथा अध्यापकों के लिए VSNL के माध्यम से एक विशेष नेटवर्क की स्थापना की गई है जिसे ERNET (एजुकेशन एंड रिसर्च नेटवर्क) कहते हैं। इसके अतिरिक्त कुछ और नेटवर्क इस प्रकार हैं—

NICNET **(नेशनल इनफार्मेशन सेंटर नेटवर्क)**—इस नेटवर्क का संचालन भारत सरकार द्वारा होता है। इसी के माध्यम से भारत के सभी जिले एक-दूसरे से तथा केन्द्र सरकार से जोड़े गए हैं।

इन्फ्लिब नेट {INFLIB NET (Information & Library Network)}—यह नेटवर्क U.G.O. के माध्यम से संचालित किया जाता है। इसका उद्‌देश्य देश के सभी पुस्तकालयों को जोड़कर सभी महत्त्वपूर्ण पुस्तकों को इंटरनेट पर उपलब्ध कराना है।.

SIR NET **(साइंटिफिक एंड इंडस्ट्रियल रिसर्च नेटवर्क)**—वैज्ञानिक एवं औद्योगिक शोधों से सम्बन्धित सूचनाओं एवं कार्यों के लिए।

उपरोक्त के अतिरिक्त इंटरनेट के माध्यम से उपलब्ध होनेवाली सुविधाएँ निम्न हैं :

(i) www **(वर्ल्ड वाइड वेब) :** यह इंटरनेट पर मिलनेवाली सबसे महत्त्वपूर्ण सुविधा है जिससे व्यक्ति इंटरनेट पर उपलब्ध सूचना अपने कम्प्यूटर पर प्राप्त कर सकता है। इसके लिए उसे Cross Indexing की जरूरत होती है जो मोजाइक जैसे सॉफ्टवेयर से हो पाती है।

(ii) **वेबसाइट** (Website) **:** वेबसाइट इंटरनेट पर उपलब्ध ऐसा स्थान है जहाँ से विभिन्न वेब पेजों को देखा जा सकता है। कई वेबसाइट डाटा अपलोड, डाउनलोड, मेलिंग सर्विस, सर्च इंजन, सोशल मीडिया जैसी सुविधाएँ प्रदान करती हैं। इन वेबसाइटों को विभिन्न वर्गों में बाँटा जाता है। इनके क्षेत्र तथा भौगोलिक स्थान से सम्बद्धता के आधार पर इन्हें वर्गीकृत किया जाता है। जैसे—.edu डोमेन वाली वेबसाइट शिक्षा क्षेत्र से सम्बन्धित होती हैं इसी प्रकार .com व्यावसायिक क्षेत्र के लिए, .org संस्थाओं के लिए तथा .info सूचना प्रधान वेबसाइटों के लिए। भौगोलिक स्थान के आधार पर us, in, uk आदि का प्रयोग किया जाता है। वेबसाइटों का एक अधिक व्यावहारिक वर्गीकरण उनके द्वारा किए जानेवाले कार्यों के आधार पर किया जा सकता है। इस आधार पर बनाए गए प्रमुख वर्ग हैं—सर्च इंजन, मेलिंग सर्विस (e-mail से जुड़ी वेबसाइट) सोशल नेटवर्किंग तथा इलेक्ट्रॉनिक व्यवसाय (e-बिजनेस) से सम्बन्धित वेबसाइट आदि। इन विभिन्न वेबसाइटों के सहारे ही दुनिया के विभिन्न क्षेत्र एक-दूसरे से जुड़े

हुए हैं, इसलिए वेबसाइटों का भी स्वतंत्र अध्ययन अनिवार्य है। कुछ प्रसिद्ध वेबसाइटें नीचे दी गई हैं—

(1) **सर्च इंजन :** सर्च इंजन आधारित वेबसाइट इंटरनेट पर उपलब्ध सामग्री ढूँढ़ने में प्रयोक्ता की सहायता करती है। प्रमुख सर्च इंजन आधारित वेबसाइट हैं—गूगल, याहू, बिंग (माइक्रोसॉफ्ट); तीनों विश्व की सर्वाधिक लोकप्रिय 15 वेबसाइटों में सम्मिलित हैं। गूगल विश्व की सर्वाधिक लोकप्रिय वेबसाइट है।

(2) **ई-मेल सेवा प्रदान करनेवाली वेबसाइट :** ई-मेल सेवा प्रदान करनेवाली वेबसाइट प्रयोक्ता को अपना ई-मेल अकाउंट बनाने की तथा उस अकाउंट के द्वारा दूसरों को मेल भेजने की व उनसे मेल प्राप्त करने की सुविधा प्रदान करती है। प्रायः सभी ई-मेल आधारित वेबसाइट अपने प्रयोक्ताओं को । गीगाबाइट से अधिक डाटा संगृहीत करने की सुविधा प्रदान करती हैं। ऐसी प्रमुख वेबसाइटें हैं—जी-मेल, याहू मेल, आउटलुक आदि। ये सभी (जी-मेल, याहू मेल)। आउटलुक निःशुल्क ई-मेल सेवा प्रदान करते हैं। कुछ वेबसाइटें शुल्क आधारित सेवा भी प्रदान करती हैं।

(3) **सोशल नेटवर्किंग साइट्स :** सोशल नेटवर्किंग साइट लोगों को अपने विचार व्यक्त करने और ऑडियो, वीडियो तथा फोटो शेयर करने के लिए स्थान उपलब्ध कराती है। प्रायः सभी सोशल नेटवर्किंग वेबसाइट मित्रों से जुड़ी नवीनतम जानकारियाँ (updates) उपलब्ध कराती हैं। फेसबुक, वाट्सएप तथा गूगल प्लस सामान्य नेटवर्किंग साइट्स हैं, ट्विटर माइक्रो ब्लॉगिंग से जुड़ी हुई साइट है तथा लिंक्डइन जैसी वेबसाइट व्यावसायिक एवं पेशेवर व्यक्तियों के नेटवर्क से जुड़े क्षेत्र में सक्रिय है।

(4) e-**व्यवसाय** (e-Business) **से सम्बद्ध वेबसाइट :** ये वेबसाइटें ऑनलाइन खरीद-बिक्री के व्यापार में संलग्न हैं। इससे व्यक्ति को स्वयं बाजार नहीं जाना पड़ता। ग्राहक अपनी पसन्द की वस्तु का इंटरनेट पर चयन कर उसके लिए ऑनलाइन पेमेंट के माध्यम से भुगतान करता है। चयनित उत्पाद उसके घर पहुँचा दिया जाता है। अमेजन, फ्लिपकार्ट, ई-बे, नापतौल ऐसी प्रमुख वेबसाइट्स हैं।

(5) **अन्य प्रमुख वेबसाइट : विकीपीडिया :** यह ऑनलाइन विश्वकोश है। इसकी स्थापना 2001 में जिम्मी वेल्स तथा लेरी सेंगर द्वारा की गई। इस पर उपलब्ध सामग्री स्वयंसेवकों द्वारा तैयार की जाती है। इसका प्रयोग करनेवाला कोई भी व्यक्ति इसका सम्पादन कर

सकता है। परन्तु इसी कारण इसकी विश्वसनीयता सन्देहास्पद बनी रहती है। वर्तमान में यह विश्व का सबसे लोकप्रिय विश्वकोश है।

पिकासा : यह एक फोटो शेयरिंग वेबसाइट है जो पिकासा इमेज ऑर्गनाइजर (तस्वीर व्यवस्थापक) के साथ अन्त:सम्बद्ध है। यह डिजिटल तस्वीरों के सम्पादन की सुविधा भी प्रदान करती है।

यूट्यूब : यूट्यूब विश्व की सबसे लोकप्रिय वीडियो शेयरिंग वेबसाइट है।

(iii) **ई-मेल** (E-mail) **:** ई-मेल इलेक्ट्रॉनिक मेल का संक्षिप्त रूप है। यह ऐसी डाक है जो इंटरनेट के माध्यम से जुड़े कम्प्यूटरों के बीच हस्तान्तरित की जाती है। कम्प्यूटर के डिजिटल सन्देश को मोडेम एनालॉग संकेत में बदलकर टेलीफोन लाइन के माध्यम से संग्राहक कम्प्यूटर तक पहुँचाता है और उस कम्प्यूटर से जुड़ा मोडेम पुन: उसे डिजिटल रूप देकर स्क्रीन पर उपलब्ध कराता है। यदि वह कम्प्यूटर प्रयोग में न आ रहा हो तो यह डाक उसके निजी खाते में एकत्रित हो जाती है, जिसे सुविधानुसार कभी भी प्राप्त किया जा सकता है।

(iv) **टेलीटेक्स्ट :** इसकी तुलना एक ऐसी इलेक्ट्रॉनिक पत्रिका से की जाती है जिसमें पर्दे पर पहले सूचनाओं की क्रम-सूची आती है जिसे देखकर यह पता लग जाता है कि किस विषय से सम्बन्धित सूचना किस पृष्ठ पर है? इस सुविधा के द्वारा रेलवे की समय सारणी, बाजार भाव, शेयर भाव व सर्राफा बाजार में होनेवाले उतार-चढ़ाव, शहर में होनेवाले विभिन्न समारोहों, कार्यक्रमों, बैठकों, खेलकूद से सम्बन्धित जानकारियाँ, टेलीफोन डायरेक्टरी, इंडियन एयर लाइन्स और अन्य विदेशी विमानों की समय सारणी आदि प्राप्त की जा सकती है।

(v) **टेलनेट टेलीफोनी :** यह इंटरनेट पर उपलब्ध एक ऐसी सुविधा है जिसके द्वारा हम दुनिया के किसी भी व्यक्ति से सम्पर्क कर सकते हैं। सम्पर्क करने के क्रम में श्रव्य एवं दृश्य दोनों अनुभवों को प्राप्त किया जा सकता है। इस प्रणाली में मल्टीमीडिया का इस्तेमाल होता है। अभी इसका प्रयोग चिकित्सा अनुसन्धान, उच्चस्तरीय वार्ताओं, दूरस्थ शिक्षा कार्यक्रम आदि के लिए हो रहा है।

इंटरनेट आधारित अन्य सेवाएँ

(i) **इन्सटेंट मैसेंजर :** इसके द्वारा इंटरनेट के प्रयोक्ता आपस में बात कर सकते हैं। जीटॉक, याहू मेसेंजर, स्काइप ऐसी सेवा प्रदान करनेवाले प्रमुख सेवा प्रदाता हैं। ये VOIP (Voice Over IP) द्वारा ध्वनि संचार की सुविधा

भी प्रदान करते हैं। ध्वनि संचार में स्काइप विशेष रूप से लोकप्रिय है। अब प्राय: सभी इन्सटेंट मेसेज सेवा प्रदाता वीडियो चैट की सुविधा भी प्रदान करते हैं। व्हाट्सएप इन्सटेंट मेसेजिंग सुविधा मोबाइल पर प्रदान करता है।

(ii) **फाइल शेयरिंग :** फाइल शेयरिंग के माध्यम से इंटरनेट के प्रयोक्ता डाटा, ऑडियो, वीडियो आदि फाइलों का आदान-प्रदान करते हैं। प्रारम्भ में फाइल शेयरिंग FTP (File Transfer Protocol) द्वारा की जाती थी। वर्तमान में सर्वाधिक लोकप्रिय पीयर-टू-पीयर फाइल शेयरिंग प्रोटोकॉल तथा एप्लिकेशन बिट टोरेंट है।

(iii) **गूगल ड्राइव :** गूगल ड्राइव ऑनलाइन डाटा स्टोरेज सुविधा है। यह क्लाउड कम्प्यूटिंग तकनीक का एक उदाहरण है। गूगल ड्राइव प्रयोक्ताओं को 15 GB नि:शुल्क ऑनलाइन डाटा स्टोरेज प्रदान करता है।

हिन्दी और इंटरनेट साक्षरता

ज्ञान के क्षेत्र में मानवता की सबसे बड़ी उपलब्धि इंटरनेट है। इसके द्वारा कम्प्यूटर और टेलीफोन प्रौद्योगिकियों के संयोजन से सूचना और संचार के क्षेत्र में चमत्कारी परिवर्तन लाए गए हैं। आजकल यदि कोई व्यक्ति इंटरनेट का उपयोग नहीं कर सकता तो वह व्यावहारिक रूप से असाक्षर माना जाता है।

इंटरनेट के जरिये ई-मेल, ई-वाणिज्य, ई-शासन आदि सम्भव हो सके हैं। इंटरनेट पर हम एक वेबसाइट द्वारा अपने विचारों और गतिविधियों को प्रकाशित कर सकते हैं। दुनिया में कोई भी जानकारी इंटरनेट पर लगभग तुरन्त किसी भी खर्चे के बिना प्राप्त की जा सकती है।

आजकल पूरी दुनिया में इंटरनेट का उपयोग हो रहा है लेकिन कुछ देशों में यह प्रयोग कम है और कुछ में ज्यादा। वर्तमान में भारत की लगभग 50 प्रतिशत जनसंख्या इंटरनेट का उपयोग करती है।

भारत में अंग्रेजी को ही इंटरनेट की भाषा माना जाता है। लेकिन यह स्थिति यूनिकोड के माध्यम से बदल रही है। विश्व की अधिकांश भाषाओं को यूनिकोड के द्वारा इंटरनेट पर देखा जा सकता है। भारतीय भाषाओं, खासकर हिन्दी, को भी अब यूनिकोड के माध्यम से इंटरनेट पर देखा जाता है।

हिन्दी भारत की राज भाषा है और दुनिया की तीसरी सबसे अधिक बोली जानेवाली भाषा है। यह आवश्यक है कि इंटरनेट पर हिन्दी का प्रयोग और बढ़े। इस सम्बन्ध में उचित कदम उठाना आवश्यक है अन्यथा हिन्दी बोलनेवाले लोग सूचना, संचार और ज्ञान के क्षेत्र में पीछे रह जाएँगे।

इंटरनेट का उपयोग नहीं करनेवाले हिन्दी भाषी लोगों को दो श्रेणियों में बाँटा जा सकता है। पहली श्रेणी में वे लोग हैं जो हिन्दी में साक्षर हैं लेकिन इंटरनेट का उपयोग नहीं कर सकते। दूसरी श्रेणी में वे लोग आते हैं जो हिन्दी बिलकुल नहीं पढ़-लिख सकते।

यूनिकोड के माध्यम से इंटरनेट का प्रयोग साक्षर लोगों के लिए बहुत आसान हो गया है। सूचना, समाचार, साहित्य आदि अब यूनिकोड हिन्दी में प्रचुर मात्रा में उपलब्ध हैं। हिन्दी से अन्य भाषाओं में तथा अन्य भाषाओं से हिन्दी में अनुवाद करने की सुविधाएँ भी इंटरनेट पर उपलब्ध हैं।

हिन्दी भाषी अशिक्षित लोगों को रोमनागरी और सरल हिन्दी लिपि के माध्यम से आसानी से हिन्दी लिखना-पढ़ना सिखाया जा सकता है। हिन्दी को सरल लिपि में सीखने के बाद वे सुगमता से इंटरनेट का उपयोग कर सकते हैं। इंटरनेट पर प्राप्त सरल उपकरण भी स्वयं सीखने के लिए प्रभावी सिद्ध हो सकते हैं।

इस विषय पर तर्कसंगत दलील और हिन्दी भाषा तथा यूनिकोड, रोमनागरी और सरल हिन्दी लिपियों के बारे में विस्तृत जानकारी http://saralhindi.com/ वेबसाइट पर उपलब्ध है। इस वेबसाइट पर भिन्न लिपियों में हिन्दी-उर्दू साहित्य भी उपलब्ध है। यह वेबसाइट इंटरनेट पर हिन्दी साक्षरता को बढ़ावा देने के लिए एक उपयुक्त साधन है।

इंटरनेट के उपयोग

संचार माध्यमों के तौर पर इंटरनेट ई-मेल की सुविधा उपलब्ध कराता है। जो पारम्परिक डाक सेवा से न केवल सस्ती होती है बल्कि इसमें उपभोक्ता दुनिया के किसी भी स्थान पर कभी भी अपनी डॉक अपने ई-मेल अकाउंट में लॉग इन करके पढ़ सकता है।

सूचनाओं का अत्यधिक विस्तार : इंटरनेट का दूसरा लाभ यह है कि वर्ल्ड वाइड वेब के माध्यम से दुनिया में उपलब्ध कोई भी जानकारी किसी भी समय ली जा सकती है। ई-मेल के साथ-साथ इंटरनेट में अन्त:क्रियात्मक संचार की सुविधा उपलब्ध है। एक ही समय में दुनिया के दो अलग-अलग स्थानों पर लिखित या मौखिक रूप से चैटिंग की जा सकती है, जिसका अर्थ है आमने-सामने बात करना। शिक्षा के क्षेत्र में तो यह इतना अधिक महत्त्वपूर्ण हो सकता है कि कम्प्यूटर के माध्यम से ही सारी शिक्षा दी जा सकती है। व्यावसायिक क्षेत्र में इंटरनेट का उपयोग कई तरीकों से किया जा सकता है। इसके अतिरिक्त फेसबुक तथा ट्विटर जैसी सोशल नेटवर्किंग। साइटों के चलते पूरी दुनिया एक वैश्विक ग्राम (Global Village) में बदलती दिख रही है।

ई-कॉमर्स (e-commerce) वस्तुओं एवं सेवाओं की वेब संग्रहों के माध्यम से खरीद और बिक्री करना ही ई-कॉमर्स अथवा इलेक्ट्रॉनिक कॉमर्स कहलाता है। इलेक्ट्रॉनिक दुकानदारी की एक छोटी-सी अवधारणा से शुरू होकर ई-कॉमर्स ने विकसित होती हुई व्यापार एवं बाजार व्यवस्था के सभी पहलुओं को अपने अन्तर्गत समेट लिया है। बिक्री किए जानेवाले उत्पादों में कार जैसी भौतिक वस्तुओं से लेकर यात्राओं की व्यवस्था, ऑनलाइन चिकित्सा परामर्श तथा दूरस्थ शिक्षा के साथ-साथ अंकीय उत्पाद जैसे समाचार, श्रव्य और दृश्य डाटाबेस, सॉफ्टवेयर तथा सभी प्रकार की ज्ञान आधारित वस्तुएँ अब ई-कॉमर्स के अन्तर्गत आती हैं। वस्तुतः ई-कॉमर्स वर्तमान तौर-तरीकों का विस्तार करने के बजाय कारोबारी उद्‌देश्यों की प्राप्ति के लिए कम्प्यूटर चालित कारोबारी उपकरणों तथा सूचना प्रौद्योगिकी का सुचारु उपयोग है।

इंटरनेट के उपयोग की सम्भावित हानियाँ

इंटरनेट के माध्यम से सूचनाओं का आदान-प्रदान बिना किसी रोक-टोक के होता है और इसका दुरुपयोग आपराधिक प्रकृति के लोग करते हैं। विशेष रूप से तस्करी जैसे अपराधों में सूचना का विशेष महत्त्व होता है। अटलांटा ओलंपिक में जो बम विस्फोट हुआ था उसके अभियुक्त ने स्वीकार किया था कि बम बनाने की विधि उसने इंटरनेट से सीखी। अन्तर्राष्ट्रीय आतंकवाद की घटनाएँ भी इंटरनेट के कारण काफी आसान होने लगी हैं। अश्लील उद्‌देश्यों के लिए भी इंटरनेट का उपयोग किया जाता है और विशेष रूप से बच्चों के मानसिक स्वास्थ्य के लिए यह एक बड़ा खतरा है। इस सम्बन्ध में अलग-अलग देशों ने कुछ नियम बनाए हैं, किन्तु वे नियम न तो पूरे विश्व में माने जाते हैं और न ही विशेष प्रभावशाली हैं। इंटरनेट आतंकवादी विचारधारा फैलाने का भी बहुत बड़ा जरिया बन गया है। दुनिया भर के युवा इंटरनेट से ही ISIS से प्रभावित हुए और आतंकवादी बनने के लिए उसमें शामिल हुए।

इंटरनेट के बढ़ते प्रचलन के साथ ही लोग अपना अधिकाधिक समय इंटरनेट पर, सोशल मीडिया एवं वर्चुअल दुनिया में ही गुजार रहे हैं और वास्तविक दुनिया एवं समाज से कटते जा रहे हैं। इससे उनका निजी जीवन एवं रिश्ते तो प्रभावित हो ही रहे हैं, वे अकेलापन, अवसाद एवं अन्यान्य मानसिक बीमारियों से ग्रसित हो रहे हैं।

वर्तमान में इंटरनेट कई प्रकार के वित्तीय अपराधों एवं व्यक्तिगत हमलों का माध्यम बन चुका है। इन अपराधों को साइबर अपराध कहा जाता है। हैकिंग, फिशिंग, साइबर बुलिंग, सलामी हमला इत्यादि कुछ साइबर अपराधों के उदाहरण हैं। कम्प्यूटर और इंटरनेट प्रौद्योगिकी के माध्यम से सूचना एवं संचार जगत में

अप्रतिम विकास हुआ है। इनके माध्यम से जहाँ मानव समाज के विकास को बहुआयामी पृष्ठभूमि प्राप्त हुई है वहीं इसने विकास के नये शिखरों को भी छुआ है। यद्यपि मानव सुविधा एवं विकास के लिए निर्मित कम्प्यूटर एवं इंटरनेट का उपयोग अनैतिक प्रवृत्ति के कार्यों तथा विद्वेषपूर्ण उद्देश्यों के हित साधन में भी किया जाने लगा है, जैसे अश्लील सामग्री का प्रसारण, ऑनलाइन बैंकिंग सेवा प्रणाली से छेड़छाड़ करके धन निकासी का प्रयास, अराजक तथा आतंकवादी गतिविधियों का संचालन तथा ऐसे ही अन्य कृत्य। इन्हें संयुक्त रूप में साइबर अपराध (Cyber Crime) की संज्ञा दी गई है।

इंटरनेट की दुनिया में हिन्दी

तीसरी तकनीकी क्रान्ति (1980) के बाद इंटरनेट सूचनाओं के आदान-प्रदान का सबसे सुलभ साधन बन चुका है। इसने मानव जीवन के प्रत्येक क्षेत्र में अपनी छाप छोड़ी है। एक अरब सत्ताईस करोड़ आबादी वाले देश में हिन्दी सबसे ज्यादा बोली जानेवाली भाषा है।

सन् 2000 में जब हिन्दी का पहला वेबपोर्टल अस्तित्व में आया तभी से इंटरनेट पर हिन्दी ने अपनी छाप छोड़नी प्रारम्भ कर दी जो अब रफ्तार पकड़ चुकी है। नई पीढ़ी के साथ-साथ पुरानी पीढ़ी ने भी इसकी उपयोगिता समझ ली है। मुक्तिबोध, त्रिलोचन जैसे हिन्दी के महत्त्वपूर्ण कवि प्रकाशकों द्वारा उपेक्षित रहे। इंटरनेट ने हिन्दी को प्रकाशकों के चंगुल से मुक्त कराने का भी भरसक प्रयास किया है। इंटरनेट पर हिन्दी का सफर रोमन लिपि से प्रारम्भ होता है और फॉण्ट जैसी समस्याओं से जूझते हुए धीरे-धीरे यह देवनागरी लिपि तक पहुँच जाता है। यूनिकोड, मंगल जैसे यूनिवर्सल फॉण्टों ने देवनागरी लिपि को कम्प्यूटर पर नया जीवन प्रदान किया है। आज इंटरनेट पर हिन्दी साहित्य से सम्बन्धित लगभग सत्तर ई-पत्रिकाएँ देवनागरी लिपि में उपलब्ध हैं।

संयुक्त अरब अमीरात में रहनेवाली प्रवासी भारतीय साहित्य प्रेमी पूर्णिमा बर्मन 'अभिव्यक्ति' और 'अनुभूति' नामक ई-पत्रिका की सम्पादक हैं और 1996 से 'प्रतिबिम्ब' नामक नाट्य संस्था चला रही हैं। 'अभिव्यक्ति' हिन्दी की पहली ई-पत्रिका है जिसके आज तीस हजार से भी अधिक पाठक हैं। 'अभिव्यक्ति' के बाद 'अनुभूति', 'रचनाकार', 'हिन्दी नेस्ट', 'कविताकोश', 'संवाद' आदि ई-पत्रिकाएँ इंटरनेट पर अपनी छटा बिखेर रही हैं। इनकी बढ़ती पैठ से घबराकर हिन्दी के अनेक प्रकाशकों-सम्पादकों ने अपनी प्रतिष्ठित पत्रिकाओं के ई-संस्करण जारी किए। फलस्वरूप आज 'हंस', 'कथादेश', 'नया ज्ञानोदय' जैसी न जाने कितनी महत्त्वपूर्ण पत्रिकाएँ इंटरनेट पर उपलब्ध हैं। यही नहीं, आज जितने भी प्रतिष्ठित

अखबार हैं, सभी के ई-संस्करण मौजूद हैं। हम दुनिया के किसी भी कोने में रहकर क्षेत्रीय संस्करण के अखबारों को पढ़कर अपने क्षेत्र विशेष की जानकारी हिन्दी में भी ले सकते हैं।

आजकल स्वतंत्र अभिव्यक्ति के लिए ब्लॉग एक महत्त्वपूर्ण साधन बन चुका है जो हर समय सुगमता से ब्लॉगर और पाठक दोनों के लिए उपलब्ध है। आलोक कुमार हिन्दी के पहले ब्लॉगर हैं जिन्होंने ब्लॉग 'नौ-दो-ग्यारह' बनाया। आज हिन्दी में ब्लॉगों की संख्या एक लाख के ऊपर पहुँच चुकी है। इनमें से लगभग दस हजार अति सक्रिय और बीस हजार सक्रिय की श्रेणी में आते हैं। आलोक कुमार ने ही इंटरनेट पर पहली बार 'चिट्ठा' शब्द का इस्तेमाल किया जो अब ख्याति प्राप्त कर चुका है। आज के दैनिक समाचार-पत्रों के ई-संस्करण पाठकों के लिए वरदान साबित हुए हैं क्योंकि कोई भी पाठक केवल एक या दो अखबार खरीद सकता है मगर समाचार-पत्र इंटरनेट पर उपलब्ध होने से वह सभी को थोड़े खर्च में देख-पढ़ सकता है।

इंटरनेट पर हिन्दी साहित्यिक सीमाओं को लाँघकर अपना प्रसार कर रही है, वह कहानी, नाटक, उपन्यास से आगे बढ़कर महापुरुषों की जीवनियों, चिकित्सा, विज्ञान के क्षेत्र में विश्व की अन्य भाषाओं से कदमताल कर रही है। इसके साथ ही प्रकाशकों ने अपनी-अपनी वेबसाइट बना रखी हैं जिन पर अनेक रचनाकारों की महत्त्वपूर्ण पुस्तकें पाठकों को घर बैठे मिल जाती हैं। हिन्दी पुस्तकों के ई-संस्करण से पाठकों को यह सुविधा उपलब्ध है कि वे अपने काम और रुचि के अनुसार पुस्तकों का चुनाव कर सकते हैं।

इस सम्बन्ध में अभी तक सबसे सराहनीय प्रयास महात्मा गांधी अन्तरराष्ट्रीय हिन्दी विश्वविद्यालय (वर्धा) ने किया है। इसकी वेबसाइट http://www.hindisamay.com/ पर हिन्दी के लगभग एक हजार रचनाकारों की रचनाओं का अध्ययन किया जा सकता है। आचार्य रामचन्द्र शुक्ल, हजारीप्रसाद द्विवेदी, श्यामसुन्दर दास आदि की ग्रंथावलियों के साथ-साथ समकालीन रचनाकारों की रचनाओं को भी इसमें स्थान दिया गया है। कह सकते हैं कि वर्धा विश्वविद्यालय ने हिन्दीप्रेमियों, शिक्षकों, शोधार्थियों को एक चलता-फिरता पुस्तकालय मुहैया कराया है जिसकी जितनी भी प्रशंसा की जाए कम है। इसके साथ ही भारत के अनेक विश्वविद्यालयों ने भी हिन्दी को सर्वजन सुलभ बनाने के लिए छोटे-मोटे प्रयास किए हैं।

आज सभी आवश्यक वेबसाइटों के हिन्दी संस्करण मौजूद हैं। पूँजी बाजार नियामक सेबी, बीएसई, एनएसई, भारतीय जीवन बीमा निगम, भारतीय स्टेट बैंक, रिजर्व बैंक ऑफ इंडिया, यूनाइटेड बैंक ऑफ इंडिया, पंजाब नेशनल बैंक, भारतीय लघु विकास उद्योग बैंक की वेबसाइटें हिन्दी में भी उपलब्ध हैं। भारतीय अन्तरिक्ष अनुसन्धान संगठन (इसरो) की वेबसाइट भी हिन्दी में है। जुलाई 2009 में दिया गया

रिजर्व बैंक का यह निर्देश महत्त्वपूर्ण है कि हिन्दी में लिखे पत्रों का जवाब हिन्दी में दिया जाना चाहिए। सभी राष्ट्रीयकृत बैंकों में हिन्दी अधिकारी और अनुवादक रखे जाने का निर्देश रिजर्व बैंक ने जारी कर रखा है।

राजभाषा अधिनियम 1976(5) के तहत केन्द्र सरकार ने 'क' क्षेत्र के अन्तर्गत (बिहार, हरियाणा, हिमाचल प्रदेश, मध्य प्रदेश, राजस्थान, उत्तर प्रदेश, झारखंड, छत्तीसगढ़, उत्तराखंड, दिल्ली और अंडमान एवं निकोबार द्वीप समूह) आनेवाले सभी सरकारी उपक्रमों में हिन्दी को प्रथम भाषा के रूप में अनिवार्य कर दिया है। इसका परिणाम यह हुआ है कि केन्द्रीय विश्वविद्यालयों, बैंकों आदि ने अपनी वेबसाइटों के अंग्रेजी के साथ-साथ हिन्दी संस्करण भी चला रखे हैं। हिन्दी में काम बढ़ेगा तो हिन्दी जाननेवालों को आजीविका के अधिक अवसर प्राप्त होंगे और हिन्दी के प्रति उनकी रुचि बढ़ेगी।

आज हिन्दी के पन्द्रह से भी अधिक सर्च इंजन हैं जो किसी भी वेबसाइट का चन्द मिनटों में हिन्दी अनुवाद करके पाठकों के समक्ष प्रस्तुत कर देते हैं। याहू, गूगल और फेसबुक भी हिन्दी में उपलब्ध हैं। अब कम्प्यूटर से निकलकर हिन्दी मोबाइल में न केवल पहुँच चुकी है बल्कि भारी संख्या में लोग इसका उपयोग भी कर रहे हैं। मोबाइल तक हिन्दी की पहुँच ने देश में देवनागरी लिपि के समक्ष खड़ी चुनौती को काफी हद तक मिटा दिया है।

आज से पन्द्रह साल पहले जब हम हिन्दी के भविष्य पर विचार करते थे तो अनेक लोग कहते थे कि हिन्दी का भविष्य तो उज्ज्वल है लेकिन हमारी लिपि पर बड़ा संकट मँडरा रहा है—चूँकि मोबाइल प्रयोक्ता अपने सन्देश भेजने के लिए रोमन लिपि पर निर्भर रहते थे। आज यह समस्या हल हो चुकी है। अगर आपके भीतर थोड़ी इच्छाशक्ति है और अपनी मातृभाषा के लिए सम्मान भी, तो आप अपनी भावना हिन्दी में व्यक्त कर सकते हैं। चाहे वह कम्प्यूटर पर हो या मोबाइल पर।

हिन्दी के लिए उत्साहजनक बात इंटरनेट पर आई ट्वीटरों की बाढ़ भी है जिस पर हिन्दी का जबरदस्त प्रयोग हो रहा है। प्रोफेसर, डॉक्टर, राजनेता, अभिनेता, सामाजिक कार्यकर्ता, खिलाड़ी आदि सभी ट्वीटर का प्रयोग कर रहे हैं। इनका अनुसरण अन्य लोग करते हैं। यह अनुप्रयोग हिन्दी के लिए नई सम्भावनाएँ पैदा करेगा।

हाल ही में हिन्दी के इस्तेमाल के दो और नए स्थान देखने को मिले हैं जिन पर आज से पाँच साल पहले सोचा भी नहीं जा सकता था। डीटीएच और क्रिकेट के स्कोर बोर्ड हमारे सामने हिन्दी को नए रूप में प्रस्तुत कर रहे हैं। डीटीएच ने किसी भी चैनल के हिन्दी में अनुवाद की सुविधा दे रखी है। हम जानते हैं कि भारत की अधिकतर आबादी हिन्दी में ही अपने विचारों का आदान-प्रदान करती है।

भले अंग्रेजी आती हो लेकिन हिन्दी या स्थानीय भाषाओं को हम जिस सहज भाव से आत्मसात् करते हैं उस भाव से अंग्रेजी को नहीं, चूँकि हिन्दी या हमारी

प्रादेशिक भाषाएँ हमारे अन्त:करण में विद्यमान हैं। पहले क्रिकेट की हिन्दी में कमेंट्री निश्चित समय तक ही होती थी, लेकिन अब पूरा खेल हम हिन्दी में सुन सकते हैं। इसके साथ ही डिस्कवरी, नेशनल ज्योग्राफिकल और एनिमल प्लानेट जैसे चैनल हिन्दी के दर्शकों का ज्ञानवर्द्धन कर रहे हैं।

हिन्दी जी-मेल

हिन्दी में ई-मेल आदान-प्रदान के अनुभवों में यह पाया गया है कि हाल-फिलहाल, वेब आधारित जी-मेल सेवा जो कि आपको आपके ई-मेल क्लाइंट पर SSL 3 सुरक्षित POP3 और SMTP मेल सेवा भी प्रदान करती है, सर्वोत्तम है। प्रमुखत: वेब आधारित जी-मेल (www.gmail.com) आउटलुक एक्सप्रेस 6 पर भी उतनी ही आसानी से काम करता है जितना कि लिनक्स के के-मेल पर। ई-मेल क्लाइंट को जी-मेल समर्थित बनाने के लिए बस आपको ई-मेल क्लाइंट के पॉप/SMTP सर्वर को क्रमश: pop.gmail.com तथा smtp.gmail.com पर सेट करना होगा और एसएसएल सुरक्षा सहित पोर्ट क्रमश: 465 तथा 995 परिभाषित करना होगा। अगर ये सेटिंग आपको कठिन प्रतीत होते हैं तो इसके लिए विस्तृत दिशा-निर्देश तो हैं ही, एक संस्थापना योग्य फाइल भी है जिसे चलाकर इन विन्यास को (सिर्फ आउटलुक एक्सप्रेस के लिए) आप स्वचालित रूप से सेट कर सकते हैं। जी-मेल की अन्य सुविधाएँ ये हैं जो इसे किसी भी अन्य ई-मेल सेवा से बेहतर बनाते हैं :

1. प्रमुखत : वेब आधारित यह ई-मेल सेवा आपको POP3 तथा SMTP सुविधा भी देती है। यानी आप किसी ब्राउजर से भी ई-मेल कर सकते हैं तथा ई-मेल क्लाइंट जैसे कि आउटलुक एक्सप्रेस या के-मेल से भी। जी-मेल आम उपयोग के लिए मुफ्त है। हालाँकि अभी यह कुछ सीमित उपभोक्ताओं के लिए ही जारी किया गया है।
2. इसमें आपको 2 जीबी भंडारण सुविधा मिलती है, साथ ही 10 एमबी फाइल अटैचमेंट की सुविधा भी।
3. यूनिकोड हिन्दी ई-मेल के विषय फील्ड भी हिन्दी में दिए जा सकते हैं तथा ई-मेल के आदान-प्रदान में याहू की तरह भाषा एनकोडिंग खंडित नहीं होता और ई-मेल बरकरार रहता है।
4. इसमें ऑस्की आधारित हिन्दी जैसे कि शुषा या वेब-दुनिया फॉण्ट में भी काम कर सकते हैं।
5. सुरक्षा के लिए जी-मेल एसएसएल का उपयोग करता है जिसे आप जीपीजी के जरिये और बढ़ा सकते हैं। इसमें अन्तर्निर्मित स्पॉम फिल्टर भी है जो आपको अवांछित मेल से दूर रखता है।

6. ई-मेल के भीतर ही गूगल खोज की सुविधा मिलती है, जो जाहिर है गूगल खोज की तरह त्वरित और समुचित होता है।
7. इसमें एक बिलकुल नई विचारधारा युक्त ई-मेल को फ्लैग करने की सुविधा दी गई है जिससे ई-मेल को मिटाया न जाकर हमेशा के लिए अपने डाक-डिब्बे में रखे रहकर बढ़िया उपयोग में लिया जा सकता है।
8. यह एटॅम तथा आरएसएस फीड्स का भी समर्थन करता है जो आपके ई-मेल में इंटरनेट के ताजातरीन खबरों तथा अन्य आँकड़ों को स्वचालित एकत्र करता है।
9. जी-मेल के जरिये किसी भी कम्प्यूटर से कहीं से भी हिन्दी यूनिकोड में काम किया जा सकता है। उदाहरण के लिए ब्राउजर आधारित छहारी जैसे ऑनलाइन यूनिकोड सम्पादक के जरिये काट/चिपकाकर हिन्दी यूनिकोड में काम किया जा सकता है।
10. अभी जी-मेल का बीटा संस्करण जारी किया गया है, जो नित्य प्रति निखार पर है। सम्भव है इसके पूर्ण संस्करण में हमें और भी अच्छे फीचर मिलें।

जी-मेल की एक खामी है कि यह जावा स्क्रिप्ट पर चलता है अत: इसके लिए आपके मशीन में जावा संस्थापित होना आवश्यक तो है ही आपका ब्राउजर जावा स्क्रिप्ट चलाने लायक होना भी आवश्यक है। उदाहरण के लिए वेब आधारित ई-मेल के लिए लिनक्स सिस्टम में मोजिला और फायरफॉक्स से तो आप इसे चला सकते हैं, परन्तु कॉन्करर ब्राउजर से नहीं, जिसमें जावा का कुछ सीमित समर्थन है। परन्तु यह ब्राउजर की खामी है न कि जी-मेल की। विंडोज सिस्टम में ऐसी कोई समस्या नहीं है चूँकि प्राय: सभी नए ब्राउजर जावा स्क्रिप्ट का समर्थन करते हैं। जावा स्क्रिप्ट पर आधारित होने के कारण उपयोक्ता को जी-मेल के नए संस्करणों को अलग से डाउनलोड करने की आवश्यकता नहीं होती। जब भी आप जी-मेल का उपयोग करते हैं, यह नवीनतम संस्करण ही रहता है। तथा एक बार प्रारम्भ में स्क्रिप्ट के चलने में थोड़ा समय लेने के पश्चात् बाद के उपयोग में यह अत्यन्त तीव्र होता है चूँकि फिर यह सिर्फ पाठ को ही डाउनलोड करता है, जो मात्र कुछ बाइटों के होते हैं।

जी-मेल हालाँकि आम उपयोग के लिए मुफ्त जारी किया गया है, परन्तु इसकी सदस्यता को आमजनों के लिए अभी खोला नहीं गया है। इस हेतु आपको किसी मौजूदा जी-मेल उपयोक्ता द्वारा आमंत्रित किया जाना आवश्यक है। हालाँकि इंटरनेट पर ऐसे कई साइट हैं जहाँ से आपको जी-मेल के एकाउंट मुफ्त में मिल जाएँगे।

कुल मिलाकर जी-मेल सेवा हिन्दी ई-मेल के लिए एक महत्त्वपूर्ण है, जो यह तय है कि अभी और भी निखरेगा।

सोशल मीडिया पर लेखन

सोशल मीडिया एक अपरम्परागत मीडिया (non-traditional media) है। यह एक वर्चुअल वर्ल्ड बनाता है जिसे इंटरनेट के माध्यम से पहुँच बना सकते हैं। सोशल मीडिया एक विशाल नेटवर्क है, जो कि सारे संसार को जोड़े रखता है। यह संचार का एक बहुत अच्छा माध्यम है। यह द्रुत गति से सूचनाओं के आदान-प्रदान करने, जिसमें हर क्षेत्र की खबरें होती हैं, को समाहित किए होता है।

सोशल मीडिया अभी अपनी युवावस्था में है। युवा होने का अर्थ है कि उसने अपनी स्वतंत्र अस्मिता प्राप्त कर ली है। जन्म के समय से लेकर युवा होने तक एक किरदार में जितने भी परिवर्तन और विकास होते हैं, सोशल मीडिया में हुए। अब आरम्भिक दौर की इसकी डगमगाहट दूर हुई है। वह अपने कदमों पर चलने लगा है। उसने अपना रास्ता बनाया है। भाषा प्रौद्योगिकी के विशेषज्ञों के योगदान से हिन्दी कम्प्यूटिंग तकनीकी रूप से समृद्ध और आसान हुई है। हिन्दी में कम्प्यूटर के इस्तेमाल को लेकर जो लोग दक्ष नहीं थे, यूनिकोड के आ जाने से उनकी राह आसान हुई है। हिन्दी सोशल मीडिया की व्याप्ति रोज बढ़ रही है। इसका उपयोग करनेवाले हाथ और दिमाग रोज बढ़ रहे हैं। कुल मिलाकर हमारे सामाजिक-राजनीतिक जीवन में सोशल मीडिया की धाक कायम हुई है। सोशल मीडिया की हैसियत में जो इजाफा हुआ है उसके मूल में इसकी लोकतांत्रिक प्रकृति है। इसने नए और अभिव्यक्ति के लिए कुलबुलाते हुए युवा वर्ग को हाथों-हाथ लिया। या कहें कि युवा वर्ग के लिए सोशल मीडिया एक वैकल्पिक लोकतांत्रिक स्पेस की तरह आया। एक बड़ी बात यह हुई कि सोशल मीडिया ने प्रिंट मीडिया और इलेक्ट्रॉनिक मीडिया के एकाधिकार को चुनौती दी है। कई ऐसे मुद्दे हैं, जिन्हें प्रिंट और इलेक्ट्रॉनिक मीडिया जगह नहीं देते और जानबूझकर नजरन्दाज करते हैं। पर सोशल मीडिया के कारण ऐसे मुद्दे उपेक्षित नहीं रह पाते। इसने हर शख्स को संवाददाता, पत्रकार और सम्पादक होने की हैसियत दे दी है। हमारे सामाजिक-सांस्कृतिक जीवन में यह किसी क्रान्ति से कम नहीं है। सोशल मीडिया ने लोकतांत्रिक स्पेस की रचना की। देखते-देखते वह लोकतांत्रिक स्पेस लोकतांत्रिक शक्ति या हथियार बन गया। चुनावों में सोशल मीडिया की भूमिका उत्तरोत्तर बढ़ती चली गई है। इसलिए अब किसी भी सामाजिक क्षेत्र में सोशल मीडिया की अनदेखी नहीं की जा सकती। यह लोकतांत्रिक स्पेस या शक्ति एक सच्चाई है। इसका उपयोग कैसा हो रहा है, कौन लोग इसका उपयोग कर रहे हैं, यह दूसरा सवाल है। सोशल मीडिया ने एक स्पेस रचा है, जिसका उपयोग सब कर रहे हैं, जो लोकतंत्र-विरोधी हैं वे भी। लोकतंत्र की खूबसूरती इसी में है कि उसके विरोधी भी उसका उपयोग करते हैं। इंटरनेट और सोशल मीडिया भविष्य का माध्यम है। यह बुरे विचारों के लिए जितना उपयोगी

है उतना ही अच्छे विचारों के लिए भी है। इसलिए इसकी भर्त्सना करने से ज्यादा जरूरी है इसको स्वायत्त कर लेना। भर्त्सना करते रहेंगे, तो जिन्हें आप बुरा कहते हैं, लोकतंत्रविरोधी कहते हैं वे इसका उपयोग अपने पक्ष में कर ले जाएँगे। याद रखना होगा कि यह भविष्य का माध्यम है। बने रहना है तो इसकी भाषा सीखनी ही नहीं पड़ेगी, बल्कि उसमें दक्षता भी हासिल करनी होगी। जो अनुपेक्षणीय है उसकी उपेक्षा और कुछ हो तो हो, समझदारी तो नहीं ही है। इसलिए जाहिर है कि साहित्य भी इसकी अनदेखी नहीं कर सकता। साहित्य का सोशल मीडिया से रिश्ता लव एंड हेट के दायरे में ही रहा है। उसी को देखकर जीते हैं जिस काफिर पे दम निकले। सोशल मीडिया का आगमन जब हुआ या जब यह अस्तित्व में आया उस समय साहित्य में जो पीढ़ी काबिज थी, वह सोशल मीडिया के बारे में, उसकी सुविधाओं के बारे में न जानती थी और न ही जानने को उत्सुक थी। एक तरह की उदासीनता या उपेक्षा का भाव रहा। वह इससे बेपरवाह बनी रही। वह बेपरवाह बनी रह सकती थी, लेकिन साहित्य की दुनिया में जो नवप्रवेशी थे, जिन्हें अपने लिए जगह बनानी थी उन्हें यह माध्यम मिला और उन्होंने इसका उपयोग किया। हजारों-लाखों की संख्या में ब्लॉग बने। एक पूरी पीढ़ी ने इस पर अपने को अभिव्यक्त किया। एक ऐसी जमात सामने आई, जिसने इस माध्यम में अपने पाठक और श्रोता तलाश किए। अगर साहित्य स्वांत: सुखाय है, तो वह सुख इस माध्यम ने एक बड़े वर्ग को दिया। जिस तरह प्रिंट और इलेक्ट्रॉनिक मीडिया की इजारेदारी को चुनौती मिली, उसी तरह साहित्यिक पत्रकारिता को भी चुनौती मिली। उसकी इजारेदारी या एकाधिकार को धक्का लगा। गढ़ और मठ हिले। तो जहाँ स्थापित पीढ़ी सोशल मीडिया से बेपरवाह रही, वहीं संघर्षरत पीढ़ी ने इसे अपने लिए स्पेस के रूप में तलाश किया। साहित्य के गढ़ और मठ कुलबुलाए। इस पूरे उपक्रम को नकारने की कोशिश की गई। भर्त्सना आदि भी हुई। उसे जब आभासी संसार कहा जाता है, तो कहीं न कहीं उसकी क्षणभंगुरता को लेकर आसूदगी होती है। इससे कहीं न कहीं हमारी असमर्थता को सुख मिलता है। इस सबके बावजूद सोशल मीडिया का लोकतांत्रिक स्पेस अपने आभासीपन के बावजूद ठोस सच्चाई के रूप में हमारे सामने आ खड़ा हुआ है। इसकी भर्त्सना के पीछे एक वजह इससे अनभिज्ञता भी रही। वह धीरे-धीरे कम हुई। मैंने कई बड़े स्थापित कवियों-लेखकों को यह कहते पाया कि गूगल पर उनकी कविता या लेख मिलता है। सोशल मीडिया की साहित्य ने जो भर्तस्ना की उसके मूल में अपरिचय की भूमिका कहीं ज्यादा थी। आज वह अपरिचय कम हुआ है। धीरे-धीरे ही सही, सभी महत्त्वपूर्ण साहित्यिक पत्रिकाओं ने सोशल साइट पर अपनी उपस्थिति दर्ज कराई है। इस लोकतांत्रिक स्पेस में बहुत सारा कचरा है, इसमें दो राय नहीं। इसकी बड़ी वजह यह है कि यहाँ कोई छन्नी नहीं है। गुणवत्ता के लिए कोई तंत्र विकसित नहीं हुआ है। इसलिए

जो भी भावोच्छ्वास है वह साहित्य की शक्ल में परोसा जा रहा है। उसके अपने उपभोक्ता और दाद देनेवाले भी हैं। लेकिन कचरा कहाँ नहीं है। खराब किताबें नहीं छपतीं क्या? पत्र-पत्रिकाओं में छपनेवाली सभी रचनाएँ उच्चकोटि की ही होती हैं क्या? यहाँ मुँहदेखी आलोचना या प्रशंसा नहीं होती क्या? ई-साहित्य के स्तरहीन और क्षणभंगुर होने की बात पर बहस करने के पहले हमें याद कर लेना चाहिए कि लुगदी साहित्य और घासलेटी साहित्य प्रिंट मीडिया के दौर की ही शब्दावली है। कहने की मुराद यह कि सोशल मीडिया और इंटरनेट साहित्य की बुराइयाँ प्राय: वही हैं, जो हमारे साहित्य समाज में पहले से मौजूद हैं। इसलिए इसको लेकर सशंकित और परेशान होने के बजाय इसे स्वीकार कर लेना चाहिए। और इसमें साहित्यिक गुणवत्ता की सामग्री उपलब्ध करा देनी चाहिए। जैसे-जैसे इ-जगत में श्रेष्ठ साहित्य उपलब्ध होगा वहाँ साहित्य अपने आप समृद्ध होगा। वहाँ उपलब्ध श्रेष्ठ साहित्य ही छन्नी का काम करेगा। अपने आसपास बेहतर के लिए वातावरण तैयार करेगा। एक और बात। हिन्दी प्रकाशन की दुनिया में भी एक खास तरह की इजारेदारी है। सोशल मीडिया का साहित्य इस इजारेदारी को चुनौती दे रहा है। प्रकाशन जगत की बहुतेरी जटिलताएँ हैं, जो रचना-विरोधी साबित होती हैं। सोशल मीडिया आनेवाले दिनों में प्रकाशन जगत में मौजूद सत्ताधिकार को और प्रभावी ढंग से चुनौती देगा। और यह कई तरह से शुभ है। लेखक के लिए, पाठक के लिए तो शुभ है ही, स्वयं प्रकाशन समूहों के लिए भी शुभ है। चुनौती न होने से बेलगाम होते देर नहीं लगती। हिन्दी में पाठकों का रोना बहुत रोया जाता है। इंटरनेट की दुनिया भविष्य में इसका जवाब ढूँढ़ने में मददगार हो सकती है और रचना को उसके सम्भावित पाठक से मुखामुखम करा सकती है। इस दृष्टि से भी यह शुभ है। लेकिन यह सारी सकारात्मकता इस बात पर निर्भर है कि हम इस माध्यम की चुनौतियों का सामना किस तरह करते हैं, इस माध्यम को कितना अपना बना पाते हैं और कितना दूसरों के लिए छोड़ देते हैं।

अध्याय-7

हिन्दी भाषा और ई-शिक्षण

प्राचीन भारत में शिक्षा का प्रचलन मौखिक एवं कंठस्थ रूप में था। समय के साथ शिक्षा का स्वरूप और इसके तौर-तरीकों में बदलाव आया। इसके बाद में धीरे-धीरे शिक्षा उपकरणों के रूप में लिखित शब्दों का उपयोग होने लगा। यह शिक्षा के क्षेत्र में दूसरी क्रान्ति थी। जिसके फलस्वरूप स्कूलों में मौखिक शिक्षा के साथ लिखित शिक्षा ने भी स्थान ले लिया। इसके फलस्वरूप शिक्षा को अध्ययन हेतु घरों की दीवारों, पेड़ों के पत्तों, गुफाओं की दीवारों पर संकेतों के द्वारा लिखित रूप में दर्शाया जाने लगा था। तीसरी क्रान्ति मुद्रण के आविष्कार के साथ आई तथा पुस्तकें उपलब्ध होने लगीं। इलेक्ट्रॉनिक्स तकनीकी क्षेत्र में आए विकासशील परिवर्तन इस क्षेत्र की चौथी क्रान्ति के सूचक थे। इसके बाद रेडियो तथा टेलीविजन आदि का प्रयोग शिक्षा के क्षेत्र में होने लगा। कम्प्यूटर, लैपटॉप, टैबलेट, मोबाइल, स्मार्ट फोन एवं सीडी-डीवीडी आदि के आने से संचार के क्षेत्र में विकास हुआ जिससे कि ई-मेल, डिजिटल वीडियो, ई-बुक्स, ई-शिक्षा, ऑनलाइन शिक्षा और इंटरनेट के माध्यम से उच्च शिक्षा के क्षेत्र में इन यंत्रों ने नई क्रान्ति का उदय किया। इन साधनों ने शिक्षा के क्षेत्र में पुरानी अवधारणाओं में आधुनिक सन्दर्भ के साथ अभूतपूर्व क्रान्तिकारी परिवर्तन करके उन्हें एक नया स्वरूप प्रदान किया है।

हाल में हुए एक अध्ययन के अनुसार आज के विद्यार्थी कॉलेज और विश्वविद्यालयों में शिक्षकों से केवल एक-तिहाई शिक्षा ग्रहण करते हैं जबकि अपने सहपाठी समूह से और बाकी स्व-अध्ययन के द्वारा सीखते हैं। अब केवल विश्वविद्यालय ही सीखने के स्रोत नहीं रहे हैं, न ही वे सभी को आजीवन शिक्षा के आधार पर उच्च शिक्षा, तकनीकी दक्षता और व्यावसायिक प्रशिक्षण प्रदान करने की जिम्मेदारी उठा सकते हैं। आज मल्टीमीडिया और इंटरनेट के प्रयोग ने एक नए युग की शुरुआत कर दी है।

आज इंटरनेट का उपयोग जीवन के सभी क्षेत्रों में बढ़ता ही जा रहा है, जिससे इंटरनेट का विस्तार पूरी दुनिया में तेजी से होता जा रहा है। सरकारी, गैर-सरकारी, स्वास्थ्य, बैंकिंग, खेल, समाचार के साथ प्राथमिक, माध्यमिक व उच्च शिक्षा में इंटरनेट अपनी भूमिका को निभा रहा है। इंटरनेट के उपयोग ने विद्यार्थियों के सामने

आज उच्च शिक्षा हेतु राह आसान की है। 'आज न केवल उच्च शिक्षा संस्थानों बल्कि माध्यमिक व प्राइमरी स्कूलों के विद्यार्थियों की भी इंटरनेट से पढ़ाई करने में विशेष रुचि है'। इंटरनेट के प्रसार के बाद भारत में सूचना और संचार के क्षेत्र में व्यापक परिवर्तन हुए हैं। भारत में इंटरनेट सेवाओं के उपभोक्ता अपना ज्ञान बढ़ाने के लिए सभी प्रकार के सूचना स्रोतों तक पहुँच सकते हैं। विकासशील देशों में भारत की गणना उन देशों में होती है, जहाँ इंटरनेट उपभोक्ताओं की संख्या सबसे अधिक है। भारत में इंटरनेट के प्रसार की सहायता एवं समर्थन मिलने के दो प्रमुख कारण हैं, इनमें प्रथम है जो अंग्रेजी जानते और समझते हैं तथा जो किसी अन्य भाषा की अपेक्षा अंग्रेजी में संचार को प्राथमिकता देते हैं। आँकड़ों से पता चलता है कि जनवरी 1997 में भारत के करीब 3,138 इंटरनेट होस्ट थे। इसे शैक्षिक अनुसन्धान नेटवर्क (एर्नेट) द्वारा केवल शैक्षिक उद्देश्यों के लिए उपलब्ध कराया जा रहा था। यह सेवा देश में इंटरनेट ढाँचा कायम करने और भारतीय इंटरनेट सेवा को अन्तरराष्ट्रीय पहुँच में लाने की दिशा में भारत और संयुक्त राष्ट्र विकास कार्यक्रम का पहला संयुक्त प्रयास था।

नवें दशक के मध्य में भारत में सूचना प्रौद्योगिकी के क्षेत्र में व्यापक क्रान्ति हुई है, जिसने भारत को अन्तरराष्ट्रीय सूचना प्रौद्योगिकी के क्षेत्र में अग्रणी पंक्ति में पहुँचा दिया है। देश में सूचना प्रौद्योगिकी की पहचान एक ऐसे एजेंट के रूप में हुई है जो मानव जीवन के सभी क्षेत्रों के सभी पहलुओं में परिवर्तन लानेवाला है और जिसने 21वीं शताब्दी में ज्ञान पर आधारित समाज का निर्माण किया।

शिक्षा मनुष्य के मौलिक अधिकारों में से एक है। सरकारों द्वारा निरन्तर इसे जन-जन तक पहुँचाने का कार्य किया जा रहा है। समय, स्थान और संसाधनों की सीमितता इसमें एक प्रमुख बाधा रही है। 'दूरस्थ/शिक्षा' के माध्यम से इस बाधा को भी कुछ हद तक दूर करने का प्रयास किया गया, किन्तु इस क्षेत्र में उल्लेखनीय प्रगति कम्प्यूटर और इंटरनेट के आगमन के बाद ही हो सकी है। अब ऑनलाइन तकनीक का प्रयोग करते हुए विश्व में कहीं भी और कभी भी शिक्षण किया जा सकता है। इंटरनेट और इलेक्ट्रॉनिक सामग्री द्वारा शिक्षण और अधिगम की विकसित इसी तकनीक को ई-शिक्षण नाम दिया गया है। वर्तमान में सम्पूर्ण विश्व में यह एक चिर-परिचित शब्द है। आज विश्व की प्रमुख भाषाओं में सभी प्रमुख विषयों में पर्याप्त मात्रा में ई-शिक्षण सामग्री प्राप्त की जा सकती है। हिन्दी भी इस क्षेत्र में निरन्तर प्रगति कर रही है। सरकारी और व्यक्तिगत/संस्थागत स्तर पर इस दिशा में अनेक उल्लेखनीय प्रयास हुए हैं। ई-पीजी पाठशाला इसी प्रकार का एक प्रयास है।

हिन्दी भारत की राजभाषा और सम्पर्क-भाषा है। भारत एक बहुभाषिक देश है। यहाँ विविध प्रकार की भाषाओं का प्रयोग होता है। इसीलिए उत्तर भारत में प्रथम भाषा होने के साथ-साथ देश के अनेक राज्यों में हिन्दी की स्थिति द्वितीय भाषा और कुछ राज्यों में तृतीय भाषा की है। इसके अलावा विश्व के अन्य अनेक

देशों के विद्यार्थी भी हिन्दी सीखते हैं। इन सभी रूपों में हिन्दी का शिक्षण 'हिन्दी भाषा शिक्षण' है। किसी भी भाषा के सर्वांगीण विकास के लिए यह आवश्यक है कि उससे सम्बन्धित सामग्री डिजिटल साधनों पर अधिकाधिक मात्रा में उपलब्ध हो। ई-शिक्षण वर्तमान समय की सर्वाधिक सशक्त डिजिटल तकनीक है। हिन्दी के विकास और वैश्विक प्रचार-प्रसार में ई-शिक्षण साधनों की भूमिका अतुल्य है। ई-पीजी. पाठशाला भारत सरकार का इसी प्रकार का एक उत्कृष्ट प्रयास है।

अत: हिन्दी भाषा शिक्षण को निम्नलिखित रूपों में समझ सकते हैं—

- प्रथम भाषा के रूप में हिन्दी शिक्षण
- द्वितीय (और तृतीय) भाषा के रूप में हिन्दी शिक्षण
- विदेशी भाषा के रूप में हिन्दी शिक्षण

प्रथम भाषा के रूप में हिन्दी शिक्षण हिन्दी भाषी क्षेत्रों में किया जाता है। इन क्षेत्रों में किसी-न-किसी रूप में हिन्दी का व्यवहार होता रहता है, इसलिए हिन्दी के औपचारिक और साहित्यिक स्वरूप का ही शिक्षण किया जाता है। भाषा कौशल की दृष्टि से केवल 'पढ़ना और लिखना' कौशलों का शिक्षण ही अपेक्षित होता है। द्वितीय (और तृतीय) भाषा के रूप में हिन्दी सीखाने के लिए अधिक प्रयास की आवश्यकता पड़ती है। वहाँ अध्येता की मातृभाषा का भी व्याघात होता है। विदेशी भाषा के रूप में हिन्दी शिक्षण के लिए और अधिक सामग्री की आवश्यकता पड़ती है, क्योंकि वहाँ हिन्दी का परिवेश भी उपलब्ध नहीं होता। द्वितीय भाषा और विदेशी भाषा के रूप में हिन्दी शिक्षण में अध्येता का उद्देश्य भी महत्त्वपूर्ण होता है कि वह हिन्दी क्यों सीखना चाहता है।

अत: हिन्दी भाषा शिक्षण एक बड़ा क्षेत्र है, जिस पर भाषा की दृष्टि से अलग-अलग विचार किया जा सकता है, क्योंकि भाषा शिक्षण की प्रविधि और सामग्री इस बात पर भिन्न हो जाती है कि अध्येता किस रूप में हिन्दी को सीखना चाहता है।

ई-शिक्षण : परिभाषा एवं स्वरूप

ई-शिक्षण (e-learning) एक आधुनिक तकनीकी शब्द है, जिसमें 'ई' का प्रयोग 'electronic' के लिए किया गया है तथा 'लर्निंग' का अर्थ है—अधिगम। अत: इलेक्ट्रॉनिक माध्यमों का प्रयोग करते हुए किया जानेवाला शिक्षण 'ई-शिक्षण' है।

भारत सरकार के इलेक्ट्रॉनिकी और सूचना प्रौद्योगिकी मंत्रालय (Ministry of Electronics & Information Technology) की वेबसाइट पर भी कहा गया है—"E-Learning is one of the thrust area identified by MeitY for imparting education using educational tools and communication media. It is the learning facilitated and supported by Information Communication technologies (ICT). The broad objective is to develop tools and technologies to promote e-learning."

अत: स्पष्ट है कि संचार और सूचना प्रणालियों का उपयोग करते हुए ज्ञान प्राप्त करने की प्रक्रिया 'ई-लर्निंग' है। दूसरे शब्दों में पारम्परिक कक्षाध्यापन और अधिगम से अलग इलेक्ट्रॉनिक माध्यमों का किसी भी प्रकार से प्रयोग करते हुए किया जानेवाला ज्ञानार्जन ई-शिक्षण है। आज ई-शिक्षण एक सर्वाधिक उभरता हुआ व्यापक क्षेत्र है। इसके अन्तर्गत इंटरनेट के माध्यम से शिक्षण अथवा शिक्षण सामग्री से ज्ञान का अर्जन, कम्प्यूटर पर विभिन्न शिक्षण सॉफ्टवेयरों से ज्ञानार्जन, स्मार्टफोन पर शिक्षण एप्स का प्रयोग, आभासी कक्षा, अन्तर्क्रियात्मक कक्षा अध्यापन (Interactive Classroom Teaching), ऑडियो-विजुअल सामग्री का प्रयोग आदि सभी आ जाते हैं।

ई-शिक्षण के महत्त्वपूर्ण तकनीकी शब्द

वर्तमान समय में विश्व स्तर पर ई-शिक्षण के क्षेत्र में अनेक उल्लेखनीय प्रयास किए गए हैं। भारत सरकार द्वारा भी इस दिशा में अनेक कदम उठाए गए हैं। इन सभी का परिचयात्मक ज्ञान आवश्यक है। इस क्षेत्र के कुछ महत्त्वपूर्ण तकनीकी शब्द (terms) इस प्रकार हैं—

COL **(कॉमनवेल्थ ऑफ़ लर्निंग) :** यह कॉमनवेल्थ देशों का एक संगठन है, जिसकी स्थापना 1988 में हुई थी। इसका मुख्यालय वैंकूवर, कनाडा में है। इसका मुख्य उद्देश्य मुक्त और दूरस्थ शिक्षा (Open and distance learning) हेतु ज्ञान, स्रोत और तकनीकी का विकास करने तथा उसे साझा करने हेतु प्रेरित करना है। इसकी वेबसाइट https://www.col.org/ पर इसके कार्यों की विस्तृत सूचना दी गई है—

INFLIBNET **(इनफार्मेशन एंड लाइब्रेरी नेटवर्क) :** यह इंटरनेट के माध्यम से ज्ञान-विज्ञान की सामग्री को सभी के लिए नि:शुल्क उपलब्ध कराने का MHRD, भारत सरकार का एक उपक्रम है। इसका मुख्यालय गांधीनगर में है। इसकी वेबसाइट http://inflibnet.ac.in/activities/ पर इसके अन्तर्गत किए जा रहे प्रमुख कार्यों की सूची निम्नलिखित है—

NKN **(नेशनल नॉलेज नेटवर्क) :** यह भारत में उच्च शिक्षा से जुड़े सभी शैक्षिक संस्थानों को आपस में जोड़ने के उद्देश्य से निर्मित कार्यक्रम है। इसके अन्तर्गत अब तक 1648 संस्थान आपस में जुड़ चुके हैं और शोध, ज्ञान, तकनीकी एवं सूचनाओं का परस्पर आदान-प्रदान करते हैं। इनकी सूची को http://nkn.gov.in/connected-institutions पर निम्नलिखित प्रकार से देखा जा सकता है—

- NMEICT **(नेशनल मिस्सों ऑन एजुकेशन थ्रू इनफार्मेशन एंड कम्युनिकेशन टेक्नोलॉजी) :** यह MHRD, भारत सरकार द्वारा प्रायोजित एक महत्त्वपूर्ण कार्यक्रम है, जिसके अन्तर्गत उच्च शिक्षा के क्षेत्र में ज्ञान और तकनीकी के विकास और प्रचार-प्रसार को प्रोत्साहित और regulate

किया जाता है। इससे सम्बन्धित विस्तृत सूचनाएँ http://www.nmeict.iitkgp.ac.in/ पर प्राप्त की जा सकती हैं।

- NPTEL **(नेशनल प्रोग्राम ऑन टेक्नोलॉजी एनहांस्ड लर्निंग) :** यह NMEICT के अन्तर्गत ही एक पहल है, जिसमें इंजीनियरिंग और विज्ञान सम्बन्धी पाठ्यक्रमों से सम्बन्धित सामग्री तैयार और share की जाती है। http://nptel.ac.in/course.php पर इसके अन्तर्गत उपलब्ध पाठ्य-सामग्री को देख सकते हैं।
- MOOCs **(मैसिव ओपन ऑनलाइन कोर्सेज) :** यह भी विभिन्न पाठ्यक्रमों के ऑनलाइन अध्ययन-अध्यापन हेतु एक प्लेटफार्म है, जो MHRD द्वारा प्रायोजित है।
- OER **(ओपन एजुकेशनल रिसोर्स) :** इस पद का प्रयोग सर्वप्रथम यूनेस्को द्वारा 2002 में किया गया। इसका उद्देश्य सबको उच्च शिक्षा की सामग्री नि:शुल्क उपलब्ध कराना है। इसका सन्देश है—'Explore-Create-Collaborate' इसकी वेबसाइट https://www.oercommons.org/ पर उपलब्ध संम्पूर्ण सामग्री को देखा जा सकता है। इसमें अपने अध्ययन से सम्बद्ध सामग्री को विषय (Subject), शैक्षिक स्तर (Educational level) और स्तर-मान (Standard) के अनुसार प्राप्त किया जा सकता है।

राजभाषा विभाग ने राजभाषा के रूप में हिन्दी तथा एक भाषा के रूप में हिन्दी के शिक्षण-अधिगम, प्रयोग तथा व्यावहारिक समस्याओं के समाधान के लिए ई-शिक्षण की उपयोगिता को काफी पहले महसूस कर लिया था। प्रारम्भ में प्रबोध, प्रवीण, प्राज्ञ पाठ्यक्रमों के विभिन्न भारतीय भाषाओं में आडिओ कैसेट्स तैयार कर वितरित किए गए। फिर जब कम्प्यूटर सहज-सुलभ होने लगे तो लीला हिन्दी सॉफ्टवेयर्स का विकास सी-डेक के माध्यम से कराया गया। प्राम्भ में इंटरनेट की सुविधा आसानी से उपलब्ध नहीं थी इसलिए इन सॉफ्टवेयर्स के सी डी वर्जन तैयार किए गए। इंटरनेट की उपलब्धता जैसे-जैसे सुलभ होती गई लीला सॉफ्टवेयर्स के इंटरनेट वर्जन भी तैयार किए गए तथा राजभाषा विभाग की वेबसाइट पर नि:शुल्क उपलब्ध करा दिए गए।

हिन्दीतर भाषा भाषियों की सुविधा तथा मातृभाषा के महत्त्व को ध्यान में रखते हुए लीला पाठ्यक्रमों द्वारा 14 भारतीय भाषाओं के माध्यम से इंटरनेट पर हिन्दी सीखने की सुविधा नि:शुल्क उपलब्ध कराई जा चुकी है। इन पाठ्यक्रमों का निर्माण इस प्रकार किया गया है कि सीखनेवाला प्रत्येक पाठ की समाप्ति पर अपना मूल्यांकन स्वयं पाठ के अन्त में दिए गए परीक्षण के द्वारा कर सकता है। ई-शिक्षण के क्रम में राजभाषा विभाग की नई उपलब्धि है—लीला पाठ्यक्रमों की ऑनलाइन परीक्षा का सफलतापूर्वक आयोजन।

ई-शिक्षण के साधन के रूप में इंटरनेट

उच्च शिक्षा के क्षेत्र में इंटरनेट का बहुतायत से उपयोग किया जा रहा है। इसकी सहायता से शैक्षिक स्तर पर उन्नति हुई है। आज दुनिया के किसी भी कोने में बैठा विद्यार्थी इसकी सहायता से उच्च शिक्षा प्राप्त कर सकता है। ई-शिक्षा (ई-लर्निंग) को सभी प्रकार इलेक्ट्रॉनिक समर्थित शिक्षा और अध्ययन के रूप में परिभाषित किया जाता है, जो विद्यार्थियों के व्यक्तिगत अनुभव, अभ्यास और ज्ञान के सन्दर्भ में ज्ञान के निर्माण को प्रभावित करता है। ई-शिक्षा में वेब-अधारित शिक्षा, कम्प्यूटर आधारित शिक्षा, आभासी कक्षाएँ और डिजिटल सहयोग शामिल है। पाठ्य-सामग्रियों का वितरण इंटरनेट, इंट्रानेट, एक्सट्रानेट, ऑडियो-वीडियो टेप, उपग्रह टीवी और सीडी रोम के माध्यम से किया जाता है। आजकल इंटरनेट का प्रयोग न केवल ई-शिक्षा में ही किया जा रहा है, बल्कि ऑनलाइन फॉर्म भरने, नौकरी के लिए आवेदन करने और पुस्तकें पढ़ने में भी किया जा रहा है। आज विद्यार्थी शिक्षा के सभी क्षेत्रों में इंटरनेट का उपयोग कर रहे हैं।

• उच्च शिक्षा में मशीनों का उपयोग

आज शिक्षा के क्षेत्र में आधुनिक शिक्षण मशीनों, मोबाइल, स्मार्ट फोन, लैपटॉप, टैबलेट, रेडियो, टेपरिकॉर्डर, ग्रामोफोन, टेलीविजन, प्रोजेक्टर, भाषा प्रायोगशाला आदि द्वारा शिक्षण किया जा रहा है। आज मशीनों के प्रयोग से शिक्षक अपने विद्यार्थियों को आसानी से अपने ज्ञान कौशल से लाभान्वित करा सकता है। उच्च शिक्षा के क्षेत्र में शिक्षण मशीनों का उपयोग आज तेजी से बढ़ता जा रहा है।

• ऑनलाइन पुस्तकें पढ़ना

विद्यार्थियों को उच्च शिक्षा हेतु अनेक पुस्तकों की आवश्यकता होती है, जिन्हें खरीद पाना सबके लिए सम्भव नहीं है। इसके अलावा पुस्तकें महँगी और आसानी से उपलब्ध न होने के कारण विद्यार्थी ऑनलाइन पढ़ना पसन्द करते हैं। अत: ऑनलाइन पुस्तकों की उपलब्धता इन सभी विद्यार्थियों को लाभान्वित करती है। आजकल सभी प्रकार की पुस्तकों का विस्तारपूर्वक विवरण इंटरनेट पर उपलब्ध रहता है, जिससे ऑनलाइन बुक्स रीडिंग का अधिक प्रचलन हो गया है। विद्यार्थी अपनी पूरी पढ़ाई इन पुस्तकों का उपयोग करके कर लेते हैं।

• ऑनलाइन पढ़ाई

यदि आप किसी व्यवसाय में रहते हुए अपनी शिक्षा जारी रखना चाहते हैं या आपके पास कक्षा में जाने का समय नहीं है, तो इसके लिए विद्यार्थी दूरस्थ शिक्षा के लिए सम्बन्धित संस्थान में विद्यार्थी ऑनलाइन घर या ऑफिस में बैठे-बैठे अपना अध्ययन

जारी रख सकते हैं। ऑनलाइन परीक्षा भी दे सकते हैं। इससे उच्च शिक्षा की ओंर विद्यार्थियों का रुझान तेजी से बढ़ रहा है।

- **दूरवर्ती शिक्षा**

उच्च शिक्षा के क्षेत्र में आज दूरवर्ती शिक्षा प्रणाली का योगदान बढ़ता ही जा रहा है। दूरवर्ती शिक्षा प्रणाली में मल्टीमीडिया एवं इंटरनेट का योगदान अत्यधिक है। बहुत से व्यक्ति पारिवारिक, सामाजिक, आर्थिक और समय न होने के कारण, उच्च शिक्षा ग्रहण नहीं कर पाते हैं, लेकिन उनके मन में पढ़ने की आकांक्षा बनी रहती है। इस प्रणाली के जरिये इच्छुक विद्यार्थी को उनके घरों पर ही शिक्षा मुहैया कराई जाती है। इस कार्य में मल्टीमीडिया, ऑडियो-वीडियो कैसेट, सीडी-डीवीडी, टेपरिकॉर्डर, वीडियो रिकॉर्डर, रेडियो, सामुदायिक रेडियो, टेलीविजन, ई-मेल, इंटरनेट, एस.एम. एस.एम.एम.एस., वीडियो पत्रिकाएँ, टेलीविजन पत्रिकाएँ, ज्ञानदर्शन चैनल आदि की मदद ली जाती है। इसमें शैक्षिक गतिविधियों जैसे—प्रवेश, पाठ्य-सामग्री घर बैठे विद्यार्थियों को इलेक्ट्रॉनिक मीडिया एवं इंटरनेट के माध्यम से उपलब्ध कराई जाती है।

- **उच्च शिक्षा में टेलीकॉन्फ्रेंसिंग**

इसका चलन अमेरिका में टेलीविजन तथा टेलीफोन पिक्चर फोन के जरिये 1960 में आरम्भ हुआ। कॉन्फ्रेंसिंग हेतु कम्प्यूटर व इंटरनेट द्वारा प्रदत्त बहु-माध्यमी सेवाओं का उपयोग किया जाता है। यहाँ हम इंटरनेट सेवाओं द्वारा लिखित सामग्री, रेखाचित्रों आदि को कॉन्फ्रेंसिंग में भाग लेनेवाले व्यक्तियों को प्रेषित कर सकते हैं। ऑडियो-वीडियो कॉन्फ्रेंसिंग, जब कम्प्यूटर टेक्नोलॉजी और इंटरनेट से अच्छी तरह जुड़ जाती हैं, तो ऐसी टेलीकॉन्फ्रेंसिंग शिक्षक और विद्यार्थी दोनों को ही अपनी-अपनी स्वाभाविक रुचियों, समय और साधनों की उपलब्धता तथा सीखने-सिखाने की गति के आधार पर स्व-अनुदेशक एवं स्व-प्रशिक्षण प्रदान करती है। इससे विद्यार्थी उच्च शिक्षा के विषय में आपस में संवाद कर सकते हैं। इसके साथ ही आपस में पाठ्य-सामग्री के विषय में संवाद कर सकते हैं।

- **एम-लर्निंग**

आजकल मोबाइल शिक्षण (एम-लर्निंग) का भी चलन है। आज मोबाइल विद्यार्थियों के साथ 24 घंटे उपलब्ध रहता है, जिससे वह इंटरनेट से हमेशा कनेक्ट रहते हैं। परिणामस्वरूप आज विद्यार्थी मोबाइल सर्विसेज की अति आधुनिक तकनीक का उपयोग ई-बैंकिंग, ई-कॉमर्स तथा ई-शिक्षण में उसी तरह कर सकते हैं जैसे कि कम्प्यूटरों द्वारा सुलभ इंटरनेट तथा वेब टेक्नोलॉजी द्वारा करते हैं। इस प्रकार से ई-शिक्षण का विगत या भूत है, तो दूसरा मोबाइल शिक्षण भविष्य है। नॉलेज कोशेंट

एजुकेशन के डाइरेक्टर भूमा कृष्णन (2007) ने ई-शिक्षण की ऐतिहासिक विवेचना करते हुए जो निष्कर्ष सामने रखे हैं, उनके अनुसार ई-शिक्षण कर विकास जिन चार प्रमुख अवस्थाओं में से गुजरा है, वे हैं :

(1) मल्टीमीडिया काल (1984-1993),
(2) वेब-प्रारम्भिक काल (1994-1999),
(3) वेब तकनीक का नया दौर (2000-2005) तथा वर्तमान समय में उपलब्ध मोबाइल लर्निंग।

• ऑनलाइन प्रलेख वितरण सेवाएँ

वेबसाइट पर ऑनलाइन प्रलेख वितरण सेवाएँ विश्वव्यापी रूप से उपलब्ध हैं। इन सेवाओं की सहायता से शोध आलेखों एवं अन्य प्रलेखों की छायाप्रति प्राप्त की जा सकती है।

• ई-बुकशॉप

आज इंटरनेट पर ऑनलाइन बुकशॉप उपलब्ध हैं। जिन पर विद्यार्थी अपनी रुचि के प्रलेखों को खोज सकते हैं। उसके बारे में जानकारी प्राप्त कर सकते हैं और उन्हें खरीद सकते हैं। इससे विद्यार्थियों को पाठ्य-सामग्री के चयन में समय की बचत और आसानी होती है।

• प्रकाशन में इंटरनेट या ऑनलाइन प्रकाशन

आज सभी प्रकार के प्रमुख प्रकाशकों के होम पेज हैं एवं इंटरनेट पर इनके द्वारा प्रकाशित पाठ्य-सामग्री से सम्बन्धित पूरी जानकारी उपलब्ध है। इसके साथ प्रकाशकों की किताबों को विद्यार्थी ऑनलाइन खरीद सकते हैं। शोध विद्यार्थियों के लिए यह बहुत उपयोगी है।

• ई-प्रकाशन

आज जीवन के सभी क्षेत्रों में इंटरनेट ने अपनी पहुँच को आसान किया है। जिससे कि आज इंटरनेट पर किताबों की उपलब्धता में तेजी से बढ़ोतरी हुई है। जिससे इंटरनेट पर किताबें तथा पत्र-पत्रिकाएँ प्रकाशित करना या उपलब्ध कराना ई-प्रकाशन कहलाता है और इस तरह की पुस्तकें ई-बुक्स कहलाती हैं। जिसको विद्यार्थी मुफ्त में या शुल्क अदा कर पढ़ सकता है। जिसको आवश्यकतानुसार डाउनलोड भी किया जा सकता है। दिनों-दिन ई-बुक्स की अधिकता से यह सिद्ध होता है कि विद्यार्थियों की रुचि इस ओर बढ़ती जा रही है।

- **डिजिटल पुस्तकालय**

आधुनिक समय में उच्च शिक्षा का स्तर तेजी से बदल रहा है। आज इंटरनेट ने विद्यार्थी को कभी-भी, कहीं भी सूचना एवं शिक्षा को आसान बना दिया है। विद्यार्थी एक क्लिक पर अपने विषय से सम्बन्धित हजारों जानकारी तक पहुँच सकता है। इंटरनेट ने दुनिया की किसी-भी जानकारी तक पहुँच आसान की है। इसमें दुनिया की किताबों, शोध-पत्रों, ऑनलाइन लाइब्रेरी शोध-ग्रन्थों का अध्ययन विद्यार्थी अपनी रुचि के अनुसार कर सकते हैं। एक अच्छी लाइब्रेरी में एक कैटलॉग होता है। जिससे पता चल जाता है कि लाइब्रेरी में कौन से डॉक्यूमेंट उपलब्ध हैं और वह किस रैक में हैं।

ऑनलाइन शिक्षण हेतु उपयोगी विभिन्न प्लेटफार्म्स

- **ज्ञान-दर्शन**

इग्नू का ज्ञान दर्शन (GD) चैनल एक वेब आधारित एजुकेशनल टीवी चैनल है जिसमें छात्र विभिन्न शैक्षणिक कार्यक्रम देख सकते हैं। यह भारत सरकार के मानव संसाधन मंत्रालय, सूचना और प्रसारण मंत्रालय, प्रसार भारती और इग्नू का संयुक्त उपक्रम है। ज्ञान-दर्शन का शुभारम्भ इग्नू के छात्रों के लिए वर्ष 2000 में किया गया था। यह 24 घंटे के प्रसारण वाला एक शैक्षणिक चैनल है जो अपने सभी दर्शकों के लिए इग्नू के विभिन्न अकादमिक विषयों के कार्यक्रम प्रसारित करता है। हालाँकि इग्नू इस चैनल की नोडल एजेंसी है फिर भी, यह चैनल प्री-स्कूल, प्राइमरी, सेकेंडरी, सीनियर सेकेंडरी स्कूल के शैक्षणिक कार्यक्रमों के साथ कॉलेज और यूनिवर्सिटी के विभिन्न छात्रों के लिए अपने कार्यक्रम प्रसारित करता है।

इसके अलावा, नौकरी करनेवालों, गृहिणियों और विभिन्न कार्मिकों के लिए भी ज्ञान-दर्शन पर प्रसारित होनेवाले कार्यक्रम बहुत उपयोगी होते हैं। इग्नू की वेबसाइट पर छात्रों के लिए इस चैनल के प्रसारण की सामग्री उपलब्ध है। यह चैनल वेब कास्ट पर भी उपलब्ध है ताकि पूरी दुनिया के लोग इन इग्नू प्रोग्राम्स से लाभ उठा सकें। ज्ञान-दर्शन अब इग्नू के स्वयं प्रभा चैनल का एक हिस्सा है और MHRD चैनल संख्या 25 पर देखा जा सकता है।

- **ई-पाठशाला** (ePathshala)

ई-पाठशाला, CIET और NCERT द्वारा विकसित एक पोर्टल/ऐप है। यह मानव संसाधन विकास मंत्रालय, CIET और NCERT द्वारा संयुक्त रूप से नवंबर 2015

में शुरू किया गया था। यह शिक्षकों, छात्रों, अभिभावकों, शोधकर्ताओं के लिए शैक्षिक संसाधनों को होस्ट करता है। इसका ऐप गूगल प्ले स्टोर से डाउनलोड किया जा सकता है या सीधे वेब द्वारा भी इस पर पहुँचा जा सकता है।

यह मंच कक्षा 1-12 के लिए NCERT की पाठ्यपुस्तकों, NCERT द्वारा ऑडियो-विजुअल संसाधनों, आवधिक, पूरक, शिक्षक प्रशिक्षण मॉड्यूल और कई अन्य प्रिंट और गैर-प्रिंट सामग्री सहित शैक्षिक संसाधनों का एक समूह प्रदान करता है। इन सामग्रियों को उपयोगकर्ता द्वारा ऑफलाइन उपयोग के लिए डाउनलोड किया जा सकता है, जिसमें डाउनलोड की कोई सीमा नहीं है। यह ऐप अधिक यथार्थवादी अनुभव प्रदान करने के लिए फ्लिप बुक प्रारूप का समर्थन भी करता है।

- SWAYAM **(स्वयं)**

यह एक इंडियन मैसिव ओपन ऑनलाइन कोर्स (MOOC) प्लेटफार्म है। SWAYAM पहल को तत्कालीन मानव संसाधन विकास मंत्रालय (MHRD) (अब शिक्षा मंत्रालय), भारत सरकार द्वारा डिजिटल इंडिया के तहत सभी उन्नत शिक्षा, हाई स्कूल और कौशल को कवर करते हुए वेब पाठ्यक्रमों में एक समन्वित चरण और मुफ्त प्रवेश देने के लिए शुरू किया गया था। इसे 9 जुलाई, 2017 को भारत के माननीय राष्ट्रपति द्वारा लॉन्च किया गया था।

SWAYAM को मानव संसाधन विकास मंत्रालय और अखिल भारतीय तकनीकी शिक्षा परिषद द्वारा माइक्रोसॉफ्ट की मदद से विकसित किया गया था। इस मंच पर मौजूद सभी सुविधाएँ निःशुल्क हैं, जिसमें कक्षा 9 से लेकर स्नातकोत्तर तक के पाठ्यक्रम शामिल हैं। इस मंच से IIT, IIM, IISER, आदि जैसे केन्द्रीय वित्त पोषित संस्थानों के प्रोफेसरों और शिक्षकों के विभिन्न विषयों पर दिए गए लेक्चर सुने जा सकते हैं।

SWAYAM पर 200 से अधिक संस्थान पंजीकृत हैं, जिनके 2,748 पूर्ण पाठ्यक्रम का लाभ यहाँ से छात्र उठा सकते हैं। यही कारण है कि इस मंच पर आज तक 1,25,41,992 छात्रों का नामांकन है और यहाँ से 6,54,664 छात्र सफलतापूर्वक विभिन्न पाठ्यक्रमों के प्रमाणपत्र हासिल कर चुके हैं और यह संख्या दिनों-दिन बढ़ रही है।

- **मूक्स** (MOOCs)

MOOC वेब-आधारित मुफ्त दूरस्थ शिक्षा कार्यक्रम है जो शिक्षा के क्षेत्र में भौगोलिक रूप से दूरस्थ क्षेत्रों के छात्रों की भागीदारी सुनिश्चित करता है। यह उच्च शिक्षा, कार्यकारी शिक्षा और कर्मचारी विकास के लिए मुफ्त ऑनलाइन पाठ्यक्रम प्रदान करता है। इस कार्यक्रम के जरिये दुनिया के किसी भी कोने में लोगों को इंटरनेट के

द्वारा शिक्षा प्रदान की जाती है। दुनिया में उच्च शिक्षा के उज्ज्वल भविष्य के लिए MOOCs को महत्त्वपूर्ण माना जा रह है। MOOCs विशेष तौर पर STEM (विज्ञान, प्रौद्योगिकी, इंजीनियरिंग और चिकित्सा) क्षेत्र में ऐसे छात्रों के लिए अन्तिम विकल्प बन गए हैं जो सीधे तौर पर विश्वविद्यालय से शिक्षा प्राप्त करने में असक्षम हैं।

• पॉडकास्ट

पॉडकास्ट से तात्पर्य एक मीडिया ऐसी संचिका से है जो कि इंटरनेट पर फीड के द्वारा प्रसारित की जाती है जिसे कि कम्प्यूटर तथा पोर्टेबल मीडिया प्लेयरों जैसे आईपॉड तथा स्मार्टफोन आदि द्वारा चलाया जा सकता है। इस प्रक्रिया को पॉडकास्टिंग कहा जाता है। पॉडकास्ट बनाने तथा प्रसारित करनेवाले को पॉडकास्टर कहा जाता है।

ब्लॉग के सन्दर्भ में इसका सामान्य सा अर्थ है कि अपने ब्लॉग पर किसी पोस्ट में कोई मीडिया संचिका (ऑडियो/वीडियो) आदि डालना जिसे पाठक ब्लॉग पर आकर अथवा आरएसएस फीड द्वारा देख/सुन सकें। सामान्य तौर पर ब्लॉग के मामले में ब्लॉगर ही पॉडकास्टर होगा।

'पॉडकास्ट' दो शब्दों से मिलकर बना है : प्लेयेबल ऑन डिमांड (POD) तथा ब्रॉडकास्ट। बाद में इसे इंटरनेट पर अन्य साधनों जैसे वेबसाइटों, ब्लॉगों आदि पर भी प्रयोग किया जाने लगा।

पॉडकास्टिंग कई तरीके से की जाती है। कुछ वेबसाइटें पूरी तरह से पॉडकास्टिंग हेतु समर्पित हैं उदाहरण के लिए इंडीकास्ट तथा पॉडभारती आदि। कुछ साइटों पर पॉडकास्टिंग के लिए सेक्शन निर्धारित होते हैं जैसे तरकश पर पॉडकास्ट सेक्शन। जहाँ तक ब्लॉग्स का सवाल है हिन्दी में पॉडकास्ट का अधिक चलन न होने से ऐसा कोई ब्लॉग नहीं है जो पूरी तरह पॉडकास्ट हो। विभिन्न ब्लॉग्स पर यदा-कदा ब्लॉगर पॉडकास्ट डाल देते हैं।

इन दिनों पॉडकास्टिंग की माँग बहुत अधिक है और हर साल इसकी श्रोताओं की संख्या बढ़ रही है। जिसका प्रमुख कारण इसकी सुलभता है और इसकी बहुआयामिता है। लोग कहीं भी कान में इयर-फोन डालकर अपने मनपसन्द विषय के कंटेंट को सुन सकते हैं।

• आभासी कक्षा

आभासी कक्षा एक वीडियो कॉन्फ्रेंसिंग साधन है जहाँ प्रशिक्षक और प्रतिभागी सीखने की सामग्री के साथ अधिगम प्रक्रिया में शामिल होते हैं। आभासी कक्षाएँ अन्य वीडियो कॉन्फ्रेंसिंग टूल्स से इस मायने में अलग हैं कि ये अधिगम को सुगम बनाने के लिए निम्न अतिरिक्त सुविधाएँ प्रदान करती हैं। जैसे; इसमें कक्षाएँ छोटे-छोटे समूहों में आयोजित की जा सकती हैं, जिन्हें अलग-अलग अध्यापक पढ़ा सकते

हैं। पाठ्य सामग्री को डॉक्यूमेंट्स, स्लाइड्स और मल्टी-मीडिया फाइल्स के रूप में प्रदर्शित किया जा सकता है। इसमें स्क्रीन-शेयरिंग और आभासी व्हाइट-बोर्ड की भी सुविधा होती है जिससे किसी जटिल विषय को आसानी से समझाया जा सकता है। आभासी कक्षा में क्विज आयोजित करके छात्रों को एकाग्र किया जा सकता है। कक्षाओं को साथ ही साथ भविष्य के लिए रिकॉर्ड भी किया जा सकता है। इंटरनेट से जुड़ी किसी भी डिवाइस जैसे; मोबाइल, लैपटॉप, टैबलेट आदि का उपयोग करके छात्र इस क्लासरूम प्लेटफार्म से जुड़ सकते हैं। इस प्रकार का लचीलापन प्रतिभागियों को उनके स्थान की परवाह किए बिना दुनिया भर की पाठ्य-सामग्री या अध्यापकों की कक्षाओं का उपभोग करने में सक्षम बनाता है। आभासी कक्षा का एक अन्य प्रमुख लाभ यह है कि यह छात्र प्रगति पर नजर रखने की सुविधा भी प्रदान करता है।

हिन्दी के विकास में इंटरनेट की भूमिका

कम्प्यूटर और इंटरनेट के आने के बाद कम्युनिकेशन में मूलगामी बदलाव आया है। राजनीति से लेकर संस्कृति तक सब क्षेत्रों में व्यापक परिवर्तन घटित हुए हैं। विकसित देशों में भी हिन्दी को लेकर ललक बढ़ रही है। कारण यह है कि किसी भी बहुराष्ट्रीय कम्पनी या देश को अपना उत्पाद बेचने के लिए आम आदमी तक पहुँचना होगा और इसके लिए जनभाषा ही सबसे सशक्त माध्यम है। यही कारक हिन्दी के प्रचार-प्रसार में सहायक सिद्ध हो रहा है। आज पचास से अधिक देशों के पाँच सौ से अधिक केन्द्रों पर हिन्दी पढ़ाई जाती है। कई केन्द्रों पर स्नातकोत्तर स्तर पर हिन्दी के अध्ययन-अध्यापन के साथ ही पीएचडी करने की सुविधा उपलब्ध है। विश्व के लगभग एक सौ चालीस देशों तक हिन्दी किसी न किसी रूप में पहुँच चुकी है। आज हिन्दी के माध्यम से सम्पूर्ण विश्व भारतीय संस्कृति को आत्मसात् कर रहा है। भारतीय प्रौद्योगिकी संस्थान, कानपुर के वैज्ञानिकों ने इस्की-8 (ISCII-Indian Standard Code for Information Interchange) कोडिंग प्रणाली विकसित किया। इस प्रणाली को विकसित करते समय वैज्ञानिकों ने इस बात का ध्यान रखा कि हिन्दी के लिए निर्धारित की जानेवाली कोडिंग प्रणाली में रोमनलिपि के समावेश की भी सुविधा हो और रोमनलिपि के लिए विकसित क्वेर्टी (QWERTY) की-बोर्ड में ही हिन्दी में टाइप करने की सुविधा हो। हिन्दी एवं अन्य भारतीय भाषाओं के लिए वैज्ञानिकों ने अलग से कोई की-बोर्ड की सुविधा उपलब्ध नहीं कराई। सभी ऑनलाइन औजार यूँ तो प्रत्यक्ष से कोई बड़ी भूमिका में न रहे हों परन्तु हिन्दी के समग्र विकास में इनकी सहायता से इनकार नहीं किया जा सकता है।

भारत जैसे देश में जहाँ महज 10 प्रतिशत से भी कम लोग अंग्रेजी का ज्ञान रखते हैं, वहाँ हिन्दी के इस स्वरूप की आवश्यकता बढ़ जाती है। हिन्दी के इसी महत्त्व पर मशहूर विचारक सच्चिदानन्द सिन्हा ने लिखा है—"भाषा जो प्रतीकों का समुच्चय होती है, संस्कृतियों के संकलन और सम्प्रेषण का सबसे सरल माध्यम भी होती है। और सम्प्रेषण आम बोलचाल की भाषाओं से भी होता है—बल्कि अधिक सशक्त रूप से।" यहाँ सम्प्रेषण के एक और सशक्त माध्यम 'वेब मीडिया' का भी उल्लेख किया जा सकता है।

इंटरनेट पर उपलब्ध आँकड़ों के अनुसार 20 प्रतिशत भारतीय उपभोक्ता हिन्दी में इंटरनेट सर्फिंग को पसन्द करते हैं। इंटरनेट पर हिन्दी ब्लॉगरों की संख्या एक लाख से भी ऊपर पहुँच गई है। आज इंटरनेट पर हिन्दी साहित्य से सम्बन्धित लगभग 70 ई-पत्रिकाएँ हिन्दी में उपलब्ध हैं। 15 से अधिक हिन्दी के सर्च इंजन हैं, जो किसी भी वेबसाइट का मिनटों में हिन्दी अनुवाद उपलब्ध करा सकते हैं। भारत के लगभग सभी सरकारी संगठनों की वेबसाइट हिन्दी यूनिकोड में उपलब्ध हैं। भारत के लगभग सभी हिन्दी दैनिक समाचार-पत्र और पत्रिकाएँ हिन्दी यूनिकोड में उपलब्ध हैं। सबसे उत्साहजनक बात है कि सोशल मीडिया-फेसबुक, व्हाट्सएप, ट्वीटर आदि ने भी हिन्दी साहित्य को हाथों-हाथ लिया है।

रॉबिन मनसैल ने लिखा कि इंटरनेट पर हिन्दी साहित्य सामग्री मूलत: दो कोटि में आती है, पहली कोटि उस साहित्य की है जो उत्सवधर्मी है और इंटरनेट को महिमामंडित करता है दूसरी कोटि में वह साहित्य आता है जो पलायनवादी है ,ये लोग इंटरनेट की किसी भी किस्म की सकारात्मक भूमिका नहीं देखते। इंटरनेट अध्ययन के क्षेत्र में ये दोनों कोटियाँ खूब फल-फूल रही हैं। इंटरनेट पर हिन्दी साहित्य का संसार भी काफी व्यापक हो गया है। एक आकलन के अनुसार साहित्यिक हिन्दी वेबपन्नों की संख्या करोड़ का काँटा छू रही है। अभी भी यह एक यक्ष प्रश्न है कि हिन्दी के मुख्यधारा के लेखक इंटरनेटीय माध्यमों को अपनी अभिव्यक्ति को दुनिया तक पहुँचाने का प्रमुख माध्यम बना पाए हैं? क्या ये अपनी नई और अनछपी रचनाओं को सबसे पहले इंटरनेट पर सक्रिय पाठकों तक पहुँचा रहे हैं? हंस के सम्पादक और प्रख्यात साहित्यकार राजेन्द्र यादव कहते हैं 'जो गम्भीरता या एकाग्रता किताब पढ़ने में होती है वह मुझे लगता है कि इंटरनेट पर नहीं होती, उस तरह की ग्रहणशीलता भी इंटरनेट पर नहीं बन पाती, वहाँ सूचनात्मकता ज्यादा है।'

इंटरनेट का महत्त्व इन लेखक-कवियों को समझ में तो आ गया है लेकिन पारम्परिक मीडिया में छपने-पहुँचने का मोह अभी कम नहीं हुआ है। मुख्यधारा के ऐसे बहुत कम ही लेखक हैं जो इंटरनेट को पहला माध्यम मानते रहे हैं और आज वे मुख्यधारा में अपना एक खास मकाम बना चुके हैं। यह बात भी गौर करनेवाली है कि मुख्यधारा के जो साहित्यकार इंटरनेट पर हाल ही में सक्रिय हुए हैं, वे अपनी

पुरानी रचनाओं को इंटरनेट पर ठेलकर आभासी दुनिया के भाषायी माहौल को समकालीनता से दूर कर रहे हैं। पुराने एवं बुजुर्ग लेखक इस बात से बेखबर हैं कि इंटरनेट पर 25 से 40 वर्ष के युवाओं की संख्या सबसे अधिक है। इस वर्ग की अपनी भाषा है। अपनी समझ है। यदि लेखन इनकी भाषा में इनकी समझ के स्तर से अपनी बात नहीं रखता तो उन तक पहुँचने की सम्भावना बेहद कम है।

हिन्दी साहित्य के प्रति बढ़ता रुझान नई-नई वेबसाइटों को तो सामने ला रहा है फिर भी सामग्री गम्भीर नहीं और स्तर पर भी पूरा ध्यान अभी नहीं दिया जा रहा। आज मीडिया बाजारोन्मुख होता चला गया। उसमें से जन-सरोकार गायब हो रहे हैं, बौद्धिक तेजस्विता क्षीण हुई और भाषा भी चलताऊ होती चली गई। भाषा के प्रति प्रेम और उसे बरतने के लिए जरूरी गम्भीरता भी खत्म होती चली गई। इस प्रवृत्ति का असर मीडिया के पठन-पाठन पर भी पड़ा। उसमें भाषा का महत्त्व कम कर दिया गया। तकनीक का प्रभाव बढ़ा तो उसने भी भाषा के महत्त्व को कम करना शुरू कर दिया। फिलहाल इंटरनेट आधारित माध्यम अपने प्रयोगशीलता के दौर से गुजर रहा है। इसीलिए इन माध्यमों पर निजता की अभिव्यक्ति का बोलबाला है। यह कुछ इसी तरह है जैसे पहले-पहल किसी ने कागज पर फाउंटेन पेन से कुछ लिखा हो और लोगों ने उसे जादू की संज्ञा दी हो। पर आज यह एक सामान्य काम ही है। वैसे ही इंटरनेट तकनीक और माध्यम से जुड़ाव भर उसे वैकल्पिक मीडिया नहीं बना सकता जब तक कि आपकी सोच, नजरिया और दर्शन वैकल्पिक न हों। चलिए कुछ ज्यादा न मानें तो भी इंटरनेट का इतना एहसान तो मानना ही पड़ेगा कि आज इंटरनेट के युग में हमारी भारतीय भाषाओं का जो साहित्य पुस्तकालयों की अलमारियों में बन्द पड़े थे, वे सभी विश्व स्तर पर इंटरनेट के माध्यम से पाठकों के सामने आ चुके हैं। यह सब इंटरनेट पर मौजूद निम्न सुविधाओं के कारण सम्भव हो सका है—

• इंटरनेट पत्रकारिता

आज हम एक ऐसे वर्चुअल और इंटरकनेक्टेड विश्व में रहते हैं जहाँ सूचना को किसी भी रूप में सरलता से पाया जा सकता है। हम अपने विचारों को सुदूर तक प्रचारित कर सकते हैं। ये सब ऑनलाइन अर्थात् इंटरनेट पत्रकारिता के चलते सम्भव हुआ है। इसे स्वयंभू पत्रकारिता कहा जा सकता है जहाँ लेखन के सभी मानदंडों से इतर विचार अभिव्यक्ति पर कोई बन्धन नहीं रहा है। आज के लेख में हम जानेंगे कि इंटरनेट जर्नलिज्म क्या है इसका अर्थ इतिहास माध्यम प्रकार और प्रभाव।

इंटरनेट पत्रकारिता को ऑनलाइन पत्रकारिता, साइबर पत्रकारिता, वेब पत्रकारिता आदि नामों से भी जाना जाता है। भारत में इंटरनेट पत्रकारिता का प्रारम्भ 1993 से माना जाता है।

इसी वर्ष हमारे देश में इंटरनेट की शुरुआत हुई थी। इसका दूसरा चरण 2003 से हुआ। रिडिफ डॉट कॉम को भारत की पहली साइट माना जाता है। लेकिन वेबसाइट पर विशुद्ध पत्रकारिता का श्रेय तहलका डॉट कॉम को दिया जाता है।

जिसने अपने स्टिंग ऑपरेशन के जरिये पत्रकारिता जगत में अपने ही नाम के अनुरूप तहलका मचा दिया था।

इंटरनेट पर समाचारों का प्रकाशन या आदान-प्रदान इंटरनेट पत्रकारिता कहलाता है। इंटरनेट पत्रकारिता दो प्रकार की होती है। प्रथम संचार सम्प्रेषण के लिए net का उपयोग करना जिसमें रिपोर्टर अपना समाचार ई-मेल द्वारा अन्यत्र भेजने व समाचार को संकलित करने तथा उसकी सत्यता, विश्वसनीयता सिद्ध करता है।

दूसरा पत्रकार द्वारा लिखे आलेखों को अपने ब्लॉग पोर्टल या साइट पर प्रकाशित करना है। आज देश भर में स्थानीय स्तर पर हजारों वेब पोर्टल श्रेष्ठ पत्रकारिता कर रहे हैं। जिन पोर्टल को अच्छे स्ट्राइक यानी पाठक मिलते हैं। विज्ञापनों की भी कमी नहीं रहती है। इस तरह इंटरनेट पत्रकारिता खबरों के शौक के साथ ही जीविका चलाने में भी मददगार साबित हो रही है।

हिन्दी जगत के प्रारम्भिक काल में बड़ी संख्या मानक की-बोर्ड तथा font की रही है। डायनमिक font के अभाव में हिन्दी की ज्यादातर साइट्स खुलती ही नहीं थी।

लेकिन अब मंगल यूनिकोड के जरिये हिन्दी साइट्स दुनिया के किसी भी कोने में पढ़ी जा सकती है। अब तो हर बड़े अखबार के अपने ई संस्करण भी हैं जिसे आप कभी भी पढ़ सकते हैं।

• इंटरनेट ब्लॉगिंग

इंटरनेट पर इन दिनों विभिन्न वेबसाइट है जिनमें हिन्दी-अंग्रेजी व अन्य भाषाओं की विभिन्न विषयों की वेबसाइट देखने को मिलती है। जिनमें कुछ साहित्यिक हैं तो कुछ सम्बन्धित संस्कृति के बारे में हैं।

ये वेबसाइट अपने आप को निरन्तर अपडेट करती है और उन्हें लगातार अच्छे कंटेंट की जरूरत पड़ती रहती है। न केवल अच्छे कंटेंट बल्कि नए विचारों को भी वेबसाइट अमल में लाना चाहती है। क्योंकि आजकल इंटरनेट पर लोग कुछ नया करके ही आय कमाते हैं।

अगर आप कुछ अलग तरह से सोचते हैं अगर आपको लगता है कि आपकी सोच से किसी वेबसाइट का रेवेन्यु आपका कंटेंट बढ़ा सकते हैं, तब निश्चित रूप से आपको इंटरनेट का साथ लेना चाहिए।

अगर आप अपने आलेख लिखकर ब्लॉग पर प्रकाशित करवाना चाहते हैं तो google का ब्लॉगस्पाट तथा वर्डप्रेस बेहतरीन प्लेटफार्म है। जहाँ आप निःशुल्क अपना ब्लॉग बनाकर असीमित स्पेस के साथ अपने आलेख सचित्र प्रकाशित कर सकते हैं।

इंटरनेट के जमाने में हिन्दी साहित्य

पढ़ना मानव सभ्यता की सबसे पुरानी आदतों में से एक है और यह सभी समय के महानतम व्यक्तित्वों का जुनून रहा है। पहले पढ़ने के लिए दस्तावेजी स्रोतों में सिर्फ एक पांडुलिपि थी, हालाँकि, यह केवल अभिजात वर्ग तक ही सीमित थी। बाद में, गुटेनबर्ग प्रिंटिंग प्रेस के आने से मुद्रित सामग्री सभी को उपलब्ध होने लगी। गुटेनबर्ग प्रिंटिंग प्रेस शिक्षित समाज में भारी बदलाव का कारण बना। यह पढ़ने की प्रक्रिया समाज के लिए मानवता की आगे की यात्रा के लिए निश्चित रूप से एक बड़ी छलाँग थी। इंटरनेट के उदय ने पढ़ने की संस्कृति में एक असाधारण परिवर्तन किया है लोगों के पढ़ने के व्यवहार में इस संस्कृति का अस्तित्व पूरी तरह या आंशिक रूप से बना है।

वर्तमान में, पढ़ना अब प्रिंट रीडिंग तक सीमित नहीं है। इंटरनेट क्रान्ति में वेब साइट्स, ई-पुस्तकों, ई-पत्रिकाओं, ई-पेपर, ई-मेल, चर्चा बोर्ड, चैट रूम, इंस्टेंट मैसेजिंग, ब्लॉग, विकी और अन्य मल्टीमीडिया दस्तावेज अब सम्भावित पाठक घर पर उसके मस्तिष्क पर पूर्ण प्रभुत्व जमा चुके हैं अब पाठक अपने टर्मिनल का उपयोग करते हुए पूरे वेब से ऑनलाइन जानकारी का उपयोग और ब्राउज कर सकते हैं। संचार माध्यमों के सिद्धान्तों और उनको समझने का कार्य सबसे पहले साहित्य जगत के चिन्तकों-विचारकों ने ही शुरू किया। भाषा, संचार की प्राथमिक तकनीकों में सबसे महत्त्वपूर्ण रही है, यही कारण है कि आज भी साहित्य,भाषा और संचार के बीच सीधा और साफ सम्बन्ध दिखाई देता है।

एक तेजी से बढ़ते हुए नेटवर्क वातावरण में, नई पीढ़ी के पाठकों ने धीरे-धीरे पढ़ने के नए व्यवहारों का विकास किया और अपने पारम्परिक रीडिंग प्रथाओं को तेजी से बदल दिया है। पाठकों का मानना है कि इंटरनेट सर्फिंग इंटरैक्टिव पठन, सतही पढ़ना और व्यापक रीडिंग बढ़ाता है और उसी दर पर अनुक्रमिक पढ़ने, केन्द्रित पढ़ाई और गहराई से पढ़ने में कमी आती है। केन्द्रित और गहराई से पढ़ने में कमी खतरनाक कारक है। यह इंगित करता है कि ऑनलाइन पाठकों को गहराई और केन्द्रित पढ़ने के लिए प्रिंट स्रोत का उपयोग करना है। शिक्षा के साथ-साथ प्रतिस्पर्धी परीक्षाओं के योग्य होने के लिए जानकारी और ज्ञान की वास्तविक खपत के लिए पढ़ने की ये प्रथा बहुत जरूरी है।

अध्याय-8

हिन्दी कम्प्यूटर टंकण एवं शार्टहैंड का सैद्धान्तिक पक्ष और हिन्दी साहित्य में शोध

(अ) हिन्दी कम्प्यूटर टंकण एवं शार्टहैंड का सैद्धान्तिक पक्ष

पिछले अध्यायों में हमने विभिन्न क्षेत्रों में कम्प्यूटर की उपयोगिताओं का अध्ययन किया। हमने देखा कम्प्यूटर आज हर क्षेत्र की मूल आवश्यकता है। पढ़ाई-लिखाई के क्षेत्र में भी यह बात शत-प्रतिशत सही है, न केवल पाठ्य-सामग्री को उपलब्ध कराने के सन्दर्भ में अपितु अपने लेखों, पत्रों आदि को लिखने और उन्हें प्रभावी ढंग से प्रस्तुत करने में भी कम्प्यूटर महत्त्वपूर्ण भूमिका निभाता है, टंकण यहीं पर आवश्यक हो जाता है। साथ ही विभिन्न दफ्तरों में अधिकांश काम आजकल कम्प्यूटरों पर ही होते हैं इसलिए पढ़ाई-लिखाई के साथ ही साथ विभिन्न लिपिकीय कार्यों के लिए भी कम्प्यूटर और टंकण का ज्ञान अनिवार्य अर्हता है। हालाँकि आजकल टंकण सामान्य बात हो गई है लेकिन कुछ समय पहले तक बाकायदा टाइपराइटर पर इसका प्रशिक्षण लिया जाता था। शॉर्टहैंड भी इसी क्षेत्र की एक अन्य शर्त है।

शॉर्टहैंड

आशुलिपि एक ऐसी विधि है लिखने की जिसमें एक आशुलिपिक सामान्य रूप से लिखे जानेवाले लेखन की अपेक्षा अधिक तेजी से लिख सकता है और इसमें भिन्न-भिन्न छोटे-छोटे प्रतीकों का समावेश किया जाता है। हिन्दी में इसे शीघ्र लेखन और अंग्रेजी में स्टेनोग्राफी कहते हैं। स्टेनोग्राफी में युवाओं के लिए एक बेहतरीन और सुनहरा भविष्य है। यह 10+2 की परीक्षा उत्तीर्ण करने के बाद किया जा सकता है। आप अपनी भाषा के अनुसार हिन्दी या इंग्लिश में सीख सकते हैं। अंग्रेजी और हिन्दी दोनों में इसकी कई प्रणाली प्रचलन में है। हिन्दी में प्रचलित प्रणाली-हिन्दी में ऋषि प्रणाली सबसे ज्यादा प्रचलित प्रणाली है। अंग्रेजी में मुख्यतः पिटमैन ज्यादा प्रचलित प्रणाली है। इसके अलावा ग्रेग और डटन इत्यादि हैं।

90 के दशक तक पत्रकारों आदि के लिए आशुलिपि की जानकारी का होना अनिवार्य होता था। लेकिन आज के समय में पहली जैसी समस्याएँ नहीं रही हैं फिर भी इसका प्रयोग बराबर किया जा रहा है। शॉर्ट हैंड के लिखने की विधि उर्दू से मिलती-जुलती है इसमें उर्दू-अंग्रेजी-हिन्दी सभी शब्दों का मिला-जुला हुआ रूप होता है। नीचे दिए गए इस चित्र में आप देख सकते हैं कि यह देखने में चित्र बिलकुल उर्दू से मिलता-जुलता है और थोड़ा-सा अजीब दिखता है—

SHORTHAND
NOTE

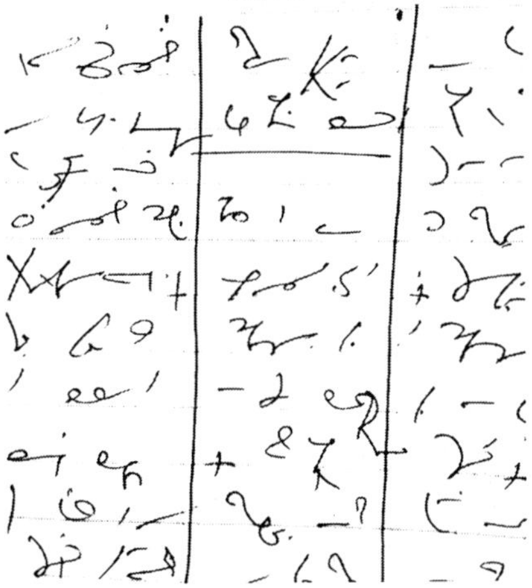

टाइपराइटर

टाइपराइटर का आविष्कार चरणबद्ध रूप में हुआ है। सर्वप्रथम 1575 में एक इतालवी प्रिंटमेकर आया था। उसके बाद 1714 में, हेनरी मिल द्वारा ब्रिटेन में एक मशीन (machine) का पेटेंट (patent) प्राप्त हुआ था, जो टाइपराइटर के समान प्रतीत होता है। 1808 में इतालवी पेलेग्रिनो तुरी ने एक टाइपराइटर का आविष्कार किया था। साथ ही उन्होंने अपनी मशीन में स्याही प्रदान करने के लिए कार्बन पेपर का भी आविष्कार किया। 1823 में इतालवी पिएत्रो कोंटी डि सिलवेगना ने टाइपराइटर के एक नए मॉडल का आविष्कार किया था। 1865 में, डेनमार्क के रेव रसमस मलिंग-हेन्सन ने हेन्सन राइटिंग बॉल का आविष्कार किया, जो पहला व्यावसायिक रूप से बेचा गया टाइपराइटर था।

वहीं एशिया में सबसे पहले टाइपराइटर का निर्माण वर्ष 1955 में भारत में हुआ था। पहले मैनुअल टाइपराइटर को विशेष रूप से भारतीय इंजीनियरों द्वारा अकेले डिजाइन और निष्पादित किया गया था। और इसको बनाने का विचार नवल

गोदरेज द्वारा दिया गया था। 1980 के दशक के अन्त तक, गोदरेज द्वारा एक साल में 50,000 टाइपराइटर बेचे जाते थे।

1930 के दशक में अमेरिका में 96 प्रतिशत टाइपिस्ट महिलाएँ थीं। वह कार्यस्थल पर उनके साथ हो रहे शोषण के कारण नारीवादी आन्दोलन से जुड़ी हुई थीं, क्योंकि उस समय यह एकमात्र ऐसा कार्य था जो महिलाओं को मिल सकता था। एक दिलचस्प बात यह है कि भारत में पहली बार आनेवाले अधिकांश टाइपराइटर अमेरिकी थे। ब्रिटेन में भी, अधिकांश टाइपराइटर अमेरिकी थे। वहीं टाइपराइटर के प्रति गांधी जी का दृष्टिकोण सामान्य था, उन्होंने दक्षिण अफ्रीका में टाइपराइटर का इस्तेमाल किया, और टाइपिस्टों (typists) को नियुक्त भी किया था। बाद में उनके जीवन में टाइपराइटर का मूल्य कम हो गया था, लेकिन जरूरत पड़ने पर वे इसका उपयोग करते थे। उदाहरण के लिए, 1926 में, गांधी ने अपनी एक पश्चिमी महिला शिष्या एस्थेर मेनन को लिखा था कि वे भी टाइपराइटर से घृणा करते हैं, बस इसका कभी-कभार उपयोग कर लेते हैं जैसे वह अन्य कई चीजों का करते हैं। उनको अगर टाइपराइटर से दूर कर दिया जाए तो उन्हें इक कोई अफसोस नहीं होगा। उन्होंने ये भी लिखा कि वह इसका उपयोग इसलिए भी कर लेते हैं क्योंकि इससे उनका काफी समय बचता है।

वर्तमान में टाइपराइटर इतना लोकप्रिय नहीं है, लेकिन कई युवाओं में टाइपराइटर की अहमियत बढ़ रही है। कई जगह सरकारी परीक्षा को उत्तीर्ण करने के लिए टाइपराइटर में टाइप करने की परीक्षा ली जाती है, जिस वजह से युवाओं द्वारा टाइपराइटर को सीखने का जुनून अभी भी बरकरार है। वहीं कुछ युवाओं द्वारा अपने लेखन को लिखने के दौरान लैपटॉप से विचलित होने के कारण टाइपराइटर का उपयोग करना शुरू किया जा रहा है। पेपरलेस पोस्टकार्ड (Paperless Postcards) की संस्थापक, पोद्दार इसे 'डिजिटल डिटॉक्स (digital detox)' मानती है।

इतने दिलचस्प इतिहास के बावजूद भी टाइपराइटर का समय अब लगभग समाप्त सा है। अब टाइपिंग का काम कम्प्यूटर के जिम्मे हो गया है। लेकिन कम्प्यूटर को भी हिन्दी टाइपिंग तक आने के लिए एक लम्बी यात्रा करनी पड़ी है। जिसका वर्णन निम्न है—

कम्प्यूटर पर हिन्दी टाइपिंग

कम्प्यूटर पर टाइपिंग दो प्रकार की होती है—

नॉन-यूनिकोड

यूनिकोड

नॉन-यूनिकोड

यह विधि कम्प्यूटर पर यूनिकोड प्रणाली के आने से पहले प्रयोग की जाती थी। इसमें पुराने समय के हिन्दी फॉण्ट प्रयोग किए जाते थे। इस टाइपिंग का उपयोग सिर्फ छपाई आदि के कामों में ही होता है। किसी वर्ड प्रॉसेसर में हिन्दी का नॉन-यूनिकोड़ फॉण्ट चुनकर टाइप किया जाता है तथा उसका प्रिंट लिया जा सकता है। किसी अन्य कम्प्यूटर पर वह टेक्स्ट दिखने के लिए वह विशेष फॉण्ट इंस्टाल होना चाहिए अन्यथा हिन्दी टेक्स्ट की जगह सिर्फ कचरा (जंक टेक्स्ट) दिखता है।

इस तरीके से सिर्फ छपाई के लिए हिन्दी टाइप की जा सकती है तथा कम्प्यूटर पर अन्य जगहों पर हिन्दी का प्रयोग नहीं हो सकता।

हर नॉन-यूनिकोड फॉण्ट का की-बोर्ड ले-आउट अलग-अलग होता है। माना आपको कृतिदेव का अभ्यास है तो आप सुशा में टाइप नहीं कर सकते।

यूनिकोड

सूचना प्रौद्योगिकी के विकास में भाषा प्रौद्योगिकी का अहम योगदान है या फिर यूँ कहें कि इन दोनों ने एक-दूसरे के विकास में सहयोगी भूमिका निभाई है। आम व्यक्ति द्वारा कम्प्यूटर के प्रयोग के साथ ही अंग्रेजी टंकण का उपयोग भी शुरू हो चुका था लेकिन हिन्दी तथा अन्य भाषाओं में टंकण कार्य न के बराबर या दु:साध्य कार्य था। इसके कई कारण थे जैसे फॉण्ट्स में एकरूपता का अभाव और किसी कॉमन कोड का न होना, किसी फॉण्ट की कोडिंग का अलग-अलग होना और किसी एक फॉण्ट की फाइल को अन्य कम्प्यूटर द्वारा न रीड कर पाना आदि। इस प्रकार की स्थिति में समस्याओं के निराकरण एवं अंग्रेजी के समान दुनिया की अन्य भाषाओं को कम्प्यूटर एवं इंटरनेट के योग्य बनाने के लिए जब वैज्ञानिकों, गणितज्ञों, भाषाविदों के समूह ने कम्प्यूटर विशेषज्ञों के साथ विचार-विमर्श किया तो यह महसूस किया गया कि एक ऐसी 'एन्कोडिंग प्रणाली' विकसित की जाए जिसकी मदद से दुनिया की सभी लिखित भाषाओं को कम्प्यूटर एवं इंटरनेट के योग्य बनाया जा सके और भाषाओं का क्षेत्र में एक अन्तरराष्ट्रीय मानक तैयार किया जाए ताकि कम्प्यूटर पर सभी भाषाओं का प्रयोग समान रूप से किया जा सके।

इसके लिए अमेरिका में 'यूनिवर्सल एन्कोडिंग कंसोर्टियम' की स्थापना की गई। इस कंसोर्टियम में सभी देशों की सरकारों के प्रतिनिधि शामिल हुए। भारत का सूचना प्रौद्योगिकी विभाग इस कंसोर्टियम का सदस्य है। काफी रिसर्च के बाद कंसोर्टियम द्वारा 16 बिट प्रणाली की एन्कोडिंग को मान्यता प्रदान कर दी गई। इस सम्पूर्ण प्रक्रिया को यूनिवर्सल से 'यूनी' एवं 'एन्कोडिंग' से 'कोड' आंशिक शब्दों को ग्रहण करके नाम दिया गया 'यूनिकोड'। अपने नाम के अनुरूप यूनिकोड,

भाषाओं के माध्यम से सूचनाओं के आदान-प्रदान की एक विश्वव्यापी व्यवस्था के रूप में स्थापित हो गया। जिसमें अंग्रेजी के अलावा हिन्दी सहित विश्व की अन्य सभी भाषाओं, जिनकी लिपि उपलब्ध है। ये भाषाएँ अब यूनिवर्सल हो गई हैं अर्थात् उनसे दुनिया के किसी भी कम्प्यूटर पर कार्य किया जा सकता है।

कम्प्यूटर पर हिन्दी भाषा में कार्य करने के लिए मुख्य रूप से तीन प्रकार के की-बोर्ड का प्रयोग किया जा सकता है। पहला की-बोर्ड है—देवनागरी इनस्क्रिप्ट, दूसरा-रेमिंगटन टाइपराइटर तथा तीसरा-फोनेटिक इंग्लिश। इन की-बोर्ड का प्रयोग करने हेतु एनेबल करने के दो तरीके हैं। पहला कंट्रोल पैनल में जाकर हिन्दी भाषा का चयन करके उसके साथ दिए हुए इनस्क्रिप्ट की-बोर्ड को सिलेक्ट करने से यह एनेबल हो जाता है और इसकी मदद से हिन्दी में टंकण कार्य किया जा सकता है। इसे यूनिवर्सल की-बोर्ड भीं कह सकते हैं। देवनागरी इनस्क्रिप्ट की-बोर्ड से न केवल हिन्दी में टंकण कार्य करना सरल हुआ है, बल्कि इससे टंकण की गति भी बढ़ जाती है। इसके अलावा इनस्क्रिप्ट की-बोर्ड से टंकण करनेवाले व्यक्ति अन्य भारतीय भाषाओं, जिन्हें वे लिखना-पढ़ना जानते हैं, में भी टंकण करने में सक्षम हो जाते हैं।

इस प्रकार अब यूनिकोड के आविष्कार से कोई भी व्यक्ति अपने मनचाही भाषा में मनचाहे की-बोर्ड से टंकण कार्य सुगमता से कर सकता है।

अंग्रेजी की तरह कम्प्यूटर पर सब जगह चलती है। आप इसे किसी वर्ड प्रॉसेसर में, ई-मेल में, वेबसाइट पर, मैसेंजर आदि जगहों पर कहीं भी लिख सकते हैं।

फॉण्ट के झमेले से मुक्त है। किसी भी यूनिकोड श्रेणी के फॉण्ट से लिख एवं पढ़ सकते हैं।

की-बोर्ड ले-आउट के झमेले से मुक्त है। उपयुक्त टूल का प्रयोग करके किसी भी की-बोर्ड ले-आउट द्वारा हिन्दी लिखी जा सकती है।

कुछ सॉफ्टवेयरों एवं वेब सेवाओं में हिन्दी का समर्थन न होने से हिन्दी कभी-कभी हिन्दी दिखती ही नहीं या फिर सही नहीं दिखाई देती है।

हिन्दी के की-बोर्ड ले-आउट

वैसे तो हिन्दी के लिए बहुत से की-बोर्ड ले-आउट प्रचलित हैं परन्तु मुख्य तीन हैं :

इनस्क्रिप्ट— हिन्दी का मानक की-बोर्ड ले-आउट।

रेमिंगटन— मैकेनिकल टाइपराइटर का की-बोर्ड ले-आउट।

फोनेटिक— ध्वन्यात्मक लिप्यंतरण आधारित की-बोर्ड ले-आउट। इसकी कोई मानक लिप्यंतरण स्कीम नहीं होती। अलग-अलग टूल में अलग-अलग स्कीम प्रयोग होती है।

हिन्दी टाइपिंग की विधियाँ

टच टाइपिंग

टच टाइपिंग से आशय होता है बिना की-बोर्ड को देखे केवल छूकर टाइप करना। हिन्दी में मूल रूप से इनस्क्रिप्ट एवं रेमिंगटन टच टाइपिंग प्रणालियाँ हैं। फोनेटिक मूल रूप से टच टाइपिंग प्रणाली नहीं है लेकिन यदि अंग्रेजी की क्वर्टी टच टाइपिंग का अभ्यास हो तो फोनेटिक को भी बिना देखे टाइप किया जा सकता है।

साइट टाइपिंग

साइट टाइपिंग से आशय है कि कुंजियों को देख-देखकर टाइप करना। हिन्दी में साइट टाइपिंग के लिए देवनागरी वर्ण अंकित इनस्क्रिप्ट ले-आउट के की-बोर्ड उपलब्ध हैं। इसके अतिरिक्त इनस्क्रिप्ट ले-आउट के स्टीकर भी मिलते हैं जिन्हें मौजूदा की-बोर्ड पर चिपकाया जा सकता है। इनस्क्रिप्ट ले-आउट में वर्ण विशेष क्रम में होते हैं इसलिए ये टच और साइट दोनों प्रकार की टाइपिंग के लिए उपयुक्त होता है।

दूसरी विधि फोनेटिक में यद्यपि देख-देखकर ही टाइप किया जाता है लेकिन वह सही रूप में साइट टाइपिंग भी नहीं है क्योंकि देवनागरी के बजाय अंग्रेजी के वर्णों को टाइप करके हिन्दी लिखी जाती है। रेमिंगटन साइट टाइपिंग के लिए कतई उपयुक्त नहीं क्योंकि इसका ले-आउट काफी कठिन होता है और वर्णों को ढूँढ़ना बहुत मुश्किल होता है।

वॉइस टाइपिंग

भाषा प्रौद्योगिकी के क्षेत्र में Speech to Text तकनीकी एक अहम उपलब्धि है। आजकल हिन्दी सहित विश्व की लगभग सभी भाषाओं में Phonetic Typing तथा लिपि परिवर्तक (Script Converter) के साथ-साथ बोलकर टाइप करने अर्थात् Dictation की सुविधा उपलब्ध करानेवाले Software / Tools भी आसानी से उपलब्ध हैं।

वैसे तो हम Google doc के माध्यम से भी वॉइस टाइपिंग कर सकते हैं, परन्तु उसके लिए जी-मेल अकाउंट होना आवश्यक है। किन्तु, यहाँ उपलब्ध कराए जा रहे टूल के लिए आपको किसी भी प्रकार से लॉगिन आदि करने की आवश्यकता नहीं होगी।

यह सुविधा अभी केवल गूगल क्रोम ब्राउजर पर ही काम करती है। इसके लिए आपके इंटरनेट की speed ठीक होनी चाहिए। Broadband अथवा 4G अच्छा रहेगा। आपके कम्प्यूटर में अच्छी क्वालिटी का Mic लगा होना चाहिए। Laptop आदि में इनबिल्ट माइक भी रहता है।

सटीक परिणाम प्राप्त करने के लिए आपको स्पष्ट आवाज में उचित गति के साथ बोलना चाहिए।

कुछ प्रचलित यूनिकोड हिन्दी फॉण्ट हैं

अपराजिता
एरियल यूनिकोड MS
कोकिला आदि

ओसीआर (OCR)

हस्तलिखित, टाइप किए हुए या प्रिंट किए हुए पाठ (टेक्स्ट) की छवि का कम्प्यूटर द्वारा पढ़े जाने योग्य टेक्स्ट रूप में परिवर्तन ओसीआर (Optical character recognition) कहलाती है। आजकल यह छवि-प्रसंस्करण पर आधारित कम्प्यूटर प्रोग्रामों द्वारा आसानी से सम्भव हो गया है किन्तु इसे यांत्रिक तरीकों से भी करना सम्भव है।

वस्तुत: यह पैटर्न की पहचान, कृत्रिम बुद्धि और मशीनी-दृष्टि (machine vision) के क्षेत्र में अनुसन्धान का एक क्षेत्र है। पहले ओसीआर प्रोग्रामों को प्रशिक्षित करना पड़ता था किन्तु अब बहुत से 'बुद्धिमान' प्रोग्राम भी बना दिये गए हैं जो अधिकांश फाण्टों को बहुत अधिक शुद्धता के साथ पहचान लेते हैं।

प्रमुख ओसीआर प्रोग्राम

गूगल ओसीआर, GOCR, SimpleOCR, TopOCR, FreeOCR आदि।

उपयोग

ओसीआर का मुख्य उपयोग प्रिंट की गई पुस्तकों के पृष्ठों के स्कैन छवियों को लेकर उससे 'टेक्स्ट' में बदलना है। टेक्स्ट में बदलने से कई लाभ हैं—

टेक्स्ट फाइल का आकार (साइज) इमेज फाइल से बहुत कम होता है।

टेक्स्ट में खोजना (सर्च करना) एवं अन्य प्रसंस्करण बहुत आसान हैं, जैसे उसका अनुवाद करना, उस टेक्स्ट की लिपि बदलना, उस टेक्स्ट को ध्वनि में बदलना, तथा उस टेक्स्ट से अन्य सूचनाएँ निकाल पाना आदि।

गाड़ियों के नम्बर प्लेट की स्वचालित पहचान

प्रिंट रूप में मौजूद इलेक्ट्रॉनिक दस्तावेजों की छवियों को खोजने लायक बनाना (जैसी गूगल पुस्तकें)

पावर पॉइंट प्रेजेंटेशन (PPT)

सम्मेलन, क्लास आदि में भाषण, लेक्चर देते समय या अपनी रणनीतियों/पाठों को प्रस्तुत करते समय यह बहुत महत्त्वपूर्ण है कि आपकी बातों का प्रस्तुतिकरण और सम्प्रेषण प्रभावपूर्ण हो। प्रभावपूर्ण सम्प्रेषण के लिए यह आवश्यक है कि आप अपने तथ्यों को साधारण, अर्थपूर्ण तथा रुचिकर रूप से प्रस्तुत करें। सम्प्रेषण उस समय और भी प्रभावपूर्ण हो जाता है जब आप तथ्यों को न केवल सुस्पष्ट रूप से प्रस्तुत करते हैं बल्कि प्रदर्शित भी करते हैं। इस क्षेत्र में भी कम्प्यूटर आपका सहायक बन सकता है। आप सम्प्रेषण के दौरान श्रोताओं के समक्ष कम्प्यूटर की सहायता से तथ्यों/छवियों/वीडियो आदि का दृश्य क्रम प्रस्तुत कर सकते हैं। इस प्रकार के दृश्य-क्रम को प्रेजेंटेशन कहते हैं। प्रेजेंटेशन के सृजन के लिए अनेक सॉफ्टवेयर पैकेज उपलब्ध हैं। जिनमें से सबसे लोकप्रिय पैकेज एसएस पॉवर पॉइंट है।

पॉवर पॉइंट प्रेजेंटेशन बनाना

अपने कम्प्यूटर में पॉवर पॉइंट को स्टार्ट करने के लिए निम्न अनुक्रम का उपयोग करे :

स्टार्ट → ऑल प्रोग्राम → माइक्रोसॉफ्ट ऑफिस →

माइक्रासॉफ्ट ऑफिस पॉवर पॉइंट 2007

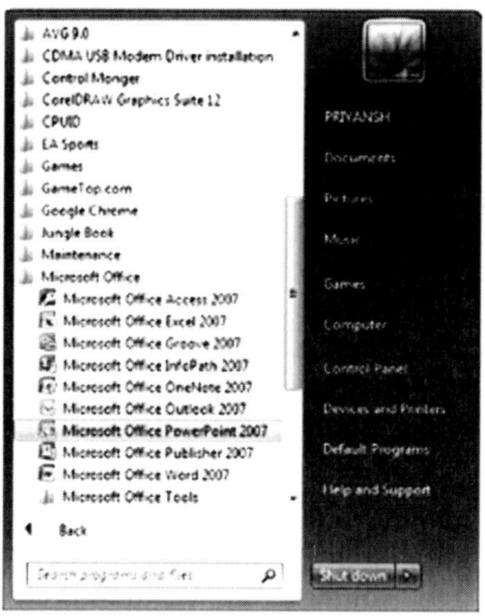

वैकल्पिक रूप से, पावर पॉइंट को स्टार्ट करने के लिए अपने डैस्कटॉप पर एमएस-पावर पॉइंट आइकॉन को डबल क्लिक करें। जब पावर पॉइंट स्टार्ट हो जाएगा तो आपके सामने निम्नलिखित विंडो खुलेगी।

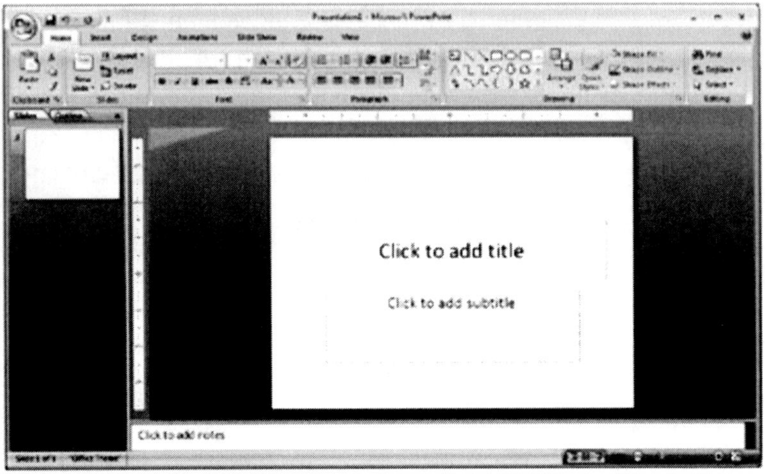

डीफॉल्ट प्रेजेंटेशन

जब आप इस प्रकार पावर पॉइंट को स्टार्ट करते हैं तो, वह डीफॉल्ट रूप में प्रेजेंटेशन 1 (Presentation1) नाम से एक खाली प्रेजेंटेशन को खोल देता है। इस प्रेजेंटेशन में 'टाइटल' ले-आउट के साथ केवल एक स्लाइड होती है जिसमें प्रेजेंटेशन के टाइटल तथा सब-टाइटल के लिए प्लेस होल्डर होता है। इस प्रेजेंटेशन को प्रेजेंटेशन 1 नाम से एक विशिष्ट स्थान पर सेव कर लें जिसे आसानी से याद रखा जा सके (इसकी प्रक्रिया वर्ड प्रॉसेसर तथा स्प्रेडशीट की प्रक्रिया के समान ही है)। पावर पॉइंट स्वतः ही इसे pptx. एक्सटेंशन प्रदान कर देगा। अब पावर पॉइंट को बन्द कर दीजिए।

पावर पॉइंट को पुनः स्टार्ट कीजिए और अब विकल्प फाइल → ओपन में जाएँ और प्रेजेंटेशन प्रेसेंटेशन 1 को ओपन करें, जिसे आपने अभी सेव किया था।

स्लाइडों की अवधारणा

प्रत्येक प्रेजेंटेशन स्लाइडों का संयोजन (collection) है। इसे समझने के लिए आप प्रेजेंटेशन को एक फिल्म तथा फिल्म के दृश्यों को स्लाइड मान सकते हैं। जिस

प्रकार एक फिल्म में एक कहानी को प्रस्तुत करने के लिए अनेक दृश्य होते हैं उसी प्रकार एक प्रेजेंटेशन में एक कहानी या अवधारण को रोचक रूप में प्रस्तुत करने के लिए विभिन्न स्लाइडें होती हैं। किसी प्रेजेंटेशन के सृजन के लिए दो तथ्यों के सम्बन्ध T में आपकी अवधारणा सुस्पष्ट होनी चाहिए, सर्वप्रथम कि आप क्या प्रस्तुत करना चाहते हैं और दूसरा आपके श्रोता कौन हैं। जब आप इन दो तथ्यों के बारे में स्पष्ट हो जाते हैं तो आप निर्णय ले सकते हैं कि आपको इस प्रेजेंटेशन के लिए कितनी स्लाइडों की आवश्यकता होगी, इसकी रंग योजना क्या होगी, इसकी विषयवस्तु क्या होगी (अर्थात् कितना पाठ, श्रव्य या दृश्य विषयवस्तु होनी चाहिए) आदि ।

पावर पॉइंट विंडों के भाग

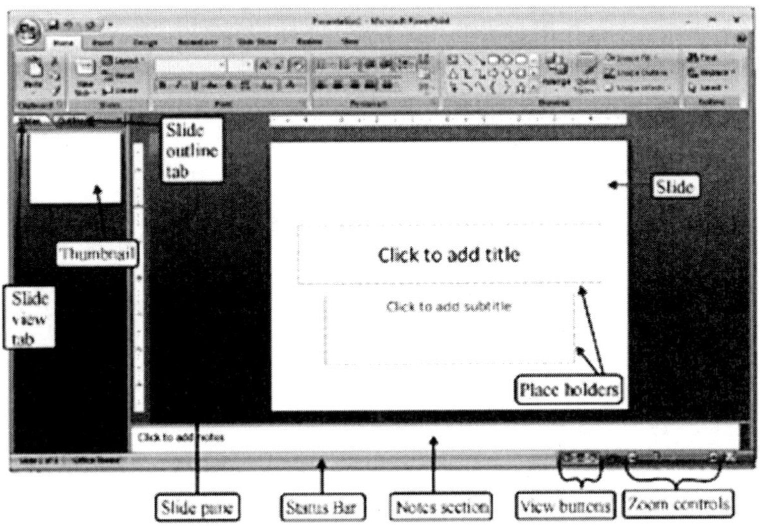

इस चित्र का अवलोकन करें जो आपको पावर पॉइंट विंडों के विभिन्न भागों को प्रदर्शित करता है। इस विंडों में रिबन उसी प्रकार का है जैसा वर्ड तथा एक्सेल में होता है। इस विंडों के लेबलयुक्त भागों का वर्णन नीचे प्रस्तुत किया गया है। आप यह पहले से ही जानते हैं कि प्रत्येक प्रेजेंटेशन स्लाइडों का संयोजन होता है। वर्तमान स्लाइड जिसमें प्रयोगकर्ता (प्रयोक्ता) कार्य कर रहा है, उसे स्लाइड पैनल में दर्शाया जाता है। एक स्लाइड में उनसे सम्बन्धित प्लेस होल्डरों में पाठ, छवियाँ, वीडियो आदि हो सकते हैं। स्लाइड पैनल के ठीक नीचे नोट्स

पैनल होता है। नोट्स पैनल को वर्तमान स्लाइड में स्पीकर (व्यक्ति जो इस प्रेजेंटेशन को प्रस्तुत करेगा) के नोटों को लिखने के लिए प्रयोग किया जाता है। पावर पॉइंट विंडों के सबसे नीचे **स्टेटस बार, व्यू बटन** तथा **ज़ूम** कंट्रोल होते हैं। स्टेटस बार वर्तमान प्रेजेंटेशन की स्थिति को दर्शाता है, और जूम कंट्रोल्स का प्रयोग वर्तमान स्लाइड के डिस्प्ले आकार को बढ़ाने व कम करने के लिए किया जाता है।

एक प्रेजेंटेशन को निम्न तीन रूपों (Views) में देखा जा सकता है—

1. **नॉर्मल व्यू :** नॉर्मल व्यू का प्रयोग प्रेजेंटेशन की सामान्य गतिविधि के लिए किया जा सकता है। इस व्यू में आप अपने प्रेजेंटेशन की स्लाइडों की विषयवस्तु को एडिट कर सकते हैं। नॉर्मल व्यू में, स्पैन के दाईं ओर एक अन्य पैन होता है। इस पैन में आप अपने प्रेजेंटेशन में स्लाइडों को एडिट करते समय थम्बनेल साइज की छवियों के रूप में देख सकते हैं। इस पैन में दो टैब होते हैं—स्लाइड्स टैब और आउटलाइन टैब। जब आप स्लाइड टैब को क्लिक करते हैं तो स्लाइडें थम्बनेल (अँगूठे के नाखून) रूप में प्रदर्शित होती हैं और जब आप आउटलाइन टैब को क्लिक करते हैं तो आपके स्लाइड का पाठ आउटलाइन रूप में प्रदर्शित होता है।
2. **स्लाइड सॉर्टर व्यू :** स्लाइड सॉर्टर व्यू आपके प्रेजेंटेशन की सभी स्लाइडों को एक विंडो में प्रस्तुत करता है। स्लाइड सॉर्टर व्यू में आप स्लाइडों के क्रम को पुन: व्यवस्थित कर सकते हैं, स्लाइडों को कट-कॉपी-पेस्ट कर सकते हैं, यदि प्रेजेंटेशन में उसकी आवश्यकता नहीं है तो उस स्लाइड को डिलीट भी कर सकते हैं।
3. **स्लाइड शो व्यू :** प्रेजेंटेशन को श्रोताओं के समक्ष स्लाइड शो के रूप में ही पेश किया जाता है। स्लाइड शो व्यू में, स्लाइडें एक-एक करके प्रदर्शित होती हैं और आपको कम्प्यूटर स्क्रीन पर कुछ और नजर नहीं आता है।

स्लाइड ले-आउट

एक प्रेजेंटेशन (Presentation) में विभिन्न प्रकार की सूचनाएँ प्रस्तुत की जाती हैं—ये शीर्षक, उप-शीर्षक, सूचियाँ, सामान्य पाठ, छवियाँ, ऑडियो या वीडियो आदि रूपों में हो सकती हैं। आप इस सूचना को स्लाइड में किसी भी क्रम में तथा किसी भी स्थान पर रख सकते हैं। एक स्लाइड में सूचनाओं की व्यवस्था को स्लाइड ले-आउट कहते हैं। यदि आपको आत्मविश्वास नहीं

है कि प्रेजेंटेशन में स्लाइड में सूचनाओं का क्रम क्या होना चाहिए या इसका सामान्य रूप तथा प्रदर्श कैसा होना चाहिए तो पावर पॉइंट इसमें भी आपकी मदद करता है। जब आपको प्रेजेंटेशन में एक स्लाइड इंसर्ट करनी होती है तो पावर पॉइंट आपको अनेक प्री-डिजाइन स्लाइड ले-आउटों में से एक का चयन करने का अवसर प्रदान करता है। इन प्री-डिजाइन स्लाइड ले-आउटों को नीचे प्रदर्शित किया गया है।

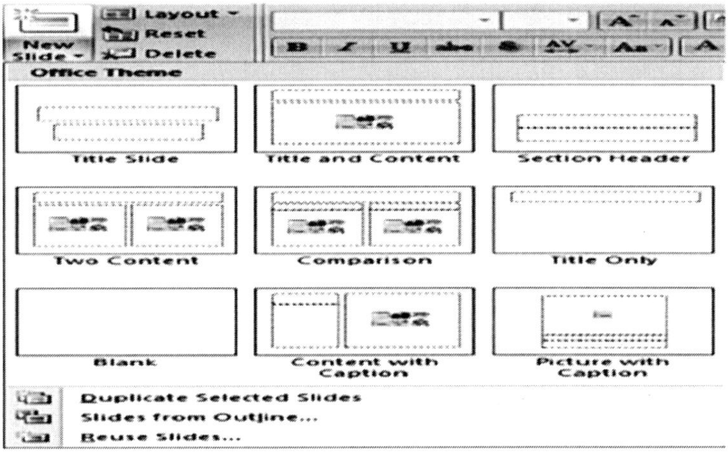

आप अपनी आवश्यकतानुसार इनमें से किसी भी ले-आउट का चयन कर सकते हैं।

स्लाइड तैयार करना, स्पेशल इफेक्ट तथा एनिमेशन शामिल करना

स्लाइडें तैयार करना

होम टैब के स्लाइड्स ग्रुप में न्यू स्लाइड बटन को क्लिक करके प्रेजेंटेशन में एक नई स्लाइड शामिल की जा सकती है। इसमें स्टैंडर्ड स्लाइउ ले-आउटों की सूची प्रदर्शित होती है जिसमें से आप किसी एक का चयन कर सकते हैं। यदि इन स्टैंडर्ड ले-आउटों में से कोई भी आपकी आवश्यकता के अनुरूप नहीं है तो आप खाली (Blank) स्लाइड ले-आउट का चयन कर सकते हैं। यदि आपको पहले से मौजूद कुछ स्लाइडों के डुप्लिकेट स्लाइडों का निर्माण करना है तो इन स्लाइडों को सिलेक्ट करें और न्यू स्लाइड मेनू से डुप्लिकेट सिलेक्टिड स्लाइड ऑप्शन का चयन करें। स्लाइड इंसर्ट हो जाने के पश्चात्

स्लाइड पर सम्बन्धित प्लेस होल्डरों में सूचनाएँ डालें। यदि आप चाहें तो आप इनमें से किसी प्लेस होल्डर को डीलीट कर सकते हैं, उनके स्थान को बदल सकते हैं, स्लाइड को फॉर्मेट कर सकते हैं। आप इनमें कुछ और सूचनाओं को भी शामिल कर सकते हैं जिसके लिए स्लाइड में कोई प्री-डिसाइंड प्लेस होल्डर नहीं होता। इसका अर्थ यह है कि आप अपनी आवश्यकतानुसार स्लाइड ले-आउट को किसी भी रूप में परिवर्तित कर सकते हैं। यदि आपने खाली स्लाइड का चयन किया है तो आप स्लाइड में किसी भी स्थान पर किसी भी प्रकार की सूचना प्रदर्शित कर सकते हैं।

इंसर्ट टूलबार को ओपन करने के लिए इंसर्ट टैब पर क्लिक करें।

इस टूलबार का प्रयोग करके आप स्लाइड में किसी भी प्रकार की सूचना को इंसर्ट कर सकते हैं।

उदाहरणार्थ

मान लीजिए कि आप निम्नलिखित स्लाइडें तैयार करना चाहते हैं :

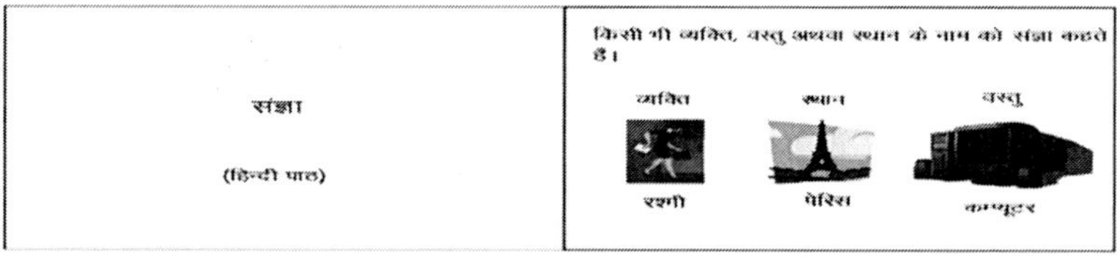

स्लाइड को तैयार करने के लिए स्टैंडर्ड ले-आउटों में से 'टाइटल स्लाइड' का चयन करें। यह स्लाइड के 'टाइटल' तथा 'सब-टाइटल' के लिए प्लेस होल्डरों के साथ स्लाइड को इंसर्ट करता है। टाइटल प्लेस होल्डर में पाठ 'संज्ञा को टाइप करें और सब-टाइटल प्लेस होल्डर में 'हिन्दी पाठ' को टाइप करें।

स्लाइड (ख) को तैयार करने के लिए एक नई खाली स्लाइड को इंसर्ट करें और निम्नलिखित चरणों को करें :

(क) स्लाइड में टेक्स्ट बॉक्स को इंसर्ट करें और टेक्स्ट बॉक्स में संज्ञा की परिभाषा को टाइप करें।

(ख) वांछित क्लिप आर्ट को इंसर्ट करें।
(ग) पाठ व्यक्ति, स्थान, वस्तु, रश्मी, पेरिस, कम्प्यूटर के लिए टेक्स्ट बॉक्सों को इंसर्ट करें।
(घ) इन टेक्स्ट बॉक्सों में सम्बन्धित पाठ को टाइप करें और तत्पश्चात् इन सभी तत्त्वों को स्लाइड में उपयुक्त स्थान करें।

स्लाइड में वस्तुओं की फॉर्मेटिंग

स्लाइड में स्थापित किए गए पाठ और छवियों को भी स्पेशल इफेक्ट प्रदान किए जा सकते हैं। किसी पाठ या छवि को स्पेशल इफेक्ट प्रदान करने के लिए आपको उसे सिलेक्ट करना होगा और तत्पश्चात् रिब्बन पर फॉर्मेट टैब को क्लिक करना होगा। फॉर्मेट टैब तभी प्रदर्शित होता है जब किसी पाठ, बॉक्स या छवि को सिलेक्ट किया जाता है।

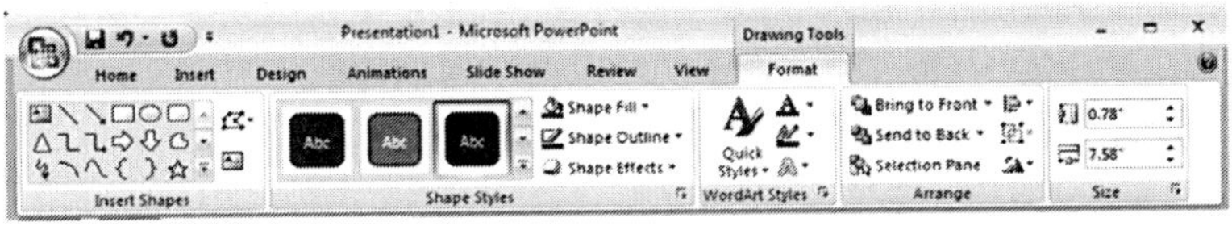

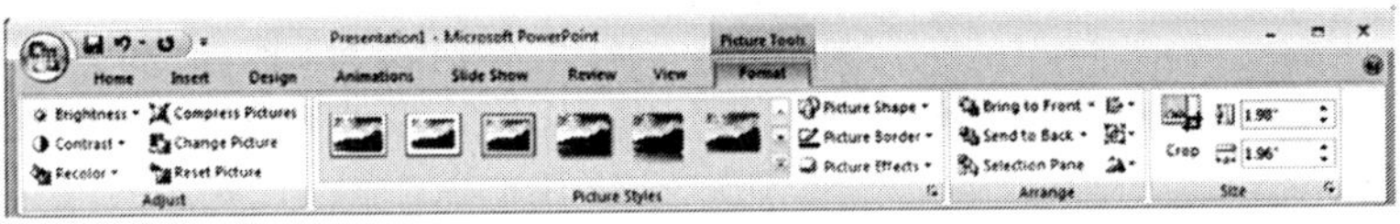

फॉर्मेट टैब में क्लिक करने से फॉर्मेट टूलबार खुल जाता है। जब आप पाठ के लिए टेक्स्ट पर क्लिक करते हैं और छवि के लिए इमेज पर क्लिक करते हैं तो यह विभिन्न विकल्प प्रस्तुत करता है। फॉर्मेट टूलबार में उपलब्ध विकल्पों के प्रयोग द्वारा प्रेजेंटेशन को आकर्षक बनाने के लिए पाठ या छवियों पर विभिन्न प्रभाव जैसे बॉर्डर, रंग, शैडो, स्टाइल आदि प्रदान किए जा सकते हैं।

उदाहरण

पिछले उदाहरण में उल्लिखित स्लाइडों पर फिर विचार करें। मान लीजिए कि ये स्लाइडें जूनियर विद्यार्थियों के लिए हैं, तो आप इन स्लाइडों को और रंगीन

बनाना चाहेंगे। मान लीजिए कि आप इन स्लाइडों को निम्नानुसार स्वरूप प्रदान करना चाहते हैं।

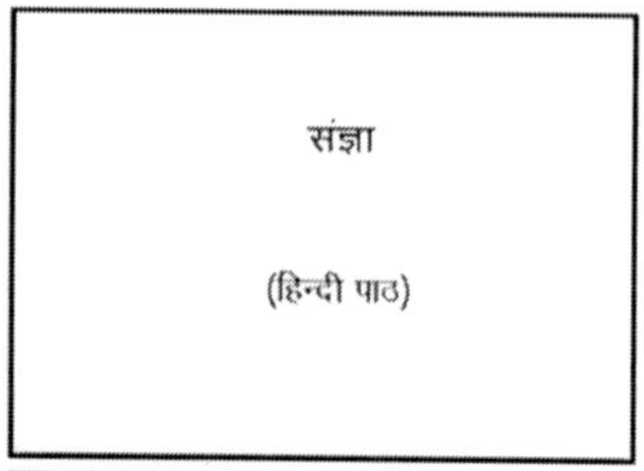

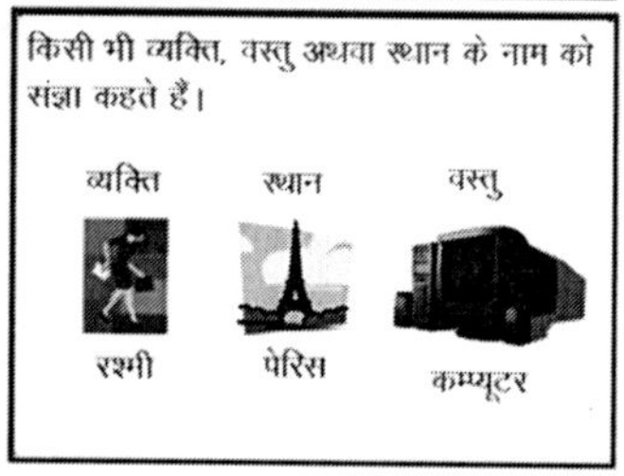

किए गए परिवर्तनों पर ध्यान दें—

1. प्रथम स्लाइड में
   - (क) 'संज्ञा' टाइटल बॉक्स को रंगीन (कलर्ड) किया गया है और 'संज्ञा' का रंग भी परिवर्तित करके काले से सफेद कर दिया गया है।
   - (ख) 'हिन्दी पाठ' के लिए सब-टाइटल बॉक्स को रंगीन (कलर्ड) किया गया है और 'हिन्दी पाठ' के रंग तथा शैली को भी परिवर्तित किया गया है।
   - (ग) दोनों बॉक्सों में पाठ के आकार में वृद्धि की गई है।
2. दूसरी स्लाइड में
   - (क) पहले पाठ बॉक्स को रंगीन (कलर्ड) तथा पाठ को बोल्ड किया गया है।
   - (ख) अन्य सभी पाठ बॉक्सों में भी पाठ को बोल्ड किया गया है।
   - (ग) सभी क्लिप आर्ट्स में बॉर्डर प्रदान किए गए हैं।

आइए देखें कि आप किस प्रकार स्लाइडों में इन परिवर्तनों को कर सकते हैं।

(क) टाइटल बॉक्स को सिलेक्ट करें और रिब्बन फॉर्मेट टैब को क्लिक करें। इससे फॉर्मेट टूलबार खुल जाएगा जैसा कि चित्र में दर्शाया गया

है। इस टूलबार में शेप स्टाइल ग्रुप होता है जैसा कि निम्नलिखित चित्र में दर्शाया गया है।

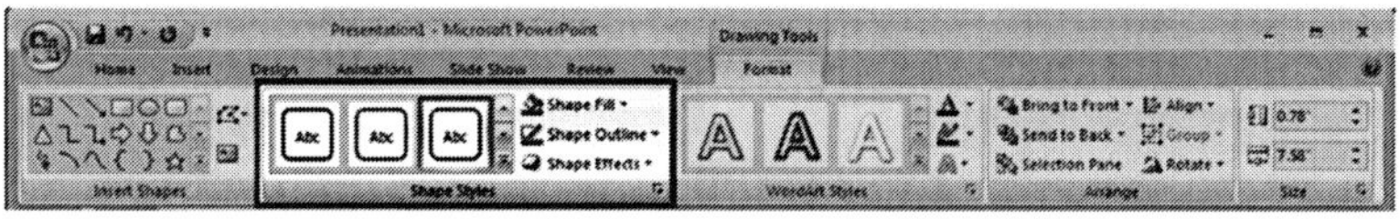

शेप स्टाइल ग्रुप की बाईं ओर एक पैन होता है जो तीन विभिन्न रंगीन बॉक्सों में Abc पाठ दर्शाता है। यदि आप इस पैन में नीचे को स्क्रोल करते हैं तो आप विभिन्न प्रकार की शैलियों को देखेंगे जिनका प्रयोग चयनित पाठ बॉक्स में किया जा सकता है। इस उदाहरण में प्रयोग की गई शैली को निम्नलिखित चित्र में दर्शाया गया है।

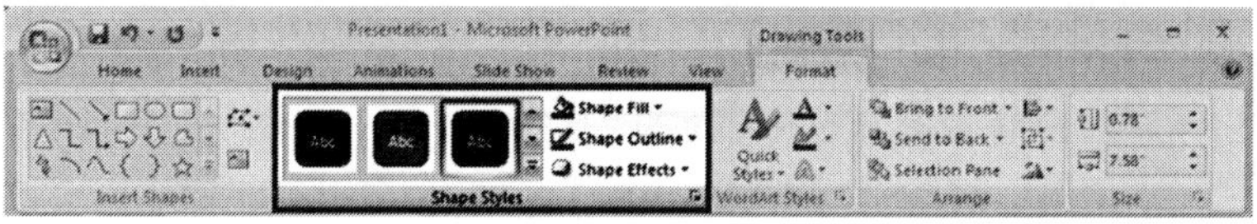

(ख) में परिवर्तन की प्रक्रिया का अनुसरण करें। इसके पश्चात्, फॉर्मेट टूलबार में वर्ड आर्ट स्टाइल ग्रुप से उपयुक्त शैली का प्रयोग करें।

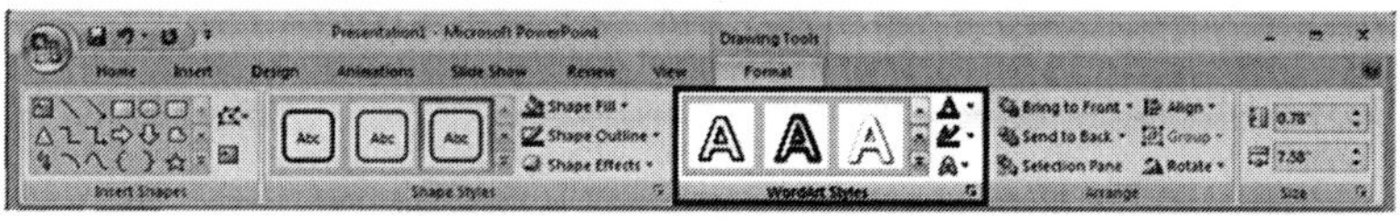

(ग) उपयुक्त पाठ शैलियों का प्रयोग करने के पश्चात् में फाण्ट साइजों को परिवर्तित करें।

2. (क) में परिवर्तन की प्रक्रिया का अनुसरण करें और सामान्य रूप में पाठ को बोल्ड करें।

(ख) संयुक्त रूप से सभी बॉक्सों को सिलेक्ट करें और साथ ही साथ सभी बॉक्सों को Shift+Click द्वारा या पाठ बॉक्सों को एक-एक करके सिलेक्ट करें तथा पाठ को बोल्ड करें।

(ग) प्रथम क्लिप आर्ट को चुनें और फॉर्मेट टैब को रिबन पर क्लिक करें। इससे टूलबार खुलकर प्रदर्शित होगा जैसा कि निम्नलिखित चित्र में दर्शाया गया है।

सिलेक्टेड क्लिप आर्ट में प्रयोग करने के लिए इस ग्रुप से उपयुक्त पिक्चर बॉर्डर रंग का चयन करें। अन्य क्लिप आर्ट्स के लिए भी इस प्रक्रिया को दोहराएँ। वैकल्पिक रूप से, सभी क्लिप आर्ट्स को संयुक्त रूप से सिलेक्ट करें (Shift+Click या Ctrl+Click द्वारा करें) और बॉर्डर को एप्लाई करें।

एनिमेशन (Animation)

पावर पॉइंट हमें प्रेजेंटेशन के लिए दो प्रकार के एनिमेशन उपलब्ध कराता है— कस्टम एनिमेशन तथा स्लाइड ट्रांजिशन/कस्टम एनिमेशन स्लाइड पर वस्तुओं पाठ, छवि, वीडियो आदि स्लाइड स्क्रीन पर प्रदर्शित करता है। स्लाइड का जब प्रेजेंटेशन किया जाता है तो इन दोनों एनिमेशनों का प्रयोग कर सकते हैं और जब प्रेजेंटेशन को स्लाइड शो व्यू में देखा जाता है तब दोनों एनिमेशन दिखते हैं। वर्तमान स्लाइड में कस्टम एनिमेशन को शामिल करने के लिए, एनिमेशन टैब को ओपन करें और एनिमेशन ग्रुप में कस्टम एनिमेशन बटन पर क्लिक करें। इस प्रकार स्लाइड पैन के दाईं ओर कस्टम एनिमेशन पैन खुल जाएगा। अब उस स्लाइड पर किसी वस्तु को सिलेक्ट करें जिस पर आप एनिमेशन को add करना चाहते हैं और कस्टम एनिमेशन पैन में इफेक्ट बटन को add करें। अब दर्शाए गए विकल्पों का प्रयोग करके वर्तमान चयनित वस्तु पर किसी भी वांछित इफेक्ट का प्रयोग किया जा सकता है। इसे दिए गए चित्र में प्रदर्शित किया गया है।

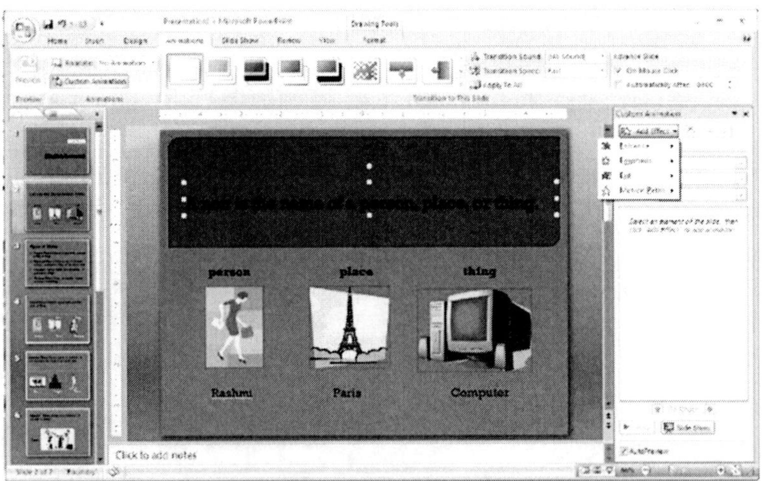

आप स्लाइडों पर एक-एक करके स्लाइड ट्रांजिशन को add कर सकते हैं, जैसे-जैसे उनका सृजन होता है। किन्तु यह सुविधाजनक होता है कि सभी स्लाइडों को तैयार करने के पश्चात् ही स्लाइड ट्रांजिशन add किया जाए। सभी स्लाइडों को तैयार करने के पश्चात् स्लाइड सॉर्टर व्यू बटन को क्लिक करना चाहिए। यह प्रेजेंटेशन की सभी स्लाइडों के थम्बनेल (मुख्य भाग) को प्रदर्शित करेगा। अब आप एनिमेशन टैब को क्लिक कर सकते हैं। एनिमेशन टूलबार में, 'ट्रांजिशन टू दिस टूलबार' ग्रुप में उन सभी विकल्पों का प्रदर्शन है जिनका ट्रांजिशन में प्रयोग किया जा सकता है।

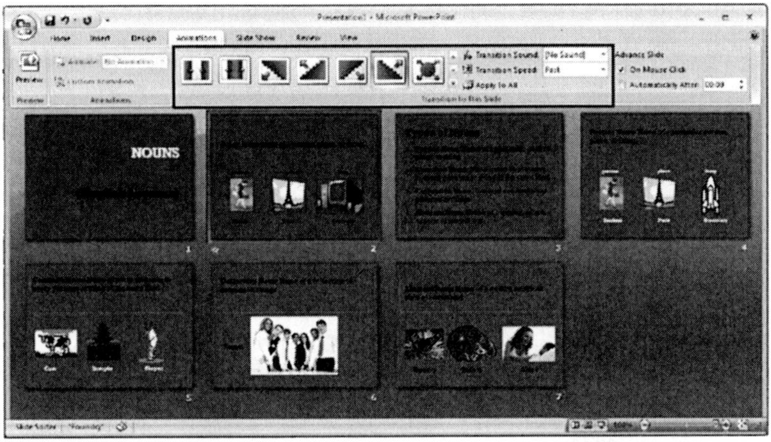

यहाँ आप वीडियों और साउंड इफेक्ट ट्रांजिशन की गति, माउस के क्लिक पर मूव करें या प्रीसेट टाइम के पश्चात् स्वचालित रूप से फीचर्स आदि का चयन कर सकते हैं।

स्लाइड शो

प्रेजेंटेशन के पूरा होने के पश्चात्, इसे स्लाइड शो व्यू में दर्शकों को दिखाया जा सकता है। इस व्यू में स्लाइड एक-एक करके प्रदर्शित होती हैं। एक स्लाइड, जिसे add किया गया है, ट्रांजिशन प्रभाव के साथ स्क्रीन पर प्रदर्शित होती है। जब स्लाइड प्रदर्शित होती है, प्रेजेंटेशन में शामिल किए गए कस्टम एनिमेशन इफेक्टों पर प्रयोग करके उसमें शामिल वस्तुएँ भी एक-एक करके प्रदर्शित होती हैं। अधिकतर मामलों में, एक प्रेजेंटेशन वक्ता द्वारा प्रस्तुत किया जाता है। उदाहरण के लिए, यदि एक अध्यापक किसी विषय को पढ़ाने के लिए प्रेजेंटेशन का प्रयोग करता है तो उस समय वह अध्यापक ही वक्ता होगा। स्लाइडों को मूव करने के लिए

फॉर्वर्ड या बैकवर्ड-की-बोर्ड या माउस का प्रयोग किया जा सकता है। कई बार ऐसी आवश्यकता होती है कि स्लाइड को पूर्वनिर्धारित समय अन्तराल पर स्वचालित रूप से चलाने की आवश्यकता होती है। ऐसा समय को सेट करके किया जा सकता है जब प्रेजेंटेशन में स्लाइड ट्रांजिशन को add किया जाता है।

नमूने (Specimen)

पावर पॉइंट को बेहतर ढंग से समझने के लिए आपको विषय का चयन करना चाहिए और उस विषय पर प्रेजेंटेशन तैयार करना चाहिए। उदाहरण के रूप में आप अंग्रेजी भाषा में संज्ञा (Noun) विषय पर ट्यूटोरियल तैयार कर सकते हैं। प्रेजेंटेशन स्लाइड नीचे दी गई है। आप स्वतंत्र रूप से अपने विचारों का प्रेजेंटेशन में प्रकट कर सकते हैं। इस प्रेजेंटेशन को तैयार करने के लिए आपको आगे दिए गए चरणों का अनुसरण करना चाहिए :

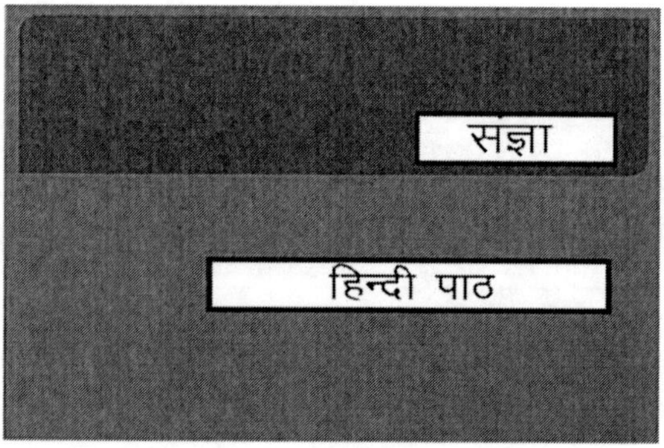

चित्र : 8.14 (क)

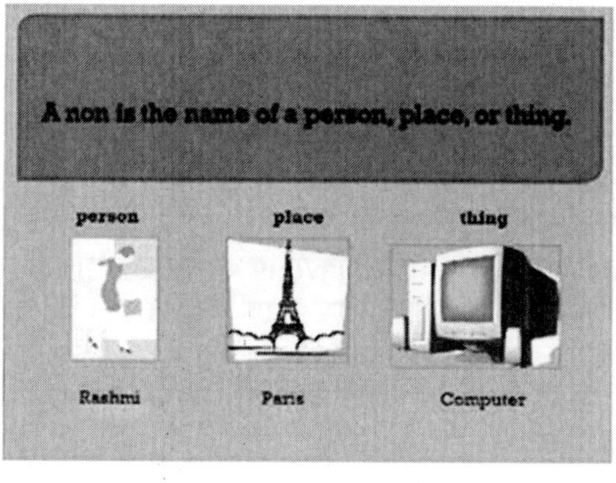

चित्र : 8.14 (ख)

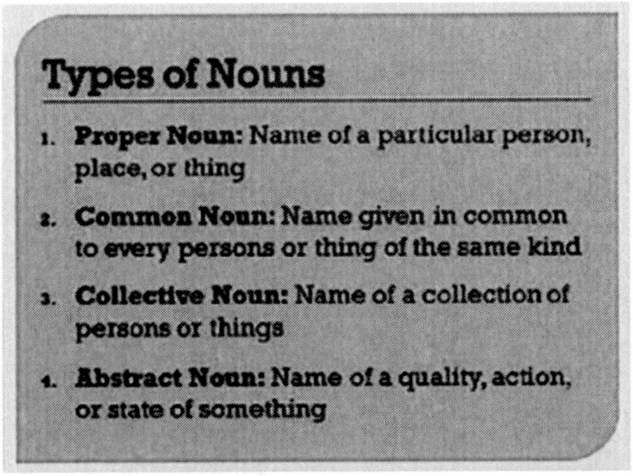

चित्र : 8.14 (ग)

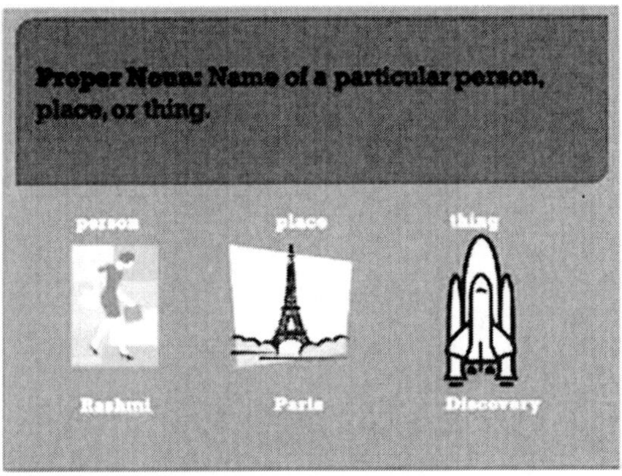

चित्र : 8.14 (घ)

चित्र : 8.14 (ङ)

चित्र : 8.14 (एफ)

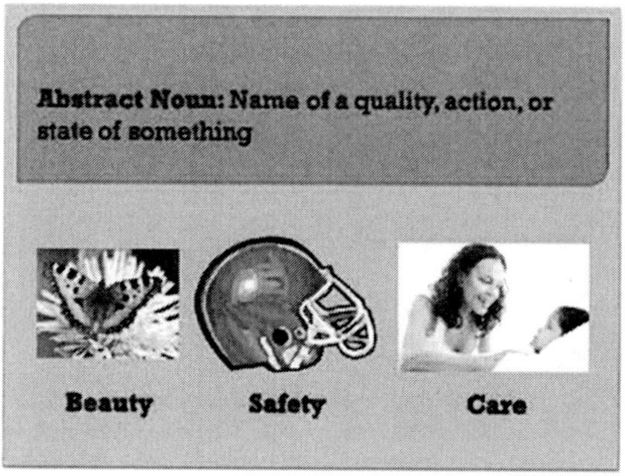

चित्र : 8.14 (जी)

पावर पॉइंट को स्टार्ट करें।

एक उपयुक्त नाम के साथ इस फाइल को सेव करें।

टाइटल प्लेस होल्डर में पाठ Nouns टाइप करें और (English Lesson) में क्षमाचित प्लेस होल्डर टाइप करें।

नई खाली स्लाइड को इंसर्ट करें।

(क) स्लाइड से टेक्स्ट बॉक्स को इंसर्ट करें और टेक्स्ट बॉक्स में Noun की परिभाषा को टाइप करें।

(ख) वांछित क्लिप आर्ट को इंसर्ट करें।

(ग) पाठ Person, place, thing, Rashmi, Paris, Computer के लिए टेक्स्ट बॉक्स को इंसर्ट करें।

(घ) इन टैक्स्ट बॉक्सों में सम्बन्धित पाठ को टाइप करें और तत्पश्चात् स्लाइड में इन सभी तत्त्वों को उपयुक्त स्थान पर रखें।

5. नई खाली स्लाइड को इंसर्ट करें।
   (क) दो टेक्स्ट बॉक्स को इंसर्ट करें।
   (ख) प्रथम टेक्स्ट बॉक्स में 'Types of Nouns' पाठ को टाइप करें।
   (ग) दूसरे टेक्स्ट बॉक्स में चार प्रकार के Nouns के नाम तथा परिभाषाओं सहित अंकयुक्त सूची का सृजन करें।
6. एक नई खाली स्लाइड को इंसर्ट करें।
   (क) आप पिछली स्लाइड के दूसरे टेक्स्ट बॉक्स को कॉपी करके वर्तमान स्लाइड में पेस्ट कर सकते हैं। अब इसमें Proper Noun की परिभाषा को रखें और अन्य परिभाषाओं को डिलीट कर दें। वैकल्पिक रूप से आप नए टेक्स्ट बॉक्स को इंसर्ट करके Proper Noun की परिभाषा को टाइप कर सकते हैं।
   (ख) वांछित क्लिप आर्ट को इंसर्ट करें।
   (ग) पाठ Person, place, thing, Rashmi, Paris, Computer के लिए टेक्स्ट बॉक्सों को इंसर्ट करें।
   (घ) इन टेक्स्ट बॉक्सों में सम्बन्धित पाठ को टाइप करें और तत्पश्चात् स्लाइड में इन सभी तत्त्वों को उपयुक्त स्थान पर रखें।
7. शेष तीन स्लाइडों को बनाने के लिए चरण सं. 6 को दोहराएँ।
8. डिजाइन टूलबार को खोलने के लिए डिजाइन टैब को क्लिक करें।
9. थीम ग्रुप की दाईं ओर दिए गए ऐरो (More) को क्लिक करें। यह पावर पॉइंट में उपलब्ध सभी मानक थीमों को दिखा देगा।

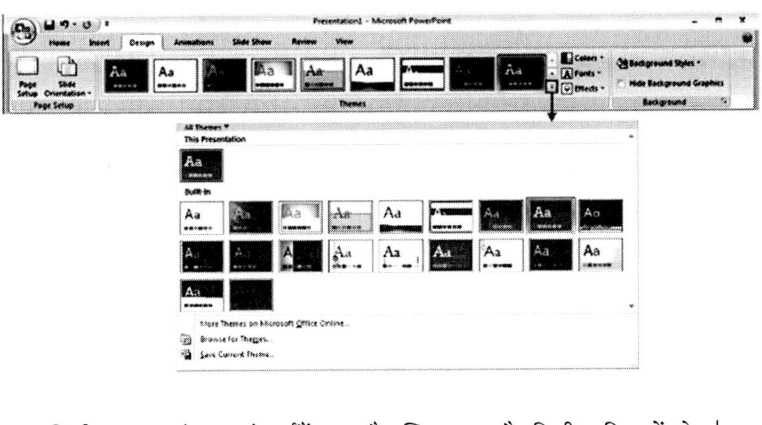

प्रेजेंटेशन में थीम का प्रयोग करना

10. आप प्रेजेंटेशन के लिए किसी भी उपयुक्त थीम का चयन कर सकते हैं। प्रस्तुत उदाहरण में Foundry थीम का चयन किया गया है।
11. प्रभावी प्रेजेंटेशन को सेव करने के टिप दर्शकों के समक्ष प्रेजेंटेशन के लिए
12. तैयार है। किन्तु इसे किसी और को दिखाने से पूर्व आप स्वयं इसे देख लें ताकि किसी प्रकार की अशुद्धि को ठीक किया जा सके। आप अपने प्रेजेंटेशन को
13. और आकर्षक बनाने के लिए उपयुक्त कस्टम एनिमेशन तथा स्लाइड ट्रांजिशन को शामिल कर सकते हैं।

प्रभावपूर्ण प्रेजेंटेशन के लिए मुख्य बातें

अब एक पावर पॉइंट प्रेजेंटेशन की विधि का ज्ञान प्राप्त के पश्चात् आपको एक प्रेजेंटेशन को प्रभावपूर्ण बनाने सम्बन्धी मुख्य बातों को भी सीखना चाहिए। एक प्रभावपूर्ण प्रेजेंटेशन वह होता है जिसमें सन्देश को स्पष्ट तथा रोचक रूप में प्रस्तुत किया जाता है। एक प्रभावपूर्ण प्रेजेंटेशन के सृजन के लिए आपको निम्नलिखित बातों को ध्यान में रखना चाहिए :

1. उपयुक्त फॉण्ट का प्रयोग करें
    - फेस-ऐसे फॉण्ट फेस का प्रयोग करें जो सुन्दर हो तथा दर्शकगण उसे सुगमता से पढ़ सकें। सामान्य रूप से, Sans Serif font (जैसे, Arial, Helvetica, Trebuchet MS, or Calibri) आदि होते हैं और शीर्षक आदि के लिए शैरिफ्स पाठ के लिए फॉण्ट सामान्य सजावटी फॉण्ट उपयुक्त हैं।
    - आकार-(साइज) फॉण्ट आकार बहुत छोटा या बहुत बड़ा नहीं होना चाहिए। सामान्य पाठ के लिए 18 फॉण्ट साइज को उपयुक्त माना जाता है और शीर्षकों व उपशीर्षकों के लिए इससे बड़े फॉण्ट साइजों का प्रयोग किया जा सकता है।
    - रंग-(कलर) गहरे रंग के पाठ को हल्के बैकग्राउंड में तैयार करना चाहिए। यदि किसी कारणवश आपको गहरे रंग के बैकग्राउंड की आवश्यकता है तो वहाँ फॉण्ट कलर हल्के रंग का प्रयोग करें (जैसे सफेद, क्रीम, हल्का भूरा, आदि)
    - **प्रति स्लाइड एक सन्देश :** एक ही स्लाइड में बहुत सारे सन्देश प्रस्तुत करने का प्रयास न करें। इससे दर्शकों का ध्यान भंग हो सकता है और वे भ्रमित हो सकते हैं कि आप क्या सन्देश प्रस्तुत करना चाहते हैं। एक स्लाइड में एक शीर्षक, कुछ बुलेट, एक

या दो छवियाँ होनी चाहिए। यहाँ पाठ के रूप में पैराग्राफों प्रयोग बिलकुल नहीं होना चाहिए।

2. **नियंत्रित एनिमेशन और ट्रांजिशन :** व्यापक स्तर पर कस्टम एनिमेशन और स्लाइड ट्रांजिशन प्रभाव एक अच्छा विचार प्रतीत होता है किन्तु वास्तव में यह दर्शकों को भ्रमित करता है। जहाँ तक सम्भव हो सके जटिल कस्टम एनिमेशन प्रभावों से बचना चाहिए। ट्रांजिशन के लिए भी साधारण प्रभावों का प्रयोग किया जाना चाहिए।
3. **ऑडियो-वीडियो आवश्यकता :** आवश्यकता होने पर ही ऑडियो-वीडियो का प्रयोग करें। इसका प्रयोग करते समय यह सुनिश्चित कर लें कि वीडियो उच्च गुणवत्ता वाला हो और ऑडियो स्पष्ट श्रवण योग्य ध्वनि वाला हो। कस्टम एनिमेशन के साथ उपलब्ध इनबिल्ट ऑडियो इफेक्ट्स का प्रयोग न करें।
4. **सांख्यिकी :** जहाँ कहीं सम्भव हो, चर्चा के बिन्दुओं को प्रदर्शित करने के लिए सांख्यिकीय आँकड़ों तथा चार्टों का प्रयोग किया जाना चाहिए। सांख्यिकीय चार्ट एक व्यापक विचार को कम शब्दों में प्रस्तुत कर देते हैं।

12 एमएस पावर पॉइंट के प्रमुख की-बोर्ड शार्टकट

क्रिया	**की-बोर्ड शॉर्टकट**
प्रस्तुतीकरण को आरम्भ से शुरू करें	FS
अगल एनिमेशन को प्रस्तुत करें या अगले स्लाइड में जाएँ	N, ENTER, PAGE DOWN, RIGHT ARROW, DOWN ARROW, ROW OR OR SPACEBAR
पिछले एनिमेशन को प्रस्तुत करें या पिछली स्लाइड में जाएँ	P, PAGE UP, LEFT ARROW, UP ARROW, OR BACKSPACE
स्लाइड संख्या में जाएँ	NUMBER + ENTER
खाली ब्लैक स्लाइड प्रदर्शित करना या खाली ब्लैक स्लाइड से प्रस्तुतीकरण में वापस जाना	B OR PERIOD
खाली ब्लैक स्लाइड प्रदर्शित करना या खाली ब्लैक स्लाइड से प्रस्तुतीकरण में वापस जाना	W OR COMMA
प्रस्तुतीकरण का समापन	ESC OR HYPHEN
शॉर्टकट मेनू प्रदर्शित करना	SHIFT + F10
प्रस्तुतीकरण के दौरान नियंत्रणों की सूची को प्रदर्शित करना	F1

(ब) हिन्दी साहित्य में शोध

शोध के प्रकार (परिकल्पना परीक्षण और परिकल्पना उत्पादन)

परिकल्पना एक विचार है जो स्वानुभव या परानुभव से उत्पन्न होता है। जिसका सामाजिक घटनाओं के अध्ययन में महत्त्वपूर्ण स्थान होता है। परिकल्पना का निर्माण, उसका प्रयोग एवं उपादेयता इत्यादि वैज्ञानिक पद्धति का महत्त्वपूर्ण चरण होता है। जब भी किसी सामाजिक समस्या का अध्ययन करना होता है। तब कोई भी समाजवैज्ञानिक निराधार आगे नहीं बढ़ता है, बल्कि वह अध्ययन विषय से सम्बन्धित कुछ परिकल्पनाओं का निर्माण करता है। और उसी आधार पर शोध कार्य में आगे बढ़ता है। परिकल्पना के अभाव में विषय की दिशा एवं क्षेत्र अनिश्चित रहता है तथा शोधकर्ता शोधकार्य में अँधेरे में भटकता रहता है। इसलिए शोधकर्ता के लिए यह आवश्यक होता है कि वह किसी अपरिचित शोध कार्य में यूँ ही कदम न रखे, बल्कि अपनी कल्पना, अनुभव या किन्ही स्त्रोतों के आधार पर एक तर्क वाक्य का निर्माण कर ले जिसे शोध के दौरान परीक्षित किया जा सके। इसी तर्क वाक्य को परिकल्पना या उपकल्पना नाम दिया जाता है। इसे कामचलाऊ अनुभव की भी संज्ञा दी जाती है। जैसे—यदि बाल अपराध का अध्ययन करना है तो अध्ययन करने से पहले अनुभव के आधार पर एक कामचलाऊ अनुमान कर लिया जाता है कि निर्धनता एवं टूटे हुए परिवार ही बाल अपराध को जन्म देने में प्रभावशाली भूमिका अदा करते हैं। यही कामचलाऊ अनुमान अध्ययन के समय शोधकर्ता का सहारा बन जाता है। साहित्य से एक उदाहरण लें। भरतमुनि ने एक सिद्धान्त स्थापित किया है 'विभावानुभावव्यभिचारिसंयोगात् रस निष्पत्तिः'। इस पर प्रश्न उठा कि नाटक में रस की स्थिति नाटक के पात्र अथवा आश्रय में रहती है या पात्र का अभिनय करनेवाले अभिनेता में रहती है या दर्शक में। तो इस पर भट्टलोल्लट ने यह परिकल्पना की कि रस की अवस्थिति नाटक के पात्र अथवा अनुकार्य में होती है। इनकी इस परिकल्पना के आधार पर शंकुक ने चित्र-तुरन्त-न्याय के द्वारा सिद्ध किया कि प्रेक्षक अभिनेता को ही अनुकार्य मान लेता है। और अनुमान द्वारा रसानुभव करता है। शंकुक की अनुभानजन्य रसोत्पत्ति की स्थापना पर फिर आगे विचार हुआ और भट्ट नायक ने यह स्थापना की कि दर्शक पात्रों के वैशिष्ट्य को भूलकर उन्हें सामान्य मानकर रसानुभूति करता है। इस आधार पर उन्होंने साधारणीकरण के सिद्धान्त की स्थापना की। यह शोध परिकल्पनात्मक रूप में आगे बढ़ा और अभिनव गुप्त ने रस की अवस्थिति स्पष्ट रूप से प्रेक्षक में मानी।

परिकल्पना के सम्बन्ध में गुडे एवं हॉट ने Methods in Social Research में लिखा है कि "यदि शोध में अच्छी परिकल्पना का निर्माण हो जाता है, तो इसका अर्थ है शोध के लगभग आधे कार्य का पूरा हो जाना।" पुन: इसी पुस्तक में आगे लिखते हैं कि "परिकल्पना सिद्धान्त और शोध के बीच की एक आवश्यक कड़ी है। जो अतिरिक्त ज्ञान की खोज में सहायक होती है।" इसी सम्बन्ध में लुंडबर्ग ने अपनी पुस्तक Social Research में लिखा है "बिना परिकल्पना के शोध करना एक प्रकार से अँधेरे में छलाँग लगाना है।" इस प्रकार परिकल्पना ही है जो शोध एवं वैज्ञानिक पद्धति को नियंत्रित करती है।

एक प्रश्न यह उठता है कि क्या शोधकार्य प्रारम्भ करने से पूर्व परिकल्पना का निर्माण आवश्यक है या नहीं, इस पर विद्वानों में मतभेद है। एक मत के अनुसार परिकल्पना तभी निर्मित की जा सकती है जब विषय का शोधकार्य काफी आगे बढ़ जाता है। क्योंकि शोधकार्य के पूर्व परिकल्पना की स्पष्ट कल्पना नहीं हो सकती। इस मत का समर्थन करते हुए मार्गरेट स्टेसी ने कुछ ऐसे उदाहरण दिए हैं, जिनमें पूर्व परिकल्पना के बिना शोधकार्य प्रारम्भ किया गया और जब विषय से सम्बन्धित पर्याप्त सामग्री एकत्र हो गई तब परिकल्पना निर्मित की गई। सन् 1956 ई. में बोसार्ड और बाल ने यह समस्या ली कि बड़े परिवार का अपने सदस्यों के सामाजिक सम्बन्धों पर क्या प्रभाव पड़ता है? उनके पूर्व इस विषय पर कार्य हो चुका था, परन्तु परिवार के बड़े-छोटे रूप को लेकर कार्य करना शेष था। पूर्व कार्य परिवार का सामाजिक सम्बन्धों पर प्रभाव तक सीमित था। बोसार्ड कार्यरम्भ करने से पूर्व स्पष्ट परिकल्पना निर्धारित नहीं कर सके। उन्होंने 100 बड़े परिवारों का विस्तार के साथ अध्ययन किया। आत्मकथाएँ, जीवन चरित्र आदि लिखित सामग्री का उपयोग किया। परिवार के सदस्यों से मुलाकातें कीं। उनका कार्य सरल नहीं था क्योंकि प्रत्येक परिवार की अपनी विशेषताएँ थीं—उन्हें परिवार से समान तथ्य सामग्री भी नहीं मिली। परन्तु उन्हें इससे कोई परेशानी नहीं हुई, क्योंकि वे तो कोई पूर्व परिकल्पना लेकर कार्य में प्रवृत्त नहीं हुए थे। वे तो तथ्यों को एकत्र कर उनका वर्गीकरण और विश्लेषण कर, बड़े परिवार का उसके सदस्यों के पारस्परिक सम्बन्धों पर निश्चित प्रभाव पड़ता है, इस निष्कर्ष पर पहुँचे। दूसरा मत गुडे और हॉट का है, जो परिकल्पना को शोधकार्य के पूर्व आवश्यक मानते हैं। जिनके बारे में हमने पहले ही समझ लिया है।

अब एक प्रश्न और उठता है कि किसी एक विषय पर हुए कार्य पर क्या पुन: कार्य या परिकल्पना का निर्माण किया जाए या नहीं? इस पर सामान्यत: कहा जाता है कि शोधित विषय पर कार्य करने से पिष्टपेषण होगा, क्योंकि नया तथ्य सामने नहीं आ सकेगा। इसके विपरीत दूसरा मत यह है कि पूर्व शोध

ठीक हुआ है कि नहीं, इसकी परीक्षा के लिए भी उसी विषय पर शोध किया जाना चाहिए। गुडे और हॉट का कहना है कि नये वैज्ञानिकों ने वृद्ध वैज्ञानिकों का छिद्रान्वेषण कर कई बार प्रसिद्धि प्राप्त की है।

परिकल्पना परीक्षण (Testing of Hypothesis)

परिकल्पना निर्माण या उत्पादन के पश्चात् उसके परीक्षण हेतु निम्नलिखित पदों का उपयोग कर सकते हैं—

(1) परिणामों का निगमन (Deducing Consequences)—

वास्तव में परीक्षण, परिकल्पना का नहीं अपितु उसके परिणामों का करते हैं। परिणामों का निश्चय प्रत्यक्ष तथा अप्रत्यक्ष दोनों प्रकार से हो सकता है। उदाहरण के लिए हमारी एक परिकल्पना है—आकांक्षा स्तर तथा प्रत्यक्षीकरण में धनात्मक सम्बन्ध है तो—

(i) उच्च आकांक्षा स्तर वाले बालक दी गई वस्तु का उच्च मूल्यांकन करेंगे।
(ii) निम्न आकांक्षा स्तर वाले बालक निम्न मूल्यांकन करेंगे।
(iii) उच्च मूल्यांकन करनेवालों का आकांक्षा स्तर उच्च होगा।
(iv) निम्न मूल्यांकन करनेवालों का आकांक्षा स्तर निम्न होगा।

(2) परीक्षण का चयन अथवा निर्माण

(Selection or Development of Test)—

परिणामों का निश्चय कर लेने के पश्चात् ऐसी विधि और उपकरण का चुनाव अथवा निर्माण करते हैं। जिसके आधार पर प्रयोग अथवा निरीक्षण करके देखा जा सके कि यह बात होती भी है अथवा नहीं।

(3) निदर्शन आकार का निश्चय (Determing Sample Size)—

तीसरे स्तर पर यह निश्चय करते हैं कि परिकल्पना के निरीक्षण के लिए कितने निदर्शन की आवश्यकता है। जिससे (Type-1 & Type-2 Error) से बचाव हो सके। इसके साथ ही निदर्शन के वितरण की भी जाँच कर लेते हैं कि वितरण सामान्य है अथव वक्रीय है।

(4) प्रयोग अथवा अवलोकन (Experiment or Observation)—

इस स्तर पर प्रयोग अथवा अवलोकन के माध्यम से परिकल्पना की पुष्टि के लिए आँकड़ों का संकलन करते हैं।

(5) शून्य परिकल्पना का निर्माण (Taking Nill Hypothesis)—

सांख्यिकीय आधार पर परिकल्पना के परीक्षण के लिए पूर्व में ली गई अनुसंधान परिकल्पना को शून्य परिकल्पना में परिवर्तित कर लेते हैं।

(6) सांख्यिकीय परीक्षण का चुनाव

(Selection of Statistical Test)—

शून्य परिकल्पना के निर्माण के पश्चात् उचित सांख्यिकीय परीक्षण (विधि) का चुनाव किया जाता है। इस बात का निश्चय करते हैं कि ली गई परिकल्पना के परीक्षण के लिए प्राचल अथवा अप्राचल विधियों में से कौन सी विधि उपयुक्त होगी और कौन सा परीक्षण उपयुक्त रहेगा।

(7) सार्थकता स्तर का निश्चय

(Determination of Significance Level)—

इस स्तर पर यह निश्चय करते हैं कि साथर्कता का स्तर 01, 50 अथवा इससे भी कम होगा।

(8) क्रान्तिक क्षेत्र अथवा अस्वीकृत क्षेत्र का निश्चय

(Determining Critical and Rejection Region)—

सार्थकता स्तर के निर्धारण के पश्चात् इस बात का अनुभान लगाते हैं कि निरीक्षणों का वितरण किस रूप में प्राप्त होगा तथा एकपक्षीय परीक्षण अथवा दो पक्षीय परीक्षण के आधार पर वितरण वक्र के अस्वीकृत क्षेत्र का निश्चय किया जाता है।

(9) निर्णय लेना (Taking Decision)—

अन्त में सांख्यिकीय परीक्षण के पद 6, 7 और 8 के आधार पर निर्णय लेते हैं कि बनाई गई शून्य परिकल्पना वितरण वक्र के अस्वीकृत क्षेत्र में पड़ती है अथवा स्वीकृत क्षेत्र में। इस प्रकार शून्य परिकल्पना के स्वीकार अथवा अस्वीकार होने के पश्चात् प्रारम्भिक शोध परिकल्पना को स्वीकार अथवा अस्वीकार कर देते हैं।

उदाहरण के लिए हम डॉ. सत्येन्द्र की भारतेन्दु हरिश्चन्द्र विषयक काव्य सम्बन्धी परिकल्पना लेते हैं। उनकी परिकल्पना है कि "भारतेन्दु ब्रजभाषा के कवि और सन्धियुग के कवि थे।" इस परिकल्पना की परीक्षा के लिए उन्होंने

तथ्य सामग्री एकत्र की फिर डॉ. लक्ष्मीसागर वार्ष्णेय के अनुसार काव्य सामग्री का निम्नानुसार विभाजन किया—

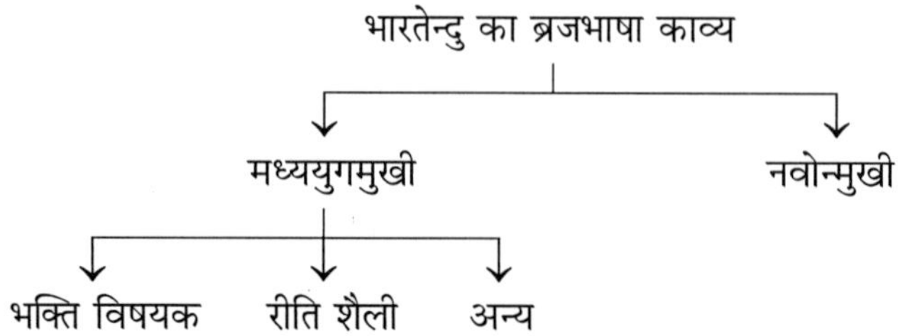

भक्ति विषयक कविताओं के अध्ययन से उन्होंने यह निष्कर्ष निकाला कि वे वल्लभ सम्प्रदाय के अनुयायी थे। होली राग संग्रह, वर्षाविनोद विनय, प्रेम-पचासा, प्रेम मालिका आदि में अनेक ऐसी रचनाएँ मिलती हैं जो उन्हें अनन्य वैष्णव सिद्ध करती हैं। उन्होंने रचनाओं के माध्यम से यह निष्कर्ष निकाला है। रीति शैली की रचनाओं में उन्होंने प्रेम-मालिका, प्रेम-फुलवारी, वर्षा-विनोद, मधु मुकुल, प्रेम तरंग, प्रेम-प्रलाप और होली रचनाएँ छाँटकर यह निष्कर्ष निकाला कि इनकी रीति शैली की रचनाएँ देव, घनानन्द, ठाकुर, बोधा, पद्माकर, आलम आदि की परिपाटी की हैं। इनमें प्रेम की स्वच्छन्दता है, नवीनता और आन्तरिक भावनाओं की अभिव्यंजना भी है।

शोध के चरण—

विभिन्न विद्वानों ने शोध के प्रमुख चरणों का निम्नलिखित प्रकार वर्णन किया है—

1. पी.वी. यंग के अनुसार शोध के चरण—

(1) अध्ययन विषय का निश्चित रूप से सूत्रीकरण करना।
(2) कार्यकारी परिकल्पना का निर्माण करना।
(3) वैज्ञानिक प्रविधियों से समस्या का अन्वेषण एवं अवलोकन।
(4) तथ्यों का एकरूपता में आलेखन।
(5) आलेखित तथ्यों का श्रेणियों अथवा क्रमों में वर्गीकरण।
(6) वैज्ञानिक सामान्यीकरणों का निर्माण।

2. जॉर्ज लुंडबर्ग ने अपनी कृति 'Social Research' में शोध प्रक्रिया के चार चरणों की व्याख्या की है—

(1) कार्यकारी परिकल्पना का निर्माण करना।
(2) तथ्यों का अवलोकन एवं संकलन।

(3) संकलित तथ्यों का वर्गीकरण एवं संगठन।
(4) सामान्यीकरण।

3. ईगल डार्नर ने शोध के पाँच मूल चरणों का उल्लेख किया है—

(1) समस्या की व्याख्या एवं अनुसंधान को दिशा प्रदान करने हेतु कार्यकारी परिकल्पना का निर्माण।
(2) यथार्थ तथ्यों का संकलन।
(3) वर्गीकरण एवं सारणीकरण।
(4) निष्कर्ष निकालना।
(5) निष्कर्षों की परीक्षा करना।

4. आर.जी. फ्रांसिस ने शोध के 12 प्रमुख चरणों का उल्लेख किया है—

(1) समस्या क्षेत्र का चयन।
(2) उस अध्ययन क्षेत्र के सम्बन्ध में नवीनतम सिद्धान्त तथा ज्ञान की जानकारी।
(3) समस्या की परिभाषा।
(4) परिकल्पनाओं का निर्माण।
(5) औपचारिक तर्कों का निर्माण।
(6) तथ्यों के स्रोतों का सीमांकन।
(7) शोध के उपकरणों (प्रश्नावली, मापन तथा आलेखन के तरीकों) का निर्माण।
(8) कल्पित तर्कों का लेखन।
(9) शोध उपकरणों की पूर्व जाँच तथा उनमें सम्भावित संशोधन।
(10) तथ्यों का व्यवस्थित रूप से संकलन।
(11) तथ्यों का विश्लेषण।
(12) प्राप्त किए गए निष्कर्षों को लिखना।

शोध का उद्देश्य

शोध के दो प्रमुख उद्देश्य हो सकते हैं—
(1) सैद्धान्तिक उद्देश्य
(2) व्यावहारिक उद्देश्य

(1) सैद्धान्तिक उद्देश्य— शोध के सैद्धान्तिक उद्देश्य में पुराने तथ्यों का सत्यापन, नवीन तथ्यों की खोज, सिद्धान्तों का निर्माण एवं परीक्षण, सामाजिक यथार्थ एवं तथ्यों के मध्य पाए जानेवाले प्रकार्यात्मक सम्बन्धों

की खोज, नवीन अवधारणाओं का निर्माण इत्यादि है। इस आधार पर निम्न सैद्धान्तिक शोध का उद्देश्य हो सकता है—

(क) सैद्धान्तिक शोध का महत्त्वपूर्ण उद्देश्य पुराने तथ्यों की जाँच एवं नवीन तथ्यों की खोज है। अपने व्यवस्थित ज्ञान में प्रगति करना।

(ख) नवीन ज्ञान की प्राप्ति पर पुराने सिद्धान्तों की जाँच का कार्य अनिवार्य हो जाता है, ताकि उन्हें संशोधित कर अधिक उपयोगी बनाया जा सके।

(ग) शोध का अन्य उद्देश्य प्रयोग सिद्ध तथ्यों के आधार पर वैज्ञानिक अवधारणाओं की रचना करना होता है। नगरीकरण, सांस्कृतिक प्रसार, सांस्कृतिक संघर्ष आदि अवधारणाएँ इसी आधार पर निर्मित की गई हैं।

(2) व्यावहारिक उद्देश्य—गुडे एवं हॉट ने शोध के व्यावहारिक उद्देश्य पर चर्चा करते हुए कहा है कि "यह उस कार्यक्रम का भाग होता है जिसका लक्ष्य विद्यमान स्थितियों में परिवर्तन लाना है, चाहे वह गन्दी बस्तियों की दशाएँ हों, प्रजातीय तनाव व पूर्वग्रह हो या किसी संगठन की प्रभावशीलता।"

शोध के व्यावहारिक उद्देश्यों को निम्नांकित बिन्दुओं में रखा जा सकता है—

(क) शोध का प्रथम व्यावहारिक उद्देश्य सामाजिक समस्याओं को सुलझाने में सहायता प्रदान करना है।

(ख) शोध से प्राप्त ज्ञान के आधार पर तनाव व संघर्ष को कम किया जाता है। शोध के द्वारा हम किसी प्रघटना के स्वरूप व कारणों की गहन जानकारी प्राप्त कर उस समस्या को नियंत्रित कर तनाव व संघर्ष को कम करने में सफल हो पाते हैं।

(ग) इससे सामाजिक योजनाओं के निर्माण में सहायता मिलती है।

(घ) शोध के द्वारा विभिन्न विकल्प सुझाकर उनमें से सबसे कम व्यय का विकल्प चुनना है। किसी योजना की सफलता के लिए यह अति आवश्यक है।

सन्दर्भ

उपयोगी पुस्तकें—

(1) शोध प्रविधि—डॉ. विनय मोहन शर्मा
(2) रिसर्च मैथ्डोलॉजी—डॉ. आर.एन. त्रिवेदी एवं डॉ. डी.पी. शुक्ला
(3) शोध प्रविधि—डॉ. गणेश पांडेय एवं अरुणा पांडेय
(4) सामाजिक अनुसंधान, सर्वेक्षण एवं सांख्यिकी—डॉ. संजीव महाजन

केन्द्रीय हिन्दी प्रशिक्षण संस्थान के नोट्स

NIOS के नोट्स

https://hinditechtricks.com/history-of-computer-in-hindi/
https://www.hindietools.com/2016/07/Hindi-Computing-probleMS-and-solutions.html
http://www.abhivyakti-hindi.org/vigyan_varta/pradyogiki/2003/bhartiya.htm
https://www.nayaseekhon.com/uses-of-computer-hindi/
https://hi.wikibooks.org/wiki
https://hindiveda.com/history-of-computer-in-hindi/
https://iasgyanhindi.com/
http://rajeduboard.rajasthan.gov.in/books-2019/cls9/Computer-new.pdf
ttp://www.abhivyakti-hindi.org/vigyan_varta/pradyogiki/index.htm
https://www.ibm.com/cloud/blog/optical-character-recognition
https://www.hindietools.com/p/voice-typing.html
https://www.garbhanal.com/the-story-of-hindi-blog-writing
https://www.itkhoj.com/ocr-full-from
https://communicationtoday.net/2015/06/29/role-of-internet-in-educational-work-a-study/

https://hindi.webdunia.com/hindi-essay/social-media-essay-117061900033_1.html
https://www.jansatta.com/politics/jansatta-editorial-hindi-in-internet-world/37321/
https://www.hastakshep.com/hindi-computer-writing-probleMS-and-solutions/
https://www.jansatta.com/politics/jansatta-editorial-hindi-in-internet-world/37321/
https://www.madanverma.com/history-of-computer-in-hindi/
https://play.google.com/store/apps/details?